地方高职院校高质量发展的路径研究

伍小兵 等 编著

中国轻工业出版社

图书在版编目（CIP）数据

地方高职院校高质量发展的路径研究 / 伍小兵等编著. -- 北京：中国轻工业出版社，2025. 3. -- ISBN 978-7-5184-4296-6

Ⅰ. G718. 5

中国国家版本馆CIP数据核字第2025D6G346号

责任编辑：郭挚英　　　责任终审：李建华

设计制作：锋尚设计　　责任校对：朱　慧　朱燕春　　责任监印：张京华

出版发行：中国轻工业出版社（北京鲁谷东街5号，邮编：100040）

印　　刷：三河市国英印务有限公司

经　　销：各地新华书店

版　　次：2025年3月第1版第1次印刷

开　　本：710×1000　1/16　印张：19

字　　数：393千字

书　　号：ISBN 978-7-5184-4296-6　定价：152.00元

邮购电话：010-85119873

发行电话：010-85119832　010-85119912

网　　址：http://www.chlip.com.cn

Email：club@chlip.com.cn

221539J5X101ZBW

编写人员

伍小兵　　王　赛　　朱　涛　　杨　涛
曾碧涛　　曾　欣　　郭正富　　黄　河
王志刚　　李尚真　　刘吉梅

教育大同，职普等同

关于教育的目的，《教育学》里这样描述：教育目的是教育的核心问题，是国家对教育培养人的总的要求，它规定着人才的质量和规格，对教育工作具有全程性的指导作用。怀特海认为，学生是有血有肉的人，教育的目的是激发和引导他们的自我发展之路。赫尔巴特认为，教育的目的是培养合格公民和社会成员。卢梭认为，教育的目的是培养自然人，发展人的个性，增进人的价值，促使个人的自我实现。杜威则认为，教育的过程就是目的。而儒家学派创始人“至圣”孔子认为，教育目的主要是培养士成为君子。通过“士君子”去实现道德政治，其所要达到的理想社会是“至于道”的最高理想的社会，这是“天下为公”的时代，大道得行的“大同”社会。墨家学派创始人“科圣”墨子认为，教育以培养“兼士”为目标。通过“兼士”去实现贤人政治，达到“兼相爱，交相利”的兼爱理想社会，这是一种“平等互助、民生幸福”“平等、博爱”的社会，而其手段就是“尚同”。

综合观之，似乎可以认为，教育的目的就是让人成为真正的人，成为具有完善人格的全面发展的人，让每个人都有人生出彩的机会，为社会进步与发展贡献自己的价值。就其个体意义而言，自然是让每个生命都能感受到自己生命的意义和人生的成长，让人明白作为一个人需要对人类社会的责任和义务，并毕其一生进行实践，从而推动文明进步和社会发展；就其整体意义而言，必然是“促进对人类各种知识和文化的认知，对各民族现实奋斗和未来愿景的体认，以促进各国学生增进相互了解、树立世界眼光、激发创新灵感，确立为人类和平与发展贡献智慧和力量的远大志向。”这是建立在“类意识”上的世界格局，推动人类素养不断完善，促进人类文明不断攀升，在文化里大同，在道德里大同，在信仰里大同，至终达成社会大同。

在大同社会理想下，教育大同是应然，也是实然，更是必然。而职业教育作为教育的一种类型，是教育世界的必然主体，“职普等同”是教育大同下必然的教育观。新修订的《中华人民共和国职业教育法》第三条明确指出：“职业教育与普通教育是具有同等重要地位的教育类型。”对于其“重要地位”，《中华人民共和国职业教育法》给出的说法：“是国民教育体系和人力资源开发的重要组成部分，是培养多样化人才、传承技术技能、促进就业创业的重要途径。”理解其重要性似乎不是太困难，但问题在于究竟什么是职业教育？什么是普通教育？《中华人民共和国职业教育法》第二条指出：“本法所称职业教育，是指为了培养高素质技能人才，使受教育者具备从事某种职业或者实现职业发展所需要的职业道德、科学文化与专业知识、技术技能等职业综合素质和行动能力而实施的教育”。而对于“普通教育”，则没有法律或官方出版物给予明确解释，《中华人民共和国教育法》及教育相关的法律、《中国大百科全书·教育》中也没有设立“普通教育”这个条目，这就让“职业教育”这种“不同教育类型”，没有了“普通教育”这种比较参照物，那么，其“同等”似乎也就缺少了可比性。

基于此，我们需要找到一种大家都能接受的“普通教育”的概念，以期“职业教育”的“同等重要地位”能够落到实处。按照一般的理解，“普通教育”主要是指以升学为目标，以基础科学知识为主要教学内容的学校教育，由义务教育延续并由国家统一招生录取后进行学习的学历教育。在这里，之所以称“主要是指”是因为普通教育是一般共性的教育，其中似乎包含了“职业教育”拥有的“文化性、知识性、技术性和社会性”，所以不能用“是指”这种描述。再结合《中华人民共和国职业教育法》第四条“职业教育必须坚持中国共产党的领导，坚持社会主义办学方向，贯彻国家的教育方针，坚持立德树人、德技并修，坚持产教融合、校企合作，坚持面向市场、促进就业，坚持面向实践、强化能力，坚持面向人人、因材施教。实施职业教育应当弘扬社会主义核心价值观，对受教育者进行思想政治教育和职业道德教育，培育劳模精神、劳动精神、工匠精神，传授科学文化与专业知识，培养技术技能，进行职业指导，全面提高受教育者的素质。”扣除学前教育、义务教育学段的同质期，我们大抵可以这样认为：职业教育是就业或就业预备教育，重点倾向于传承技术技能，其职业导向多半属于所谓“劳力者”，属于“治于人”的地位；普通教育是升学或升学预备教育，重点倾向于传习科学知识，其职业导向多半属于所谓“劳心者”，属于“治人”的地位。在此基础上探索和实践并最终实现二者的“同等”，显然意义非凡。

从《中华人民共和国职业教育法》给出的“同等重要地位”的说法——“是国民教育体系和人力资源开发的重要组成部分，是培养多样化人才、传承技术技能、促进就业创业的重要途径”——中，在第一句话中应该看不出两者的差别，在第二句中能看出来的区别就是职业教育是“培养多样化人才、传承技术技能”重要途径，尤其是“传承技术技能”这一点，显然不是普通教育培养人才的重要途径。这当中核心的问题就是“技术技能人才”这一类所谓“劳力者”，能否摆脱“治于人”的社会地位，达成与所谓“劳心者”这一类“治人”的人同等的社会地位，如是，则职业教育的地位必能与普通教育“同等重要”了。

法定的不同类型的教育，要达成其“同等重要”的地位，显然不是其本身必然能够做到的，需要放大到社会层面。如果按照马斯洛层次需要理论来看，人在生理需求、安全需求、社交需求得到基本满足，在自我实现需求这个层次还没有成为自觉的情况下，“被尊重的需求”就是最重要的需求。以何来获得尊重？那必然是社会地位。以何来获得社会地位？那必然是社会价值。以何来衡量社会价值？从个人的角度来说，就是财富与尊严；从社会的角度看，就是创造与贡献；从国家来讲，就是富强与文明。

至此可以认为，实现职业教育与普通教育的“同等”，在国家层面需要做的，就是习近平总书记在党的十九大报告中指出的：“建设现代化经济体系，必须把发展经济的着力点放在实体经济上，把提高供给体系质量作为主攻方向，显著增强我国经济质量优势。”在职业教育层面需要做的，就是全面提升高素质技术技能人才的培养质量，使其具有更强大的服务经济社会发展的素质和能力，从而更好地为国家富强贡献职业教育力量。在个人层面可以做的，就是在保持和谐与公平的基础上，尽力提升技术技能人才的收入水平，保证其可观的经济收入和体面的社会生活，从而更好地为国家富强奉献技术技能人才的价值。

落脚到职业教育层面，伴随着科学的快速发展，新技术、新产业、新业态、新模式对职业教育提出了全新的要求，中等职业教育的基础性地位虽然能够解决经济发展过程中部分的技术技能人才的需求，但基于其人才培养的基础性——换言之也就是初级性，在面对“四新”经济形态的发展时，中职毕业生显然难以更好地满足其需求，高职教育就必然成为满足“四新”经济形态的主力军，所以高职教育的高质量发展就成为满足国家新经济发展对技术技能人才需求的必须。

纵观全国高职院校，行业类属和地方所属是其所有构成，而地方属高职院校还包括副省级地方属和市州级地方属。行业类属高职院校基于其行业属性，在其发展过程中得益于行业部门的全面支持及其专业设置与所属行业的高度吻合，其专业特色比较容易突出和彰显，办学实力和水平相对较高，在高职院校中处于较为强势的地位；副省级地方属高职院校基于其省级中心区域特性，在其发展过程中会得到当地经济实力的强大支撑，其专业建设也相对能得到更大的财力保障，办学条件和水平也相对占据优势，在高职院校中处于比较优势的地位；而市州级地方属高职院校由于其边沿区域的现实性，在发展过程中很难得到更多的行业部门和地方财政的强力支持，其专业建设又必须服务于实力并不一定都很强大的地方产业体系，导致其专业设置相对较多，很难集中主要力量办出专业特色和更高水平，使其在高职院校中落于较为弱势的地位。这从2019年“双高”建设单位中可见一斑，在197所“双高”建设单位中，48.73%属于行业类高职院校，51.27%属于地方类（包括省级、副省级城市和市州）高职院校，而市州级高职院校仅仅占197所“双高”建设单位的15.23%，与各类高职院校在全国1136所公办高职院校的占比数据（47.36%：52.64%：33.63%）比较来看，行业类高职院校和地方类高职院校入选“双高”建设单位比例大体相当，但市州级高职院校入选“双高”建设单位的所占比例（15.23%）与其本身在全国公办高职院校所占比例（33.63%）差异甚大。从数据可知，市州地方属高职院校占全国高职院校的三分之一之多，广布全国，基本覆盖了每一个市州级城市，其对地方经济社会发展的覆盖面、支持度和对所涉学生的覆盖面、培养度是最广最深的，一定程度上超过了行业属和省级地方属学校。由此可见，市州地方属高职院校是为国家战略、地方经济社会发展、高素质技术技能人才培养的主战区、主阵地，可以说是高等职业教育极其重要的组成部分。所以，市州地方高职院校实力弱、发展慢、分布广、作用大的实际，深刻说明市州级地方高职院校更应该得到国家、社会、各行业、职教从业者，特别是地方属高职院校自身的更高的重视和更多的关注，需要迅速实现高质量发展，大幅度提升办学水平和人才培养质量，才能更好地服务于地方和国家经济社会发展。

宜宾职业技术学院四川省教育厅重点课题“地方高职院校高质量发展的路径研究”（课题编号SCJG20A043）课题组的同志们，在四川省教育厅和四川省教育科学研究院的指导下，怀着对实现职业教育与普通教育“同等重要地位”的强烈追求，秉承其“鼎承大同、钵传天工”的校训，针对市州级地方高职院校在发展过程中遇到的瓶颈问题，就此类高职院校如何实现高质量发展进行了为期三年的研究，经过对进入国家“双高”建设院校的市州级地方高职院校现场调研、文本调研和网络调研，形成了高质量的课题研究报告和丰富的理论研究成果，并据此在学校开展了实证研究使学校得到了较大的发展，此书就是其理论研究和实践探索成果的一个总结。

全书由“绪论”“理论基础与调查分析”“路径之起始：以构建技术技能人才培养高地为目标指向”“路径之引领：党建领航高质量发展”“路径之布局：构建纵向贯通、横向融通的现代职教体系”“路径之体系构建：以‘五大功能’构建地方高职院校的高质量发展体系”“路径之实现：推进高质量发展的十个维度”共计七章构成，阐述了研究的缘起和视角、概念的定义和定性、理论基础、研究的方法和思路，从高质量发展的市州级地方高职院校的成功经验中提炼归纳出了高质量发展路径的起始、引领、布局和体系构建的规律，并提出了实现高质量发展的“加强治理体系与治理能力建设”、“扎实有效开展思想政治教育”、“构建‘三全育人’体系”、“以开放思维推进产教融合、校企合作”、“构建高水平专业群”、“深入推进教育教学综合改革”、“建立质量控制与质量保证体系”、“打造力量雄厚的师资队伍”、“提升智能智慧的信息化建设水平”和“构建保障体系”十个维度的设想，丰富了高职教育理论，提供了此类高职院校高质量发展的路径和案例，既具有一定的理论性，又具有较强的操作性，具有较强的实践指导意义和价值。

当然，由于职业教育的特殊性和复杂性，特别是基于我国的职业教育起步较晚、传统文化对职业教育的认知影响等诸多原因，我国的职业教育还存在着体系建设不够完善、职业技能实训基地建设有待加强、制度标准不够健全、企业参与办学的动力不足、有利于技术技能人才成长的配套政策尚待完善、办学和人才培养质量水平参差不齐等问题，这不仅仅是市州级地方高职院校高质量发展本身和这个课题的研究就能够解决的。所幸的是，国家已经高度重视这些问题，并为此陆续推出《国家职业教育改革实施方案》《职业教育提质培优行动计划（2020—2023年）》，并重新修订颁布了《中华人民共和国职业教育法》，为职业教育“大有可为、大有作为”提供了越来越有力的保障，为发展具有中国特色的职业教育奠定了越来越坚实的基础。相信我国的职业教育在习近平新时代中国特色社会主义思想的指引下，通过全体职教人的共同努力，作为同等重要教育类型的职业教育，一定能得到更好质量和更高水平的发展，使职业教育和普通教育一样得到国人的认同和重视，为更多人提供一个获得公平教育的权利和实现人生价值的上升通道，成就每个人人生出彩的机会，并以自己的特色成为世界职业教育的样本案例，为全球职业教育的发展贡献中国的解决方案，为发展全球经济和建设大同社会奉献中国的职教力量，为构建人类命运共同体做出中国职业教育的努力。

2022年7月17日 于北京

目录

第一章　绪论……………………………………………………………………1
第一节　研究的缘起 ……………………………………………………2
第二节　研究的视角 ……………………………………………………12
第三节　研究的逻辑 ……………………………………………………51
第四节　研究的方法 ……………………………………………………52

第二章　理论基础与调查分析…………………………………………54
第一节　地方高职院校高质量发展的理论基础 ………………………55
第二节　地方高职院校高质量发展的调查分析 ………………………67

第三章　路径之起始：以构建技术技能人才培养高地为目标指向………87
第一节　构建技术技能人才培养高地的意义 …………………………88
第二节　技术技能人才培养高地的内涵特征 …………………………92
第三节　技术技能人才培养高地的建设现状 …………………………95

第四章　路径之引领：党建领航高质量发展……………………………99
第一节　地方高职院校党建工作现状与存在的问题 …………………100
第二节　地方高职院校推进党建工作的总体要求与主要内容 ………103
第三节　地方高职院校党建工作体系构建 ……………………………108
第四节　地方高职院校党建工作主要路径 ……………………………111

第五章　路径之布局：构建纵向贯通、横向融通的现代职教体系………115
第一节　现代职业教育体系现状与存在的问题……………………………116
第二节　现代职业教育体系建设的逻辑……………………………………123
第三节　地方高职院校现代职业教育体系构建主要路径…………………124
第四节　以职业教育本科试点为突破口构建纵向贯通的现代职业教育体系……………………………………………………………128
第五节　宜宾职业技术学院涉农专业“中高企”协同育人体系构建与实践……………………………………………………………………130

第六章　路径之体系构建：以“五大功能”构建地方高职院校的高质量发展体系……………………………………………………………133
第一节　核心任务：高素质技术技能人才培养……………………………134
第二节　发展动力：紧贴产业发展的科技创新……………………………145
第三节　服务支撑：面向政府、社会、企业、三农的社会服务…………157
第四节　思想底蕴：建立文化自信和推进文化传承与创新………………169
第五节　国际竞争：建立世界视野推进国际交流与合作…………………178

第七章　路径之实现：推进高质量发展的十个维度……………………188
第一节　加强治理体系与治理能力建设……………………………………189
第二节　扎实有效开展思想政治教育………………………………………209
第三节　构建“三全育人”体系……………………………………………216
第四节　以开放思维推进产教融合、校企合作……………………………224
第五节　构建高水平专业群…………………………………………………240
第六节　深入推进教育教学综合改革………………………………………249
第七节　建立质量控制与质量保证体系……………………………………259
第八节　打造力量雄厚的师资队伍…………………………………………267
第九节　提升智能智慧的信息化建设水平…………………………………276
第十节　构建保障体系………………………………………………………289

后记……………………………………………………………………………293

第一章

绪论

第一节
研究的缘起

一、高职教育发展的历史沿革与发展现状

我国高等职业教育是伴随着国家经济和社会发展而逐步产生的，因其特殊的时代背景，高等职业教育从诞生之初就决定其肩负着重要历史责任，尤其是1978年改革开放以来，我国高等职业教育成功实现从量变到质变的飞跃，一大批以“培养多样化人才、传承技术技能、促进就业创业”为培养目标的职业院校的出现，标志着我国高等职业教育开始起步①，并逐步发展成为一种重要的教育类型，长期致力于服务地方经济建设，培养高素质技术技能人才。历经百余年的发展，实践证明我国高等职业教育对经济和社会发展做出了巨大贡献。

（一）高等职业教育发展的历史沿革

1. 高等职业教育的历史追溯

回顾我国百余年高等职业教育产生和发展的粗略脉络，根据时间来划分，我国高等职业教育的发展经历了萌芽、初创、快速发展和内涵提升四个阶段，并以1978年为时间节点，分为改革开放前的职业教育和现在的职业教育。但我国教育史学界又把19世纪60年代创办的实业教育作为我国近代职业教育的早期阶段进行研究，普遍认为当年的同文馆是我国现代教育之开端②，追本溯源，我国高等职业技术教育则始于清末创办的高等农工商实业学堂，到1906年后以改良吏治、培养佐理新政人才为宗旨的“法政学堂”发展最快。辛亥革命后，1912—1913年中华民国政府在制定、修补的《壬子癸丑学制》中把高等实业学堂改称为“专门学校”③。至1925年，专门学校只留下58所，直至1928年5月15日，在南京举行的第一次全国教育会议，通过了《中华民国学校系统案》，将专门学校改称为专科学校。④1929年8月，南京国民政府公布《专科学校组织法》，重新规定专科学校应以“教授应用科学，养成技术人才”为目标。考究教育史学界的材料可看出，一是民国期间的专科学校和清末的高等实业学堂，都具有服务产业

① 冯琦琳．高等职业教育可持续发展研究［M］．上海：复旦大学出版社：2014：300.

② 杨金土．20世纪我国高职发展历程回顾［J］．中国职业技术教育，2017（09）：5-17.

③ 同②49.

④ 徐娟，张耀华．高职院校学生就业能力发展的影响因素［J］．职教论坛，2017（13）：49-50.

行业、崇实务实这两个基本特性；二是在现代高等教育发展的过程中，短年制的专门学校和专科学校始终处于边缘地位。中华人民共和国成立以后，在1949年12月23日至31日召开了第一次全国教育工作会议，为加快恢复因战乱影响的国民经济建设，尤以振兴工农业为要务，急需培养大量服务于各类产业的技术和管理人才，政府开始开展大力发展“专科教育”，但在1961年国民经济调整时期，专科学校纷纷下马[①]。“文化大革命”时期，高等专科教育同其他教育一样遭受重创，损失惨重。然而，我国的高等职业教育始于1980年8月在南京成立的“金陵职业大学”，随后江汉大学、无锡职业大学等十余所短期职业大学也相继开启高等职业教育办学历程，同时，在这一时期中央和地方先后建立了128所职业大学，这些学校的建立标志着我国特色高等职业教育雏形初步形成，并为后来高等职业教育的调整和规模发展奠定了较好基础[②]。据2023年全国教育事业统计主要结果显示，2021年全国独立设置的高职专科院校共有1547所，在校生人数1707.85万，从布局上来看，职业教育与地方经济发展紧密相连的高职教育格局基本形成，从规模上来看，高等职业教育已成为我国高等教育的重要组成部分[③]。

2．高职教育发展的历史脉络

（1）新中国现代化进程中的职业教育：1949—1976年

众所周知，中华人民共和国从建立至今，已有70多年的发展历程，每一段历程中都有着一段特有的“中国故事”。按照历史事件的时间轴，学界常把1949—1976年亲切地称之为“曲折发展的岁月”，因为它代表着新中国的现代化进程是在曲折中前进的。在实现现代化的进程中，我国先后经历了过渡时期、全面建设社会主义时期、“文化大革命”时期三个阶段。在黄炎培先生“劳工神圣、双手万能”的先进职业教育理念引领下，使得职业教育开始逐步发展，而分析该阶段职业教育的基本特征，是研究新中国现代化进程中职业教育的重要内容。

1949年中国结束了30年的新民主主义革命，中华人民共和国成立初期，中国的职业教育基础整体较为薄弱，民国时期虽经历了实业教育改革（1912—1922年）、职业教育兴起（1922—1926年）、职业教育发展（1926—1949年）三个阶段，初步有了现代职业教育体系框架的影子[④]，具有潜在进一步发展职业教育的可能。但国内历经战乱，在中华人民共和国成立前，我国教育事业十分落后，文盲众多，基础教育薄弱，文盲、半文盲占总人口的80%以上，人均受教育年限仅有1.6年，而高校在校生只有11.7万人，摆在新中国面前一个重要的任务就是扫除文盲。中华人民共和国成立后，于1949年12月23日至31日，历时8天，召开了中华人民共和国成立后的第一次全国教育工作会议，

① 李胜，刘庆根．高等职业教育发展驱动力研究［J］．职教通讯，2020（01）：47-52.

② 曾庆琪．改革开放以来我国高职教育发展回顾与展望［J］．职业技术教育，2014，35（19）：22-26.

③ 柳海霞．我国高职教育发展面临的问题及对策研究［D］．青岛：青岛大学，2008.

④ 兰自珍，杨佩霞．民国时期职业教育体系的演变及特点［J］．职业教育研究，2007（11）：179-180.

并结合国情，明确提出，新中国的教育是新民主主义的教育，主要任务是提高人民文化水平。此外，会议提出要以老解放区新教育经验为基础，吸收旧教育有用经验，借助苏联经验，建设新民主主义教育，并提出教育必须为国家建设服务，学校必须为工农开门的总方针，尤其是确立借助苏联经验发展要求，为后续现代职业教育的发展指明了方向，奠定了新中国教育体系的基本框架和格局。

中华人民共和国成立后，从经济恢复时期（1949—1952年）、工业化开始到过渡时期（1953—1956年），基本上实现国家工业化和对农业、手工业和资本主义工商业的改造，在过渡期内，职业教育培养了一批优秀的技术工人服务于我国的产业体系，1950年，政务院批准《专科学校暂行规程》，新中国逐步着手对旧式高校进行接管和改造。1952年以后，根据国家建设的需要，全国进行了大范围的高等学校院系调整；在全面建设社会主义时期（1956—1966年），"文化大革命"时期（1966—1976年），尤其是在十年"文化大革命"期间，较多学校停办，我国教育事业在一定程度上受到了影响。

（2）社会主义现代化建设新时期中的职业教育：1978—2018年

从1978—2018年是我国改革开放的四十年，随着经济社会的快速发展，社会分工进一步细化，各行业对人才的需求与日俱增，四十年来，我国的职业教育从借鉴学习、摸索前行、稳步探索，历经艰难困苦，终玉汝于成，同时在国家出台的一系列利好政策引导下，尤其是全国职业教育大会的召开，进一步奠定了职业教育在国民教育中的重要地位，使得职业教育迎来了良好的发展环境与改革机遇期。

十年的"文化大革命"使党、国家和人民遭受到了中华人民共和国成立以来最严重的挫折和损失，致使中国经济和教育在相当长的一段时间里一直停滞不前，人才在一段时间内极度短缺。直至1978年，党的十一届三中全会召开，会议提出要实施改革开放，把经济建设作为今后的工作重心。这一伟大的壮举，使得教育为经济社会培养合格建设者的功能再度显现，乘势良好的发展环境，职业教育的功能再次开始逐渐凸显，高职教育的重心又被重新定位到培养职业技能人才上，同期曾一度出现了兴办职业大学的热潮，高职教育逐步开启真正的萌芽发展。进入20世纪80年代，国家实行改革开放，发展社会主义市场经济，在社会生产力发展的要求下，工业发达地区率先办起了职业大学，其中比较著名的有天津职业大学、广州职业大学等，部分学校现今都活跃在高职教育的前沿。20世纪八九十年代，在广东发起了"新大学运动"，仅广东一省就创办了11所地方大学，如惠州大学、东莞理工学院等。现在这些大学大都升格为本科院校，开始注重学术型研究人才的培养，而本身具有的职业教育任务和功能开始逐渐减退。对此，有学者专门就此问题进行了研究，曾在《高等教育研究》中深入探讨这批学校的办学经验，探讨认为，"随着经济社会的发展，中心城市办学将成为高等教育地方化的基本力量，在一个发展不平衡的大国，中心城市政府作为办学主体（举办者之一），牵头兴办各类中学后教育以培养应用型人才，有重要的现实意义”。[①]1985年，中共中央发表了《中共中央关于教育体制改革的决定》（下面简称《决定》，指出高职教育的方向是“积极发展高等职业技术院校，逐步建立起一个从初级到高级、行业配套、结构合理又能与普通教育相互沟通的职业技术教育体系”。《决定》中提到“高中毕业生一部分升入普通大学，一部分接受高等职业技术教育”[②]，此《决定》为高职教育的发展提供了目标和方向，它要求高职教育形成自有体系，明确高职教育的生源主要来自高中毕业生，高中毕业生以高考成绩分别成为普通大学和职业院校学生，使得高职教育形成了职业大学、高等专科学校和地方性大学三种主要形式。

20世纪90年代以后是我国高职教育发展较为快速的一个时期。1999年发表的《中共中央国务院关于深化教育改革全面推进素质教育的决定》进一步指出：“高等职业教育是高等教育的重要组成部分。要大力发展高等职业教育，培养一大批具有必要的理论知识和较强的实践能力，生产、建设、管理、服务第一线和农村急需的专门人才。”1998年高等教育开始迈入大众化发展阶段，普通高校开始广泛扩招，高职教育也在此时实现了大发展，各地相继创建了近百所职业技术学院，2002年国务院召开的全国职业教育工作会议就指出，要扩大高等职业教育的规模。2005年的会议更提出进一步的要求：“高等职业教育招生规模占高等教育招生规模的一半以上。‘十一五’期间，要为社会输送1100万名高等职业院校毕业生。”此时正迎来以职业学院为代表的高职教育发展繁荣时期，这个时期独立设置的职业技术学院是高职教育主要的实现形式，不少高职学院陆续建立，其中有高等专科学校和职业大学，以及成人高校和普通高校下设的职业技术学院。高职教育实现形式变得越来越多样化，各种指导性政策和文件明确了高职教育的任务、人才培养模式、质量评估和管理等指标，各高职学校也逐渐形成了一定的规模和体系。2004年教育部发布的《关于全面开展高职高专院校人才培养工作水平评估的通知》（教高厅〔2004〕16号）要求在全国开展高职院校教育水平评估工作，初步建立起符合高职教育特点的教育质量评估指标体系。从2006年起，教育部相继提出要重点建设100所示范性高等职业院校、100所国家骨干高等职业院校和200所国家级优质高等职业院校，打造一批示范专业、精品课程和实训基地，促进工学结合人才培养模式，至此高职教育发展得有声有色，成为高等教育的一支强大生力军。

（3）新时代的职业教育：2019年至今

新形势下我国高等职业教育已进入由外延扩张到内涵提升的新阶段，坚持以习近平新时代中国特色社会主义思想为指导，是我国新时代职业教育坚定不移的发展方向。2019年1月《国家职业教育改革实施方案》颁发，明确提出：职业教育与普通教育是两种不同教育类型，具有同等重要地位。自改革开放以来，职业教育经历“起、

---

① 朱国仁．西方高等教育的传播与中国近代高等教育的形成［J］．高等教育研究，1997（04）：82-88.

② 魏真．我国高等职业教育投资政策实效分析［J］．教育与职业，2011（03）：9-11.

承、转、优”四个阶段后，我国现代职业教育框架全面建成，随着我国进入新的发展阶段，产业迭代升级和经济结构调整不断加快，各行各业对技术技能人才的需求越来越紧迫，职业教育重要地位和作用越来越凸显。但是，与发达国家相比，与建设现代化经济体系、建设教育强国的要求相比，我国职业教育还存在着体系建设不够完善、职业技能实训基地建设有待加强、制度标准不够健全、企业参与办学的动力不足、有利于技术技能人才成长的配套政策尚待完善、办学和人才培养质量水平参差不齐等问题。

对此，习近平总书记对职业教育工作作出重要指示强调，在全面建设社会主义现代化国家新征程中，职业教育前途广阔、大有可为。夯实基础、补齐短板，着力深化改革、激发活力，加快构建纵向贯通、横向融通的中国特色现代职业教育体系，大幅提升新时代职业教育现代化水平和服务能力，是未来很长一段时间我国高职教育的发展必由之路。办好新时代职业教育，历经激发活力，增强改革发展的原动力阶段，提出以《国家职业教育改革实施方案》（即“职教二十条”）为契机，抢抓改革机遇。历经强化内涵建设，凸显职业教育类型特色，提出创建国家“双高校”，树立具有中国特色的职业教育质量品牌，通过打造一批示范院校，培养一大批优秀毕业生，提升职教学生和职业院校的荣誉感，提升职业教育的社会认可度，促使我国经济由高速增长阶段转向高质量发展阶段，职业教育作为与经济社会发展高度紧密、最直接，历经提质增效，提升职业教育服务发展能力。

（二）高职教育发展现状

从中华人民共和国成立至今，我国高等职业教育经历了初创、快速发展、内涵提升三个阶段①，历经70多年摸索前行、大胆实践、改革创新，实现了跨越式发展，已取得了巨大的成就，并在全世界的职业教育中发挥着重要作用，为我国的社会主义建设培养了数以亿计的技术技能型人才，已逐步走出一条具有中国特色社会主义的“高素质技术技能”人才培养范式，并得到世界的广泛认同。

高职院校的办学方针是“以服务为宗旨，以就业为导向”。职业教育作为支撑经济发展的重要供给侧，在我国经济转型的背景下，主动寻求高质量发展以切合经济发展需求。改革开放以来，我国职业教育尤其是高等职业教育经历三次大规模的扩招，1999年高等教育进入快速扩招阶段，高等职业教育发展提到新的高度，职业学校升为高等职业院校拉开序幕，这是继改革开放后，职业教育供给侧结构性改革主动适应经济社会发展需求。在历经20余年的发展后，我国现代职业教育职业体系全面建成，在此期间，高等职业院校的数量也实现了成倍增长，从400余所到如今的1400余所，规模

① 陈保荣．改革开放四十年天津市高等职业教育研究综述与启示［J］．新疆职业大学学报，2019，27（04）：31-35．

空前宏大。2019年3月，李克强总理在政府工作报告中，首次提到2019年要对高职院校实施扩招，人数是100万人，提出让更多青年凭借一技之长实现人生价值，此次扩招涉及1418所高职院校。2020年5月，在全国两会上，李克强总理在做政府工作报告时，明确提出两年高职扩招200万的任务，充分体现出涉及范围之广，力度之大。高职扩招是党中央、国务院做出的重大决策，是落实《国家职业教育改革实施方案》（简称“职教二十条”）的重要举措，是职业教育改革发展的重大机遇，对我国高等职业教育发展产生重大影响。

经过新一轮的高等职业教育改革，我国高职教育发展格局已初步构建，形成了以职业大学、高等专科学校、成人高校、少数重点中专、技工学校、部分普通高校的二级学院等办学机构为主体的六种办学形式，培养目标和发展方向日益明确，在教育体系中的地位日趋凸显，职业教育作为区别于普通高等教育的一种独立类型，越来越得到社会各界的广泛关注和认同。①但需要指出的是，一种新的高等教育类型从产生到成熟是需要经历一段较长时间。我国高等职业教育从孕育到发展，从决策到实践，仅短短20余年，与国外高职教育四五十年的发展历史及我国普通高等教育的百年光阴相比还只是正在成长中的新苗，并且其所依赖的发达工业化的外部环境也并不具备，加之受到文化传统及其他社会因素的影响和制约，未来我国高职教育的发展必将面临诸多的困难和严峻的挑战。

二、高职教育高质量发展的历史方位

方位，即方向和位置，通常用作判断某一物理实体所处时空状态而使用的概念；历史方位，则主要指某一社会历史事件所处的阶段或状态②。厘清事物的历史方位不仅关系着事物前进与发展的前提性和基础性问题，而且能凸显出事关发展道路更为具体的机遇、机制、战略和路径等现实问题。2021年1月，习近平总书记在省部级主要领导干部学习贯彻党的十九届五中全会精神专题研讨班开班式的讲话中强调，“正确认识党和人民事业所处的历史方位和发展阶段，是我们党明确阶段性中心任务、制定路线方针政策的根本依据，也是我们党领导革命、建设、改革不断取得胜利的重要经验”。

高职教育是我国首创的教育类型。伴随改革开放后经济转型升级，高职教育从无到有、从小到大、从弱到强，已经站在新的历史起点上③。无论是从党和国家的战略高度而言，还是从关系人民全面发展的根本立足点来看，准确厘定新时代高职教育高质量发展所处的历史方位，是揭示高职教育高质量发展存在的困境和面临的难题，切实

① 柳海霞．我国高职教育发展面临的问题及对策研究［D］．青岛：青岛大学，2008.

② 韩庆祥，刘雷德．论新时代“历史方位”的鲜明标志［J］．马克思主义研究，2019（11）：31-39.

③ 谢俐．中国特色高职教育发展的方位、方向与方略［J］．现代教育管理，2019（04）：1-5.

把握经济与社会发展对高职教育的实际需求，发挥高职教育促进技能型社会建设及人力资源强国建设作用的重要前提和基础。鉴于此，全方位、多层次、广角度审视新时代我国高职教育高质量发展所处的历史方位显得尤为必要。

（一）时代坐标：把握国际国内“两个大局”

2019年5月，习近平总书记在江西考察时指出，“领导干部要胸怀两个大局，一个是中华民族伟大复兴的战略全局，一个是世界百年未有之大变局，这是我们谋划工作的基本出发点”。在中华民族伟大复兴的战略全局和世界百年未有之大变局历史性交汇的背景下，教育内外环境发生深刻变化，跳出教育看教育、立足全局看教育、放眼长远看教育，准确识变、主动求变、积极应变，推进高职教育高质量发展。

1. 战略全局：中华民族之伟大复兴

习近平总书记在庆祝中国共产党成立100周年大会上的重要讲话中指出，“一百年来，中国共产党团结带领中国人民进行的一切奋斗、一切牺牲、一切创造，归结起来就是一个主题：实现中华民族伟大复兴”。中华民族伟大复兴战略全局就是要实现“两个一百年”奋斗目标的国内大局，这是在以习近平同志为核心的党中央的统筹推进下形成的为中华民族伟大复兴中国梦共同奋斗的战略态势。实现中华民族的伟大复兴，是近代以来中国历史发展的主旋律，是新时代中国共产党人的历史使命，在统筹和推进“五位一体”总体布局和“四个全面”战略布局中彰显全局性战略地位。“全局性”代表着系统、全面和整体，体现着战略意义的重大，影响着全社会的方方面面。

教育是民族振兴、社会进步的重要基石，是功在当代、利在千秋的德政工程。党的十九大报告指出，“建设教育强国是中华民族伟大复兴的基础工程”。2021年4月19日，习近平总书记在清华大学考察时指出，我国高等教育要立足中华民族伟大复兴战略全局和世界百年未有之大变局，心怀“国之大者”，把握大势，敢于担当，善于作为，为服务国家富强、民族复兴、人民幸福贡献力量。高职教育作为职业教育体系中重要支撑和引领力量，需要充分发挥自身作为高素质技术技能人才培养的载体功能以及在国民教育体系和人力资源开发体系建设中的主体作用，增强职业技术教育适应性，全面提升高素质复合型技术技能人才培养质量，为实现中华民族伟大复兴提供坚强支撑。因此，必须坚持把职业教育特别是高职教育的高质量发展作为推动实现中华民族伟大复兴的重要先手棋和重要基础性工作。

2. 大变局：世界格局百年未有之革命性重塑

习近平总书记指出，百年未有之大变局并非一时一事、一域一国之变，而是世界之变、时代之变、历史之变。世界百年未有之大变局，就是国际治理体系、经济科技及安全形势新变化的国际格局。一是全球治理体系的大变局。以中国为代表的新兴市场国家和发展中国家群体性崛起，国际力量对比更趋均衡。二是经济科技领域的大变局。新一代移动互联网、物联网、大数据、人工智能、区块链、量子通信等高新科技推动新一轮科技革命和产业变革纵深发展。三是国际形势的大变局。和平、发展、合作、共赢已成为时代潮流，但全球气候变化、极端主义、恐怖主义等问题持续发酵、交织和蔓延[①]。随着中国日益走向世界舞台中央，中国成为塑造这一大变局的重要支撑性力量，不断为人类社会发展做出更大贡献。

在这一世界大变局中，我国面临更为复杂多变的国际形势，世界仍处于大发展、大变革、大调整时期，充满希望，也面临各种挑战和不确定性、不稳定性，机遇和挑战并存成为世界百年未有之大变局下中国发展的鲜明特征。2024年11月14日，教育部新闻发布会宣布，我国已经建成了世界上规模最大的职业教育体系，职业教育实现历史性跨越，但是职业教育整体质量距离构建新发展格局、实现高水平的自立自强的战略需求相比，还有较大差距。要在国际竞争中赢得主动，不仅需要拔尖创新人才，也需要数以亿计的高素质技术技能人才，把先进的技术设备转化为生产力，提高劳动生产率，进而增强我国在全球产业链、供应链、创新链中的安全性和影响力。因此，要把加快发展现代职业教育特别是高职教育作为塑造国际竞争新优势的战略之举。高职教育必须放眼全球，必须更加坚定地扎根中国、融通中外、立足时代、面向未来，坚定不移地走好高职教育高质量发展之路，在对国家、民族、人民的贡献中建功立业，在创新发展、高质量发展中为世界高职教育贡献“中国模式”[②]。

（二）时代担当：把握“新阶段、新征程”

《关于推动现代职业教育高质量发展的意见》明确指出，“在全面建设社会主义现代化国家新征程中，职业教育前途广阔、大有可为”。职业教育特别是高职教育，承载着为全面建设社会主义现代化国家、实现中华民族伟大复兴的中国梦提供有力人才和技能支撑的时代重任。

1. 新阶段：中国特色社会主义进入新时代

随着全面建成小康社会目标的如期实现，我国步入新的发展阶段。在党的十九大报告中，习近平总书记指出，“经过长期努力，中国特色社会主义进入了新时代，这是我国发展新的历史方位。”这一“新时代”，是在中国共产党的领导下，承前启后，继往开来，在新的历史条件下继续夺取中国特色社会主义伟大胜利的新时代；是决胜全面建成小康社会，进而全面建设社会主义现代化强国的新时代；是全国各族人民团结奋斗、不断创造美好生活、逐步实现全体人民共同富裕的新时代；是全体中华儿女勠力同心、奋力实现中华民族伟大复兴中国梦的新时代。新时代新发展阶段就是我们党带领人民迎来从站起来、富起来到强起来历史性跨越的新阶段，着眼于到2035年基

① 王文章．新时代统筹好“两个大局”的基本内涵［J］．人民论坛，2021（16）：64-67.

② 陈子季．推动现代职业教育高质量发展［J］．教育家，2021（51）：1.

本实现社会主义现代化远景目标的新阶段，着力全面建设社会主义现代化国家的新阶段[①]。

进入全面建设社会主义现代化强国的新时代，我国社会主要矛盾已经转化为人民日益增长的美好生活需要和不平衡不充分的发展之间的矛盾。同样，职业教育的主要矛盾也在发生变化，表现为人民群众和经济社会对优质职业教育需要和不平衡不充分的发展之间的矛盾。进入新时代，人民美好生活需要日益广泛，对职业教育结构和质量提出了更新更高的要求，经济社会发展更加需要优质、多层、多样的职业教育。实现新时代、新阶段的新发展目标，国家对高素质技术技能人才、能工巧匠、大国工匠的渴求比以往任何时候都更加强烈，对高质量职业教育的需要比以往任何时候都更加迫切。我们必须认识好、把握好、运用好我国职业教育发展重要战略机遇期，借势用势、谋势造势，整体推进职业教育特别是高职教育高质量发展，为建设教育强国、人力资源强国、技能型社会提供强力支撑[②]。

2．新征程：全面建设社会主义现代化国家

在全面建成小康社会基础上全面建设社会主义现代化国家，顺利实现“两个一百年”奋斗目标有机衔接，是我国发展中十分紧要的一步。从这个大的时代背景出发，才能深刻认识开启新征程的战略意义。党的十九届五中全会审议通过的《中华人民共和国国民经济和社会发展第十四个五年规划和2035年远景目标纲要》，集中体现了我们党对于新时代中国特色社会主义发展的战略安排和考量，开启了我国全面建设社会主义现代化国家新征程，吹响了向第二个百年奋斗目标进军的号角。教育是促进现代人与社会协同发展的重要途径，教育的现代化发展直接参与构建中国特色社会主义的历史进程，是新时代中国特色社会主义的重要动力。新时代标定了中国特色社会主义的历史方位，从而指明了中国教育事业的历史方位。在此历史背景下，提升教育质量是中国教育改革和发展的核心使命。

推动职业教育与经济社会同步发展、发展职业教育是社会主义现代化建设总体部署的应有之义和组成部分。《中国教育现代化2035》明确指出，在中国特色社会主义现代化建设的新征程中，要以教育现代化支撑国家现代化。《国家职业教育改革实施方案》指出，没有职业教育现代化就没有教育现代化，要把职业教育摆在教育改革创新和经济社会发展中更加突出的位置，大幅提升新时代职业教育现代化水平，把发展高职教育作为优化高等教育结构和培养大国工匠、能工巧匠的重要方式，为促进经济社会发展和提高国家竞争力提供优质人才资源支撑。《关于实施中国特色高水平高职学校和专业建设计划的意见》提出，集中力量建设一批“引领改革、支撑发展、中国特色、世界水平”的高职学校和专业群，引领职业教育服务国家战略、融入区域发展、促进

---

① 李景治．准确把握“新发展阶段”的历史方位和科学内涵［J］．学术界，2021（05）：5-13.

② 陈子季．增强职业技术教育适应性，开拓高质量发展新格局［J］．教育家，2021（05）：4-6.

产业升级，为建设教育强国、人才强国做出重要贡献。

（三）时代需求：把握“人民至上、服务发展”

以人民为中心，为人民服务，是新中国教育的立场、初心和使命。坚持面向需求、面向人人、有教无类，加快发展现代职业教育，是促进人的全面发展、促进经济社会全面协调可持续发展的重要途径。

1. 人民至上：践行人民至上发展思想

坚持人民至上，意味着党要一切为了人民群众，把人民放在心中最高位置，始终坚持全心全意为人民服务的根本宗旨，始终站稳人民立场①。中国共产党一经诞生，就始终把人民立场作为根本立场，把为人民谋幸福、为中华民族谋复兴作为初心使命，把坚持全心全意为人民服务作为根本宗旨。党的十八大以来，习近平总书记一再强调，“人民对美好生活的向往就是我们的奋斗目标”，要不断提升人民的获得感、幸福感、安全感。党的十九届六中全会在总结党的百年奋斗重大成就和历史经验的基础上进一步指出，“发展全过程人民民主，保证人民当家做主”“坚持人民主体地位，尊重人民首创精神，践行以人民为中心的发展思想”“不断实现好、维护好、发展好最广大人民根本利益，团结带领全国各族人民不断为美好生活而奋斗”。

中国人民是实现民族复兴的根本动力。随着我国高等教育由大众化阶段向普及化阶段的历史性转变，人民群众对高职教育的需求从“有学上”“阶段性教育”向“上好学”“终身学习”转变②。发展现代职业教育，对于促进人力资源开发和社会阶层流动，防止阶层固化，打通向上通道，扩增中等收入群体等具有重要作用。这对高职教育聚焦质量提升、实现内涵式发展提出了新的更高要求。党的十九大明确提出必须把教育事业放在优先位置，深化教育改革，办好人民满意的教育。《中华人民共和国职业教育法》规定，职校学生在升学、就业、职业发展等方面与同层次普通学校学生享有平等机会。坚定“以人民为中心”的教育立场，需要在保持教育发展体量的现实基础上，把提升教育质量作为其发展的本质规定，才能不失根基、不褪底色。因此，高职教育高质量发展必然体现面向人人，坚定人人皆可成才、人人尽展其才，不仅要让每个人都享有受教育的机会，而且要让每个人都有人生出彩的机会，服务全民终身学习，使人们获得自身发展和造福社会的能力，过上有尊严的幸福生活。

2. 服务发展：聚焦服务于高质量发展

高质量发展已经成为时代主题。随着全面建成小康社会如期实现，我国迎来了新的发展目标，即对经济发展的要求由高速增长转为高质量发展，人民群众的需求由物

① 马丽. 在新征程上坚持人民至上的历史方位与实践举措［J］. 中国井冈山干部学院学报，2021，14（06）：27-35.

② 陈子季. 努力办好人民满意的更高质量、更加公平的社会主义现代化教育——论习近平总书记教育思想的三个维度［J］. 国家教育行政学院学报，2017（02）：3-9.

质产品转向精神文化生活。面对党和国家事业发展的新需要及人民群众需求的变化，在实现全面建成小康社会的物质基础之上，习近平总书记提出要“努力实现更高质量、更有效率、更加公平、更可持续、更为安全的发展”①。目前，我国劳动人口的素质、结构还难以适应高端制造业和现代服务业发展的需要，提升劳动者职业适应能力的要求更加紧迫。因此，推进高职教育高质量发展，是在新发展阶段支撑经济社会高质量发展的必然要求。

服务经济社会发展是职业教育作为一种类型教育的基本属性②。实践证明，职业教育是推动产业转型、区域发展的重要支撑力量。全国职业教育大会指出，要把加快发展现代职业教育作为推动经济社会高质量发展的重要支撑，建设技能型社会，更好地服务高质量发展。《中华人民共和国国民经济和社会发展第十四个五年规划和2035年远景目标纲要》提出，坚持把发展经济着力点放在实体经济上，加快推进制造强国、质量强国建设。推进高职教育高质量发展，为科技发展和产业变革培养更多技术技能人才，更好地促进经济社会高质量发展。质量是职业教育发展的生命线，高职教育高质量发展，紧扣了提高质量这一时代主题。必须围绕这个主题，应势而谋、因势而动、顺势而为，奋力推进现代职业教育高质量发展。当前，高职教育坚守质量这条生命线，就是要把人才培养质量作为生存和发展的命脉，进一步加强高水平结构化创新型“双师型”教师队伍建设，不断提升内部治理机制，完善高质量人才培养体系，深化教育教学改革，创新人才培养模式，提升人才培养质量和效能。

——第二节——
研究的视角

一、高职教育在新发展阶段的新定位

（一）角色的转换：独立的类型教育

1. 观念的转换：职业教育文化自信建立

文化是影响职业教育发展最深层次的因素。建设职教强国，必须有强大的职业文化支撑。有关职业文化，我国还主要存在两个现象：第一，人均受教育程度提高，不是由一次性教育完成的，而是终身都有多次接受教育包括高等教育的机会。我国把高等教育毛入学率作为教育发展先进与否的标志，而德国和瑞士高职院校的毛入学率都

① 习近平．把握新发展阶段，贯彻新发展理念，构建新发展格局［J］．求是，2021（9）．
② 彭振宇．职业教育作为类型教育之我见［J］．教育与职业，2019（17）：5-12.

比中国低。在德国，一旦高职院校的在校生超过职业学校的在校生，政府就要发出预警，因为教育结构与经济和社会需求所形成的劳动力结构不相适应。2020年再次修订的德国《联邦职业教育法》就让职业学校的毕业生可以在继续教育领域获得与普通高等教育等值的学位证书。第二，技能大赛并非只是职业教育的嘉年华，而是全民参与的教育盛会。2013年7月3日在德国莱比锡的第42届世界技能大赛，发现来参观大赛的绝大多数是未成年人。德国之所以能在第二次世界大战后实现经济腾飞，在一片废墟上建设成一个世界一流强国，并在2008年国际金融危机之后又成为世界主要发达工业国家中唯一没“倒下”的国家，其中的重要原因就在于职业教育已经成为德国的一种先进文化现象，成为德国经济发展与改革的精神支柱。

然而，在我国教育领域，在社会文化层面还存在鄙视职业教育的现象。我们盲目追求高学历、高等教育毛入学率时是否应该反思，教育的根本目的是什么？职业教育的根本目的是什么？从这个角度去思考职业学校又是什么？学校不只是一个教育机构、一个学术机构，首先应该是一个文化机构。要理解职业教育，首先必须跳出职业教育看职业教育。只有明白应该在怎样的文化背景下发展职业教育，才知道如何改变职业教育在社会舆论上“不受人待见”的现状。

2. 定位的转变：职业生涯终身学习体系

对职业教育的哲学反思，应从职业教育与普通教育的区别开始。普通教育往往只有学校这一个学习地点，职业教育除了学校之外，还有企业这个不可替代的学习地点，以及其他社会机构。这意味着职业教育是一种跨界的教育，这是其与普通教育的重要不同点。“产教融合、校企合作、工学结合、知行合一”，就是职业教育特点的集中体现。单就“校企合作”而言，企业要赢利，学校要育人，要把赢利企业的功利性和育人学校的公益性有机整合在一起，职业教育必然有其不同于普通教育的独特规律。强调“工学结合”，要思考的是，工作有工作的规律，学习有学习的规律，然而人一生中在学校的学习时间远少于工作的时间，所以不能只教学生如何在学校里学习，还必须教会学生如何在工作中学习、如何基于工作过程学习、如何活到老学到老。

教育的发展要遵循关涉教育的科学——教育学的规律，职业的发展要遵循关涉职业的科学——职业学的规律，这表明职业教育的“元科学”有两个，即教育学和职业学。因此，职业教育要研究的领域比普通教育研究的领域多一倍。现在师范大学讲授的都是经典的学校教育学，当职业教育有了企业这样一个不可替代的教学地点时，是否需要有支撑企业教学的教育学如企业教育学呢？深入理解职业教育，必然要求在学校教育学与企业教育学、学习心理学与工作心理学之间进行跨界反思。从基于一个学习地点的定界教育走向具有两个或两个以上学习地点的跨界教育，这是职业教育和普通教育的最大区别。职业教育是跨界的教育。跨界的教育，必须有跨界的思考，这就是职业教育哲学反思的逻辑起点。[①]

3．推进的转变：职业教育发展途径演进

党的十九大报告指出："建设教育强国是中华民族伟大复兴的基础工程，必须把教育事业放在优先位置，加快教育现代化，办好人民满意的教育。"职教强国是教育强国的重要组成部分。

2019年1月，国务院正式印发《国家职业教育改革实施方案》（简称"职教二十条"），方案之始即鲜明提出"职业教育与普通教育是两种不同教育类型，具有同等重要地位"，针对"我国职业教育还存在着体系建设不够完善、职业技能实训基地建设有待加强、制度标准不够健全、企业参与办学的动力不足、有利于技术技能人才成长的配套政策尚待完善、办学和人才培养质量水平参差不齐等问题"明确提出"完善国家职业教育制度体系、构建职业教育国家标准、促进产教融合校企'双元'育人、建设多元办学格局、完善技术技能人才保障政策、加强职业教育办学质量督导评价、做好改革组织实施工作"七大条二十小条，为新时代职业教育发展指明方向和道路。

2020年9月，教育部、国家发展改革委、工业和信息化部、财政部、人力资源社会保障部、农业农村部、国务院国资委、国家税务总局、国务院扶贫办九个国务院职业教育工作部际联席会议成员单位联合印发《职业教育提质培优行动计划（2020—2023年）》（以下简称《行动计划》），教育部职业教育与成人教育司负责人就《行动计划》回答了记者提问，明确，《行动计划》是"职教二十条"的举措和行动方针。《行动计划》规划设计了10项任务，27条举措。一方面，加强顶层设计，对落实立德树人根本任务、推进职业教育协调发展、完善服务全民终身学习的制度体系、深化职业教育产教融合、校企合作、健全职业教育考试招生制度等进行部署。另一方面，聚焦关键改革，实施职业教育治理能力提升行动、"三教"改革攻坚行动、信息化2.0建设行动、服务国际产能合作行动、创新发展高地建设行动5项行动。

2021年4月，首次以党中央名义召开全国职业教育大会，习近平总书记做出重要指示，李克强总理做出重要批示，中共中央政治局委员、国务院副总理孙春兰出席会议并讲话。自此，职业教育正式进入提质培优、增值赋能的快车道。地方政府积极履行发展职业教育主体责任，强化政策配套力度。部省共建职教高地使得东中西部呼应的发展空间布局逐步形成。一体化研制颁布专业目录，丰富充实了类型教育特征。中职教育民生兜底作用显著，坚持就业升学两条腿走路，在体系中的基础性作用得到强化。专科高职教育扩招任务圆满完成，"双高校"建设迎来期中大考。职业本科教育起步发展，有力增强了职业教育适应性。职教国际合作交流"引进来"与"走出去"并重并举，开发并被国（境）外采用的专业教学标准、课程标准数量稳中有升。2021年10月，中共中央办公厅、国务院办公厅印发了《关于推动现代职业教育高质量发展的

① 姜大源．关于职业教育的几点哲学反思［J］．教育与职业，2022（2）：5-12.

意见》，围绕贯彻落实习近平总书记重要指示和全国职业教育大会精神，定位于破除职业教育改革发展的深层次体制机制障碍，推动职业教育高质量发展。建设职业教育强国，必须有强大的职业文化支撑。作为一种跨界教育，跳出传统的学校教育学和学习心理学框架，重新审视上述关于知识的有序和无序、学习是做加法还是积分、知识和技能是构成还是生成、技术与技能的关系是层次还是类型、人才的社会分工是分层还是分类之间的关系，有利于更清楚地认识职业教育的基本规律和特点，从职业的社会分工和经济社会发展的需要与个性发展需要的角度，认识职业教育的社会地位和价值。

2022年4月20日，十三届全国人大常委会第三十四次会议表决通过了新修订的《中华人民共和国职业教育法》，于2022年5月1日起施行，这是职业教育法自1996年颁布施行以来的首次大修。新修订的职业教育法内容从五章四十条完善至八章六十九条，由现行法的3400余字修改为10000余字，内容更加充实，包含明确职业教育是与普通教育具有同等重要地位的教育类型，明确国家鼓励发展多种层次和形式的职业教育，着力提升职业教育认可度，建立健全职业教育体系，深化产教融合、校企合作，完善职业教育保障制度和措施等内容。

（二）职能的转换："四为服务"和"五大功能"的主要践行者

1. 四为服务：高职院校的责任与担当

2016年12月，习近平总书记在全国高职院校思想政治工作会议上发表了重要讲话，明确提出了高等教育"四为服务"的发展方向，即"为人民服务，为中国共产党治国理政服务，为巩固和发展中国特色社会主义制度服务，为改革开放和社会主义现代化建设服务"（以下简称"四为服务"）。"四为服务"深度契合我国特有的历史发展、文化传统、制度类型、意识形态和现实国情，既是我们扎根中国大地办好中国特色社会主义大学必须遵循的基本原则，也是我们走中国特色社会主义高等教育发展之路所面临的客观现实，更是中国特色社会主义高等教育未来发展的正确方向。背离了这个原则、脱离了这个实际、迷失了这个方向，我们的高等教育就容易变成西方高等教育的翻版，进而丧失我们的特色和优势。"四为服务"既提出了我国高职院校思想政治工作新的目标要求，也促使我们必须在正确分析形势、妥善应对挑战的同时，不断推进高职院校思想政治工作的实践创新。

（1）"四为服务"提出高职院校思想政治工作的新要求

高职教育"四为服务"是相互联系、不可分割、内在统一的有机整体。其中，"为人民服务"和"为改革开放和社会主义现代化建设服务"是党的教育方针的基本内容，也是我国高职教育长期坚持的基本原则；"为中国共产党治国理政服务"和"为巩固和发展中国特色社会主义制度服务"是习近平总书记的新提法，意在突出高职教育的中国特色，并进一步彰显了中国特色社会主义高职教育事业发展的核心价值取向。高职院校思想政治工作是高职教育事业发展的重要内容和关键环节，引领着高职教育"四为服务”的发展方向，是一项管根本、管长远、管未来的基础性、科学性、前瞻性工作。高职教育“四为服务”的提出，要求我们在进一步强化高职院校思想政治工作对高职教育发展方向引领的基础上，不断结合中国特色社会主义高职教育发展实际，着力提升高职院校思想政治工作的层次和水平。

第一，高职教育“为人民服务”要求高职院校思想政治工作坚持人民至上的价值取向。“全心全意为人民服务”是中国共产党的根本宗旨，也是高职教育“四为服务”的逻辑起点和价值基点。马克思、恩格斯在《共产党宣言》中曾庄严宣告：“过去的一切运动都是少数人的，或者为少数人谋利益的运动。无产阶级的运动是绝大多数人的，为绝大多数人谋利益的独立的运动。”“为人民服务”的思想在毛泽东时代得到了继承和发展，并且先后被写入中国共产党章程和党的教育方针。可以说，中国共产党成立100多年的历史，就是一部为追求和实现中国人民的根本利益而不懈奋斗的历史。

要确保“为人民服务”的价值取向在高职院校师生中落地生根，就要通过扎实推进并创新改进高职院校思想政治工作予以实现。一方面，要求教师必须坚持贴近学生，做到围绕学生、关爱学生、服务学生，在铸魂育人的伟大实践中实现自我价值。习近平总书记指出：“教师是立教之本、兴教之源，承担着让每个孩子健康成长、办好人民满意教育的重任。”教师坚持“为人民服务”的价值取向，就是要有大爱无疆的奉献精神、坚守底线的人格魅力以及弘扬社会主旋律、传播正能量的担当品质。由于高职院校学生正处于思想不断变化的过程中，因此必须按照习近平总书记关于新形势下高职院校思想政治工作要“因事而化、因时而进、因势而新”的指示精神，在探索和遵循思想政治工作规律、教书育人规律和学生成长规律的过程中增强自身本领，从而满足学生不同时期、不同阶段的现实需要，尤其是在关键的“灌浆”时期，更要为学生补足思想养分，满足学生的发展需求，努力使他们做到真学、真信、真懂、真用、真结合、真面对。另一方面，高职院校思想政治工作要为学生创设青年志愿服务等实践载体，提供接触社会的机会和渠道，搭建与人民群众沟通交流的平台，培养学生的主人翁意识和社会责任感。习近平总书记曾指出：“中国青年志愿者事业是我们党领导的共青团在新的历史条件下创新工作领域、服务社会需求的一大创举。”1993年12月，共青团十三届二中全会决定实施“青年志愿者行动”。之后，青年志愿者精神迅速成为当代中国青年的精神标识，青年志愿者工作也成为广大青年参与中国特色社会主义事业发展的重要载体，在团结带领一代青年跟党走、奋力实现中国梦的征程中发挥了重要作用。高职院校志愿服务在蓬勃发展的同时也存在着持续性不强、规范性不足、专业化程度较低等问题。2015年教育部印发《学生志愿服务管理暂行办法》，旨在加强对各级各类学校学生志愿服务工作的指导。高职院校思想政治工作要在政策指导下进一步推进学生志愿服务工作科学化、规范化、制度化建设，大力弘扬志愿服务精神，让广大青年学生在深入人民群众火热生动的社会生活中，不断培育尊重人民、热爱人民、永远和人民在一起的真挚情怀。

第二，高职教育“为中国共产党治国理政服务”要求高职院校思想政治工作必须自觉维护党对高职院校的领导权。高职教育为“中国共产党治国理政服务”，是由中国共产党的领导地位及其治国理政的实践需要决定的。毛泽东曾经指出，党政军民学，东西南北中，党是领导一切的。习近平总书记也反复强调：“坚持和完善党的领导，是党和国家的根本所在、命脉所在，是全国各族人民的利益所在、幸福所在。”高职院校作为意识形态工作的前沿阵地，更要自觉地坚持和加强党的全面领导，自觉地为党治国理政提供智力支持和人才支撑。

要使高职院校思想政治工作成为保证高职教育“为中国共产党治国理政服务”的重要抓手和载体。一方面，要自觉维护党对高职院校工作的领导权，确保高职院校始终成为传播党的声音和理论的牢固阵地、践行党的政治主张的坚强堡垒。一项事业能够凝聚多少人、凝聚什么样的人，首先在于领导者或领导集团能否获得广大人民群众的信赖和支持。要使高职院校真正成为党领导下的阵地和堡垒，最根本的是要坚决依靠、不折不扣地落实和完善党委领导下的校长负责制，通过切实加强高职院校党的建设，不断发挥党的领导作用，真正凸显高职院校党组织在高职院校各项工作中的核心地位。高职院校党委要全面加强自身建设，履职尽责、率先垂范，严格执行并自觉遵守政治纪律和政治规矩，创造良好稳定的工作环境，切实发挥领导核心作用。院系党总支要履行政治责任，确保党的路线、方针、政策及上级党组织的决定能够得以充分贯彻执行，把握好教学、科研、管理等重大事项中的政治原则、政治立场、政治方向，切实发挥政治核心作用。高职院校教师和学生党支部要坚持党组织生活的各项制度，创新方式方法，增强党组织活力，充分发挥党支部组织、教育、管理党员，宣传、引导、凝聚师生的主体作用。另一方面，要引导高职院校有效发挥智库作用，围绕中心、服务大局，为党治国理政献计献策。党的十八大以来，以习近平同志为核心的党中央在不断推进中国特色社会主义向前发展的伟大实践中，形成了一系列治国理政的新理念新思想新战略。但由于我国正处于全面建成小康社会的关键阶段，因而在应对国内外环境挑战、破解发展难题、回应人民群众期待等方面仍然迫切需要强有力的智库支持。高职院校具有人力资源集中、学科门类齐全、基础研究力量雄厚以及对外学术交流与合作广泛等优势，扮演着政府“外脑”和“参谋”的角色，发挥着智库作用。教育部根据党的十八届三中全会精神，于2014年初印发了《中国特色新型高职院校智库建设推进计划》，要求高职院校智库要服务深化改革的全过程，致力于“完善和发展中国特色社会主义制度，推进国家治理体系和治理能力现代化”的总目标。为此，高职院校思想政治工作必须引导高职院校智库聚焦党和国家关注的重大现实问题，坚持马克思主义的立场、观点和方法，牢牢地把握正确方向，扎实开展科学研究，将高职院校智库建设成为服务于党治国理政和中国特色社会主义伟大实践的重要平台。

第三，高职教育“为巩固和发展中国特色社会主义制度服务”要求高职院校思想政治工作致力于保证高职院校办学的社会主义方向。中国特色社会主义是植根于中国大地、反映中国人民意愿、顺应中国时代发展进步要求的科学体系，是融中国特色社会主义道路、中国特色社会主义理论体系、中国特色社会主义制度的统一体。中国特色社会主义制度不仅是中国特色社会主义的根本保障，也是中国发展进步的制度保障。经过我们党几代人的共同努力，中国特色社会主义制度已经得到极大发展，但在当前的时代境遇和多重挑战下，中国特色社会主义制度不会一成不变，还需在改革实践中不断成熟完善，焕发新的生机与活力。

独特的制度决定了我们独特的目标。如何巩固和完善中国特色社会主义制度，既是以习近平同志为核心的党中央高度关注的重大现实问题，也是决定中国特色社会主义高职教育培养目标和办学方向的长远问题。习近平总书记曾经指出："今天，摆在我们面前的一项重大历史任务，就是推动中国特色社会主义制度更加成熟更加定型，为党和国家事业发展、为人民幸福安康、为社会和谐稳定、为国家长治久安提供一整套更完备、更稳定、更管用的制度体系。"作为高职教育改革和改进的关键抓手，高职院校思想政治工作必须以巩固和发展中国特色社会主义制度作为现实出发点和根本立足点，以培养中国特色社会主义制度的拥护者和建设者为目标。一方面，要不断促进高职院校思想政治工作主渠道和主阵地的有机融合，构建一体化的工作格局，做好中国特色社会主义的宣讲传播工作。"主渠道"重在说理，把道理讲清、讲深、讲透；"主阵地"重在体验，通过日常思想政治教育的活动和载体，把理论具体化、形象化、生活化。二者需要紧密配合、高度统一、有效衔接。高职院校思想政治工作要充分发挥主渠道和主阵地的协同优势，阐明中国特色社会主义制度的优势和中国特色社会主义道路的历史必然性，用中国特色社会主义理论体系武装高职院校师生的头脑，牢固树立中国特色社会主义的文化自信，在道路、理论、制度和文化的有机统一中强化制度自信和制度认同。另一方面，要在继承传统的基础上搭建中国特色社会主义理论创新平台，以理论创新促进和带动制度创新。回顾中国特色社会主义的发展历程，我们总是把实践经验上升为理论，又用理论指导新的实践，再把这些实践经验和理论成果及时转化为党和国家的制度并固定下来，以此作为坚持和发展中国特色社会主义的根本保证。高职院校作为中国特色社会主义理论体系研究和创新的重要平台，要通过高职院校思想政治工作加大对马克思主义理论学科研究者的支持力度，发挥他们在科学研究中的示范作用，带动其他学科的研究者关注当代中国的现实问题，保证研究和教学的社会主义性质不变，从而以理论创新推动制度创新，为制度体系的创新发展提供理论支撑，发挥高职院校的"理论产出"作用。

第四，高职教育"为改革开放和社会主义现代化建设服务"要求高职院校思想政治工作必须聚焦人才培养的核心任务。改革开放是我国的基本国策，也是党的基本路线中"两个基本点"之一。沿着中国特色社会主义道路，集中力量进行社会主义现代化建设，则是我国宪法规定的国家根本任务。可以说改革开放和社会主义现代化建设是相互依存的关系，是我们在实现中华民族伟大复兴道路上必须长期坚持的路线与目标。高职教育是培养社会主义事业建设者和接班人的主要阵地，事关人才培养与民族复兴。高职教育作为当前全面深化改革中的重要一环，必然要继续服务于改革开放与社会主义现代化建设。

高职院校思想政治工作作为确保高职教育正确发展方向的重要一环，必须与高职教育同向同行，着力聚焦人才培养。高职院校思想政治工作聚焦人才培养的核心任务体现在：一方面要实现思想政治教育与专业知识教育在学生培养上的有机结合、交融贯通。改革开放和社会主义现代化建设，需要一大批具有较高思想水平、政治觉悟、道德品质和文化素养的优秀人才。习近平总书记指出："办好我们的高职院校，必须坚持以马克思主义为指导，全面贯彻党的教育方针。""要坚持不懈传播马克思主义科学理论，抓好马克思主义理论教育，为学生一生成长奠定科学的思想基础。"只重知识而不重思想的教育绝不是真正的立德树人，有才无德的人也绝不能称为"合格人才"。要处理好思想政治教育与专业知识教育、德与才、红与专的关系，确保思想政治工作与教育教学同心同行，始终贯穿教育教学的全过程。只有使思想政治工作与专业知识教育同向同行，才能真正完成为改革开放和社会主义现代化建设培养人才的核心任务。另一方面要提高思想政治工作队伍专业化、职业化水平。长期以来，高职院校思想政治工作队伍为改革开放和社会主义现代化建设事业的平稳运行、快速发展做出了不可磨灭的贡献。与此同时，纷繁复杂的工作形势也对我们的工作队伍建设提出了严峻挑战，要求我们必须重点抓好四支队伍：一是基层辅导员队伍是高职院校党组织基层工作的"播种机"，是直接管理、服务学生的主力军，必须从战略高度选齐、配强；二是思想政治理论课教师是马克思主义在高职院校实现中国化、时代化、大众化的"宣传队"，是大学生获取马克思主义理论知识的重要来源，必须不断提高他们的理论素养，丰富他们的教学手段；三是哲学社会科学课教师负有自觉投身思想政治工作的责任和使命，要成为高职院校思想政治工作的"吹鼓手"，应该做到高举旗帜跟党走，在专业课程教学中坚持马克思主义基本立场，做好协同配合工作；四是思想宣传工作队伍是高职院校思想政治工作的"先锋队"，他们要懂管理、善协调，不断推进理念创新和手段创新，发挥在高职院校意识形态工作中的"牵头协调"作用。

（2）"四为服务"驱动高职院校思想政治工作的新形势

改革开放以来，在党中央的正确领导下，我国高职院校思想政治工作成效显著，大学生思想政治教育质量与水平不断提升，教师队伍自身素质结构日趋完善，高职院校思想政治理论课建设取得较大进展，宣传思想阵地管理不断加强，为社会主义现代化建设做出了重要贡献。然而，随着全球化进程的加快和改革开放带来的社会变迁，我国高职院校思想政治工作客观环境发生了很大变化。客观地讲，高职院校思想政治工作正在进入从传统走向现代、从封闭走向开放的新的历史时期。这一时期既是国家最重视，同时也是挑战最大的时期;既最为稳定，同时变数也最多；工作途径、手段和载体最为丰富，同时也最需要深度整合、增强合力。面对新阶段、新形势、新挑战，要确保高职教育“四为服务”发展目标的顺利实现，高职院校思想政治工作必须妥善应对三方面的挑战。

第一是新一代师生思想变化的挑战。新一代高职院校学生见证历史，并全程参与全面建成小康社会这一伟大历史实践，他们的成长轨迹同国家发展、民族腾飞的轨迹相一致。这种广阔而光明的前景使得他们在个性上展现出更加独立自主、积极向上、充满自信、善于创新等鲜明特点。但由于社会转型和大环境的变化，使得他们虽充满自信但缺乏理性基础；虽善于选择但价值标准多样；虽高度独立但合作意识不强；虽思想多变但人生方向不明。尽管我们的思想政治工作取得了很大成效，但这类现象的存在也充分暴露了我们的工作在一定程度上存在着发力不精准、实效性不强等问题。广大青年教师的成长环境相对良好，绝大多数都接受过正规、系统的教育和培养，学历层次高，有的还具有国外教育经历，表现出视野宽广、阅历丰富、接受新鲜事物的能力强、与学生代沟较小、思维活跃等特点，他们作为新鲜血液使高职院校教师队伍不断焕发出生机与活力。但在少数青年教师中也存在着一定程度的政治意识弱化、理想信念不够坚定等问题。一些有过留学经历的青年教师常常鼓吹“外国的月亮比中国圆”；也有一些青年教师将高职院校教师职业仅仅作为养家糊口的手段，忽视了这一职业的崇高使命和重要责任。过去高职院校教师群体的思想政治工作曾发挥过重要作用，但现在看来，其影响程度在弱化，甚至出现了“失灵”“失效”等严重问题。在新一代高职院校师生中出现的思想行为新表现和新特点，对长期以来形成的高职院校思想政治工作模式提出了新挑战。能否妥善应对这一挑战，巧妙化解新时期高职院校师生思想行为的新问题，将直接关系高职教育“四为服务”的目标能否顺利实现。

第二是多样化社会思潮的挑战。改革开放以来，中国用近40年的时间走过了西方上百年的现代化历程，经济社会发展取得了举世瞩目的成就。日益开放的社会环境，使高职院校思想政治工作面临着高强度的外部压力，集中表现为多样化的社会思潮严重威胁着马克思主义在意识形态领域的一元化领导地位。人民论坛2016年发布的《2015值得关注的十大思潮调查报告》指出，有63.5%的受访者认为，2015年社会思潮门类繁多，主张各异，不同思潮之间争论、交锋激烈；历史虚无主义表现突出，居十大思潮第二位；新自由主义已连续六年位列年度十大思潮前三位。与此同时，西方国家还不断利用国际会议、学术交流、考察访问等时机，对中方人员施加意识形态影响。在哲学社会科学领域，历史虚无主义等思潮不断冲击着马克思主义唯物史观和中国共产党的革命史观。一些人通过大肆攻击党的领导人、侮辱革命先烈等手段，故意混淆视听，以达到“欲灭其国必先去其史”的目的。开放环境中出现的多元化思潮渗透的现象，直接导致学生质疑我们的思想政治工作，加之个别缺乏自信、持有悲观主义情绪的高职院校教师在课堂上给学生带来的负面影响，高职院校思想政治工作面临极为严峻的挑战。

第三是媒介生态不断革新的挑战。随着数字化、网络化为代表的现代信息技术的突飞猛进，互联网已成为当前高职院校思想政治工作面临的“最大变数”。网络深刻改变了大学生的求知方式、思维方式和交往方式，正成为利益诉求的集散地和舆论斗争的主战场。习近平总书记在全国宣传思想工作会议上指出："宣传思想工作是做人的工作的，人在哪儿重点就应该在哪儿。"强调要根据形势发展把网上舆论工作作为重中之重来抓。基于互联网技术的微博、微信等自媒体的普及对高职院校的影响日益突出，最直接的表现是学生接受知识、获取信息的渠道变得更加多样，学生接收的信息良莠不齐、真假难辨。媒介生态环境的深刻改变既为做好思想政治工作提供了机遇，同时也带来了巨大挑战。一方面，自媒体的普及、宣传渠道的扩展为开展高职院校思想政治工作提供了良好的平台。传统的思想政治课局限于"线下""课堂"等形式，授课时间相对固定、有限，传授的知识比较侧重理论性而缺乏与实践的结合，"我说你听""我讲你记""我考你背"的授课方式在大学生中已失去吸引力。传统教学方式的教学效果日渐式微，而借助网络平台推进高职院校思想政治工作，则更有助于引导大学生利用好碎片化的时间接受思想政治教育，从而实现思想政治工作的手段创新。另一方面，必须警惕西方话语霸权对国内民众媒体的严重影响。在经济全球化、世界多极化发展的今天，西方国家依靠强大的信息技术和现代传播体系强化其在全球范围内的话语霸权。他们借助日益密切的中西文化科技交往，利用互联网、慕课（MOOC）等媒介或平台，对我国知识界、学术界、文化界等开展多层次、宽领域的渗透，尤其是一些基金会、研究机构、非政府组织、信托基金以及科技协会等以各种援助之名实施操控，扰乱人们的思想，致使中国意识形态领域的斗争极为尖锐复杂，少数媒体已成为西方思想、学术话语在中国的"传声筒"和"留声机"，严重干扰了我国主流意识形态建设，破坏了马克思主义理论教育的群众基础，对高职院校思想政治工作提出了新的严峻挑战。

（3）"四为服务"统领高职院校思想政治工作的新定位

高职院校思想政治工作是确保中国高职院校始终沿着社会主义方向发展前进的重要法宝，必须结合新的工作形势和时代特点，在不断提升理论研究水平的过程中得到改进和加强，在不断拓展实践工作视域中通过不断摸索形成一套科学严谨的工作体系，并将其内化为行之有效的工具和手段服务于各项具体目标。高职院校思想政治工作既要引领高职教育"四为服务"的发展方向，又要服务于"四为服务"的现实需求。为此，以"四为服务"为统领，高职院校思想政治工作必须重点抓好三个点位。

第一要抓好合力育人。面对当前挑战最大、变数最多的新形势，高职院校思想政治工作要想有所作为，需要全校一盘棋，努力构建合力育人的长效机制。具体来说，需要形成三个合力：①主渠道与主阵地的合力。主渠道方面，瞄准思想政治理论课让学生"真心喜爱、终身受益"的目标，开展"四维并进，集成创新"的教学方法改革，通过研究学生、教材、教师、教学四个维度，力争实现规律把握与教学改革、教材指导与学生接受、教师主导与学生互动、教学即时性与教育日常化的"四个统一"。主阵地方面，瞄准增强日常思想政治教育的针对性和实效性这一核心目标，探索形成注重学生成长规律的分层次、分阶段教育方式，因群施教、因业施教、因时施教、因势施教，形成以学生为本，融合价值导向、需求指向、发展取向的教育模式。在主渠道、主阵地衔接上，构建教育教学一体化体制机制，有效整合高职院校思想政治工作资源，为全员、全程、全方位育人提供切实保障。②理论研究与实际应用的合力。在理论研究中始终关注如何将国家意识和党的思想理论转化为高职院校师生的思想意识和自觉行动，真正实现内化于心、外化于行。突出做好理论研究与实际应用的紧密结合，把实际工作中遇到的问题转化为研究课题，把工作成绩转化为理论成果，把经验上升为理论，切实把理论研究与现实关怀紧密联系在一起，以理论指导实践、以实践丰富理论，成为党和国家迫切需要的育人“智库”。③汇聚国内外资源的合力。在当前更加开放多元的社会背景下，中外文化的交流、交融、交锋不断向纵深发展，迫切需要思想政治教育打破固有模式，用世界的眼光和全球的理念为解决中国问题提供新范式，用科学的方法和包容的情怀，提升学科创新发展的理论自信和文化自信。高职院校要培养一批坚定马克思主义信仰，且当地离不开、业内都认可，国际可交流的高素质技术技能人才、能工巧匠、大国工匠。

第二要抓好整体布局。高职院校思想政治工作是一项系统工程，需要顶层设计、整体推进、协同攻关才能取得实效。因此在整体布局上要构建“一体化领导与专业化运行”的体制机制。一体化领导就是要在学校成立统一的思想政治教育工作委员会，将与思想政治教育相关的宣传部、教务处、学生处、马克思主义学院等部门的功能进行整合，齐头并进，形成合力。高职院校党委是指导整个系统高效运行的中枢核心；党委和行政机构的各个职能部门是保障整个系统协调运转的关键载体；工青妇等群团组织是维系合力与其作用对象的重要纽带。专业化运行，就是要提高各方面工作的科学化水平，切实提升思想政治教育的针对性、实效性以及吸引力、感染力。各科教师要高度负责、提高自身的道德素养，通过言传身教，将意识形态教育渗透到教育教学的各个方面；要深度挖掘各类专业知识型课程中的意识形态教育，加强课堂管理与教材管理，使学生在学习科学文化知识的同时，自觉加强思想道德修养，坚持主流意识形态。最终在全校范围内形成“顶层设计、统筹推进、协同联动、合力运行”的领导体制和工作机制。

第三要抓好薄弱群体。①学生群体。目前职业院校思想政治工作的核心目标是学生，随着近几年职业院校不断扩招，学生群体数量急剧膨胀，这一群体表现出管理松散、层次复杂、诉求多样、思想固化等特征。在这种情况下，学生的思想政治工作从工作理念、体制机制、队伍建设等方面给我们提出了新要求，既需要国家统筹考虑，又需要高职院校积极探索。②青年教师群体。一方面，青年教师的思想问题和实际问题紧密相连，他们在个人成长与现实发展上面临的生活压力、教学压力、科研压力等都会转化成为思想压力。另一方面，青年教师进修、学习的机会越来越多，很容易受到多元文化、各类社会思潮和意识形态的影响。因此，必须对青年教师群体重点关注、采取措施，让他们感受到党的关心关怀，使他们真正成为高职院校思想政治工作的中坚力量。

2. 五大职能：高职院校的价值与追求

国无德不兴，人无德不立。育人之本，在于立德铸魂。习近平总书记在北京大学师生座谈会上的讲话中指出："大学是立德树人、培养人才的地方，是青年人学习知识、增长才干、放飞梦想的地方。"立德树人，是中国特色社会主义高职院校办学治校的本质要求与价值诉求，是新时代高职教育现代化发展的生命和灵魂。高职院校肩负着人才培养、科学研究、社会服务、文化传承创新和国际交流合作的重要职能，推进立德树人根本任务落细落小落实，必须将其融入高职院校"五大"基本职能实现的各领域、各环节、各方面，以凝聚人心、完善人格、开发人力、培育人才、造福人民为工作目标，培养德智体美劳全面发展的社会主义建设者和接班人，为实现"两个一百年"奋斗目标和中华民族伟大复兴中国梦提供坚强的人才保障。

（1）政治方向：始终坚守技术技能的人才培养

高职教育是培养人、造就人的重要供给主体，大学的首要职能和本质职能是人才培养。中国特色社会主义高职教育需要在"培养什么样的人、如何培养人、为谁培养人"这一根本问题上做出回答，我国高职教育培养的是德智体美劳全面发展的社会主义建设者和接班人，培养一代又一代拥护中国共产党领导和我国社会主义制度、立志为中国特色社会主义奋斗终生的有用人才。

始终坚守人才培养的政治方向，首要是要坚定社会主义办学方向。2014年5月4日，习近平总书记在北京大学师生座谈会上的讲话对办好中国特色世界一流大学提出了新要求："世界上不会有第二个哈佛、牛津、斯坦福、麻省理工、剑桥，但会有第一个北大、清华、浙大、复旦、南大等中国著名学府。我们要认真吸收世界上先进的办学治学经验，更要遵循教育规律，扎根中国大地办大学。"中国特色社会主义大学的最大特征和最大优势就是始终坚持党的领导，始终坚持社会主义办学方向。必须把政治要求、政治纪律作为办学治校的首要标准，增强"四个意识"、坚定"四个自信"、做到"两个维护"，严防在政治方向、价值取向上出现偏差。应树立协同意识，把社会主义办学方向融入思想道德教育、文化知识教育、社会实践教育各环节，贯穿学科体系、教学体系、教材体系、管理体系各方面。应加强制度建设，把社会主义办学方向内化到大学建设和管理各领域、各方面、各环节，做到以树人为核心，以立德为根本，构建全员全程全要素立德树人的制度体系。

（2）学术取向：始终坚守应用为本的科学研究

习近平总书记在庆祝中华人民共和国成立70周年大会上的讲话中指出："今天，社会主义中国巍然屹立在世界东方，没有任何力量能够撼动我们伟大祖国的地位，没有任何力量能够阻挡中国人民和中华民族的前进步伐。"科学研究是保证社会主义中国巍然屹立世界东方的重要力量，是彰显伟大祖国世界大国地位的重要标识，是加快中国人民和中华民族前进步伐的第一动力。中国特色社会主义进入新时代，我国科学研究密集发力、加速跨越，实现了历史性、整体性、全局性的重大变化与伟大成就。高职院校承担着科学研究的重要职能，是国家创新体系的重要组成部分。充分发挥高职院校创新资源集聚、创新活动深入和国际交流活跃的优势，扎实推进高职院校科学研究工作，必须始终坚守科学研究的学术取向。

始终坚守科学研究的学术取向，首要是站稳学术立场。在“举什么旗、走什么路、铸什么魂”上站稳脚跟，旗帜鲜明地坚持马克思主义对科研工作的指导地位。在立足中国特色社会主义伟大实践、借鉴人类优秀文明成果的基础上，着力打造融通中外的新概念新范畴新表述，构建具有鲜明中国特色、中国风格、中国气派的哲学社会科学话语体系。高职院校应主动挑起理论研究的重担，深入开展重大理论问题、重大现实问题和重大实践经验的总结研究。切实提升研究质量和水平，形成一批有分量、有影响、能发挥作用的高质量创新成果。高职院校科学研究职能与科研院所科学研究职能的最大区别在于它始终是与科研育人紧密结合在一起的，应切实发挥科研工作的育人功能，积极普及科学知识、弘扬科学精神、传播科学思想、倡导科学方法，教育引导学生树立正确的政治方向、价值取向、学术导向，培养师生至诚报国的理想追求、敢为人先的科学精神、开拓创新的进取意识和严谨求实的科研作风，练就建设祖国、报效人民的过硬本领，自觉把爱国情、强国志、报国行融入国家和民族的事业中。

（3）价值导向：始终坚守助力产业的社会服务

高职院校作为教学中心和科研中心，理应充分利用优质资源成为社会服务的中心。高职院校的社会服务职能是社会政治、经济、文化等发展到一定阶段的产物，其具体内涵和要求也必然随着社会的变迁而发展变化。自20世纪末以来，我国高职教育经历了跨越式发展，角色定位也从传统的支持服务开始转向服务与引领同步。新时代高职教育的这种服务与引领具有鲜明的价值指向，它指向于高职教育发展方向必须同我国发展的现实目标和未来方向紧密联系，集中体现为“四为服务”，即习近平总书记在全国高职院校思想政治工作会议上所强调的：“为人民服务，为中国共产党治国理政服务，为巩固和发展中国特色社会主义制度服务，为改革开放和社会主义现代化建设服务。”这是新时代中国特色社会主义高职教育的初心使命，也是我国高职院校积极发挥社会服务职能的责任担当。

高职院校落实“四为服务”是一项长期艰巨的工程，要在落细落小落实上下功夫，立足高职院校创新资源与人才优势，扎实构建服务国家战略和区域经济社会发展的实践体系。一是构建服务师生需求实践体系。围绕学生、关爱学生、服务学生，不断提高学生思想水平、政治觉悟、道德品质、文化素养。把加强教师队伍建设作为基础工作来抓，政治上主动引导、专业上着力培养、生活上热情关心，让广大教师有用武之地、无后顾之忧，最大限度汇聚师生员工的智慧与力量。二是构建服务理论宣传实践体系。围绕重大理论和实践问题深入开展研究阐释，服务中国特色哲学社会科学“三大体系”建设；利用课堂讲坛、城乡基层、厂矿企业、广播电视、大报大刊、网络新媒体等阵地开展宣讲、积极发声、引领舆论。三是构建服务决策咨询实践体系。依托跨学科研究平台和高职院校新型智库，把服务科学决策、服务改革实践作为建库立库的根本任务，深入开展政策、理论、实践、战略研究，真正发挥外脑和参谋作用。四是构建服务精准扶贫实践体系。扎实做好精准扶贫、教育扶贫工作，找准贫困对象需求与学校优势的结合点，着力从传统“输血式扶贫”转变为新时代“造血式扶贫”，为“一个都不能少”和全面建成小康社会贡献高职院校的力量。

（4）文化自信：始终坚守人人出彩的传承创新

党的十八大以来，习近平总书记高度重视文化传承与创新，他要求：“对历史文化特别是先人传承下来的价值理念和道德规范，要坚持古为今用、推陈出新，有鉴别地加以对待，有扬弃地予以继承，努力用中华民族创造的一切精神财富来以文化人、以文育人。”高职院校是文化传承和文化创新的重要阵地，始终坚守文化传承创新的文化自信，既是高职院校的重要职能，也是落实立德树人根本任务的重要内容和实践抓手。

习近平总书记指出：“在5000多年文明发展中孕育的中华优秀传统文化，在党和人民伟大斗争中孕育的革命文化和社会主义先进文化，积淀着中华民族最深层的精神追求，代表着中华民族独特的精神标识。”这对于推进新时代高职院校文化传承创新职能的发挥具有重要启示意义。一是构建中华优秀传统文化传承创新实践体系。实施“中华经典诵读工程”“中国传统节日振兴工程”，开展“礼敬中华优秀传统文化”等文化建设活动，不断增强广大学生对中华优秀传统文化的归属感、认同感、尊严感与荣誉感。二是构建革命文化传承创新实践体系。深入挖掘革命文化的育人内涵，开展“传承红色基因、担当复兴重任”主题教育活动，组织编排展演以革命先驱为原型的舞台剧、以革命精神为主题的歌舞音乐、以革命文化为内涵的网络作品，有效利用重大纪念日契机和重点文化基础设施开展革命文化教育。三是构建社会主义先进文化传承创新实践体系。开展高职院校师生社会主义核心价值观主题教育活动，挖掘校史校风校训校歌的教育作用，广泛开展“我的中国梦”等主题教育活动，引导高职院校建设特色校园文化，把高职院校建设成社会主义精神文明的理论高地、实践基地和传播重地。

（5）国际立场：始终坚守中国特色的交流合作

习近平总书记在庆祝中华人民共和国成立70周年大会上的讲话中指出：“前进征程上，我们要坚持和平发展道路，奉行互利共赢的开放战略，继续同世界各国人民一道推动共建人类命运共同体。”把高职教育作为科教融合、文化传播、形象建构的实践载体，通过高职院校间的国际交流与合作，增进文化融合、科技协作和知识传播，是加快双一流建设、促进高职教育改革发展的重要途径。因此，2018年，习近平总书记在首届中国国际进口博览会开幕式上的主旨演讲中指出：“加快电信、教育、医疗、文化等领域开放进程，特别是外国投资者关注、国内市场缺口较大的教育、医疗等领域也将放宽外资股比限制”。特别是当中国日益走近世界舞台的中央、当中国为构建人类命运共同体谋求更大贡献时，高职教育应该发挥好国际交流合作的重要职能。这也是2019年2月中共中央、国务院印发的《中国教育现代化2035》，将“开创教育对外开放新格局”作为面向教育现代化的十大战略任务之一进行重点部署的重要原因。

新时代高职教育发挥好国际交流合作职能，有一个“为了什么，以谁为主”的问题，必须坚守中国立场。一是讲好中国故事。应采取有效措施着力提升中国智慧、中国方案的国际传播能力，加快中国学术的“走出去”步伐，推进中外高级别人文交流机制建设，讲好中国故事、传播好中国声音，切实增强中国学术的国际话语权。二是推进中国实践。推动中国高职教育走出去，扎实推进“一带一路”教育行动，加快建设中国特色海外国际学校，鼓励有条件的职业院校在海外建设“鲁班工坊”，构建世界一流大学的中国标准，为国际教育交流合作贡献中国智慧、中国方案。三是加强依法管理。当前世界范围内各种思想文化交流交融交锋更加频繁，应依法加强对境外资金和非政府组织资助的监管，防范抵御境外势力利用科学研究、学术交流及校园传教等方式对高职院校进行渗透。强化依法监管的法律依据，完善依法监管的操作指引，丰富依法监管的方式手段，切实提升依法监管的专业化、科学化水平。

3．职业教育高质量发展之五维并进

（1）五维度高质量发展职业教育的内涵

对职业院校而言，在教育教学过程中，人才培养是强基树标，强基是固本，是厚实基础、回归教学；树标是塑形，是确立新目标、达到新高度。科学研究是培优赋能，培优是构建梯队、层级培养，赋能是激发活力、提升能力。社会服务是提质增效，提质是提升服务重点行业和支柱产业的能力，促进产业转型升级；增效是增强职业教育和社会培训的实效，服务乡村振兴战略。文化传承创新是特色发展，特色是总结凝练办学积淀，推进理想信念教育，构建“三全育人”思想政治工作格局；发展是全面加强党的建设，引领职教治理改革，打造党建带群建、群建促党建的新格局。国际交流合作是开放共享，开放是促进中外人文交流，构建发展共同体，共享是共同开发高质量职教资源，融入世界职教发展体系。其中，人才培养注重专业（群）建设，科学研究注重科技创新能力提升，社会服务注重育训并举，文化传承创新注重思想政治教育，国际交流合作注重高质量职教资源输出。可见，五维度高质量发展从根本任务、内涵建设、社会责任、理想信念和发展方向五个方面，科学系统地回答了职业教育怎样高质量发展的问题。因此，高等职业教育应重点从专业（群）建设、科技创新、育训并举、思政教育、开放办学五个方面开展工作，实现高职教育高质量发展目标。专业（群）建设是人才培养的基础，对接产业发展需求，调整专业设置、优化专业结构、开发教学资源是核心。科技创新是内涵提升的要求，必须有效提升科技创新能力和服务区域经济发展能力。育训并举是深化产教融合、校企合作，完善职业教育和社会培训的必由之路。思政教育是育人特色，党建树旗引领，深化内部治理改革，落实立德树人根本任务。开放办学是关键所在，积极参与“一带一路”建设，以提升中国职教国际品牌的影响力和竞争力。综上，专业（群）建设是核心，科技创新是赋能，育训并举是增效，思政教育是特色，开放办学是关键。

（2）五维度高质量发展职业教育的路径

①强基树标引领人才培养模式改革。

第一是对接产业需求，深化教育教学改革。根据国家政策，结合区域经济发展需求和院校办学实际，明晰院校办学定位，发挥专业优化设置的作用，培养具有行业特点、地域特色和核心竞争力的高素质技术技能人才。一是结合生源多样化实际，坚持育训并举，坚守类型特色，丰富办学形式，创新教学模式，打造高职教育新的增长极。二是开发教学资源和培训项目，重视办学特色，从战略全局性方面着眼，按照差异化、错位性和高质量发展要求，融入区域经济发展，服务国家战略需求。

第二是强基础，持续深化“三教”改革。一是基于专业群建设，优化整合教育教学资源体系，重构高效系统化技术技能培养体系。明确专业发展目标，明晰专业建设定位，制订专业人才培养方案，创新人才培养模式。二是持续深化“三教”改革，以课程建设为核心，不断提升教育教学质量，增强职业技术教育适应性；落实因材施教理念，满足创新驱动、国际化发展要求；以教师教学能力比赛和学生技能大赛为抓手，推动教学方法改革；以“岗课赛证”推动实践教学改革，推进“1+X”证书制度试点工作；积极推进新型活页式、工作手册式教材开发；制订创新能力提升育人改革方案，健全完善绩效评价机制。

第三是树标杆，创新人才培养模式。按照分层分类、分步实施原则，以培养学生综合素质高、实践能力强、富有创新精神、具有国际视野和过硬的职业素养为目标，通过实施以优质生源工程、优师优育工程、优生优业工程、优业优扶工程为主要内容的“四优工程”，带动人才培养模式改革。充分挖掘各专业办学潜力，整合利用优质教育教学资源，搭建高素质技术技能人才成长所需的完整评估遴选体系、选拔培养体系、就业服务体系和组织保障体系。

②培优赋能引领科技创新能力提升。

第一是加强科研投入，提升科技创新能力。建立并加强科研平台和科技创新团队建设，实现院校科研成果转移转化，更好地为企业提供技术服务；组建科技创新研究团队，为科研创新能力提升提供人才保障。探索与更多、更大的行业企业合作，促进科研能力逐步提升，提高院校承担重大项目的综合能力。拓展与多地区、大范围、深层次的合作范围，探索高层次人才与行业企业共同发展的新模式，促进横向合作，持续提升科技创新能力。

第二是层级培养，发挥院校科技创新服务功能。基于科研平台，紧跟当前企业技术升级和开发过程中的技术难点，加大科研投入和开发力度。举办或组织参加各种技术交流会，促进区域科技进步和产业发展。掌握行业发展脉络和实时动态，拓宽引进科技人才的渠道，组建多层次、分类别的混合式科技创新团队，通过技术人才队伍培养，科技创新服务示范作用发挥，为社会不断培养和输送高素质人才，服务区域经济发展。

第三是增值赋能，实现对接产业向提升产业转变。主动对接高端产业和产业高端，建设行业企业服务中心，提升服务高技术企业的技术发展能力，促进创新成果与核心技术产业化，建立引智进校、引才进校、引标准进校的“三引进”机制。制定激励政策，引导教师参与高技术企业的应用技术研发，面向高技术企业开展技术服务，加强与行业企业合作，解决工程实际问题，实现对接产业向提升产业转变。

③提质增效引领社会服务水平提高。

第一是坚持育训并举，构建特色产业人才培养培训体系。发挥全国重点建设职业教育师资培养培训基地、职业院校校长培训培育基地等平台作用，优化培训内容、创新培训形式、提升培训质量，重点打造国培、省培和校培“三级培训”项目品牌。发挥行业教育培训联盟单位功能，为区域内行业提供就业创业和技能培训，打造服务项目品牌，服务行业产业转型升级。校企合作共建企业大学，持续开展职业技能提升培训、企业新型学徒培养和在职职工继续教育等。

第二是提升服务重点行业和支柱产业能力，强化社会培训资源建设。对接区域重点行业和支柱产业需求，聚焦产业基础高级化、产业链现代化的重点领域和关键环节，推进信息技术在职业培训和社会服务中的应用，促进信息技术与职业培训过程、培训内容、培训方法和服务质量评价的有机融合。按照“外引内建、强化内涵、提高质量、打造品牌”的原则，开发特色社会培训包、专业培训模块等培训资源，建成具有行业影响力的职业培训典型项目，打造面向全国的职业培训教学资源库。

第三是促进科技精准扶贫，服务国家乡村振兴战略。发挥高层次人才的智库优势和技术能力，为贫困地区的脱贫致富制订发展计划和提供政策咨询。借鉴国内外成功和成熟经验，积极构建帮扶命运共同体，引导社会人才资源、优质科技资源与贫困地区精准对接，推进当地优势产业发展。依托院校优势专业的成熟技术，利用科技创新，促进成果转化，加强技术培训，发挥新技术示范推广作用，有效提升贫困地区人民群众的技术技能水平，促进当地特色产业健康快速发展，服务国家乡村振兴战略。

④特色发展引领文化传承创新。

第一是党建引领，实现高职教育高水平发展。高等职业教育必须切实加强党的领导，全面落实新时代党的建设总要求。在高质量发展过程中发挥好各级党组织的先锋模范作用，以立德树人为核心，以基层党组织建设为突破点，深化内部治理改革，坚持和完善党委领导下的校长负责制。实施将教师党支部书记培养为党建工作和专业建设的“双带头人”培育工程，着力提升学校思想政治工作质量和效果。把加强党的建设落到实处，实现党对院校工作的全面领导。

第二是创特色，落实立德树人根本任务。坚持育人先育己，把师德师风建设作为立德树人的出发点。坚守为党育人、为国育才，以思政育人为重点，提升新形势下思想政治工作质量。落实德智体美劳“五育并举”要求，实施党建创优工程，推动思想政治教育队伍融合、资源集中、要素协同，构建内容完善、标准健全、运行科学、保障有力、成效显著的大思政工作体系，形成全员全过程全方位的“三全育人”格局，培育具有国家情怀、世界眼光的可担当民族复兴大任的时代新人。

第三是谋发展，提升院校内部治理能力。深化高等职业教育治理体系改革，推进治理能力现代化建设。完善以大学章程为统领、符合职业教育办学要求的治理制度体系。健全“三重一大”决策机制，完善“两个责任”清单制度。建立自主办学、科学决策、民主管理的工作机制，积极推进教育评价改革，建立符合时代要求的教育评价制度体系。全面提升基层党建组织力、立德树人凝聚力、校园文化感召力、党建引领内驱力，形成党建带群建、群建促党建的新格局。

⑤开放共享引领国际交流合作。

第一是促进开放，拓展国际交流合作项目。充分利用自身优势，进一步解放思想，不断完善对外开放体制机制，正确处理中外合作办学和项目的规模与质量。同时，注重以质量提升为核心的内涵式发展，把质量提升作为中心任务，引进境外优质职业教育资源，提升合作办学质量和水平，构建多层次、多类型、多形式的合作办学格局。与发达国家职业院校开展师生交流、学分互认等项目试点，为“一带一路”沿线国家开发、申报中国国家汉办孔子课堂项目，开展“汉语+技能”海外办学项目，设立“汉语+技能”培训中心等，形成一批中外合作办学的优秀成果。

第二是共享成果，推进国际教育资源互融。坚持“引进来、走出去”，推进国际教育资源互融，积极融入世界职教发展体系。在引进国外优质职业教育资源的同时，利用合作办学平台打造一支高素质、国际化的师资队伍，培养一批国际化、实力强的高级技术和管理人才队伍。积极参与教育部职业教育“走出去”项目，建立海外学历教育分院，将国家“一带一路”倡议落实落细。建设专业教育教学资源，牵头或参与专业标准制定，输出推广我国职业教育资源和专业标准。持续扩大办学空间和合作范围，牵头成立中外合作联盟、中外职业教育示范项目、中外教师培训基地等。与多个国家和地区院校建立发展共同体，互派师生交流学习，招收“一带一路”沿线国家和地区的留学生，打造职业教育国际品牌，提升中国职业教育国际影响力和竞争力。

（三）理念的转换：把握新发展理念在高职教育中的应用

1．新定位：高职教育站在历史新起点

高职教育是我国首创的教育类型。伴随改革开放后经济转型升级，高职教育从无到有、从小到大、从弱到强，探索形成具有中国特色的教育模式，把一批又一批高素质技术技能人才输送到生产建设管理服务第一线，加速了中国经济社会发展进程。

（1）伴随改革开放，成为经济社会发展的有力支撑

党的十一届三中全会后，党和国家的工作重心转向以经济建设为中心，急需大量技术技能人才。国家引导传统专科人才培养向高职教育转型，一些地方建设了职业大学，开始了高职教育的探索。世纪之交，伴随着我国高职教育扩大招生规模，高职教育也迅速扩张，基本每个地市至少建有一所高职院校，招生规模达到高校招生数的一半，为推进我国高职教育大众化做出了历史性贡献。21世纪以来，在国家示范性高等职业院校建设计划、高等职业教育创新发展行动计划等项目的引领下，高职院校全面深化内涵建设，创新办学体制机制，改革人才培养模式，人才培养水平和社会服务能力不断提升。据《2023年全国教育事业发展统计公报》数据显示，全国共有高职（专科）学校1547所，在校生1707.85万人，6.58万个专业点覆盖国民经济的主要领域。据统计，在现代制造业、战略性新兴产业和现代服务业等领域，一线新增的从业人员70%以上来自职业院校毕业生，有力提升了我国人力资本素质，支撑了经济社会发展。

（2）持续改革探索，形成具有中国特色的教育模式

高职教育是具有鲜明中国特色的教育模式，是中国对世界教育的独特贡献。高职教育先行先试，改革创新，在专业建设、人才培养、校企合作、条件保障、质量评价等方面，探索形成了一系列理念模式和制度标准。一是健全产教融合机制。建立了56个行业职业教育教学指导委员会，组建了1400多个职教集团，覆盖了90%的高职学校。布局了409个高职院校牵头的现代学徒制试点，每年惠及近6万名学生（学徒），探索“招生即招工、入校即入厂、校企联合培养”的现代学徒制培养模式。跟踪产业发展，修订专业目录，指导高职院校动态调整专业布局，进一步确立了政府调控与高等职业院校自主设置配合配套的专业动态调整机制。二是率先完善办学标准体系。2011年首次制定发布了410个高职专业教学标准，之后逐步建设了涵盖学校设置、专业建设、教学标准、经费投入、教师队伍、学生实习等环节的制度标准体系。高职专业教学标准、顶岗实习标准、仪器设备装备规范等从无到有，填补了我国职业教育的空白。三是率先开展考试招生制度改革。高职教育分类考试招生制度改革是国家高考招生改革的先行者和探索者。2006年起，即开展了示范高职院校单独考试招生改革试点；2013年，明确了基于高考的“知识+技能”招生、单独考试招生、综合评价招生、对口招生、中高职贯通招生、技能拔尖人才免试招生等6种招生方式；2018年全国高职院校分类考试占当年高职招生计划总数的54%，避免了“千军万马挤独木桥”现象，为学生接受高职教育提供了多种入学渠道。四是创造性地构建了高职自己的质量保障制度。率先建立学校、省、国家三级质量年度报告制度，率先分类指导学校建立教学工作诊断与改进制度，发挥学校的教育质量保证主体作用，构建校内全员全过程全方位的质量保证制度体系。高职教育的创新探索，带动了职业教育改革，优化了高职教育结构，成为教育现代化进程中的活跃因素和重要力量。

（3）面对更高要求，到了下大力气抓好的时候

我国高职教育发展虽然取得了显著成就，但与教育现代化的目标相比、与建设教育强国的要求相比、与服务建设现代化经济体系的使命相比，仍存在一些突出的问题和不足。主要有五个方面：一是职业教育体系建设不够完善，本科层次职业教育还很薄弱，技术技能人才向上成长的渠道还不通畅；二是制度标准不够健全，办学特色不鲜明，很多方面参照普通教育办学，实训基地建设有待加强，教材、课程与生产实际脱节，滞后于产业发展和技术进步；三是各地对高职教育的支持力度不平衡，有的没有把职业教育摆在更加突出的位置，生均经费等保障政策还不健全，企业参与办学的积极性不高；四是部分高职院校发展自信不足，不是集中力量立足本位、提高质量、办出特色，而是把工作的着力点放在了推动学校升格上；五是“崇尚一技之长、不唯学历凭能力”的良好氛围还未形成，技术技能人才在就业和发展上还存在不平等待遇，导致高职教育社会吸引力不强。随着我国进入新的发展阶段，产业升级和经济结构调整不断加快，各行各业对技术技能人才的需求越来越紧迫，高职教育重要地位和作用越来越凸显，到了必须下大力气抓好的时候。

2．新理念：高职教育进入发展新阶段

中国教育已经进入世界中上行列，发生全方位变化，实现系统性提升，取得历史性成就。党的十九大提出“完善职业教育和培训体系”；《国家职业教育改革实施方案》要求，把职业教育摆在教育改革创新和经济社会发展中更加突出的位置，大幅提升新时代职业教育现代化水平；《关于实施中国特色高水平高职学校和专业建设计划的意见》提出，集中力量建设一批引领改革、支撑发展、中国特色、世界水平的高职学校和专业群。这对新时代高职教育发展提出了要求，指明了方向。

（1）把握根本遵循，坚定社会主义的办学方向

习近平总书记在全国教育大会上的重要讲话为新时代教育改革发展提供了根本遵循。高职教育领域要深入理解把握讲话精神，用习近平总书记关于教育的重要论述武装头脑、指导实践、推动工作。要坚持党对教育事业的全面领导，保证党的路线方针政策决定能够不折不扣得到贯彻执行，充分发挥党组织在职业院校的领导核心和政治核心作用，牢牢地把握学校意识形态工作的领导权，将党建工作与学校事业发展同部署、同落实、同考评，保证职业院校始终成为培养社会主义事业建设者和接班人的坚强阵地。

（2）把握根本任务，坚定人人出彩的培养方向

立德树人是教育工作的根本任务。高职教育要以德为先，落实好“六个下功夫”，用习近平新时代中国特色社会主义思想铸魂育人，努力培养担当民族复兴大任的时代新人，培养德智体美劳全面发展的社会主义建设者和接班人。要面向人人，深化考试招生和培养模式改革，为不同学习者提供多元化的入学渠道和学习方式，努力使教育选择更多样、成长道路更宽广。要育训并举，切实履行学历教育与培训并重的法定职

责，面向在校学生和全体社会成员开展职业培训，为校园和职场之间灵活转换提供更加便捷通道，让更多青年凭借一技之长实现人生价值，让三百六十行人才荟萃、繁星璀璨。

（3）把握本质属性，坚定职业教育的类型方向

职业教育与普通教育是两种不同类型教育，具有同等重要地位。高职教育具有高职教育和职业教育的双重属性，本质上是职业教育，以往的成功探索在于坚持了这一定位，以后的成功发展仍要坚持职业教育的类型方向。要深刻把握职业教育发展的本质要求、内在规律和阶段特征，坚持面向市场、服务发展、促进就业的办学方向，坚持高素质技术技能人才的培养定位，坚持产教融合、校企合作的办学模式，坚持德技并修、工学结合的育人机制，实现高职教育由参照普通教育办学模式向企业社会参与、专业特色鲜明的类型教育转变。

（4）把握时代要求，坚定更高质量的发展方向

当前，我国社会主要矛盾已经转化为人民日益增长的美好生活需要和不平衡不充分的发展之间的矛盾，我国经济已由高速增长阶段转向高质量发展阶段。高职教育要把高质量供给作为发展方向，满足人民群众和经济社会对优质多层多样高职教育的需要。要大力推进教育理念、体系、制度、内容、方法、治理现代化，着力提高教育质量，使高职教育成为广大考生和家长的"优质选项"。要支撑国家战略发展，融入区域产业发展，提升服务产业转型升级的能力，为中国产业走向全球产业中高端提供高素质技术技能人才支撑。要服务"一带一路"和国际产能合作，开发国际通用的专业标准和课程体系，推出一批具有国际影响的高质量专业标准、课程标准、教学资源，打造中国职业教育国际品牌。

3．新成就：高职教育谋划未来新愿景

当前，高职教育发展方向已经明确，实现高质量发展还要付出巨大努力。我们要改革创新、攻坚克难，聚焦重点、难点和热点，破除制约事业发展的体制机制障碍，把心静下来，把劲鼓起来，把步子迈出来，打一场高职教育提质升级攻坚战。

（1）实施"双高计划"，舞起发展龙头

2019年，教育部、财政部联合启动中国特色高水平高职学校和专业建设计划（简称"双高计划"），准备集中力量建设50所左右高水平高职学校和150个左右高水平专业群，打造技术技能人才培养高地和技术技能创新服务平台。从示范（骨干）校建设，到优质校建设，再到"双高计划"，并不是简单的优中选优，而是以持续的政策供给，有计划、有步骤、有重点地推动职业教育发展。从工作定位来讲，"双高计划"对高职教育战线而言，是要在后示范时期明确优秀学校群体的发展方向；对职业教育战线而言，明确如何引领新时代职业教育改革创新、加快实现职业教育现代化；对经济社会发展而言，明确如何服务国家战略和回应民众关切。从工作目标上讲，"双高计划"就是要坚定走中国特色职业教育发展道路，坚持扶优扶强与提升整体保障水平相结合，

着力建设一批促进区域经济转型发展、支撑国家战略、具有国际先进水平的高职学校，着力建设一批服务、支撑、推动国家重点产业和区域支柱产业的高水平专业群，实现“当地离不开、业内都认同、国际可交流”。

（2）深化改革创新，增强发展动力

改革是教育事业发展的根本动力，高职教育是深化教育改革的重要突破口。要坚持改革创新的鲜明导向，更加注重改革的系统性、整体性、协同性，以改革激活力、增动力。

第一是深化产教融合、校企合作的体制机制改革。产教融合、校企合作是职业教育的基本办学模式，是办好职业教育的关键所在。要完善行业企业参与办学的体制机制和支持政策，支持建设一批行业指导的跨区域大型职业教育集团，遴选培育一批服务重点产业领域的产教融合型企业，推动建设一批具有辐射引领作用的产教融合实训基地，进一步提高行业企业参与办学程度，推动职业院校和行业企业形成命运共同体。高职院校要根据自身特点和人才培养需要，主动与行业领先企业在人才培养、技术创新、就业创业、社会服务、文化传承等方面开展合作，形成校企命运共同体。以技术技能积累为纽带，建设人才培养与技术创新平台，促进创新成果与核心技术产业化，重点服务企业特别是中小微企业的技术研发和产品升级；加强与地方政府、产业园区、行业深度合作，建设产教融合平台，服务区域发展和产业转型升级；进一步提高专业群集聚度和配套供给服务能力，与行业领先企业深度合作，建设技术技能平台，服务重点行业和支柱产业发展。

第二是深化德技并修、工学结合的育人机制改革。青年高职学生正处于人生的“拔节孕穗期”，最需要精心引导和栽培。要开好思政课，增强德育针对性实效性，把社会主义核心价值观融入人才培养全过程，引导学生增强中国特色社会主义道路自信、理论自信、制度自信、文化自信。要健全德技并修、工学结合的育人机制，深化人才培养模式改革，把劳模精神和工匠精神融入国家教学标准，推进职业技能和职业精神培养高度融合。要推动职业院校教师、教材、教法“三教”改革，完善“双师型”特色教师队伍建设，建设引领教学模式改革的教师创新团队；健全教材建设规章制度，组织建设量大面广的专业核心课程教材，遴选发布一批校企“双元”合作开发的国家规划教材；普及推广项目教学、案例教学、情景教学、工作过程导向教学等，推广混合式教学、理实一体教学、模块化教学等新型教学模式。总结现代学徒制试点经验，校企共同研究制定人才培养方案，及时将新技术、新工艺、新规范纳入教学标准和教学内容，强化学生实习实训。启动学历证书+若干职业技能等级证书制度试点（即“1+X”证书制度试点），鼓励职业院校学生在获得学历证书的同时，积极取得多类职业技能等级证书，拓展就业创业本领。加快推进职业教育国家“学分银行”建设，有序开展学历证书和职业技能等级证书所体现的学习成果的认定、积累和转换，为技术技能人才持续成长拓宽通道。按照“管好两端、规范中间、书证融通、办学多元”的原则，严把教学标准和毕业学生质量标准两个关口，规范人才培养全过程，提升人才培养质量。

第三是深化德同业异、类型特色的评价制度改革。职业教育与普通教育是两种不同教育类型，要克服“普教化”“技能化”倾向，坚决破除“五唯”，加快构建与类型特色相适应的多元评价机制。要综合评价学习者的职业道德、技术技能水平和就业质量，以及产教融合、校企合作水平，建立职业教育质量评价体系。完善政府、行业、企业、职业院校、用人单位、学生等共同参与的质量评价机制，积极支持第三方机构开展评估，将考核结果作为政策支持、绩效考核、表彰奖励的重要依据。尊重教育类型的多样性，加快建立“职教高考”制度体系，推动形成考试招生与人才培养的有效联动机制，使不同性格禀赋、兴趣特长、素质潜力的学生享有更多样的教育选择和更畅通的学业提升通道。推进教学诊断与改进工作，完善质量年度报告制度，健全质量自我保证机制。

（3）强化统筹协调，优化发展环境

第一是构建标准体系。质量是有标准的，没有标准就没有质量。将标准化建设作为统领职业教育发展的突破口。建立健全学校设置、师资队伍、教学教材、信息化建设、安全设施等办学标准，引领职业教育服务发展、促进就业创业。实施教师和校长专业标准，提升职业院校教学管理和教学实践能力。持续更新并推进专业目录、专业教学标准、课程标准、顶岗实习标准、实训条件建设标准（仪器设备配备规范）建设和在职业院校落地实施。巩固和发展国务院教育行政部门联合行业制定国家教学标准、职业院校依据标准自主制订人才培养方案的工作格局。

第二是增强工作合力。国务院职业教育工作部际联席会议制度已建立，进一步加强了国家对职业教育工作的领导。在该制度框架下，教育部门将加强与政府其他部门、行业组织的协调配合，加强中央与地方的衔接互动，强化统筹协调，形成办好新时代职业教育的工作合力。组建国家职业教育指导咨询委员会，对全国职业院校、普通高校、校企合作企业、培训评价组织的教育管理、教学质量、办学方式模式、师资培养、学生职业技能提升等情况，进行指导、考核、评估等。国务院已把职业教育作为教育领域激励对象，列入加大激励支持力度的重点内容，各地要切实履行好发展职业教育的主体责任，完善支持政策，促进职业教育融入区域经济社会发展。

第三是健全投入机制。职业教育仍是我国教育体系的短板。各级政府要建立与办学规模、培养成本、办学质量等相适应的财政投入制度，地方政府要按规定制定并落实职业院校生均经费标准或公用经费标准。在保障教育合理投入的同时，优化教育支出结构，新增教育经费要向职业教育倾斜。鼓励社会力量捐资、出资兴办职业教育，拓宽办学筹资渠道。职业院校要以服务求发展，积极筹集社会资源，增强自我造血、自我发展功能。

第四是提升管理水平。提升管理水平是促进职业院校内涵发展的现实要求，是提高人才培养质量的重要保障。常规管理是基础，是学校办学水平的重要体现。要加强教学组织管理，加强课堂教学建设，深入推进教学诊断与改进制度建设，形成常态化的内部质量保证体系和运行机制，建立和完善现代职业学校制度，提高学校管理工作规范化、科学化、精细化水平。加快智慧校园建设，促进信息技术和智能技术深度融入教育教学和管理服务全过程，改进教学、优化管理、提升绩效。综合运用大数据、人工智能等手段推进学校管理方式变革，提升管理效能和水平。

第五是营造良好环境。继续用好“职业教育活动周”等载体，打造“武有技能大赛、文有文明风采”的形象品牌，推进地方政府统筹职业教育与区域发展布局，同步规划产教融合与经济社会发展，进一步落实中高职生均拨款制度，营造更好支持职业教育的政策环境。推动提高技术技能人才的政治待遇、经济待遇和社会待遇，消除城乡、行业、身份、性别等一切影响平等就业的制度障碍和就业歧视，着力提升职业教育吸引力，营造人人皆可成才、人人尽展其才的社会环境。

方位标示历史坐标，方向昭示时代使命，方略展示发展路径。我们要以习近平新时代中国特色社会主义思想为指导，奋力办好新时代高职教育，为加快教育现代化、建设教育强国做出新的贡献，为全面建成小康社会、全面建设社会主义现代化国家做出更大贡献。

（四）背景的转换：高中阶段教育普职协调发展的政策性需求

1. 普职协调发展的历史由来

普职分流并不是新政策，我国1985年出台的《中共中央关于教育体制改革的决定》中，就明确提出了“普职分流”和“大体相当”的概念：“根据大力发展职业技术教育的要求，我国广大青少年一般应从中学阶段开始分流”“力争在5年左右，使大多数地区的各类高中阶段的职业技术学校招生数相当于普通高中的招生数，扭转目前中等教育结构不合理的状况”。

事实上，在这一政策框架下，尤其是20世纪八九十年代，中等职业教育为我国培养了众多技能人才，也为我国经济快速发展奠定了基础。还有一个事实是，越成熟的市场，社会分工越细，越需要不同层次、不同类型的人才，不可能所有人都去上大学、做研究、搞学术。应该说，普职分流是劳动力市场的客观需求。

2. 普职协调发展的现实困局

普职分流焦虑背后是学历歧视。不仅是职校学生会被打上“差生”的标签，在很多人心中，相对于普通教育来说，职业教育在教育领域中也是一个“低人一等”的存在。专家认为，大家关注职普分流，是因为职业教育和普通教育是有所不同的。特别是应该正确看待职业教育和普通教育之间的关系，“他们之间没有高低之分，只有类型之别”。2019年1月，国务院印发的《国家职业教育改革实施方案》中开宗明义第一句话就是：“职业教育与普通教育是两种不同教育类型，具有同等重要地位。”

但是，不可否认，现实与理想之间还存在着较大差距。职业教育和普通教育如同“鸟之两翼、车之两轮，缺一不可”，但是多年来，职业教育虽然在课程设置、培养标准等都与普通教育有所不同，但是它依然没有摆脱普通教育的“衍生品”和“附属品”的地位，专家指出“我们的教育主体还是应试的，还是学历至上的”“职业教育具有自己独立的、不同于普通教育的规律与特点，研究职业教育必须站在职业教育的立场来研究评价，不能用普通教育，即应试教育的观点立场规律、管理办法来研究职业教育”。

按照应试的逻辑，不难看出，高学历需要高分数，于是高分数的学生成为成功者，低分数的学生成为失败者。谁希望自己成为失败者？哪个父母希望自己的孩子成为失败者？于是，家长们“鸡娃”、争抢学区房，巨大的焦虑又创造出了一个巨大的培训市场，培训市场打造出的“提升一分干掉万人”的口号把这种焦虑推到了极致，这些因素互为因果、相互作用，让焦虑不断蔓延。所以，不是家长想焦虑，而是学历歧视造成的焦虑。

值得关注的是，这种学历歧视并不是仅存在于逻辑推理中，而是在现实中真实地存在着：求职市场上一直有一条学历“歧视链”，能让求职者在众多简历中脱颖而出的依然是“985”“211”“硕士”“博士”“名校”等标签。因此，无论政策如何规定，更高分数、更高学历，依然是学生家长不变的选择，毕竟，手里拿到录用通知才是硬道理。

3．普职协调发展的未来意义

职业教育身上背负的学历歧视能破解吗？职业教育又如何得到高质量发展？专家给出了“药方”。

首先是职业教育政策的着力点应该放在和普通教育同等重要的方面。这个“同等重要”不应仅存在于文件中，还要落到实处，比如经费，现在还有相当多的省份在职业教育领域的投入远远低于普通教育，“要加大加强对职业教育的投资政策的倾斜力度，应该能跟普通教育平起平坐。”

其次是改变考试招生制度。有关专家指出，“职教高考是一个重大变革，给高考注入了新的活力”。知识+技能非常符合职业教育的特点，能够更好地培养技能型、技术型、操作型、应用型的人才。无疑，职教高考将会给更多青年打开向上的通道，不过也有专家提醒，面对即将到来的大规模的职教高考，应该极力避免它变成以笔测、以书面作答为主的考试，应该是把完成职业任务、真操实做的能力作为学生升学选拔的主要依据，只有这样才能够充分反映职业教育类型的特色和定位。

最后是要加强职普融通。有关专家提到，从幼儿园到普通高中都要增加职业技术教育的含量当然，职业教育也应该加强普通教育的课程，特别是公共文化基础课，尤其是现在中等职业学校的定位是就业和升学并举，更应该加强对学生的文化基础知识的教育。

不容忽视的是，职业教育当前的尴尬地位，确实有政策的原因，但“内力”不够也是一个重要原因。有关专家指出，“提到职业学校，很多家长首先不考虑孩子能不能学到技术，而是会不会学坏”。国内很多专家持有相同观点，当前职业学校与普通学校之间的差别是非常大的，好的职业学校招生分数超过普通高中，但是基本办学标准不达标、教学质量受社会诟病的中等职业学校占到了相当大的比例。针对提升自身的办学质量，不少地方进行了很好的尝试，不过专家们普遍认为，职教发展模式“没有最好，只有最适合”“只要适合当地经济和老百姓满意的都可以试，但是哪个好办法都不应该是唯一的办法”。

4．普职协调发展的科学应对

“普”与“职”应该分流，似乎能够达到共识，但是“普”与“职”之间各占多少比例依然存在分歧。专家指出，“‘职普比’存在争议反映出国家需要与家庭以及个人需要之间还存在一定的脱节”。从国家的整体需要和长远的安排来看，实现“大体相当”是一个长期的追求；从个人层面来看，每个家庭、每个学生都有权利自由选择自己接受教育的类型和层次，而且这个权利是应该得到国家的保护。

我国已经提出“十四五”时期要建设高质量教育体系，老百姓对教育的期待已经从“有学上”转为“上好学”了，那么选择更优质的、更好的、更符合个人诉求的教育应该是高质量教育的应有之义。

那么，在这种情况下规定普职比“大体相当”是不是有失公平呢？有关专家指出，“其实，完全不受制约的教育选择权是不存在的”，而且学生和家长也可能存在一些自我认知的偏差，这种情况下的选择也不一定是理性的。“需要从一些宏观的角度加以引导和干预，在合理的条件下进行的干预不应该视为有违教育公平的行为”。

如何干预才算合理？如何引导才能让“普”与“职”各自安好呢？有关专家提出在“事业有利”原则和“多数同意”原则的大框架下分流。“职业教育的办学路径有两条：一是，老百姓要什么就办什么。二是，办与社会经济发展相适应的教育。”只有很少的改革会出现“事业有利”原则和“多数同意”原则同时满足的情况，多数改革，很难做到同时兼顾两个原则。那么当两个原则无法兼顾的时候，不能只顾短期的满意，还要看到更长远的利益。

可以确定的是，众多专家都表示无论采用怎样的分流方式和比例，都不应该搞“一刀切”。“应该把这个权力给到各省、各地市，根据当地经济社会发展的情况和老百姓的需求去考虑”。在职普分流及普职比的政策设计上要坚决避免简单化的行政指令，应该把追求职普比的均衡发展与加强对职业教育的规划保障、资源投入、提高办学质量、办学条件水平等各方面实现同步发展，让职业教育与普通教育在投入、质量等各方面都大体相当，这样才能真正有效地引导和满足家庭、社会多样化的教育需求。

（五）模式的转换：产教融合背景下能力为本与就业促进的教育

职业教育在我国的教育体系中占有重要地位和作用。职业教育不同于普通教育，它有着自己明显的特点和规律。职业教育中学生的职业能力培养直接关系着学生将来的工作，同时也是职业教育教学质量的重要表现。

1．产教融合与校企合作对能力为本与就业促进的教育理论探究

（1）理论内涵

产教融合，从字面上理解是产业与教育的融合；校企合作则是指学校与企业的协同育人机制。需要特别指出的是，在推进校企合作过程中强调“融合”，并非意味着将教育产业化，二者本质上是具有互补性的独立体系。通过产业的扶持，职业教育能够更具实用性，通过职业教育的扶持产业能够拥有大批量的优秀人才，只有促进相互扶持关系的深度发展，才能够为社会、国家培养更加优秀、全方位发展的人才。这样不仅能够帮助学生能力提升，解决自身的就业问题，也能够为企业岗位提供更加优秀的人才，既促进了企业的招工就业需要，又促进了职业教育的发展。通过合作协同培养模式的建立，能够进一步促进这种关系的深度发展，这种新型的办学模式更加符合当今教育的需求，能够紧随时代发展而取得不断地进步，进而便能够培养出更多的实用型人才。

（2）机制内涵

只有通过多方面机制的保障，才能够有效促进产教融合与校企合作的发展。因此，在这一过程中，需要保障其合作过程拥有良好的市场环境和社会环境。除此之外，还需要具有一定的资金作为保障，想要实现学生能力提升，促进稳定就业，便需要大量的资金和人力。最后，想要促进产教融合、校企合作的发展，还需要具有可行的制度作为保障，这种教学模式是一种新型的教育模式。在这其中，需要政府出面进行正确的引导，促进学校与企业之间的协作与交流，并出台合适的政策来保障双方的利益，这样才能够促进新型人才培养模式的顺利运行。同时，在对学校和企业进行监管的基础上，还需要给予学生一定的约束力量，这三者的有效约束才能够实现人才培养运行模式的有效落实。

（3）产教融合与校企合作人才培养模式现状

在当前，产教融合、校企合作的进程还存在着许多难以解决的问题，这些问题在很大程度上制约着教育发展的进程。其中，第一是产教融合政策不全面，配套机制不完善，在如今，对于这方面的正确和规定还没有进行进一步的细化，并不具备较强的规范性和可操作性，在这些方面还有待于加强，需要制定出合适、符合实际情况的法律法规，来改善整体的教育进程。并且，其中很多职业院校并没有与企业产生深度的合作，导致学校课程内容并没有满足企业用人需求，与职业标准相脱节，学生能力为本未得到确立和展现。并且，在这其中，企业对于学校教育的参与程度不高，在办学这方面的意愿不够强烈。因此，当前的校企合作情况仍处在浅层次上。第二是在产教融合这方面，对接渠道具有一定的局限性，企业没有成为职业教育过程的主体，在开展产教融合的过程中，主要是以提升教育质量为主要目标，也就是说，在教育内容

中需要体现出当前产业发展中先进的技术、工艺等，以此来充实教学资源，丰富教学体系，进而才能够实现教育内容与实际生产之间的相对接，以此才能够提升人才培养质量和成效，真正实现能力为本。但在当前的情况上看，许多教师的专业发展水平有限，并没有随着产业发展的进程而进行专业水平的提升，存在着许多优质资源并没有体现在教育过程中。同时，职业院校对于教师的激励机制也不是十分的完善，这会在一定程度上打击教师实行产教融合的积极性，以此便会制约了产教融合的作用。第三是在人才培养在就业引导方面，对于学生的教育过程，没有迎合实际的产业需求，这两者存在着脱节的现象，具体来说，主要表现在理论与实践脱节，学生无法将理论性的技能应用于就业中，目的性和针对性缺失，并且在当前也没有形成完善的培养模式。第四是指政府对此的监管力度不足，导致教学模式逐渐流于形式。在校区合作的过程中，缺乏第三方的监管，便会导致合作协议缺乏实行力度，无法实现应用的合作预期效果。在这种情况下，大多数的校区合作模式都无法得到长期的落实，很难形成长久、和谐的合作。

2．产教融合背景下能力为本与就业促进机制构建

（1）完善校企合作保障机制

想要促进产教融合与校企合作的发展，保障学生提升能力、稳定就业，便需要具有完善的规章制度，在进行校企合作的过程中，需要对其中的细节进行具体的表述，将其中的内容从法律角度来进行规范。只有这样，才能够有效保障学校、企业、学生这三方面的利益。例如，在学生实习的过程中，需要进一步地完善学生实习条例，根据实习内容和实习标准来进行具体的规范。同时，还需要落实并完善校企合作过程的优惠政策。通过这种方式，来吸引企业参与到合作过程中，这样也能够在一定程度上减轻企业在合作过程中所产生的负担。此外，为了促进校企合作的有效性和高效性，需要为其搭建系统且全面的合作平台，这种方式能够更好地整合社会资源。在这其中，政府作为引导人，需要充分地发挥其服务职能，通过平台的搭建，丰富校企合作的方式和渠道，并且，政府在这一平台中需要担任裁判的角色，明确学校与企业各自的责任，使校企合作过程能够有条不紊地发展，保障新型教育模式的顺利实行。最后，政府还需要加大资金的投入，通过扶持的方式来完善整体的教育运行，特别是一些偏远地区，需要通过补贴来促进新型教育模式的进行，尽量地弥补城乡地区的差异。

（2）加强实训基地全面建设

想要促进产教融合与校企合作的发展，便需要建立良好的实训基地，才能够落实能力为本，进而真正保障就业渠道和质量。因此，在这一过程中，首先需要保证基地建设的过程，拥有大量的专项资金。通过科学技术发展，以及实际的企业需求来进行设施的完善，建立起真实的企业生产环境，使学生能够在其中拥有更加优良的学习体验，让学生从中把握企业生产结构，为未来进入企业就业打好坚实的基础。此外，在

构建实训基地的过程中，还需要丰富实训内容，保证各类的生产设施完备，使学生能够充分地运用自己所学习的知识来进行实践过程，将理论与实践相结合，而不断提升自身的技术水平。在这一过程中，便能够强化学生对相关知识的理解和掌握。同时，在这其中，还需要将企业的管理环节进行适当的融入，让学生能够了解实训基地的管理方式。于是，可以让企业管理人员与教师前面的参与在管理过程中，通过互换岗位的过程而实现相互理解，这样便能够促进产教的有效融合，不仅能够促进企业管理人员职业技能的提升，还能够强化职业院校教师的专业水平。这样便能够充分地利用企业与学校双方的优势，促进全面型人才的培养。

（3）组建“双师”技师教师团队

随着职业教育改革的不断发展，“双师型”教师能够在产教融合与校企合作的过程起到重要的作用，“双师型”教师的培养对于学生能力提升和稳定就业都非常关键，因此，便需要采取正确的方式，来提高教师的职业素养和专业水平，促进“双师型”教师队伍的形成。在这其中，学校可以组织各教师参加专业化的培训，加强教师的理论素养，并通过合理的方法来强化教师的实践操作水平。同时，还需要对完成生产任务的教师队伍给予奖励，以此来鼓励教师积极地参与到培训中。同时，学校还需要积极地聘请专业教师，不断完善软硬件设施，强化学校的师资水平，构建出理论与实践并行的“双师型”教师队伍。

（4）完善实习顶岗管理章程

在以落实能力为本和促进就业中，顶岗实习是重要的渠道，这种方式能够引导学生巩固所学习的理论性知识，也能够在一定程度上提高学生的操作能力和实践能力。在开展顶岗实习的过程中，能够充分地训练学生动手能力，以及适应企业环境等必要能力，对学生的全面发展具有重要的意义。但在这其中，存在着许多企业或是职业院校在引导学生实习时出现了实习内容单一的问题，没有重视学生的个性化发展，这便导致实习难以达到理想效果。因此，在这其中，企业与学校需要根据自己的意愿，通过合作的方式来制定周密的实习计划，为学生制定出符合需求的制度，这样才能够为学生技能的提升提供重要保障。在这其中，需要根据实际的情来不断地完善实习制度，将顶岗实习的作用发挥到最大化，这样才能够真正实现培养优秀人才的重要目标，以此促进学校与企业合作过程的快速发展。

（5）实施校企评价监督机制

在开展产教融合、校企合作的过程中，需要制定出科学的评价监督标准，在实际的教育过程中，对学生的能力和就业评价标准一般都只是依靠对学生理论性知识的评价，而在这其中，还需要重视对学生动手实践水平、合作协调能力的评价，这种全面的评价模式才能够真正培养学生全面发展。并且，这种综合性的评价内容也能够更加准确地对学生的学习状态进行判断。在这期间，还需要重视校企双方的监管，比如，在这其中可以设立校企合作监督委员会，为了保证委员会的公平性和合理性，需要选择学校代表、企业代表、政府代表、学生代表，通过共同监管的方式而保证其工作过程具有调理性和公平性，从不同的角度来进行校企合作，便能够使整体的合作过程更加顺利、高效。

（6）深化技能教学模式改革

要提升学生能力，就应该在职业教育全过程，体现以学生为中心的教学观念，不断促进教学改革，打破传统教学所带来的弊端。于是，在这其中，教师们需要采用理论实践一体化的教学模式，为学生开展导向教学、案例教学、模拟教学等多种教学模式，这种模式能够让学生不断转换学习思维，增强其自主学习的意识，促进学生理论知识和职业技能的全面发展。只有这样，才能够更加符合当代的职业标准和就业岗位要求。在实际的教学中，需要保证技能训练与职业资格考证相结合，以就业为方向来进行教学环节的设计和改善，添加技能训练的内容，将仿真实训与生产性实训相结合，为学生带来良好的学习体验，使学生能够在就业上岗时更加高效地融入其中。

二、高职教育高质量发展的基本内涵

新时代高职教育发展既面临着全新的内外部环境，也需要承担起新的责任与使命。在习近平新时代中国特色社会主义思想的指导下，高职教育应当从高规格人才培养、高水平专业建设、高质量产教融合、高层次国际化办学四个方面把握高质量发展的内涵。

（一）宏观层面

1．国家立法实施：增强权威性、规范性

国家立法实施的重要作用是统筹、表达、平衡、调整社会利益，为发展中国特色现代职业教育夯实法治基础，在教育现代化进程中充分增强权威性、规范性。一是推进全面依法治教，提升治理体系和治理能力的必然要求。在教育现代化进程中具有引领性、基础性、规范性、保障性的重要地位和作用，较为完善的教育法律制度框架，为教育发展提供了法治保障。二是增强职业教育适应性，加快建设技能型社会的根本之法。对技能型社会建设的路径做出系列规定和安排，重新审视职业教育在经济社会发展中的功能与作用。这既为新时代职业教育明确了目标与方向，也把建设技能型社会的理念和战略转化为法律规范，为技能型社会建设提供了法律基础和法治保障。三是确定职业教育类型地位，推动现代职业教育体系建设进入法治化阶段的有力体现。从体现经济发展的需求性、体现终身学习的开放性、体现职业教育的系统性等方面，对现代职业教育体系建设做出规范，标志着现代职业教育体系建设进入法治化阶段，也意味着职业教育“类型”地位的法律稳固，为构建现代职业教育体系，推动职业教育与普通教育既自成体系又相互融通，推进建设“一体两翼”的高质量教育体系提供了法理依据。

2. 教育结构优化：增强服务性、适应性

职业教育的结构优化是由规模扩张转为内涵发展的具体标志，也是从整体上提升职教质量，增强服务性、适应性的重要工作内容。首先，高职教育要调整培养目标，既要为区域经济发展提供优秀的技术应用型人才，又要为社会每一个成员在他们需要的时候提供能满足他们转业、转岗要求的学习机会；在高职教育的发展道路上，既要重视高职学校教育的发展，也要重视职业技术培训的发展，走学历教育与非学历教育并举，职前教育、在职教育、转岗转业教育相互沟通，协调有序的发展道路，以满足不同支付能力的个人需求。其次，适应性是高职教育结构优化的目标选择。高职教育结构是一个开放的系统，对社会每一个公民全方位开放。只有全方位开放，才能达到全面适应之目的。也就是说，高职教育只有对社会界、经济界、文化界全面开放，才能使高职教育结构与社会大系统相适应，社会才能有目的、有计划地向高职教育提供资源和财源；全面适应的核心是准确把握高等职业教育的改革走向。在发展战略上，高职教育由“事业”向“产业”转变；在发展目标上，高职教育由资源型向需求型发展；在发展规模上，由数量扩展型向质量提高型转变；在办学形式上，将更加重视非学历教育规模的发展；在人才培养上，重点开发学生“看不见的知识”；在管理模式上，由资源管理向知识管理转变。这些重大变革，既是高职教育结构优化的目标选择，也是高职教育未来发展的战略要求。

3. 教学标准建设：提升权威性、认可度

专业教学标准建设工作必须遵循标准化理论的要求，不仅成果形式结构是统一的，而且其过程也必须是标准化的活动，提升职业教育权威性、认可度。一是建立“政研校企”四方协同的专业教学标准建设机制。职业教育专业教学标准建设涉及多个利益关联方，标准建设需要多方协同，包括教育行政部门、教科研机构、职业院校、行业企业等，因此要建立专业教学标准建设的“政研校企”四方协同机制。标准建设始终坚持“管、办、评、研”分离的原则，立项、实施、试点工作均由省教育厅职业教育相关处室负责，过程组织与指导工作由省教育研究院负责。采取竞标方式，由本科院校、高职院校、中职学校联合行业、企业组成项目组，共同承担研制工作。二是遵循规范化的专业教学标准建设路径。职业教育专业具有多样化的特征，为保证专业教学标准建设水平的一致性，各种专业的教学标准建设必须遵循相对一致的建设路径。根据标准化建设原理要求，结合产业发展的实际需要和职业教育发展现状，探索出一条专业教学标准建设的基本路径。在“能力核心、系统培养”理念指导下，按照设计框架、构建标准、分级培养、衔接贯通的思路，将标准研制分解为供需调研、职业能力分析、课程体系构建、标准编制四个环节，并形成各环节不断反复的循环系统。

（二）中观层面

1．办学体制改革：增强现代性、灵活性

教学管理现代化、增强专业群灵活性，关键是办学体制改革。一是推动专业群适应性体制机制建设。通过体制机制创新，促进专业群建设，一以贯之地坚持立德树人，加强学生思想政治教育，坚持德技并修、全面发展，坚守“为党育人”的初心。根据区域、地方经济社会发展对人才的需求，开展专业设置和人才培养，适应“为国育才”的使命。构建“纵向贯通、横向融通”人才成长通道，适应满足人民多层次、多样化教育需求。二是着力加强教学管理机制建设。以提升课堂质量，以学习者为中心，充分实现互联网信息技术和传统课堂教学的有机结合，大力推进线上线下混合式教学模式，实现专业全覆盖，发挥学生的主动性，提升学生的创造性，突出学生的个性化发展。改革教师教学质量评价机制，加大学生、企业、社会对教师教学评价的满意度指标，构建多元、多层次的评价体系，让评价结果真实反馈教学实际效果。三是人才培养导向是决定人才培养质量的关键，更是保障高职教育“培养什么人”的核心问题。对于人才培养质量的评价，首先看人才培养系统性评价的科学性，其次看保障机制建设评价的协同性，最后看社会服务的贡献度。

2．对外交流合作：提升品牌化、辐射力

加强对外交流合作，高职院校应当立足国际化视野，审视“双高计划”的教育质量、职教标准与中国特色，提升中国职教国际品牌化和辐射力。首先，应以教育质量为核心。“双师型”师资队伍建设，产教融合水平，以及专业技能人才培养是“双高计划”评价高职教育质量高低的三个基本要素。高职院校应当注重人才培养的国际化素养，推动高职教育参与国际产能合作。“双师型”教师团队建设应当具有承接国际化项目的实力，科研成果具有国际影响力，教师开展教学、科研工作应具有国际化意识。以“鲁班工坊”建设为样板，把握国际产业发展机遇，推动高职院校参与“一带一路”建设。其次，要以“世界一流”为标准。高职院校办学过程中应通过引进融合输出符合本土化和国际先进职业教育体系，打造世界一流的中国职业教育标准体系。最后，以“中国特色”为“本色”。坚持社会主义办学方向是中国高职教育的最大办学特色，也是我国高职教育屹立于世界职教之林的鲜明特征，高职院校应当在深化国际化办学过程中弘扬中华优秀传统文化，促进中外文化交流融合，推动构建人类命运共同体。

3．校园文化建设：提升自信心、感染力

校园文化建设始终要围绕师生员工展开，因此只有真正做到提升自信心、感染力，“以人为本”，充分发挥师生的主动性，才能把建设文化型学校各种措施落到实处。首先，创设积极向上的文化氛围，提高学校环境的文化品位。开发、利用校内外一切可以运用的文化资源，创设积极向上的文化氛围。为在学校环境设置方面充分体现这种价值理念，大到校园布局、建筑样式，小到教室布置、宿舍装饰，都要依据不同专业、不同年级学生的个性特点，表现相应的主题。其次，开展各项活动，提高学生是文化品位。学校要尊重学生的文化身份，激发学生的文化创造力，充分发挥其学校文化创造者的作用，有效促进校园文化中学生文化的再生成。要进一步拓宽学生获取信息和展示自我的渠道，加强“两栏”（宣传栏、报刊栏）、“两课”（班会课、团日活动课）的管理，坚持正确的舆论导向。还应充分发挥图书馆和信息中心的优势，利用阅览室、校园网等更好地负担起促进学生文化建设的重任。最后，加强校企联系，在“工学结合”中渗透企业文化。加强校企联系，使学生了解企业文化有利于中职学校校园文化的建设，有利于职校生尽早接受企业文化的熏陶，有利于提高教师与学生的文化素养和文化品位。要安排学生多下企业或者让企业多走进校园，使企业文化中的创新意识、竞争意识、责任意识、质量意识、市场意识、科技意识、团队意识等内容渗透到教学活动中，这对学生树立正确的人生价值观有着不可估量的作用。

（三）微观层面

1. 专业产业对接：增强适应性、有效性

专业产业对接是高职教育办学的基本出发点和落脚点，高职教育要实现自身的高质量发展，就需要紧密对接产业链，增强适应性、有效性。在我国全面实施强国战略的宏观背景下，高职教育要紧密围绕我国产业振兴战略方向来构建办学与教育格局。高职教育对接产业链，要以适应和配合国家“创新驱动”“结构优化”战略实施为导向。加大创新型人才培养力度，在育人过程中更加注重创新意识、创新思维、创新能力的培养，把创新创业教育摆到更加突出的位置上来；同时，切实面向传统产业转型升级的实际需求，提高人才培养规格，培养更多实用适切的高素质、复合型人才。此外，各高职院校还要依据自身的办学方向和办学特色，加强技术技能积累，提高人才培养层次，不断提高教育内容输出和社会服务供给的精准性、有效性。

2. 教学模式创新：增强针对性、有效性

高等职业教育教学模式的改革与创新是时代发展的必然趋势，只有不断地改革创新才能促使高职教育更好地发展。从以下几个方面出发，增强针对性、有效性，寻求更长远的发展方向。首先，明确改革方向，坚定改革道路。高等职业院校是一个培养人才的地方，而人才又与社会政治经济的发展紧密联系，所以它的一切改革与发展都是十分重要的。下一步，高等职业学校必须以建设独具特色、认可度高、代表性强的高校为目标，加大改革力度，立志为社会培养更多的高质量人才。要凭着鲜明的教学特色、过硬的教学质量赢得社会的关注和认可，使之成为具有国际一流水平和重要国际影响，为社会经济发展注入核心力量，培养高质量人才的重要基地。其次，寻求新的教学方法，创办新的教学体系。高等职业教育与本科院校的教育侧重点不同，它旨在培养高技能人才，所以在教学方法和教育理念上，高职院校不能一味地模仿本科院校，要形成一套独特的教学体系，树立新的教育思想和教学方法。教师要转变教学观念，把课堂还给学生，善于抓住学生的注意力，在察觉到课堂气氛沉闷压抑时，要想方设法活跃课堂气氛，提高学生的积极性。同时教师还要善于发现问题、总结问题，及时关注学生的反馈。最后，建立完备的考核方式，加强师资队伍建设。高职院校可以采取多元化的考试方式，来加强学生的实践能力。根据课程性质的不同，可以分别采取闭卷、开卷、上机、现场测试、做实验、写论文、设计等方式对学生进行考查。这样可以更好地检验学生对知识的吸收程度以及运用水平。除了考核方式，师资队伍的建设也很重要。高职院校要对在校教师定期进行培训，提高其教学水平。

3．技术技能创新：提升融合度、贡献度

技术技能创新是高职教育的一项重要任务，将科技创新的生产技术、理念运用到区域产业、行业的实际生产过程中，为服务国家战略发展和服务区域经济发展提升融合度和贡献度。一是培养服务国家战略发展需要的技术技能人才。由于中国产业规模、结构、效率等与时代发展不匹配，迫切需要促转型、调结构，实现规模集约化发展，因此中国政府推出系列国家战略，助推中国产业迈向中高端，以解决日益突出的经济发展不平衡、不协调、不可持续的问题。那么，要实现产业转型升级、高质量发展就需要培养大量符合要求的技术技能人才。国家产业振兴规划、发展战略性新兴产业、乡村振兴、精准扶贫等都是技术技能人才施展才华的舞台，培育学生面向新的就业岗位、新的就业方向、新的就业技能等适应能力，站在国家战略要求的高度，立足现实情况，承担国家战略需要赋予的职责和使命，高质量达成国家既定目标，职业教育责无旁贷。二是培养服务区域产业、扎根地方的技术技能人才。高职院校大多数是地方办学，因此决定了高职院校的服务对象应偏向区域产业，为区域产业发展培养“下得去、留得住、用得好”的技术技能人才。区域产业大多数是当地的特色产业，高职院校必须依据地域特色产业设置专业，依据特色产业对技能的特殊需求开设课程，优化课程体系，将特色的地域文化融入人文素养培育，把地域特色凝聚成办学特色，建立专业动态调整机制，深挖地方产业转型升级对技术技能人才的现实需求，深究职业教育技术技能人才成长规律和培养模式，着力培养服务区域产业、扎根地方的技术技能人才。

4．教师队伍建设：提升专业化、复合度

教师队伍建设是高等职业教育实现高质量发展的重要途径，注重于高职院校教师队伍建设的专业化和复合度。一是强化专业集群建设。专业集群建设是高等职业院校提升人才培养质量的关键点和着力点。专业集群以专业群或专业为节点，相比传统专业群更加强调区域统筹性，专业集群的质量决定高职院校服务区域经济发展的水平。专业集群内的专业设置应以对接地方产业需求为基础，结合学校自身办学特色，科学设置专业群结构。专业集群内部应构建专业动态调整机制，实现人才培养与行业企业需求无缝对接。二是提升人才培养质量。人才培养质量的提升是高职院校教师队伍建设的根本目标，高职院校应以服务区域经济发展为主线，培养符合行业岗位技能标准的专业技能人才。根据地方产业需求及发展方向，精准制定人才培养方案；结合学校自身生源特点，柔性化定制人才培养模式，促进学生的知识、能力和素质的全面发展。三是打造“双师型”教师团队。高职院校的师资能力将决定学校服务地方发展的定位水平。引进高层次人才，聘任企业、行业高技术人才兼任校内专业教师，推行专兼结合的培养模式，能够有效弥补传统高职教师来源单一、缺乏生产实践经验的不足。高职院校应当强化“双师型”师资队伍建设，优化师资结构，增加“双师型”教师占比，全面提升教师教学科研能力水平。

三、地方高职院校是中国高职教育的重要力量

（一）地方高职院校的概念

地方高职院校指远离省级行政中心所在城市，一般由地方市（州）人民政府主办的高等职业技术学院，在本研究中常立足“地方”进行科学定位。它是基于社会需求尤其是当地需求而突出办学的一类高职院校，具有明显的“区域性”特征，它有别于普通综合性高职院校或行业性高职院校，无论是从办学需求、办学特色上来看，常凸显其“地方”二字，在把握自身特色，满足地方需求，基于地方建设，定位服务范围的情况下，地方高职院校也正积极以建设“当地离不开、业内都认同、国际可交流”的高水平高职院校为目标，全力为区域经济发展输送人才是其自身职责和历史使命，更是其责任担当。

（二）地方高职院校概况

党的十八大以来，党中央、国务院高度重视职业教育，召开系列重要会议，出台重磅文件，以前所未有的力度，推动职业教育取得令人瞩目的成就，同时，习近平总书记多次就职业教育发表重要讲话、做出重要指示批示，为职业教育改革发展指明了前进的方向。21世纪以来，我国的高等职业教育实现由小到大、由弱到强的改变，加之2019年《国家职业教育改革实施方案》颁发以来，首次明确了职业教育作为一种类型教育的重要地位，其发展变化之大前所未有，迎来了高等职业教育的大发展，加速了我国高等教育从大众化到普及化的进程，国民素质得到极大提升，教育结构更加趋向合理，诊断改进体制机制更加科学，职业教育体系更加完善，职业教育影响力更加显著。尤其是在职业教育在历经提质培优、增值赋能的加强期，中国特色高水平高职学校和专业建设计划的建设期，职业教育再次迈入了新一轮的高质量发展，也正如总书记所说：“职业教育前景广阔、大有可为”。地方高职院校

作为高等职业教育的主力军，源源不断地为国民经济的发展培养更多的技术技能人才，在促进产业链、人才链的创新发展上发挥其重要功能。办好人民满意的教育。教育是国之大计、党之大计。培养什么人、怎样培养人、为谁培养人是教育的根本问题。育人的根本在于立德。全面贯彻党的教育方针，落实立德树人根本任务，培养德智体美劳全面发展的社会主义建设者和接班人。坚持以人民为中心发展教育，加快建设高质量教育体系，发展素质教育，促进教育公平。加快义务教育优质均衡发展和城乡一体化，优化区域教育资源配置，强化学前教育、特殊教育普惠发展，坚持高中阶段学校多样化发展，完善覆盖全学段学生资助体系。统筹职业教育、高等教育、继续教育协同创新，推进职普融通、产教融合、科教融汇，优化职业教育类型定位。

自中华人民共和国成立以来，借助良好国内国际发展环境，地方高职院校乘势借力高等教育大发展的东风，历经世纪之交的高等教育扩招、扩招成长期发展、新时代职业教育三个阶段，地方高职院校从多方面接受发展的红利，使得地方高职院校从规模、办学实力方面实现由少到多、由小到大、由弱到强、由强到优的完美蜕变。根据教育部发展规划司发布的2021年全国教育事业统计结果显示，2021年，全国共有高等学校3012所，其中，高职（专科）学校1486所，各种形式的高等教育在学总规模4430万人，高等教育毛入学率57.8%，高职（专科）在校生1590.10万人，高职院校分布涵盖31个省级行政区，除少部分的省、自治区受地域或数量的限制，地方高职院校基本涵盖全国绝大部分的地级市。而在这背后，主要得益于高等教育扩招，高等职业教育快速崛起。近年来，地方高职院校也积极响应中央的号召，先后经历了“国家示范性高等职业院校建设计划、‘国家示范性高等职业院校建设计划’骨干高职院校建设、优质高职院校建设、中国特色高水平高职学校和专业建设计划”项目，在项目带动下，在全国先后建设了100所国家示范性高等职业院校、100所国家示范校骨干高职院校、200所国家优质高等职业院校和197中国特色高水平高职学校和专业建设计划建设单位。地方高职院校作为中国高等职业教育的中坚力量，在职业教育“起示范、承骨干、转优质、建‘双高’”项目建设中，均占有着重要的地位，尤其是在“双高计划”建设中，地方高职院校充分发挥出了服务当地产业、支撑区域（行业）发展服务经济方面发挥出重要功能，已成为为地方培养高素质技术技能人才的重要“摇篮”。

（三）地方高职院校情况分析

本次分析从地方高职院校高质量发展的视角出发，重点对标以入选国家197所“双高”校为目标对象，分析当前地方高职院校现状，研究选取了全国27个省级行政区（不含4个直辖市和港澳台）的高职学校为统计对象，统计的相关数据结果如表1-1所示。

表1-1　全国27个省级行政区的高职院校分布情况表

序号	省份	总所数	省会城市所数	非省会城市所数	省会城市占比	非省会城市占比
1	河北省	60	24	36	40.0%	60.0%
2	山西省	48	21	27	43.8%	56.3%
3	内蒙古自治区	33	13	20	39.4%	60.6%
4	辽宁省	44	16	28	36.4%	63.6%
5	吉林省	28	15	13	53.6%	46.4%
6	黑龙江省	41	23	18	56.1%	43.9%
7	江苏省	88	17	71	19.3%	80.7%
8	浙江省	49	18	31	36.7%	63.3%
9	安徽省	73	35	38	47.9%	52.1%
10	福建省	49	16	33	32.7%	67.3%
11	江西省	55	24	31	43.6%	56.4%
12	山东省	80	17	63	21.3%	78.8%
13	河南省	80	36	44	45.0%	55.0%
14	湖北省	60	36	24	60.0%	40.0%
15	湖南省	70	33	37	47.1%	52.9%
16	广东省	86	44	42	51.2%	48.8%
17	广西壮族自治区	39	22	17	56.4%	43.6%
18	海南省	13	7	6	53.8%	46.2%
19	四川省	75	31	44	41.3%	58.7%
20	贵州省	42	18	24	42.9%	57.1%
21	云南省	49	31	18	63.3%	36.7%
22	西藏自治区	2	2	0	100.0%	0.0%
23	陕西省	34	15	19	44.1%	55.9%
24	甘肃省	27	11	16	40.7%	59.3%
25	青海省	8	6	2	75.0%	25.0%
26	宁夏回族自治区	11	9	2	81.8%	18.2%
27	新疆维吾尔族自治区	30	12	18	40.0%	60.0%
总计		1274	552	722	43.3%	56.7%

注：以上数据来源于全国高等职业院校状态数据监测中心。

1. 总体情况

当前，我国高等职业教育的办学情况总体规模日趋庞大，为使研究结果更加贴合当前地方高职院校实际，凸显地方高职院校之“地方性”，研究中把选取分析对象涵盖全国27个省级行政区（其中未包括4个直辖市、2个特别行政区、台湾省），占全国行政区总数的79.4%。共有学校1274所，其中省会城市高职学校552所，省会城市学校占比43.3%；非省会城市高职学校722所（这里的“非省会城市”泛指除省会城市的所在省的其他地市州，即所在高校为地方高职院校），非省会城市高职学校占比56.7%。从表1-1可以看出，不论从地域分布或高职院校数量上来看都符合我国现有国情，凸显出了中国职业教育的特色，东部作为先行试验区，数量明显优于西部地区。研究后发现，但从不同的维度分析以上数据，也可得出不同的结果。一是从各省高职院校总所数看省会城市和非省会城市所数，可发现大部分的省份省会城市与非省会城市占比在无限接近于40%和60%，但也存在少部分的省份如吉林、黑龙江、湖北、海南、西藏、青海、宁夏等省或者自治区存在反差，突出表现出省会城市所数比非省会城市所数多。二是东部地区高职学校数量明显高于西部地区高职院校，尤其是沿海地区的高职学校与西部偏远地区的高职学校在数量上呈现出两极分化，如江苏省88所，西藏2所，相差超过40倍。但总体而言，可看出，当前高职院校仍集中在远离省会城市的其他地市州，承担着服务地方产业乃至周边城市经济的发展。

2. 专业布局

根据全国高等职业院校状态监测中心相关数据显示，2021年全国高等职业院校共有学科数量97个，专业数量744个，专业设置涵盖19个专业类别，专业开设对接第一、二、三产业（表1-2）。经过统计分析发现，服务于第一产业的学科数量为4个，专业数量为48个；服务于第二产业的学科数量为43个，专业数量为305个；服务于第三产业的学科数量为50个，专业数量为391个，涵盖了当前高职专业目录中的专业。此外，地方高职院校在专业设置方面，常凸显其“地方性”，即地方需要什么，高职院校就开设什么，真正的服务地方产业发展，主动以专业对接产业，围绕产业办专业，建强专业办产业，实现专业建设新发展，真正服务区域经济高质量发展。

表1-2 2021年全国高等职业院校的学科及专业数量表

序号	专业类别名称	产业	学科数量	专业数量
1	农林牧渔大类	第一产业	4	48
2	资源环境与安全大类	第二产业	9	63
3	能源动力与材料大类	第二产业	7	49
4	土木建筑大类	第二产业	7	34
5	水利大类	第二产业	4	16
6	装备制造大类	第二产业	7	68

续表

序号	专业类别名称	产业	学科数量	专业数量
7	生物与化工大类	第二产业	2	20
8	轻工纺织大类	第二产业	4	29
9	食品药品与粮食大类	第二产业	3	26
10	交通运输大类	第三产业	7	63
11	电子信息大类	第三产业	4	37
12	医药卫生大类	第三产业	9	47
13	财经商贸大类	第三产业	8	44
14	旅游大类	第三产业	2	18
15	文化艺术大类	第三产业	4	60
16	新闻传播大类	第三产业	2	22
17	教育与体育大类	第三产业	3	48
18	公安与司法大类	第三产业	7	28
19	公共管理与服务大类	第三产业	4	24
合计			97	744

（四）职责与功能

职业教育是国民教育体系和人力资源开发的重要组成部分，党中央、国务院高度重视职业教育。党的二十大报告指出，“统筹职业教育、高等教育、继续教育协同创新，推进职普融通、产教融合、科教融汇，优化职业教育类型定位”。习近平总书记对职业教育工作做出一系列重要指示强调，在全面建设社会主义现代化国家新征程中，职业教育前途广阔、大有可为。

1. 地方高职院校的职责

地方高职院校作为地方性院校，肩负着服务地方经济产业重要的神圣职责和光荣义务，为省、市经济发展培养下得去、留得住、用得上的实用型、技能型、高水平人才，是其应有的责任与担当，是面向经济主战场的需要，也是在激烈的竞争中生存与发展的需要。而培养更多高素质技术技能人才、能工巧匠、大国工匠既是为地方经济发展赋能，也是解决地方技工荒的现实之需，因此，从某种意义上讲，职业教育作为一种重要的教育类型，正以类型定位和特色魅力进入大众视野。

2. 地方高职院校的使命

地方高职院校肩负着服务社会、服务区域经济的历史使命，既是区域经济生产力的“动力源”，也是技术技能型人才培养的“摇篮”，职业技术继续教育的“加工厂”，培养的是面向生产、建设、管理、服务等领域的高素质劳动者，高素质技术技能人才。教育的重要使命在于育人，更在于育有用之人、育重要之人、育有使命担当之人，再辅之以专业技术，即可服务产业发展，从某种程度上来讲，地方高职院校的重要使命之一即为通过专业设置服务产业发展，服务于专业产业发展规划，推动产业转型升级，以上可归属于地方高职院校服务区域经济发展的逻辑起点。

——第三节——
研究的逻辑

2021年修订的《中华人民共和国教育法》第五条明确指出，“教育必须为社会主义现代化建设服务、为人民服务，必须与生产劳动和社会实践相结合，培养德智体美劳全面发展的社会主义建设者和接班人。”这是我国教育的根本目的，也是包含职业教育在内的一切教育的根本任务，习近平总书记将其简明准确地概括为“为党育人、为国育才”，“全面贯彻党的教育方针，落实立德树人的根本任务”。职业教育怎样实现立德树人根本任务？这是研究的核心站位和基本出发点，也是研究的逻辑起点。

2022年5月实施的新《中华人民共和国职业教育法》回答了上述问题，其第一章总则第四条明确指出：“职业教育必须坚持中国共产党的领导，坚持社会主义办学方向，贯彻国家的教育方针，坚持立德树人、德技并修，坚持产教融合、校企合作，坚持面向市场、促进就业，坚持面向实践、强化能力，坚持面向人人、因材施教。”从法律角度规定了职业教育应当怎么做。其中很明显看出国家对职业教育高质量发展的导向，即“坚持党的领导和社会主义办学方向是根本原则，立德树人是根本任务，德技并修明确了职教培养方向，产教融合是本质特征，促进就业是培养导向，实践能力是类型特征，面向人人是体现公平正义”。所以，一切的办学行为和培养措施，都应当围绕这个法律规定来展开。

根据《国家职业教育改革实施方案》《职业教育提质培优行动计划（2020—2023年）》《关于实施中国特色高水平高职学校和专业建设计划的意见》等职业教育改革发展核心文件精神，梳理出地方高职院校实现高质量发展的基本逻辑为：

以“培养德智体美劳全面发展的社会主义建设者和接班人”为根本目的；

以“为党育人、为国育才”“立德树人根本任务”为逻辑起点；

以坚持党的领导，以党的建设引领职业教育事业发展为引导；

以培育技术技能人才培养高地为目标；

以人才培养、科技创新、社会服务、文化传承与创新、国际交流合作等“五大功能”为核心构建高质量发展体系。其中，又以人才培养为核心，是职业教育的主责主业；

职业教育高质量发展体系的支撑体系有三，即构建纵向贯通、横向融通的现代职业教育体系，构建职业教育质量保证体系，推进教育教学综合改革；

职业教育高质量发展的核心要素有六，即思想政治教育、“三全育人”、治理体系与治理能力现代化、师资队伍建设、产教融合、信息化建设。

综上所述，确定了研究逻辑路线，见图1-1。

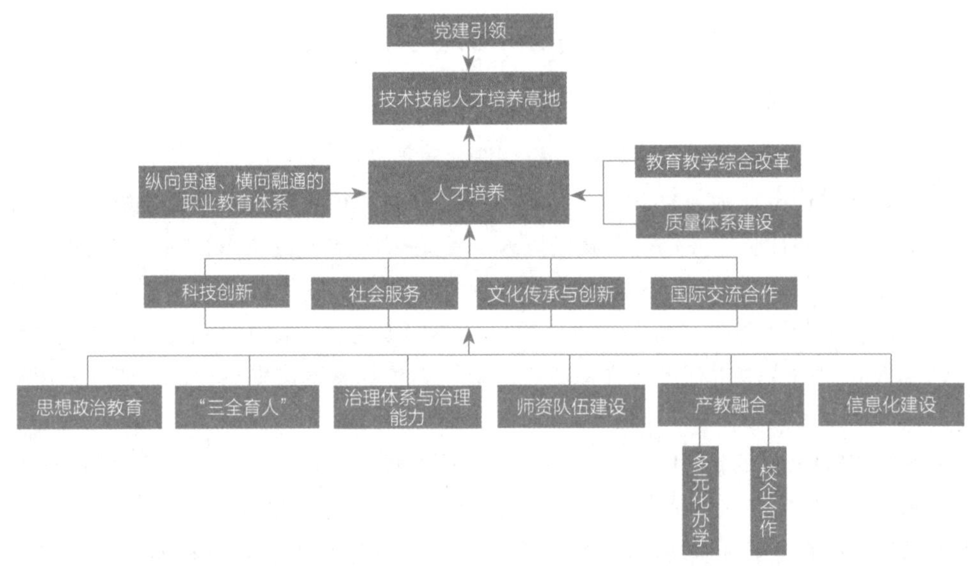

图1-1　地方高职院校高质量发展研究逻辑路线图

第四节
研究的方法

本课题为应用型研究项目，采用边研究边实践、以实践促研究的研究策略。根据课题特点和研究实际，采用历史研究、文献研究、调查研究、案例分析、实践研究等方法开展研究。

历史研究：追溯中国高职教育发展历史和各个历史时期的经济社会发展、国家职教主要政策、发展目标、重大项目以及职业院校建设发展情况，探索中国职教发展的规律性认知。

文献研究：利用图书馆及网络资源，以及调研考察对象提供的文献资料，系统梳理政策、法规、发展状况、研究现状，以及职业院校建设发展的思路、目标、途径、措施和发展取得的成就。

调查研究：全国地方高职院校中，按照区域分布有针对性地在国家“双高”院校和“双高”专业群建设单位中选择地方属性的A档学校金华职业技术学院，B档学校宁波职业技术学院、日照职业技术学院、淄博职业学院、顺德职业技术学院，C档学校温州职业技术学院、芜湖职业技术学院、滨州职业技术学院等17个高职院校，利用“文献分析+现场调研”相结合的方式对标对表开展调查研究。同时，发放调查问卷，覆盖全国200个高职院校，获得问卷反馈200份。通过调查研究获取了充足、真实的第一线资料。

案例分析：在调研样本院校中，选择其有创新、有特色、有影响、有成效的典型案例进行分析，解剖麻雀，获取经验。

实践研究：以宜宾职业技术学院为实践样本开展实践探索和实证研究。在争创国“双高”、建设省“双高”背景下，把握地方高职院校服务国家战略、服务地方经济社会发展的责任担当和人才培养的主责主业，以构建技术技能人才培养高地为目标指向，坚持党建领航高质量发展，着力构建现代职教体系和地方高职院校高质量发展体系，从治理体系与治理能力建设、思想政治教育、“三全育人”、产教融合、高水平专业群建设、教育教学综合改革、质量控制与质量保证体系建设、师资队伍建设、信息化建设、质量体系建设十个方面展开，探索独具地方特色和学校特色的高质量发展之路，以期形成地方高职院校高质量发展的典型案例。

第二章

理论基础与调查分析

——第一节——
地方高职院校高质量发展的理论基础

一、哲学视角

（一）价值：地方高职院校高质量发展的价值何以体现？

价值是哲学的一个基本范畴，是在“存在”（本体论）、“怎么认识存在”（认识论）之后回答“存在的意义”的一个重大问题。从认识论上来说，价值体现了主客体之间的效用关系，是客体能够满足主体需要的意义，是客体的固有属性，于主体而言，客体能满足主体的某种需要，那它就是有价值的，就是有意义的，反之，就是没有价值的，也是没有意义的。我们可以将其简单定义为“客体对主体的有用性”。

那么，地方高职院校高质量发展的价值何以体现？那就必须表现出它的“有用性”，体现出地方高职院校存在的意义。

高职教育作为教育的一种类型，其首先体现出人类价值。教育是关于人的一种实践活动，是建立在人类终极发展和人的“自由而全面的发展”的共产主义理想基础上的，马克思在《共产党宣言》中写道：“在那里，每个人的自由发展是一切人的自由发展的条件”。作为一个从事教育这个崇高事业的教育机构，地方高职院校本就身在追求共产主义理想中的滚滚洪流之中。面对这样一个神圣的事业，我们对教育，不仅仅是热爱，更应该是敬畏。

其次，地方高职院校高质量发展也体现出其意识形态价值。作为一个共产主义意识形态和有着五千年东方传统文化的国家，共产主义的理想信念和集体主义的价值观是我们的主流意识，为中国人民谋幸福和为中华民族谋复兴是中国共产党的初心使命，习近平同志准确定位了教育的意义是“为党育人、为国育才”，并将其阐述为“为人民服务、为中国共产党治国理政服务、为巩固和发展中国特色社会主义制度服务、为改革开放和社会主义现代化建设服务”的“四为”教育方针，这是我们要始终铭刻于心的。

再次，地方高职院校高质量发展还要体现其社会价值。地方高职院校作为社会系统中的一个成员，要体现出对社会的有用性，即体现其社会价值。一方面，作为教育机构，地方高职院校也体现出对主流社会价值观的正能量贡献，起到对社会环境的教育、引导的功能，助力于塑造良好的社会风气、道德风尚。另一方面，还要充分发挥职业教育服务社会的职能，为经济社会发展提供大量优质人力资源，为行业、产业、企业提供技术服务，提供员工培训等。从国家层面来说，地方高职院校的高质量发展必须紧紧围绕国家经济发展，服务国家重大发展战略，从地方层面来说，因为地方高职院校的地方属性，更是必须为地方经济社会发展，为当地产业发展赋能，在服务地方经济社会发展中收获自身的社会价值，也就是我们常说的“地方离不开”。

最后，地方高职院校高质量发展还要体现其个体价值。国家对职业教育人才培养定位是“高素质技术技能人才”，习近平总书记提出的要求是培养“大国工匠”“能工巧匠”，这既是高职教育对是国家和社会的贡献，更是高职院校对学生的个体价值。要让每一个学生都成为“高素质技术技能人才”，从而使学生获得生存的本领，获得更好生活质量和美好生活愿望的基础，使学生实现自身的人生价值，得到社会的认可、自身的尊严、他人的尊重，提高学生的获得感、安全感、幸福感。

（二）主体：政校企三元联动的共同主体地位

产教融合是职业教育的本质特征，校企合作是职业教育高质量发展的根本路径，而地方高职院校是由地方政府举办的办学机构。故此，政府、学校、企业必然是地方高职院校高质量发展的三方主体。

教育是一种社会行动，它必然是集中了社会各方主体和各方资源的一种综合性、协同性的社会活动。对于社会各方主体而言，存在一种集体意识，即培养人才推动社会进步的意识，这种意识将各方教育主体联结起来，并使教育秩序得意确立，并形成一种必然的“教育团结”，政府、学校、企业分别在这个“教育团结”系统中发挥各自的主体作用。这三个不同的社会主体的价值诉求是不一样的，但其对教育的价值指向一定是相同的，这使三方合作共同办好职业教育有了价值基础。

在中国国情下，地方高职院校要实现高质量发展，地方政府必须充分发挥主导作用。其主导作用体现在：一是发挥举办者的主导作用，将地方高职院校的高质量发展纳入地方经济社会发展的总体规划中，作为一种法定责任和义务。二是发挥政策上的主导作用，制定有利于地方高职院校高质量发展、有利于校企之间紧密合作的政策法规，为另外两个主体提供行政权力、资源整合、力量调配等方面的帮助和支持。三是不断提升政府在职业教育治理现代化方面的能力和水平，落实“放管服”，扩大地方高职院校的办学自主权，实现其“法治政府”“服务型政府”目标。四是积极营造地方高职院校高质量发展的良好的发展环境，在政府职能部门和全社会营造起一种共同关心、帮助、支持职业教育高质量发展的良好氛围。

学校、企业作为另外两个重要主体，建立起利益联结的深度合作关系是必然且必需的。由于职业教育是直接面向生产实践的，这决定了学校和企业本身就具有紧密的关系。产业和专业的连接、生产技术与专业教育的连接、生产过程与教学过程的连接、用工需求与就业推荐的连接、科技创新与技术服务的连接、员工提升与社会培训的连接、企业产品与实训设备的连接等。可以说，职业教育和职业院校就是为产业、企业而生的，是一种共生共存、共兴共衰的关系。也唯有这样，职业院校才能实现高质量发展。

通过政校企三方对自身主体身份的确认，并在政府主导下充分联动，各自发挥功能，才能形成地方高职院校高质量发展的良性运行机制。宜宾职业技术学院在建设国家骨干高职院校的时候，就确立了“政校企三元联动，服务地方发展”的办学模式，多年的实践取得了良好的发展成效。

（三）理性：价值理性与工具理性的有机融合

理性（reason）是一个古老的哲学概念，它是指人类在探求真理中的逻辑（logic）推理的过程和能力。理性是认识论范畴，是人类认识事物的存在（物质）、变化（运动）和相互关系（运动规律）的一种高级认识活动。理性在哲学和社会学中都得到广泛的关注和深入研究，亚里士多德提出“人的本质是理性”，认为“人的功能就是理性的现实活动，至少不能离开理性”，笛卡儿以“我思故我在”观点表明理性是辨别真伪的唯一标准。随着哲学与社会学的不断发展，理性（reason）延伸出合理的（rational）、合理性（rationality）等含义。

马克思·韦伯（Max Weber，德国，1864—1920）对理性（rationality）进行了深刻的研究，他认为，从社会行动的角度看，理性是多维的，他将其归纳为价值理性和工具理性两个基本大类。价值理性是建立在一些基于信仰的，固定的、永恒的价值观念基础上，重视动机纯正和实质正义，对结果不做过多追求；工具理性则相反，它追求效率、重视结果，强调通过工具和手段的使用，采用逻辑、预测、计算等方式，实现其实用性、功利性的目标达成。工具理性对推动社会生产力的发展有着巨大的作用，特别随着资本主义的日渐发达而逐渐膨胀，甚至压倒价值理性形成工具理性霸权，其结果是使科学技术脱离了价值判断和人文精神，成为单纯的技术控制手段，使人成为“单向度的人”，使人类失去精神家园。因此，在资本主义工业文明实现高度发达后，人们对工具理性的反思和批判愈来愈烈，马克思主义对其提出了批判，法兰克福学派更是将批判工具理性作为学术上的主要批判目标，并上升到对资本主义意识形态和工业文明的批判。

我们返回理性的起点，怎样对价值理性和工具理性进行理性分析呢？那就是要建立起二者相统一的关系性思维，打破二元对立，实行有机统一。既充分发挥出价值理性的实质正义，又体现出工具理性的效率和实用，价值理性依靠工具理性来实现自身的价值理想，工具理性服务于价值理性，按照价值理性指向高效前行，避免过度工具化带来方向的迷失。

这一点，对职业教育而言尤其重要，我们要培养技术技能人才和大国工匠、能工巧匠，其前提是价值观正确的人。宜宾职业技术学院确立的“鼎承大同、钵传天工”的校训，正是体现了这一目标，要建立价值理性与工具理性相统一的大学精神，既注重对学生科学素质和技术技能的培养，又注重对学生价值取向、精神完善、人格完整的塑造。这应该是地方高职院校大学精神培育的方向。

二、教育学视角

（一）教育性教学：职业教育高质量发展的核心是立德树人

被誉为“现代教育学之父”的德国哲学家、心理学家、教育学家约翰·弗里德里希赫尔巴特（Johann Friedrich Herbart，1776—1841）提出了“教育性教学”的观点，他指出在教育场景中，人的知识、观念、情感、意志是紧密联系在一起、密不可分的，教育世界中不存在任何“无教育的教学”[①]。任何教育活动，在“授人以渔”的同时，必然是、必须是“授人以德”的，这是教育行为的固有属性，也是教育主体——不管是教育者还是受教育者——的必然使命。在中国传统文化和教育思想也充满了相同理念，孔子的教育思想的核心理念，就是要培养“君子”，而“君子”的品格就是对己能“修己”，对人能“安人”“安百姓”，要求做人要恪守“仁”的人生哲学、“礼”的社会秩序、“智”的知识水平、“信”的个人美德。《大学》首章即开宗明义：“大学之道，在明明德，在亲民，在止于至善”，其意思是：大教育的宗旨，在于彰显光明的品德，在于提高自己及其他人的道德修养，在于让所有人及整个社会达到完美的道德境界。并且，孔子的儒家思想倡导的人类社会的终极目标“大同社会”也表达了这样的教育思想。

简单地说，就是既要“教书”，更要“育人”。职业教育作为教育的一种类型，它首先是教育，其次才是侧重于技术技能的教育，所以，职业教育的根本任务，仍然是立德树人。地方高职院校实现高质量发展，就必须牢牢把握住立德树人这一根本任务，把“教育性教学”思想贯彻到人才培养中。

在当前职业教育的教育环境中，由于职业教育在教育中相对弱势，社会普遍存在对职业教育的偏见，职业教育自身发展不足，职业教育对象在文化基础、知识水平等方面欠缺等诸多原因，教师群体中存在“自弃”“躺平”等心理。同时，注重能力培养，忽视思想政治素质、道德修养、人格健全、综合素养、心理健康等心态也在很大范围而内存在，这导致了很多职业院校在职业教育过程中对“怎么培养人”的问题没有真正达到党和国家的要求，没有体现出“教育性教学”，所以，当前的职业教育对思想政治教育、意识形态、“三全育人”等工作非常重视，对“思政课程”和“课程思政”的要求也达到前所未有的高度。地方高职院校实现高质量发展，坚持立德树人根本任务，是必须旗帜鲜明和牢牢把握的核心办学思想。

（二）教育凝聚力：地方高职院校高质量发展的内生动力

教育是有凝聚力的，职业教育亦然；学校是有凝聚力的，地方高职院校亦然。教

① 赫尔巴特．普通教育学·教育学讲授纲要［M］．李其龙，译．北京：人民出版社，1989：12.

育凝聚力是“教育对教育主体、教育环境和教育世界表现出的以实现教育价值为目标的友好性反应”[①]，地方高职院校作为教育主体，在履行职业教育责任的过程中，整合教育世界诸要素资源，共同实现职业教育的教育价值，其表现出的教育凝聚力是无疑的。

对教育而言，教育凝聚力具有客观实在性。它蕴含了三层含义，其一，教育是发自于人类自身，紧紧伴随在人类文明进步过程中，生命出现就伴随了教育的出现、生命成长也伴随了教育的成长。其二，教育凝聚力是教育的固有属性，教育是关于人的事业，其神圣性和公益性决定了教育凝聚力的产生，对教育世界中的任何因素都体现出强大的作用。并且，这种凝聚力对（职业）教育发展起到引领（甚至是控制）作用。美国教育家杜威提出“教育即生活”[②]，准确地描述了教育与人类社会的内在统一性。我国著名教育家陶行知提出“教学做合一”的教学论，点明了职业教育的实践性和产教融合本质特征（虽然那时候并没有职业教育的概念），要实现教育与生活的统一，教育与实践的统一，教育凝聚力是其中必然的黏合剂。其三，教育凝聚力是教育理想的必然结果。教育的理想归根结底是为了人的发展，这是教育的最终归宿，我国学校中盛行的“一切为了学生、为了一切学生、为了学生的一切”的理念，宜宾职业技术学院提出的“以学生为中心、以教师为根本、师生人人出彩”的人才培养理念就是体现了这样的思想。

从上述分析可以看出，作为教育的一种类型，职业教育本身就是具有强大的教育凝聚力，体现了教育对人的生活的积极意义。职业教育凝聚力伴随着职业教育的产生、发展而不断壮大，也推动职业教育实现它的教育目的和教育价值。所以，教育凝聚力是地方高职院校高质量发展的内生动力，地方高职院校实现高质量发展，就是要认识、发掘并充分发挥职业教育和职业院校的教育凝聚力。

（三）教育公平：作为独立类型教育重要价值性体现

公平正义从来都是人类社会发展的价值目标，人类对公平正义的追求是发自人性的呼声，始终推动着整个人类社会的文明进程。作为社会公平在教育领域里的延伸和具体体现，教育公平一直是受到普遍关注的一个话题，它体现了人民对公平正义的基本愿望。教育是一个需要信仰、理想、信念的事业，教育理想一定是公平的，体现了教育的朴素性、公正性、关怀性。习近平总书记多次强调要优先发展教育事业，要努力让每个孩子都能享有公平而有质量的教育。习近平总书记在全国教育大会上强调：“要坚持以人民为中心，不断提升教育公共服务的普惠性、可及性、便捷性，让教育改革发展成果更多更公平惠及全体人民。”《中华人民共和国教育法》规定“公民不分民族、种族、性别、职业、财产状况、宗教信仰等，依法享有平等的受教育机会。”这些都明确地指明了教育领域的公平正义有多么重要的意义。

---

① 朱涛．教育凝聚力提升的实践研究［D］．成都：四川师范大学，2012：1-2.

② 约翰·杜威．民主主义与教育［M］．王承旭，译．北京：人民教育出版社，2001：15-18.

教育公平是指社会全体成员或国家全体公民自由、平等地选择和享受公共教育资源的一种状态，是社会公平的重要基础。教育公平是一个历史范畴，古希腊哲学家柏拉图提出了教育由国家控制，进行公养公育的公民教育思想；亚里士多德首先提出通过法律保证自由公民的教育权利；捷克著名教育家夸美纽斯则提出“教育的艺术是把一切事物教给一切人类的艺术”；我国的孔子也提出了“有教无类”的教育公平思想。由此可见，人类对教育公平的追求由来已久，是教育理想在社会现实中的反映。

在国家的角度，要依据合理性的规范或原则对教育资源进行配置，从而实现教育公平。教育公平有两个基本维度，即教育权利平等和教育机会均等。从教育权利平等维度看，要求教育规则体现公平，包括关于教育的法律、政策、制度等；从教育机会均等维度看，教育公平则包括教育的起点公平（确保人人都享有平等的受教育的权利和义务）、过程公平（提供相对平等的受教育的机会和条件）和结果公平（教育成功机会和教育效果的相对均等）三个层次。

新修订的《中华人民共和国职业教育法》确立“职业教育是与普通教育具有同等重要地位的教育类型”，这样的法律定位就是在社会层面实现教育类型的公平。职业教育在中国发展历史不长，发展水平不高，而在几千年的封建文化中，重文轻理、重农轻商，推崇“学而优则仕”的思想，技术技能被称为“奇技淫巧”，工匠职业在社会中地位低下。时至今日，接受职业教育仍然是学习成绩较差的学生的不得已之选。“独立类型教育”的确立，正是要纠正这种误解，实现职业教育的教育权利平等。随着社会对职业工人偏见的扭转，“独立类型教育”逐渐深入人心，职业教育条件不断改善，这一社会认识将逐渐改变，职业教育不再是低于普通教育的“二等”教育，“成绩好的上普教，成绩差的上职教”的社会认知和家长的普遍思维终将扭转，职业院校的学生也不用再有“低人一等”的自卑心理，将会有更多学生主动选择职业教育，职业工人也会成为受人尊重的职业，从而实现职业教育的“结果公平”。这体现了职业教育的教育价值，也体现教育公平的价值意义。

新修订的《中华人民共和国职业教育法》还确立“面向人人、因材施教”，这是推动个体层面的教育公平。职业工人、职业教育的社会地位的提升，“职教高考”等制度的实施，将极大提高职业教育的吸引力，也极大地提高广大学生公平地选择接受高等教育的机会。高考制度作为运行多年的人才选拔机制，其公正公平性和科学合理性不容置疑，但其激烈的竞争也阻断了很多学生接受更高层次教育、享受更好教育资源的权利和机会，职业教育“面向人人”，用其相对独立的升学考试方式，让更多的青年有机会接受高等教育，体现出职业教育的“起点公平”。而“因材施教”的教育路线，针对每个学生特点差异化教学，体现职业教育的“过程公平”。

（四）职业教育的“教育场”架设：教育主体与教育环境需要同时“在场”

“教育场”理论，可溯自美国心理学家库尔特·勒温（Kurt Lewin，1890—1947）

的“场论（生活空间论）”和法国社会学家皮埃尔·布尔迪厄（Pierre Bourdieu，1930—2002）的“场域理论”。这里所说的“教育场”，分为两个部分，其一是指教育的存在形态和抽象环境（field），即教育的“场域”（educational- field），如同物理学中的“磁场”。其二是指各种实际的教育应用场景。架设职业教育的“教育场”，前者更为重要，就是要让职业教育构建起一种独特的存在形态，一个充盈着职业教育氛围的抽象空间，就像“磁场”一样，对“教育场域”中的所有事物产生足够大的影响力和顺应效应，从而推动职业教育不断发展，这是职业教育高质量发展必不可少的动力源泉。

职业教育是教育的一种从属形态，其基本教育要素是一致的，由教育主体和教育环境构成。职业教育的教育主体，包括职业院校的主办发（地方政府、行业主管部门、社会组织、个人等），主管部门（教育主管部门、行业主管部门、企业或个人等），职业院校、教师、学生，都属于职业教育的教育主体；职业教育的教育环境，就是围绕在职业教育周围，并对职业教育主体产生影响的一切因素，它包括职业教育的观念、信息、思维方式等思想环境，政策制度、社会认知、民风民俗、地方文化，甚至具体到某一个学校的校风学风等空间环境，也包括职业教育的经费、设备、教育资源等资源环境，还包括职业教育相关者如家长、亲戚、朋友等人际环境。这样，就构成了职业教育的一个“场域”，而每一个职业院校，就是一个具体的“场域单元”。

从物理学角度而言，任何“场”都会产生相应的“力”。在职业教育的教育场域中，也会产生职业教育的“力”，所有的教育要素都会顺应这个场域所形成的“力”，这个“力”，就是职业教育的规律。职业教育要实现高质量发展，就必须架设起职业教育的“教育场”，也必须遵循职业教育的规律，才能顺应并借助这个“场”的“力”产生巨大的顺向作用。在达到这样一种理想状态，必须所有的教育要素，即教育主体和教育环境必须同时“在场”，特别是对职业教育的教育主体而言，这种真切的“在场感”，是一种非常重要的心理体验和行动指南。在这个“教育场”中，所有教育要素都能感受到“场”的影响，并在心理上认同、频率上一致、行动上顺应，才能形成发展合力，这就是我们通常所说的“同频共振”。反之，则一定会破坏这个“场”，当破坏了达到一定程度的时候，就毁坏职业教育的“教育场”，其结果就是职业教育的整体崩溃。

当然，实际的教育应用场景的构建也非常重要，但是我们应当充分认识到，具体的教育应用场景，实际上是“教育场”的必然反应，也是实现“教育场”的具体载体。如教学场景的设计、生产性实训基地、校中厂和厂中校等，均是从现实角度塑造的职业教育“教育场”。

三、社会学视角

（一）共同体：基于“有机团结”形成的价值与利益共同体

“共同体（community）”是德国社会学家斐迪南·滕尼斯（Ferdinand Tonnies，

1855—1936）提出的一个著名社会学理论，是与“社会（society）”相对应的一种人类群体生活的结合类型。滕尼斯眼中的共同体，是建立在自然的基础上的，基于情感动机的，以感情和伦理为联结纽带的，人们用天然原始的朴素情感和意志结合在一起，“是一种持久和真正的共同生活”[①]。

与此类似，法国社会学家爱弥尔·涂尔干（Emile Durkheim，1858—1917）提出了“社会团结”的理论，他认为社会是具有内聚力的，人们通过共同的情感、道德、信仰、价值观等形成一种结合的状态。经过社会的进步，这种团结从基于强烈的集体意识形成的“机械团结”转型到基于社会成员异质性而产生相互依赖而形成的“有机团结”。在“有机团结”的社会里，产生了明确的社会分工，发挥着不同的社会职能，使社会成员不能相互取代而只能相互依赖和合作，从而形成一种依赖和团结的结合形态。

滕尼斯认为，共同体是有机的[②]一种社会联结模式，“在共同体里，尽管有种种的分离，仍然保持着结合”[③]，因此，这种基于天然情感的，又相互依赖的，还分工合作的社会联结模式，既具有精神基础，又具有利益驱动，是一种较为理想的社会模型。

高职院校是一个微观的社会组合形态，其中的社会成员，包括举办者、教育者、受教育者、教育关联者等，都具有追求人的本质和人格完善的天然情感，又具有成长成才的价值追求，更具有获得生存的利益需要，同时，高职院校中的所有人，都具有明确的工作职能，或办，或教，或学，或管，或服务，各司其职且互相不能取代（比如，不能让教师同时担任校园保安），故此，高职院校就能形成一个微观的共同体，这个共同体是有机团结的，既体现了价值，又体现了利益。

（二）交往理性：建立一种理想的主体间关系

人是社会性的，交往是一种最基本的社会关系，人的一切社会活动都离不开交往，也就自然产生了人际关系。教育也是人际关系的一种表现形式，本质上是人与人之间一种社会实践活动，“是以师生之间的特殊交往为基础的实践过程”[④]。因此，追求高的教育质量，必然不能忽略教师与学生之间的交往。

教育是教育主体（主要是教师和学生）之间的实践活动，因此，教育的主体性一直是教育的主流理论。但是，教育界内也一直存在“教师主体”“学生主体”“师生双主体”“教师主导、学生主体”等多种理论的争辩。造成这样的争辩的原因，其实就是因为主体性教育存在一个极大的缺陷：忽略了主体之间的交往。

基于对主体性的批判，主体间性逐渐成了认识论的重要理论。费希特、卡尔·马

---

① 斐迪南·滕尼斯．共同体与社会［M］．林荣远，译．北京：商务印书馆，1999：58．

② 在这个问题上，滕尼斯与涂尔干对社会团结的理解是正好相反的，他们是在不同意义上使用机械团结和有机团结这两个概念。

③ 同①95．

④ 高瑜．教育交往理性的研究［D］．成都：四川师范大学，2011：3．

克思等都对此进行了研究，特别是现象学之父胡塞尔及其后继者海德格尔做出了重大贡献，1953年，雅克·拉康（Jacques Lacan，1901—1981）正式提出了主体间性的概念。主体间性认为，世界不是主—客二分的，也不是主—主隔绝的，强调主体与主体之间的统一，是主体之间的共存、共在，并通过语言、文本、文化等符号交互方式实现主体间的沟通与连接，达成主体与主体之间的交往、理解关系。德国解释学哲学家狄尔泰从解释学的主体间性角度提出“自然需要说明，而人则需要理解”的经典论断。主体性体现了个体，而主体间性体现了群体，也就满足了人的社会性这个基本属性。

而交往行为就是一种典型的主体间性行为。德国著名哲学家社会学家尤尔根·哈贝马斯（Jürgen Habermas，1929—）基于对工具理性的批判提出了交往理性（communicative rationality）理论。哈贝马斯认为，交往理性是人类交往行为的基础，相互理解是交往行为的核心。他提倡的人与人之间的交往行为，应当避免过度工具理性对人的本质的异化，是以建立主体之间互相理解、沟通的交往理性。交往理性是双维度（主—主）、双向度（交互）的，正是这样基于主体间达成理解的沟通性交往，才促使人与人之间达成理解和一致，促使社会趋向于一体、有序和合作。这样的交往过程，就是一种“交往理性化”的过程。

交往理性对职业教育的作用是不言而喻的，它解决了教学过程中极易出现的教师只管教、学生只管学，学习效果无法检验，教师与学生不能平等对话，教学过程机械呆板等问题，把教学过程变成了一种师生之间以语言为核心符号的交往理性行为，达成一种教师与学生之间的“理解”，这对提高学生的认知水平，提高教学质量，无疑是有巨大作用的。职业教育发展历程中，在教法上非常注重的建构主义、情景式教学、交互式教学、小组学习等，其本质就是建立的交往理性基础上的教学组织形式。

所以，以交往理性为基础构建一种良好的师生关系和有效的教学范式，是推动高职院校高质量发展的一个重要环节。

（三）结构与功能：地方高职院校高质量发展的“AGIL功能模型”

社会学著名理论学派“结构功能主义”，是由社会有机体论（social organism，法国人孔德建立，英国人斯宾塞正式提出，卡尔·马克思也有涉及）和早期功能主义（Functionalism，孔德、斯宾塞、涂尔干、马林诺夫斯基等均有涉及）发展而来。20世纪40年代，由美国著名社会学家塔尔科特·帕森斯（Talcott Parsons，1902—1979）集前人之大成建立起结构功能主义学派。

帕森斯在对社会行动的研究与分析中，提出了“AGIL功能模型”的分析范式。他认为，一个社会行动系统，要获得生存和发展，必须满足“AGIL”4个功能，其中，A是适应（adaptation），是指社会行动系统对其他社会行动系统和社会环境的适应，以从其中获取资源，其驱动力为主体间的“内化”。G是目标达成（goal attainment），是指设定社会系统的目标，建立系统秩序，并调动系统资源达到目标，其驱动力是系统的

"制度化"。I是整合（integration），是指协调系统内各元素之间的关系，并协调系统与系统之间、系统与社会环境之间的关系，促使社会行动系统能够高效运行，其驱动力是系统的"互动"。L是模式维持（latent pattern maintenance），是指将已经固化的社会行动系统运行模式保持稳定性、连贯性，保证社会系统的不断延续。从整个宏观社会来看，"AGIL功能模型"依次表现为经济功能、政治功能、社会控制功能和文化功能，但它同时为其他中微观的社会行动系统提供了一种分析范式。

职业教育是一个中观的社会行动系统，地方高职院校是一个微观的社会行动系统，均可采用"AGIL功能模型"进行行动分析。如前所述，政府、学校、企业是职业教育的三方主体，这就构成了关于职业教育的社会行动系统，这就是"结构"，这个"结构"要在"AGIL功能模型"的指导下实现各自的"功能"，从而促使这个社会行动系统保持稳定的结构和良好高效地运行。政校企三方主体通过"内化"达成相互认同，通过"制度化"形成一定的秩序，通过"互动"有效地推进运行。据此，我们可以分析出地方高职院校高质量发展的"AGIL功能模型"（表2-1）。

表2-1　地方高职院校高质量发展的"AGIL功能模型"

功能	结构	实现
A—适应 adaptation	政、校、企	通过"内化"分别从三方主体获取资源。政府主要提供政策、资金等资源；学校提供教育教学资源；企业提供生产、就业等资源
G—目标达成 goal attainment	政、校、企	确立地方高职院校的发展目标，做好顶层设计。调动三方主体的资源，由章程、机制、制度等制度化因素来促成目标达成
I—整合integration	政、校、企	协调政校企三方主体的关系，减少矛盾，达成一致，通过主体间互动，形成协调统一
L—模式维持 latent pattern maintenance	政、校、企	通过集体意识、价值观、文化等因素，保证职业教育各行动者保持固有模式、彼此关系和谐，促使职业教育良性运行得以长久

四、组织行为学视角

（一）组织架构：建立与高质量发展相适应的群体组织形式

组织是社会运行必然产生同时必须依托的一个实体，一个高职院校就是一个具体的组织实体单元。在组织行为学角度，群体组织建立科学、系统、优质的组织结构，是组织功能发挥和取得成功的关键。通过对组织结构和组织活动的设计，把人、责、权、利进行有效组合和协调，从而发挥出组织的最大效益。因此，地方高职院校必须建立起一个科学的组织结构，并通过科学的治理结构发挥出组织结构的作用，且这个组织结构必须是与时俱进，与职业教育的高质量发展相适应，否则，学校这个组织实体单元无法正常运行，更遑论高质量发展。

学界根据不同历史阶段的科学技术水平和社会生产力水平，将组织理论分为传统组织理论、行为组织理论和现代组织理论三种，每种组织理论都建立了系统的学术体系，也都在组织运行中发挥了重要的作用，从学术层面分析，三种理论并无优劣高下之分，只有适用与否之别。

组织结构设计应当遵循五个基本原则。一是组织目标。任何组织都有特定的发展目标，包括战略目标和阶段性目标等，组织结构的设计或者调整都要围绕组织目标进行。二是责权利相结合。这是治理的基本要求，组织内部的职能部门、岗位都必须充分体现这个原则，一定的人都一定的工作完全负责，并取得相应的利益。三是权力分配。主要体现在集权与分权要科学分配且相互结合。集权有利于提高执行力与绩效，而分权则有利于发挥组织骨干的能动性，提高推动工作的灵活性。这一点，需要组织领导者的心胸、情怀、智慧。四是管理层级与管理幅度。管理一定是讲层级的，通常划分为高层管理（决策层）、中层管理（职能层）和基层管理（执行层），严格按照组织程序，各司其职、各负其责。每一个管理层级有一定的管理幅度，通常7~9人。管理层级的设计，是组织结构设计的关键环节，既要有稳定性，也要有适应性，还必须体现精简高效、沟通灵活。五是执行与监督。组织有效运行，强大的执行力是基础。同时，必须有有效的全覆盖监督，以利于发现问题、暴露矛盾、解决弊端。

地方高职院校高质量发展，必须实现自身组织结构和治理结构的科学合理。传统组织结构中的直线制、职能制、直线职能制，现代组织结构中的事业部制、矩阵制、立体组织制、团队结构制、虚拟结构制、无界限组织等组织结构，均是可选择的方式。俗话说“适合的就是最好的”，故此，不同高职院校在建立自己的组织结构（当然是在国家规定的前提与范围内）时，原则只有两个，即适合自己、适用高质量发展需求。

（二）群体心理：职业教育利益相关者形成集体无意识

心理是决定行动的先决条件，对于一个社会群体或一个社会组织来说，构建一个共同的、合理的、良性的群体心理是非常重要的，而形成群体心理的理想状态，就是整个群体形成“集体无意识”。

“集体无意识（collective unconsciousness）”由瑞士心理学家，分析心理学创始人卡尔·古斯塔夫·荣格（Carl Gustav Jung，1875—1961）建立的一个心理学假说，他认为“集体无意识包含了从祖先遗传下来的生命和行为的全部模式”[①]，它是活跃在人类心灵中的祖先的经验的总和，“是指有史以来沉淀于人类心灵底层的、普遍共同的人类

---

① 荣格. 荣格性格哲学［M］. 李德荣，编译. 北京：九州出版社，2011：21.

本能和经验遗存"[①]，荣格称之为"原型"，"原型"预先形成在人类的大脑之中，对群体而言，"原型"的心理经验促使群体形成"集体无意识"，"集体无意识"超越了个体的心理倾向，具有普遍性和集体性，还具有倾向性、制约性，在不知不觉中影响着人们的行为、理解和创造。

每个人潜意识中，都蕴含着一些朴素的、善良的，甚至崇高的"原型"，这是来自人类本身的，在无数先人经验积累中形成的共同的心理基础和原始意象，具备了形成"集体无意识"的潜在基础。从上述定义可以看出，"集体无意识"对群体的心理和行为是具有巨大影响力的，它让群体中的所有人形成一种发自内心的心灵皈依，激发群体的认同、信服、信任，并形成强大的凝聚力，从而产生巨大的群体力量。"集体无意识"对群体的影响方式，主要来自文化，包括文化图腾、文艺作品、宣传引导等。从这个角度，我们能充分理解为什么重视文化建设，为什么要建立起中华民族的"文化自信"。

而在地方高职院校这个微观的社会系统中，如果把参与其中的职业教育利益相关者，都激发出他们的原始意象，形成关于职业教育和学校发展的特定的"群体无意识"，无疑一定会产生巨大的发展推动力。通过"集体无意识"的形成，让身在高职院校其中的每一个人，在面临任何问题的时候，都能不约而同、自然而然、不假思索地想到应该怎么看、怎么办、怎么干。这无疑是地方高职院校实现高质量发展的一个很重要基础群体心理因素。

（三）团队合作：基于心理认同和共同愿景的自愿合作

团队精神和团队合作是一个组织或一个群体获得事业的成功的必要条件。从组织行为学角度看，团队具有目标导向功能，能促使团队成员围绕团队目标齐心协力；良好的团队能产生强大的群体凝聚力，能引导团队成员产生共同的使命感、归属感和认同感，不断强化团队精神；团队还能对团队成员产生激励作用，在集体中形成互相鼓励、协同协作、良性竞争、比学赶帮的良好氛围；团队还能对成员起到有效的约束和控制作用，通过团队精神的培育和影响，形成一种团队氛围，能有效影响到成员的意识，规范和约束成员的行为。

地方高职院校要实现高质量发展，必须建设起高素质、高水平、高效能的工作团队，培育优秀的团队精神，形成良好的团队合作。而在高职院校的团队合作中，有两个非常重要的因素：一是教职员工和学生对学校的心理认同，二是广大师生共同的发展愿景。

心理认同是地方高职院校团队合作的基础。认同可解释为认为彼此是同类，具有亲近感或可归属的愿望。心理学家西格蒙德·弗洛伊德（Sigmund Freud，1856—1939）认为，个体在潜意识中具有模仿别人并最终形成自己的行为模式的倾向，这个

① 荣格. 荣格性格哲学［M］. 李德荣，编译. 北京：九州出版社，2011：21.

模仿过程就是认同。反映在高职院校的团队心理上，就是教职员工和学生对这个学校的理性认知和情感体验——也就是对团队的模仿过程——从而对学校产生归属感，并逐渐形成优化自身、爱护学校的价值取向，以这样的价值取向来指导自身的行动，去推动学校的发展。在这样的心理认同基础上，广大师生会自觉和自愿地拥护学校，形成在目标、价值、情感、任务、行动上的统一性。

师生共同的发展愿景是在心理认同基础上推动团队合作的又一重要因素。人都是有价值追求的，身处团队中的人，会自觉地把自身的价值追求和团队的价值追求结合起来，产生基于组织或群体的自豪感、成就感、奋斗感，而建立师生共同的发展愿景就是激发自豪感、成就感、奋斗感的充要条件。所以，地方高职院校必须建立起为广大师生所认可和拥护的发展愿景——其发展愿景应该是充满激情充满希望同时又是可触及的——激发起大家的希望与激情、为之奋斗的欲望与动力。这个发展愿景既包括学校的，也包括教师和学生个人的，既有精神上的，也有物质上的。要制定其明确的中远期目标和短期目标，并将学校的理想、精神、文化、价值观贯彻其中。

宜宾职业技术学院确定了“立足宜宾、辐射西南、全国一流、国际水平”的中远期发展定位，同时确定“十四五”期间的短期目标“调迁、扩规、进位、升本”（即搬迁新校区，学生规模达到1.6万人，进入国家“双高”院校行列、位次进入全国百强，整体升格为职教本科院校），对激发广大师生的工作、学习热情，形成良好的团队合作起到了非常好的作用。

——第二节——

地方高职院校高质量发展的调查分析

地方高职院校在服务区域经济中扮演着非常重要角色，当前，我国经济已从高速增长阶段转向高质量发展阶段。对标高质量发展要求，地方职业院校要更加深入地融入当地经济发展中，实现高质量发展，才能更好地服务地方经济社会的发展。但地方高职院校因面临诸多因素的影响和限制，高质量发展的策略和途径不畅，因此，为地方院校寻求发展策略，助推地方高职院校高质量发展必将成为现实之需。

地方高职院校实现高质量发展，路径方法是关键。地方高职院校，肩负全面服务地方经济发展的重任，但与省部级院校、行业院校相比，在外部环境、内部环境、区位环境上均不占优势，因此开展地方高职院校高质量发展的路径研究，寻求突破口，是当前地方院校最为迫切的需要，也是职业教育研究迫在眉睫的工作。

为了促进地方高职院校高质量发展，针对教育部、财政部发布的《关于实施中国特色高水平高职学习和专业建设计划的意见》中“一加强，四打造，五提升”十个方面的改革发展任务，开展了现场调研、文本调研及问卷调查的方式选择了200所地方高职院校作为调查对象，其中，国家“双高”建设院校101所，省市“双高”建设院校52所，分析了“双高”十大建设任务在各地方高职院校高质量发展进程发中所占比重和作用。

一、调查方法和调查内容

1. 调查方法

本项调查采用问卷调查的方式进行，运用在线调研系统，发送答题邀请邮件，通过邮件来回收问卷。同时，高校还可通过答题监测系统及时、有效地跟踪调查进度，调研实施过程清晰、直观、客观。

2. 调查内容

本项调查通过围绕“一加强，四打造，五提升”十个方面来探寻地方高职院校高质量发展的建设途径（表2-2）。

“一加强”是指加强党的建设是出发点。在新的历史发展机遇下，地方高职院校始终坚持把党的建设贯穿于高等职业教育全过程，按照新时代党的建设总要求，以党的政治建设为统领，以全面从严治党为工作主线，以提升学校党建工作质量为核心，以思想政治工作创新为切入点，促进高职教育改革和精准服务地方经济社会转型发展为目标，不断提升地方高职院校高质量发展。目前，高职院校在党的建设工作上有明显成效，但党的建设工作创新力度稍显不足，创新思路办法略有欠缺，占比仅为54.55%；必须进一步解放思想，把创新思维融入党建工作的全过程中去，不断创新地方高职院校党建工作的思路和途径，努力实现地方高职院校党建工作的新突破。另外，面对西方意识形态的强力渗透，加强对大学生的思想政治教育和马克思主义信仰教育的培养工作尤为重要。

“四打造”是指打造技术技能人才培养高地、技术技能创新服务平台、高水平专业群、高水平“双师”队伍是建设任务。一是打造技术技能人才培养高地。目前，地方高职院校技术技能人才培养高地应具备的最主要特征是培养专业行业和社会认可度较高；实际建设过程中，地方高职院校在教学硬件和软件设施存在的困难，严重阻碍着技术技能人才培养高地建设顺利进行。二是打造技术技能创新服务平台。地方高院校技术技能创新服务平台的硬件条件也亟待改善，资金投入持续性不强，难以支撑教师科研；科研团队建设缺乏优秀的带头人和研究组织，教师自身的应用研发能力也有待加强；平台管理缺乏专业化人员，管理涣散，考核粗放等问题都亟待解决。三是打造高水平专业群。高水平专业群建设目前尚处于起步阶段，在资源配置、培养与需求、管理运行等方面仍有待完善。四是打造高水平师资队伍。建设路径主要放在教师的引进和培养工作上，在教师职前培养、入职培训和在职研修体系；聘请行业企业领军人才、大师名匠兼职任教工作方面力度很大。

“五提升”是指提升校企合作水平、服务发展水平、学校治理水平、信息化水平、国际化水平是工作目标。一是提升校企合作水平。校企合作平台是地方高职院校保证学生就业率的关键，可以作为地方高职院校与企业之间的合作沟通桥梁，让学校充分了解企业的用人需求，使学校学生培养工作的开展更具针对性和目的性。地方高职院校主要是施行校企联合培养、双主体育人的中国特色现代学徒制，通过与行业领先企业加强深度合作，形成校企命运共同体打造校企合作平台。育人措施主要是“聘请合作企业兼职教师授课”“合作企业接收学生实习实训”“校企合作共建科技创新及成果转移转化平台”“行业特色产业学院建设”等。二是提升服务发展水平。地方高职院校在“开展职工继续教育，拓展社区教育和终身学习服务”工作的投入较少，仅达到64.50%；需着眼长远，使高校继续教育的功能和水平，跟上时代发展的要求，顺应未来发展的趋势。三是提升学校治理水平。地方高职院校遇到的困难主要是创新型及服务型教师团队短缺，教师社会服务意识和理念不足，需增强职业教育适应性，打造高素质专业化创新型教师队伍；强化政府学校激励机制，激发教育改革发展的内生动力，有效调动教职员工的积极性。四是提升信息化水平。在发展信息化建设过程中，学生信息管理系统、后勤服务信息系统占比均在50.00%以下，为提高学生学习和生活的便利性，需加强这两方面的投入力度；另外提升信息化水平必须注重“信息安全”。五是提升国际化水平。地方高职院校通过引进国外职业教育资格认证体系、外派教师到境外培训、在境外设立合作项目等方式开展国际交流与合作，但新冠疫情暴发以来，“疫情常态化管控”使得国际交流与合作工作难以开展，需得到有效解决。

表2-2 “‘双高’建设十大建设任务”调查内容

一级指标	二级指标
加强党的建设	重要工作
	困难工作
	党建引领发展
打造技术技能人才培养高地	技术技能人才培养高地的特征
	技术技能人才培养高地建设的困难
打造技术技能创新服务平台	面临的困境
	目标定位
	主要举措
打造高水平专业群	面临的困难
	专业群改革难以突破的困难

续表

一级指标	二级指标
	主要路径
打造高水平师资队伍	高级职称比例
	“双师型”教师比例
	合作平台
提升校企合作水平	育人举措
	混合所有制改革办法
	存在的问题
提升服务发展水平	目标定位
	主要举措
	需要完善的权力
提升学校治理水平	治理主体
	主要工作
	校级管理信息系统
提升信息化水平	信息化发展重点
	主要困难
	国际交流与合作方式
提升国际化水平	制约国际交流与合作的因素
	开展国际交流与合作的主要目标

二、调查分析

（一）加强党的建设

1．党建工作内容

党建工作与高职教育工作密不可分，党建工作作为高职教育事业的一项重要内容，需要以高职教育事业为载体。目前，参与调研的地方高职院校开展的党建工作主要有“领导班子与干部队伍建设”“基层组织建设”，占比均为93.94%；其次是发挥“党员先锋模范作用”，占比为77.78%（图2-1）。

2．党建工作难点

在党的建设工作中，地方高职院校遇到的困点难点主要是“校企合作开展党建”，占比为59.59%；其次是“创建党建标志性成果”，占比为46.63%，这也是地方高职院校在党建工作中忽视的方面。另外，面对西方意识形态的强力渗透，加强对大学生的思想政治教育，马克思主义信仰教育的培养工作尤为重要，要引导广大师生增强“四个意识”、坚定“四个自信”、做到“两个维护”（图2-2）。

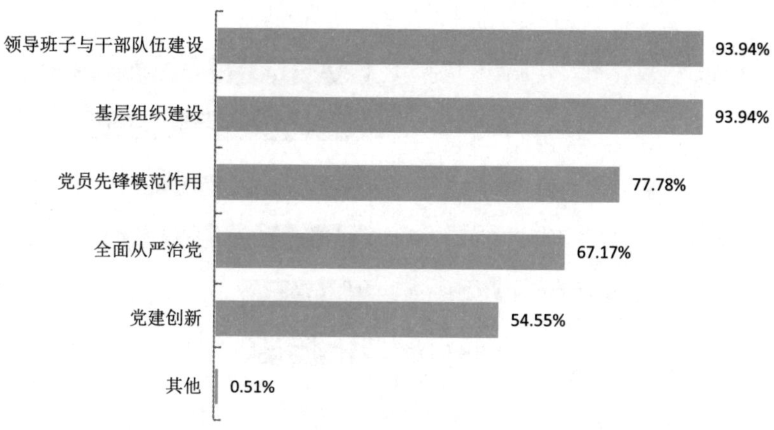

图2-1　党建工作内容

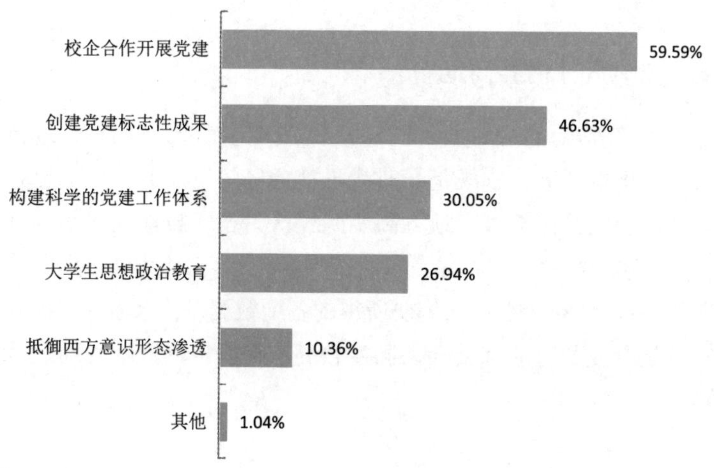

图2-2　党建工作难点

注：该题目为多选题，因此选项的百分比之和不是100.00%。

3．党建引领发展

高职教育是实现教育资源合理配置的关键环节，推进其高质量发展是完善国家终身教育体系的必经之路与必然需求，而党建工作则是地方高职院校高质量发展的定盘星，只有将党建工作与中心工作深度融合，才能真正实现高职教育的高质量发展。目前，在开展党建引领高质量发展中，地方高职院校主要从以下几个方面着手，占比较高的前三项分别是："构建学校师生认同的文化、价值观、发展愿景"（82.72%），"建立良好的激励机制"（79.58%），"建立责任体系，推进党建工作责任制"（75.39%），但仍需加强理论学习和思想政治教育工作，加强学生理论基础和思想意识（图2-3）。

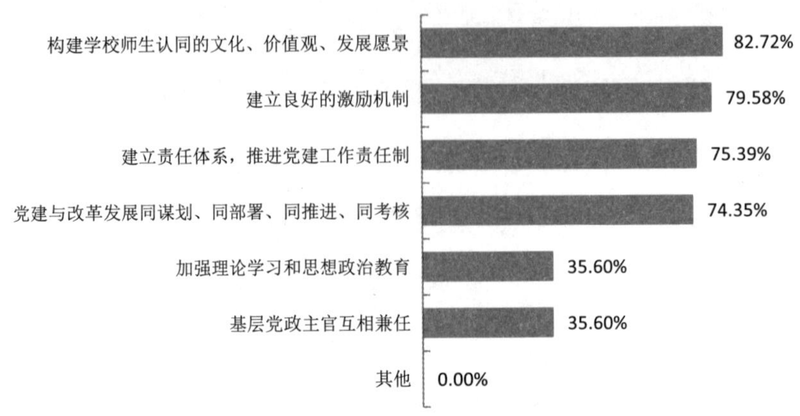

图2-3　党建引领发展需着手的工作

注：该题目为多选题，因此选项的百分比之和不是100.00%。

（二）打造技术技能人才培养高地

技术技能人才培养高地具备的特征：按照教育部文件指示精神，地方高职院校以培养技能性人才为根本任务，这既是新时代下社会经济发展的需要，也是地方高职院校学生自身条件限制的必然选择。地方高职院校认为技术技能人才培养高地应具备的特征包括“专业支撑产业发展能力强，行业认同度高”，占比为90.37%；其次是“专业社会认同度高”，占比为80.75%。从调研所得的各项数据占比来看，技术技能人才培养高地最大的特点是专业的行业和社会认同度较高，可以培养产业急需、技艺高超的高素质技术技能人才（图2-4）。

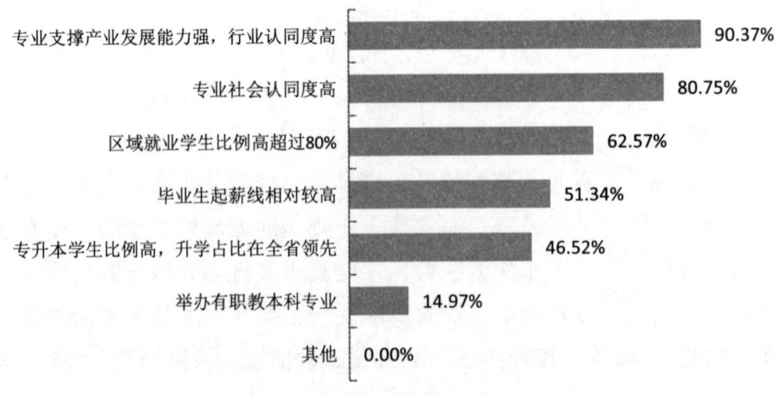

图2-4　技术技能人才培养高地具备的特征

注：该题目为多选题，因此选项的百分比之和不是100.00%。

在技术技能人才培养高地建设中遇到的困难主要是“地方高职院校获取资源的途径少，力量单薄”，占比为62.70%；其次是“人才难以引进，师资队伍水平不高”和“地方财政不力，支持经费短缺”，占比为56.76%（图2-5）。

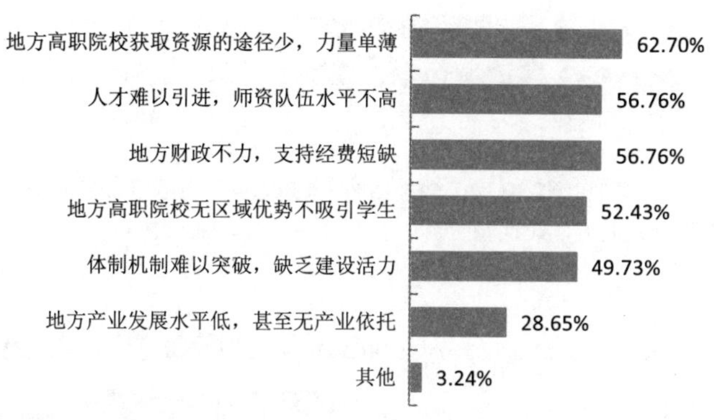

图2-5 技术技能人才培养高地建设难点

注：该题目为多选题，因此选项的百分比之和不是100.00%。

“双高计划”建设要求打造技术技能人才培养高地需坚持工学结合、知行合一，加强学生认知能力、合作能力、创新能力和职业能力培养。但实际过程中，地方高职院校在教学硬件（例如地方高职院校无区域优势、地方产业发展水平低，甚至无产业依托）和软件设施（教学资源短缺、师资队伍力量单薄、体制机制僵化等）存在的困难，严重阻碍着技术技能人才培养高地建设顺利进行。

（三）打造技术技能创新服务平台

打造技术技能创新服务平台是“双高计划”的建设任务之一，建设技术技能创新服务平台有助于深化职业教育类型特色、提升地方高职院校办学实力与声誉、提升技术技能人才培养水平。地方高职院校在打造技术技能创新服务平台的目标定位，主要是“服务行业企业发展需求”“服务专业群实体化建设”，占比均在75.00%及以上；“服务‘一带一路’建设”“服务创新驱动发展战略”“服务人才培养模式改革”占比均在63.00%左右；“服务现代职教体系建设”占比最少，仅为47.78%（图2-6）。

打造技术技能创新服务平台主要举措：为打造技术技能创新服务平台，高职院系积极对接科技发展趋势，以技术技能积累为纽带，建设人才培养与技术创新平台，促进创新成果与核心技术产业化，主要是“加大技术技能创新平台投入，高起点夯实平台硬件基础”（86.11%）、“健全考核评价和激励机制，提升成果转化效率”（83.33%）等。在平台建设中，资源投入力度大，考评激励机制健全，突出应用导向，尤其重视科技成果转化（图2-7）。

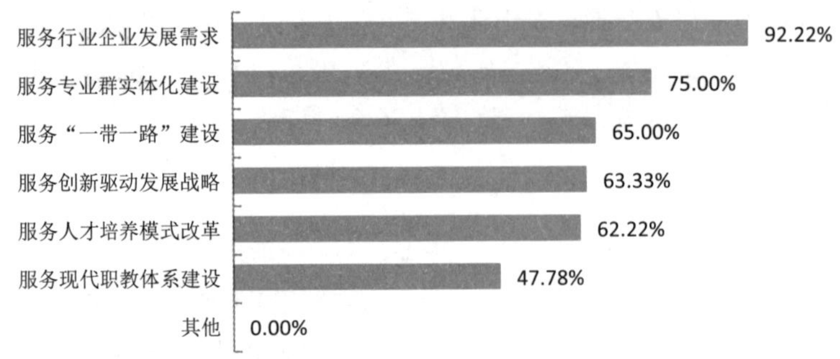

图2-6　打造技术技能创新服务平台的目标定位

注：该题目为多选题，因此选项的百分比之和不是100.00%。

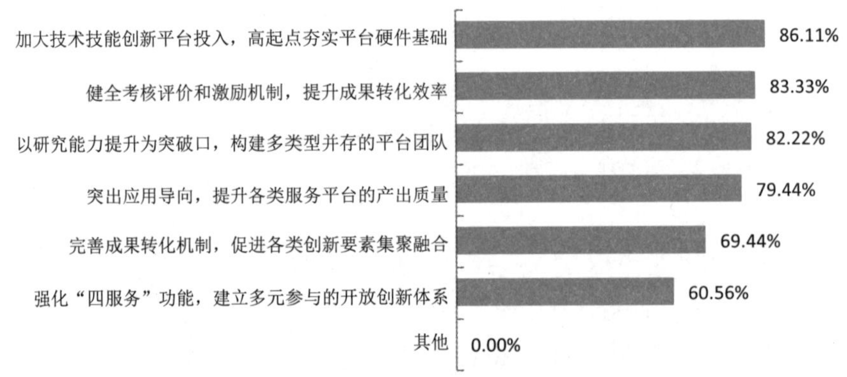

图2-7　打造技术技能创新服务平台的主要举措

注：该题目为多选题，因此选项的百分比之和不是100.00%。

打造技术技能创新服务平台的难点：目前，打造技术技能创新服务平台面临的主要困难包括“平台的技术转化和应用率不高”（84.44%）、“平台的管理和激励措施亟待加强”（78.89%）。数据结果显示，地方高职院校技术技能创新服务平台硬件条件亟待改善，资金投入持续性不强，难以支撑教师科研；科研团队建设缺乏优秀的带头人和研究组织，教师自身的应用研发能力也有待加强；平台管理缺乏专业化人员，管理涣散，考核粗放等问题都亟待解决（图2-8）。

（四）打造高水平专业群

1. 高水平专业群建设面临的困难

专业群建设的逻辑起点既是地方高职院校呼应经济社会发展的需求，也是高职教育自身内涵发展的诉求，但专业群建设目前尚处于起步阶段，在资源配置、培养与需求、管理运行等方面仍有待完善。目前，地方高职院校在高水平专业群建设面临的主要困难包括“专业群专业分散到各二级学院不利于管理”，占比为71.11%；其次是“专业群内

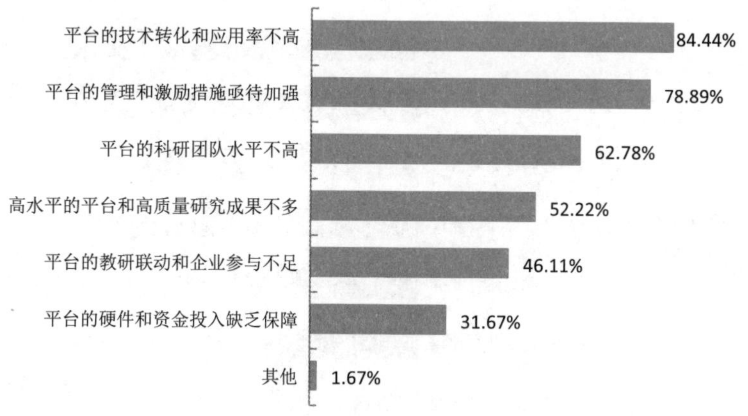

图2-8　打造技术技能创新服务平台的难点

注：该题目为多选题，因此选项的百分比之和不是100.00%。

专业和未建群前没有实质上的改变，依然各自为政”，占比为54.44%。从数据结果来看，专业群建设的难点主要在于管理和资金保障。除上述问题外，仍有部分地方高职院校表示，在“加强校企合作”“管理创新、产教融合的四链对接”“专业群建设的监测和评价”“专业群建设的推进”等几个方面仍有很大困难（图2-9）。

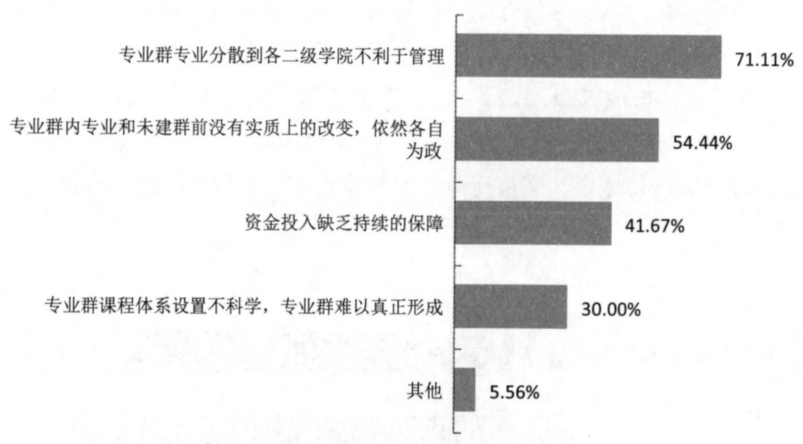

图2-9　高水平专业群建设面临的困难

注：该题目为多选题，因此选项的百分比之和不是100.00%。

2．高水平专业群改革难以突破的方面

地方高职院校在高水平专业群改革工作上 难以突破的主要是“赋予专业群人权、财权、事权”，占比为82.12%。其次是“围绕区域产业强化产业群的特色建设”，占比为71.51%。主要表现为专业群发展保障不够，产教融合深度不够，机制不健全等；在推进“双高计划”建设过程中，地方高职院校仍然难以突破现有二级院系、专业等组织和制度的束缚（图2-10）。

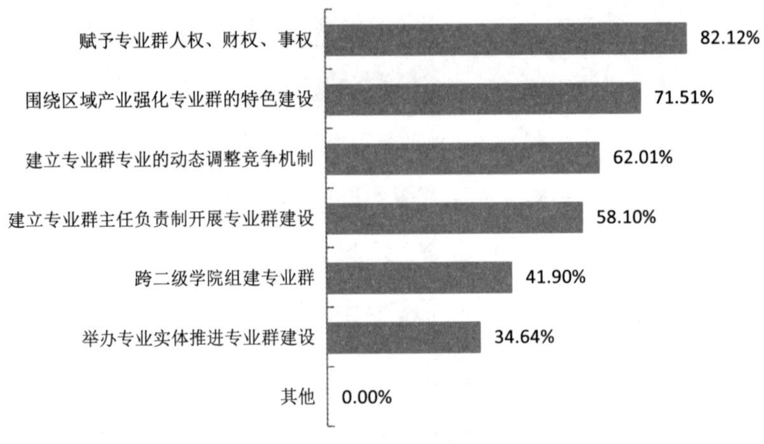

图2-10 专业群改革难以突破的方面

注：该题目为多选题，因此选项的百分比之和不是100.00%。

（五）打造高水平师资队伍

高水平师资队伍建设路径：职业教育是国民教育体系和人力资源开发的重要组成部分，打造高素质的教师队伍是做好职业教育的关键，这是一项系统工程，不是某方面可以单独完成的。目前，地方高职院校在高水平师资队伍建设工作上采取的主要路径是“主要依靠自身培养，形成梯级团队”，占比为87.71%。其次是“重点打造优秀教师团队”，占比为83.80%。建设路径重点主要放在教师的引进和培养工作上，在教师职前培养、入职培训和在职研修体系；聘请行业企业领军人才、大师名匠兼职任教工作方面力度很大（图2-11）。

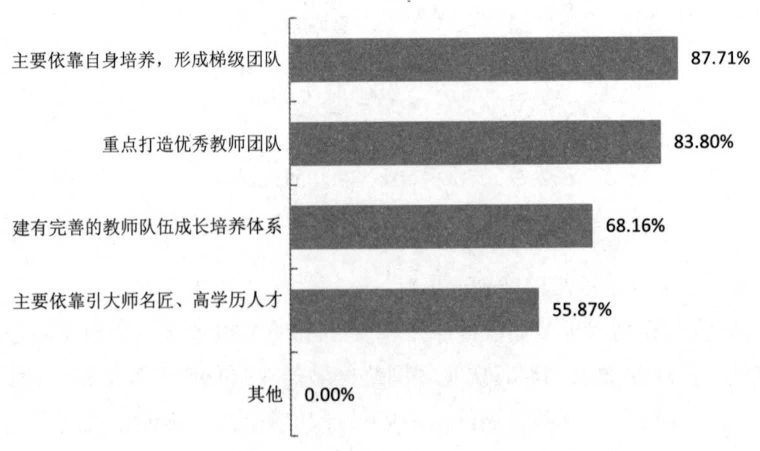

图2-11 高水平师资队伍建设路径

注：该题目为多选题，因此选项的百分比之和不是100.00%。

高级职称教师：地方高职院校教师结构中，高级职称教师占比在“30%左右”的最多，达到57.54%（图2-12）。

“双师型”教师：地方高职院校教师结构中，“双师型”教师占比在“80%左右”的最多，达到51.40%（图2-13）。

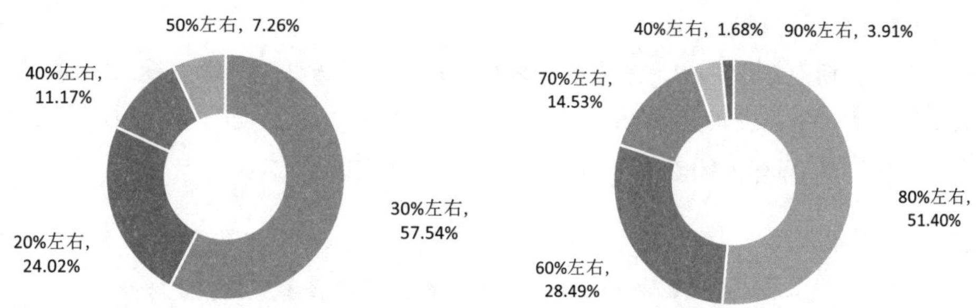

图2-12　地方高职院校高级职称教师比例统计图　图2-13　地方高职院校“双师型”教师比例统计图

（六）提升校企合作水平

1. 校企合作平台

校企合作平台是地方高职院校保证学生就业率的关键，可以作为地方高职院校与企业之间的合作沟通桥梁，让学校充分了解企业的用人需求，使学校学生培养工作的开展更具针对性和目的性。基于此，各地方高职院校积极构建的校企合作平台，主要是“‘1+X’证书制度试点”，占比为86.03%；其次是“现代产业学院”，占比为76.54%。从数据结果显示来看，地方高职院校建设校企合作平台主要是施行校企联合培养、双主体育人的中国特色现代学徒制；通过与行业领先企业加强深度合作，形成校企命运共同体等（图2-14）。

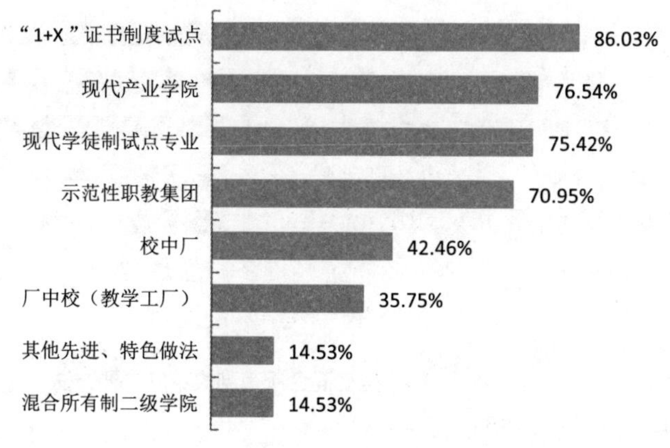

图2-14　校企合作平台

注：该题目为多选题，因此选项的百分比之和不是100.00%。

2．校企合作育人措施

地方高职院校开展的校企合作育人措施主要有“聘请合作企业兼职教师授课”，占比为85.88%；其次是“合作企业接收学生实习实训”，占比为81.18%（图2-15）。另外，“校企合作共建科技创新及成果转移转化平台”“行业特色产业学院建设”也是校企合作重要的举措。

3．推动混合所有制改革的方法

在推动混合所有制改革中，地方高职院校采取的主要方法是“学校投入场地、设备、师资和学生，企业投入资金”，占比77.06%；其次是“学校通过争取上位政策支持混合所有制改革”，占比为63.53%（图2-16）。

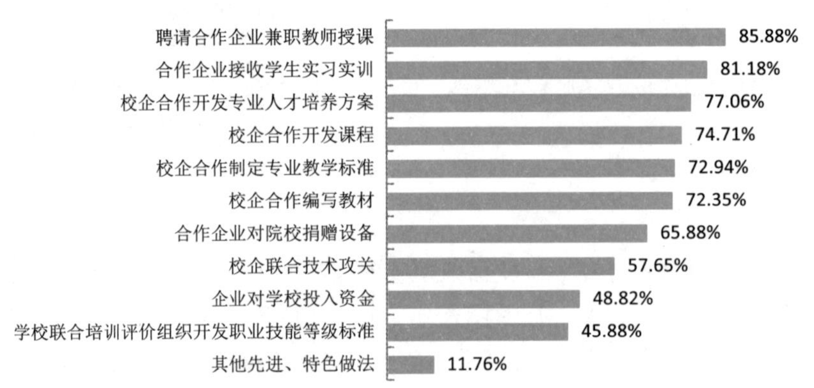

图2-15　校企合作育人措施

注：该题目为多选题，因此选项的百分比之和不是100.00%。

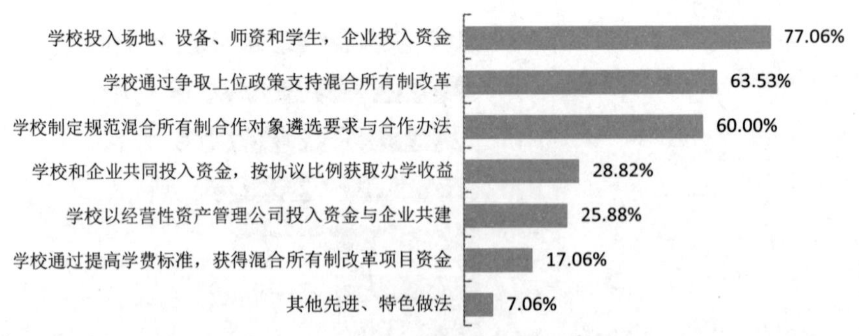

图2-16　推动混合所有制改革的主要方法

注：该题目为多选题，因此选项的百分比之和不是100.00%。

（七）提升服务发展水平

提升服务发展水平的目标定位：社会服务是地方高职院校的重要职能之一，服务发展是职业教育的重要使命，也是衡量地方高职院校办学实力的标尺。《关于实施中国特色高水平高职学校和专业建设计划》对提升服务发展水平做了系统阐述。各地方高职院校围绕“双高计划”，瞄准高职教育服务标杆，制定了具体的发展目标，主要包括“强化应用技术研发和创新”“建立激励服务发展的长效机制”，占比均在92.31%及以上。但地方高职院校在“全面深入服务终身学习”工作的投入较少，仅达到64.50%；需着眼长远，使高校继续教育的功能和水平，跟上时代发展的要求，顺应未来发展的趋势（图2-17）。

提升服务发展水平的存在的主要问题：当前背景下，地方高职院校在提升服务发展水平中存在的主要问题是“创新型服务团队及教师数量不多，成果偏少”，占比为77.65%；其次是“政府、学校配套政策和激励不足”，占比为74.71%。主要是创新型及服务型教师团队短缺，教师社会服务意识和理念不足，需增强职业教育适应性，打造高素质专业化创新型教师队伍；强化政府学校激励机制，激发教育改革发展的内生动力，有效调动教职员工的积极性（图2-18）。

提升服务发展水平的主要举措：地方高职院校提升服务发展水平的主要举措有“对接区域产业优化专业结构，服务区域经济发展”，占比为96.45%；其次是“建设高水平师资队伍，提升专业教师的社会服务能力”，占比为88.76%（图2-19）。

（八）提升治理水平

治理水平提升的基础是治理体系建设。高水平高职学校治理体系建设是一项系统工程，其核心内容包括高职学校治理文化、治理结构和治理模式的建设。目前，地方高职院校在学校治理结构体系改革中，多元化治理主体主要分布如图2-20所示。

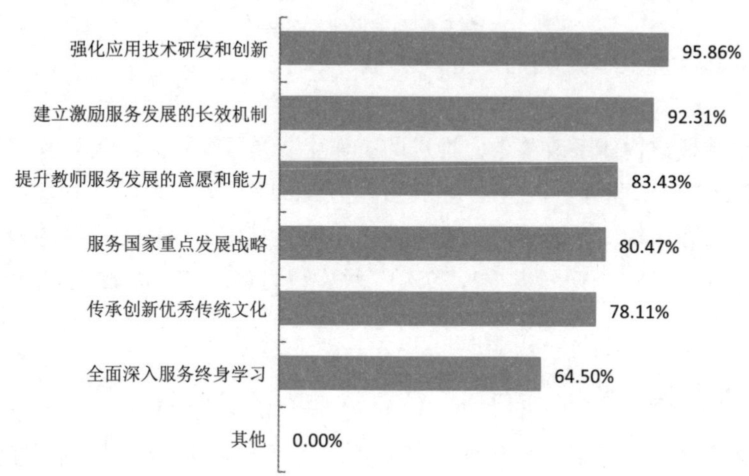

图2-17　提升服务发展水平的目标定位

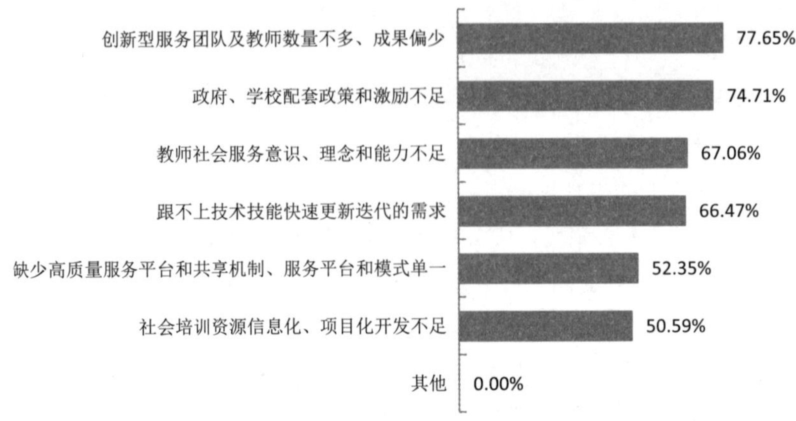

图2-18　提升服务发展水平存在的主要问题

注：该题目为多选题，因此选项的百分比之和不是100.00%。

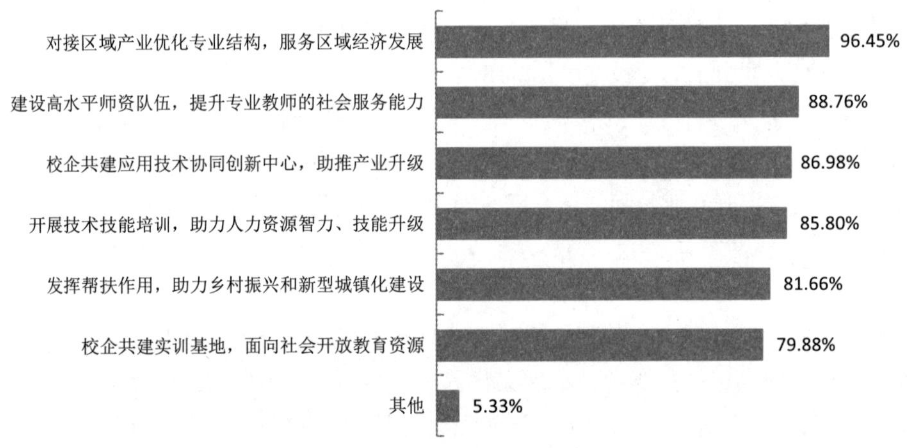

图2-19　提升服务发展水平的主要举措

注：该题目为多选题，因此选项的百分比之和不是100.00%。

在学校治理结构体系改革中，推进的工作主要是“绩效分配制度改革”，占比为97.04%；其次是“质量评价机制改革”，占比为82.84%（图2-21）。

在学校治理结构体系改革中仍存在诸多问题，其中需要重点完善的权力依次为：学术权力（86.39%）、行政权力（79.29%）、民主权力（75.15%）、政治权力（48.52%）（图2-22）。

（九）提升信息化水平

随着信息技术的发展，现代信息技术手段越来越多地被应用于地方高职院校教育教学工作，教育信息化是当前地方高职院校发展的必然趋势。我国地方高职院校教

图2-20 多元化治理主体

注：该题目为多选题，因此选项的百分比之和不是100.00%。

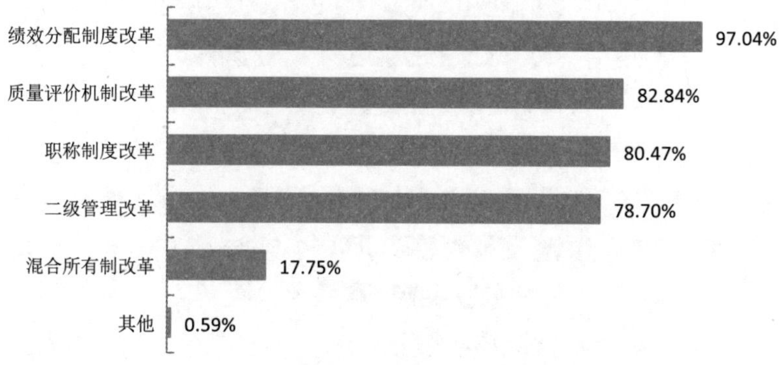

图2-21 治理体系改革推进的主要工作

注：该题目为多选题，因此选项的百分比之和不是100.00%。

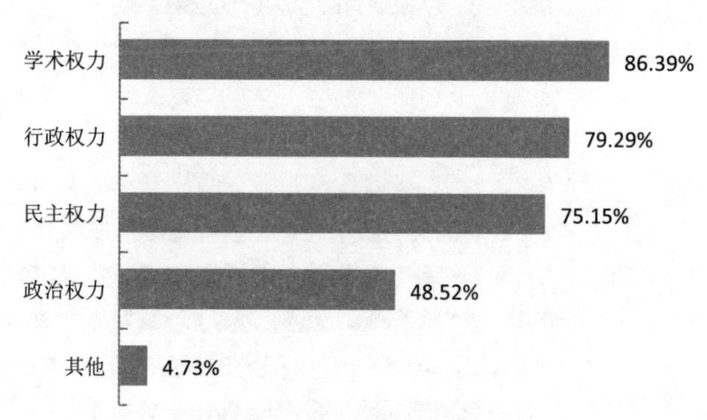

图2-22 需要完善的权力分布

注：该题目为多选题，因此选项的百分比之和不是100.00%。

育信息化建设还处于探索阶段，目前，地方高职院校的校级管理信息系统主要有“教学教务信息系统”（84.62%）、“人事管理信息系统”（81.66%）、“图书馆信息系统”（80.47%）等。但“学生信息管理系统”“后勤服务信息系统”占比均在50.00%以下，为提高学生学习和生活的便利性，需加强这两方面的投入力度（图2-23）。

学校现阶段信息化发展的重点是："在校教学、学习平台建设"（74.56%）、"教学资源"（73.96%）、"大数据平台建设与应用"（71.60%）（图2-24）。

地方高职院校在发展信息化建设过程中，面临的主要困难是："系统运营运维数据缺乏，资源投入和决策缺乏量化数据支撑"（76.92%）、"缺乏组织保障和预算保障，缺乏可持续发展模式"（53.25%）、"缺乏部门之间常态化的沟通机制，难以保障系统建设

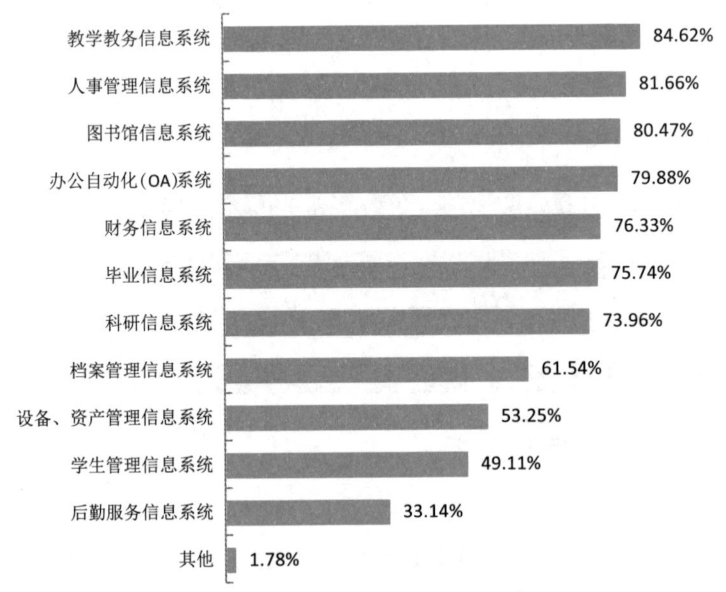

图2-23　学校现有的校级管理信息系统

注：该题目为多选题，因此选项的百分比之和不是100.00%。

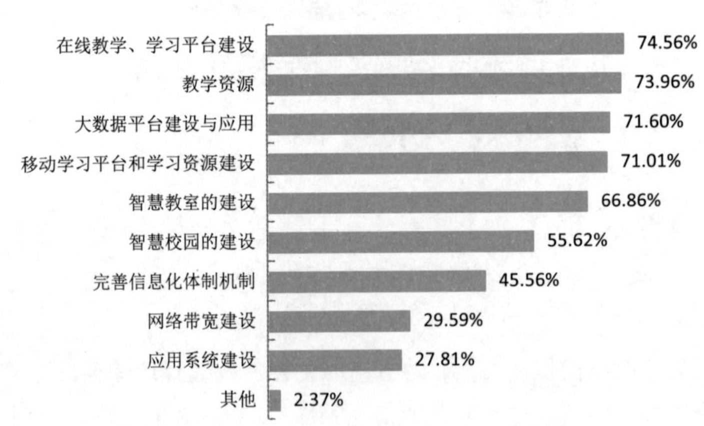

图2-24　学校现阶段信息化发展的重点

注：该题目为多选题，因此选项的百分比之和不是100.00%。

符合业务需求并能满足信息化建设管理要求”（52.66%）（图2-25）。除此之外，“信息安全”也是地方高职院校在发展信息化建设过程中遇到的难题。

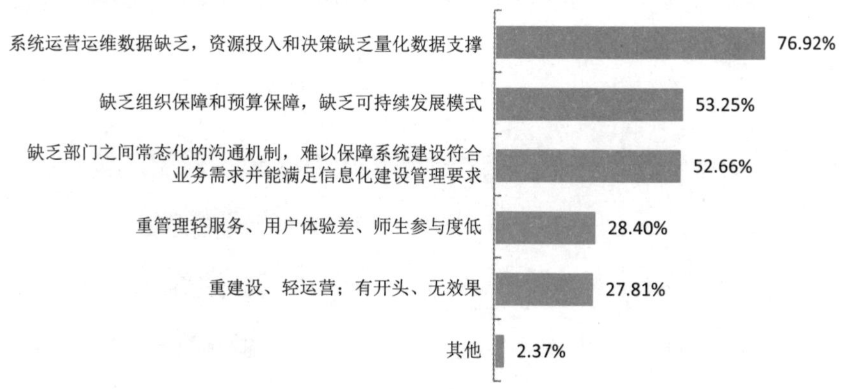

图2-25 信息化建设面临的困难

注：该题目为多选题，因此选项的百分比之和不是100.00%。

（十）提升国际化水平

地方高职院校国际化的核心是培养具有国际视野、国际竞争能力、通晓国际规则的高素质技术技能人才，从而实现高等职业教育资源在国际范围内的流动、共享和融合。围绕“双高计划”的要求和部署，各地方高职院校在开展国际交流与合作中均制定了具体的目标，主要是“服务于‘一带一路’倡议”，占比为86.39%；其次是“引进国际优质教育资源，增强办学实力”，占比为80.47%（图2-26）。除此之外，“中外合作办学、引进国外职业资格证书”也是部分地方高职院校开展国际交流与合作的目标。

目前，地方高职院校开展国际交流与合作的主要方式有“教师境外培训的方式、境内学生递进学历教育方式”，占比为69.23%。其次是“引进国外职业教育资格认证体系的方式”，占比为53.25%（图2-27）。

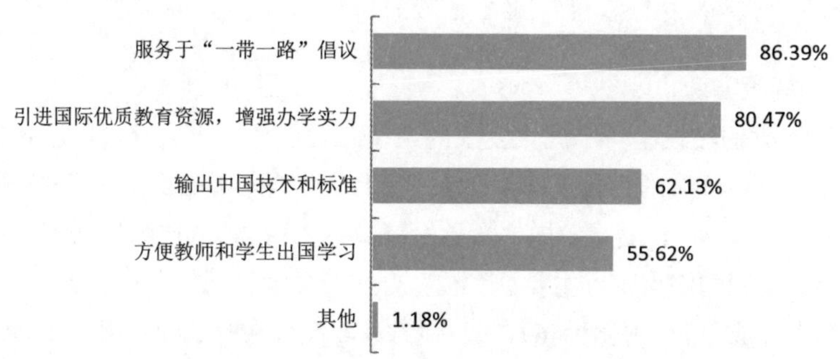

图2-26 开展国际交流与合作的主要目标

注：该题目为多选题，因此选项的百分比之和不是100.00%。

在当前背景下，地方高职院校在开展国际交流与合作面临的制约因素主要有“学校所处地区经济发展水平”，占比为77.51%。其次是“学校专业优势”，占比为59.17%（图2-27）。另外，新冠疫情暴发以来，“疫情常态化管控”也使得国际交流与合作工作难以开展。

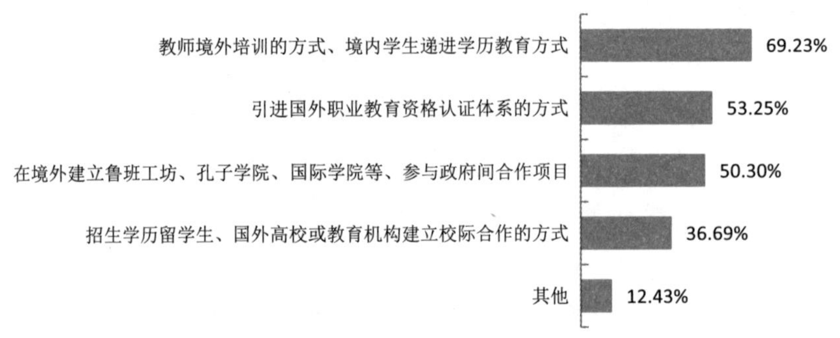

图2-27　国际交流与合作的方式

注：该题目为多选题，因此选项的百分比之和不是100.00%。

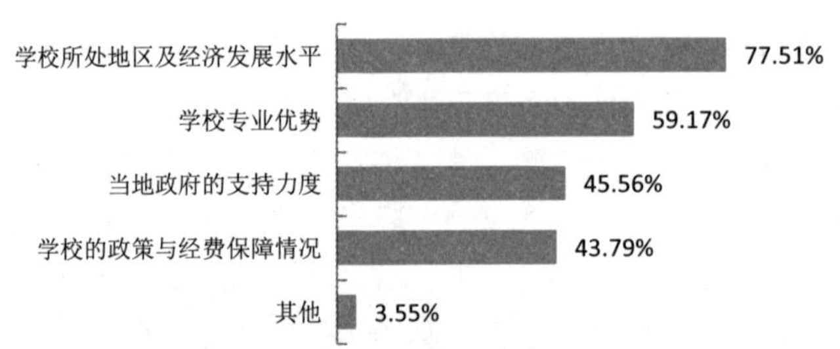

图2-28　制约国际交流与合作的因素

注：该题目为多选题，因此选项的百分比之和不是100.00%。

三、调查总结

1. 加强党的建设方面

地方高职院校党的建设是一个庞大复杂的系统工程，任务重大且艰巨。目前，参与调研的地方高职院校开展的党建工作主要有“领导班子与干部队伍建设”“基层组织建设”，占比均为93.94%。其次是发挥“党员先锋模范作用”，占比为77.78%。在开展党建工作过程中，遇到的困点难点主要是“校企合作开展党建”，占比为59.59%。其次是“创建党建标志性成果”，占比为46.63%。地方高职院校在开展党建引领高质量发展中，占比较高的前三项工作任务分别是：“构建学校师生认同的文化、价值观、发展愿景”（82.72%）、“建立良好的激励机制”（79.58%）、“建立责任体系，推进党建工作责任制”（75.39%）。

2．打造技术技能人才培养高地方面

参与调研的地方高职院校认为技术技能人才培养高地应具备的特征主要有“专业支撑产业发展能力强，行业认同度高”，占比为90.37%。其次是“专业社会认同度高”，占比为80.75%。在技术技能人才培养高地建设中遇到的困难主要是“地方高职院校获取资源的途径少，力量单薄”，占比为62.70%。其次是“人才难以引进，师资队伍水平不高”，占比为56.76%。

3．打造技术技能创新服务平台方面

参与调研的地方高职院校在打造技术技能创新服务平台面临的主要困难是“平台的技术转化和应用率不高”，占比为84.44%。其次是“平台的管理和激励措施亟待加强”，占比为78.89%。在打造技术技能创新服务平台的目标定位主要是“服务行业企业发展需求”，占比为92.22%。其次是“服务专业群实体化建设”（75.00%）。在打造技术技能创新服务平台主要举措包括“加大技术技能创新平台投入，高起点夯实平台硬件基础”，占比为86.11%；其次是“健全考核评价和激励机制，提升成果转化效率”，占比为83.33%。

4．打造高水平专业群

目前，参与调研的地方高职院校在高水平专业群建设工作中面临的困难主要有“专业群专业分散到各二级学院不利于管理”，占比为71.11%；其次是“专业群内专业和未建群前没有实质上的改变，依然各自为政”，占比为54.44%。在高水平专业群改革工作上难以突破的主要是“赋予专业群人权、财权、事权”，占比为82.12%。其次是“围绕区域产业强化产业群的特色建设”，占比为71.51%。除上述问题外，仍有部分地方高职院校表示，在“加强校企合作”“管理创新、产教融合的四链对接”“专业群建设的监测和评价”“专业群建设的推进”等几个方面存在很大的困难。

5．打造高水平师资队伍

目前，参与调研的地方高职院校在高水平师资队伍建设工作上采取的主要路径是“依靠自身培养，形成梯级团队”，占比为87.71%。其次是“重点打造优秀教师团队”，占比为83.80%。地方高职院校教师结构中，高级职称教师占比在“30%左右”的最多，达到57.54%；“双师型”教师占比在“80%左右”的最多，达到51.40%。

6．提升校企合作水平

地方高职院校开展的校企合作育人措施主要有“聘请合作企业兼职教师授课”，占比为85.88%。其次是“合作企业接收学生实习实训”，占比为81.18%。另外，“校企合作共建科技创新及成果转移转化平台”“行业特色产业学院建设”也是校企合作重要的举措。在推动混合所有制改革上，地方高职院校采取的主要方法是“学校投入场地、设备、师资和学生，企业投入资金”，占比为77.06%。其次是“学校通过争取上位政策支持混合所有制改革”，占比为 63.53%。

7. 提升服务发展水平

参与调研的地方高职院校围绕“双高计划”，瞄准高职教育服务标杆，制定了具体的发展目标，主要是“强化应用技术研发和创新”，占比为95.86%；其次是“建立激励服务发展的长效机制”，占比为92.31%。当前背景下，地方高职院校在提升服务发展水平中存在的主要问题是“创新型服务团队及教师数量不多，成果偏少”，占比为77.65%。其次是“政府、学校配套政策和激励不足”，占比为74.71%。地方高职院校提升服务发展水平的主要举措有“对接区域产业优化专业结构”，占比为96.45%；其次是“建设高水平师资队伍，提升专业教师的社会服务能力”，占比为88.76%。

8. 提升学校治理水平

在学校治理结构体系改革中，参与调研的地方高职院校推进的工作主要有“绩效分配制度改革”，占比为97.04%。其次是“质量评价机制改革”，占比为82.84%。在学校治理结构体系改革中仍存在诸多问题，其中需要重点完善的权力依次为：学术权力（86.39%）、行政权力（79.29%）、民主权力（75.15%）、政治权力（48.52%）。

9. 提升信息化水平

我国地方高职院校教育信息化建设还处于探索阶段，目前，校级管理信息系统主要有“教学教务信息系统”（84.62%）、“人事管理信息系统”（81.66%）、“图书馆信息系统”（80.47%）等。学校现阶段信息化发展的重点是：“在校教学、学习平台建设”（74.56%）、“教学资源”（73.96%）、“大数据平台建设与应用”（71.60%）。在发展信息化建设过程中，面临的主要困难有“系统运营运维数据缺乏，资源投入和决策缺乏量化数据支撑”（76.92%）、“缺乏组织保障和预算保障，缺乏可持续发展模式”（53.25%）、“缺乏部门之间常态化的沟通机制，难以保障系统建设符合业务需求并能满足信息化建设管理要求”（52.66%）。除此之外，“信息安全”也是地方高职院校在发展信息化建设过程中遇到的一大难题。

10. 提升国际化水平

地方高职院校围绕“双高计划”的要求和部署，在开展国际交流与合作中制定了具体的目标，主要是“服务于‘一带一路’倡议”，占比为86.39%；其次是“引进国际优质教育资源，增强办学实力”，占比为80.47%。除此之外，“中外合作办学、引进国外职业资格证书”，也是部分地方高职院校开展国际交流与合作的目标。目前，地方高职院校开展国际交流与合作的主要方式有“教师境外培训的方式、境内学生递进学历教育方式”，占比为69.23%。其次是“引进国外职业教育资格认证体系的方式”，占比为53.25%。在当前背景下，地方高职院校在开展国际交流与合作面临的制约因素主要有“学校所处地区经济发展水平”，占比为77.51%；其次是“学校专业优势”，占比为59.17%。另外，新冠疫情暴发以来，“疫情常态化管控”也使得国际交流与合作工作难以开展。

第三章

路径之起始：以构建技术技能人才培养高地为目标指向

第一节
构建技术技能人才培养高地的意义

一、回应新时代社会基本矛盾转化的现实要求

（一）国计民生的现实要求

党的十九大报告中明确指出“中国特色社会主义进入新时代，我国社会主要矛盾已经转化为人民日益增长的美好生活需要和不平衡不充分的发展之间的矛盾”。高职教育是国计，更是民生；是教育，更是生产生活。一方面高职教育肩负着培养多样化人才、传承技术技能、促进就业创业的重要职责；另一方面也是广大人民群众对高职教育提出的更新更高要求。职业教育作为国民教育体系和人力资源开发体系的重要组成部分，不仅关乎人民通过高质量就业满足对美好生活的需要，而且是推进人力资源强国建设的重要抓手，关系着我们每一个人的生活品质。进入新时代，人民美好生活需要日益广泛，对职业教育结构和质量提出了更新更高的要求，经济社会发展更加需要优质、多层、多样的职业教育。

（二）经济高质量发展的现实要求

高职教育必须在国家经济发展中主动回应区域经济发展新要求，在适应新时代对高职教育的新要求中创造更多的新业绩，展现更多的新作为。一是更加注重主动服务国家和地方经济发展的现实需求。紧紧围绕经济高质量发展这根主线，在技术技能型人才培养质量展现新作为，彰显真实力，不断深化高职院校内涵建设。二是更加注重落实新发展理念，在科教兴国、文化强国、区域协调发展、乡村振兴等方面，发挥职业教育的服务功能，着力培养一大批助力经济发展的创新人才。三是更加注重建设具有中国特色的新型高职院校，在国家和地方经济发展的实施过程中，主动作为，为国家和地方经济社会持续健康发展做出职业教育贡献。

（三）产业转型发展的现实要求

2018年5月，教育部原副部长鲁昕在深圳职业技术学院（以下简称“深职院”）举行的“一带一路”职业教育国际研讨会上明确表示：“近年来，职业教育为中国新经济新业态的发展做出了重大贡献，有力支撑了中国经济的转型和中国经济的动能转换”。因此，产业的转型发展，对职业教育人才发展提出了更多和更高的现实要求。一方面是对人才培养需求从实用型人才、实用技术型人才、实用技能型人才、技术技能型人才，上升到高素质技术技能型人才，培养面向社会主义现代化生产建设管理服务第一

线的技术技能型人才；另一方面是职业教育的根本任务决定了其办学必须紧跟产业发展。产业升级以及新业态、新模式涌现之快前所未有，现代产业将持续发生革命性变化，这些都不断催生了对职业教育更多和更高的要求。

二、建设教育强国和质量强国的应有之义

（一）把握教育强国的本质

教育强国的本质是人才强国。习近平总书记在党的十九大报告中，从新时代的历史方位和战略高度，重申强调“坚定实施科教兴国战略、人才强国战略、创新驱动发展战略”。党的十九届五中全会将“十四五”时期建设高质量教育体系，2035年建成教育强国提上日程，这标志着中国将奋力开创新时代教育现代化的新局面。高职教育必须紧紧围绕这根体系，围绕“为谁培养人、培养什么样的人和怎样培养人”这三个根本命题，明确改革发展的目标、方向、任务等，落实好《国家职业教育改革实施方案》的各项目标任务，真正做到“立足我国经济发展，服务国家战略，建设一批办学规格达到国际标准、专业群建设达到国际水平的高职院校，培养数以亿计高素质技术技能人才，为我国建设成为教育强国、人才强国提供人才支撑”。

（二）把握质量强国的应有要义

纵观大国的崛起无不伴随着教育的兴旺和强盛。教育的强盛基础在质量，因此，质量强国是教育强国的目标所在。一是把创新作为推进质量强国的动力源泉。面对科技日新月异，竞争日趋激烈，调整发展战略，注重科技进步和创新驱动，只有让创新成为引领发展的第一动力，才能形成我国源源不断的人才资源，我国也才能在国际竞争中立于不败之地的核心竞争力和后发优势。二是把握质量强国的目标。习近平总书记早就明确指出“培养造就一大批具有国际水平的战略科技人才、科技领军人才、青年科技人才和高水平创新团队”，为各行各业输送高素质技术技能人才，“为建设科技强国、质量强国、航天强国、网络强国、交通强国、数字中国、智慧社会提供有力支撑”，这些就是质量强国的目标所在。三是把握质量强国的实施路径。重点是不断深化职业教育的改革，深化内涵建设，深化产教融合、校企合作，瞄准产业发展前沿，强化人才培养体系的构建，夯实师资队伍基础，提升服务能力水平，为建设现代化经济和产业体系提供强有力的技术技能型人才支撑，为促进社会全面进步，建设富强民主文明和谐美丽的社会主义现代化强国做出高职教育应有的贡献。

三、国家发展战略和区域产业发展的迫切需求

（一）国家发展战略为职业教育提供了良好发展机遇

国家发展战略是我国建成社会主义现代化国家的蓝图性谋划，是全面建设社会主

义现代化国家新征程的策略和行动指南。职业教育是应国家战略发展和区域产业发展需要而兴办的类型教育，职业教育要紧紧围绕国家战略发展和区域产业发展的需求，服务于国家重大战略，服务于区域和地方产业转型升级需要，为中国产业走向全球产业的中高端培养高质量技术技能人才，提供强大的人才和人力资源支撑。“一带一路”倡议、“中国制造2025”“中国现代化2035”、精准扶贫等一系列国家政策实施，都推动着我国高等职业教育内涵式发展的必要性和紧迫性。

（二）高职教育为国家发展战略的实现提供了强有力的支撑和保障

高等职业教育作为现代职业教育体系的重要组成部分，肩负着服务经济社会发展的重要使命。2021年4月，习近平总书记对职业教育工作做出重要指示，“优化职业教育类型定位，深化产教融合、校企合作，深入推进育人方式、办学模式、管理体制、保障机制改革”。职业教育的类型定位决定其首要任务是为区域经济社会发展培养高素质技术技能型人才，促进地域及产业集群竞争力的提升。对于在现代职业教育体系中处于主体地位的高等职业教育而言，尤其要紧盯区域产业发展需求，确保与产业协同发展。

（三）国家发展战略和区域产业发展给高职教育提出了更新更高要求

国家发展战略等纲领性文件中对人才需求、产业规划和技术创新等方面的内容都对高职教育服务的重点内容，在不同的发展阶段，其要求将更新更高。一是要抢抓机遇。国家发展战略是国家发展的蓝图性谋划，是政策、资金和项目汇集高地，为职业教育发展提供了前所未有的机遇。职业教育只有抓住这一机遇，才能实现超越和发展。因此，要以更宽广、更长远的眼光思考和把握国家未来发展面临的一系列重大战略问题，积极行动，超前规划，不断提升服务能力和水平。二是要主动作为。就是要准确把握国家重大战略对人才、培训和技术创新的现实需求，围绕提升主动服务于国家发展战略的能力，找准职业院校自身的目标定位，高效完善专业建设、人才培养、师资队伍和校企合作等，将职业教育人才培养、技术服务和社会服务等核心职能与国家重大战略目标任务积极对接、双向互动。

四、构建技能社会和实现人人出彩的必由之路

（一）建设技能型社会的基础之石

2021年4月，全国职教大会提出了构建技能型社会的设想，同年6月，人力资源社会保障部印发的《“技能中国行动”实施方案》指出，“技能中国行动”要以培育技能型人才为先导，渐次形成一支能够助力人才强国战略实现、满足经济社会高质量发展的技能人才队伍。同年10月，中共中央办公厅、国务院办公厅印发的《关于推动现代职业教育高质量发展的意见》明确提出了“高质量职业教育体系建设不仅肩负着全面

建设社会主义现代化国家的重大任务，还承担着培养复合型综合性高质量人才、促进就业创业发展的社会重任”。

（二）实现“人人出彩”的基本之路

2014年习近平总书记就加快职业教育发展做出重要批示，强调“要弘扬劳动光荣、技能宝贵、创造伟大的时代风尚，营造人人皆可成才、人人尽展其才的良好环境，努力培养数以亿计的高素质劳动者和技术技能人才，努力让每个人都有人生出彩的机会”，这对职业教育发展指明了着力重点和前进方向，提出了新的目标要求。习近平总书记在全国职业教育大会上对职业教育战略定位为“前途广阔、大有可为”。这一定位进一步明确了职业教育高质量发展的重要意义。无论是“两个一百年”奋斗目标，还是实现中华民族伟大复兴，都需要“数以亿计”的建设者和接班人，他们都可以在不同的岗位上，为国家和民族的复兴和强大贡献力量，这些都需要将职业教育高质量发展置于更加突出的战略地位。

（三）建成学习型社会的基本之路

好学才能上进。构建服务全民的终身学习体系，形成人人皆学、处处可学、时时能学的学习型社会，是提高全民素质、推进继续教育、提升国家发展能力和水平的必然要求，2021年全国职教大会并就此描绘出国家重视、社会尊崇、人人学习、人人拥有技能的愿景蓝图，以最终服务于全产业链发展的高质量职业教育体系建设。一是高职教育要紧紧围绕“以人文本”的办学理念。建立以学生发展为目标、以学校组织制度、管理制度、政校关系、家校关系为主要内容的学校管理制度。构建以关注发展理念、突出服务意识为中心的制度文化，用发展的管理思维去关注每一个学生的成长，是“以人文本”理念的制度化表达。二是利用有效的教学资源配置，助力师生的发展。三是突出职业教育是面向人人的能力教育。它首先是一种谋生能力的教育，其次才是一种生活能力的教育。谋生能力教育就是一种为适应职业和胜任岗位而进行的定向教育，它的本质在于它的实用性、社会性、生产性和职业性。四是贯通职业教育人才培养的上升通道。以专业整合为突破口，推动职业院校差异化、特色化、专业化发展；鼓励“引企入校，引校入企”，构建职业教育多元化办学的新格局；由高职牵头、行业企业和中职学校参与，编制统一的专业技能人才培养标准、课程标准、评价标准。构建城市未来发展相匹配的现代城市职业教育体系，核心是要贯通职业教育的人才培养通道，统一专业技能人才的培养标准。贯通中职与高职的通道，再逐步贯通高职与应用型本科、硕士、博士的通道，为职业院校学生开辟一条可持续发展的人生出彩通道。

第二节
技术技能人才培养高地的内涵特征

一、“育训结合”是人才培养高地的基本办学特征

（一）准确把握“育训结合”的深刻内涵

2019年教育部、财政部正式印发的《关于实施中国特色高水平高职学校和专业建设计划的意见》中，明确提出了“深化复合型技术技能人才培养培训模式改革，率先开展‘学历证书+若干职业技能等级证书’制度试点。在全面提高质量的基础上，着力培养一批产业急需、技艺高超的高素质技术技能人才。”“学历证书+若干职业技能等级证书”（简称“1+X”证书）制度试点所蕴含的就是“育人与培训”的有机结合。一是“1”为学历证书，所蕴含的就是高职院校充分发挥育人功能，通过完善的人才培养体系，规范的人才培养方案，科学的课程标准和完善的教学措施、方式，落实好培养技术技能型人才的根本任务，夯实学生成长成才基础，拓展素质能力，形成创新发展能力。二是“X”就是指多个职业技能等级证书，其内涵是从事某一职业和岗位工作所需要的知识或技能，它体现职业岗位的现实技术技能需求，而且随着技术的发展和更新“X”是不断更新和发展的。三是“育训结合”诠释的就是在“育人”中，使学生夯实知识和技能基础，掌握相应就业技能，同时，也使学生能够有效地获得非认知技能，特别是学生在学习自信、沟通交流和情感等方面的能力，拓展就业创业本领。

“育训结合”还具有提升现有行业从业者的知识、职业素养进一步提高职业技能等继续教育功能，高职院校落实培训可以帮助行业从业者打通上升渠道，从熟练工—技术工—专家的发展途径，获得学历提升和职业证书。在育训结合的培养下使教育和培训的人员获取知识和文化，提高行业从业者整体水平，提高行业服务质量，推动行业的发展。

（二）准确把握“育训结合”的实施路径

“育训结合”是人才培养模式的创新和改革，目前高职院校的实施路径主要通过现代学徒制试点项目、订单培养、校企共建实训基地等模式推进。一是完善评价体系。将专业知识和技能培训相结合，从职业教育精神和职业技能作为考核职业教育的评价方向，进一步完善职业教育评价体系。二是丰富评价模式。将资格考试的标准纳入到课程考核中，做到课证融合。进一步加深产教融合、校企合作，扩大教育对象，从“培养”和“培训”两方面进行产教融合和校企共同育人。三是拓展“三教”改革的深度。以专业类课程和通识课程，为基础进行专业素养培养，以“1+X”证书制度试点工作为背景开展高职院校学生的技能培训，从而提高从业人员的职业素养和技能，培养出适应行业需求的高素质技术技能人才，满足当前的行业发展需求，具有适应需求、有机衔接、多元立交的特点。

（三）准确把握“育训结合”的实施载体

“育训结合”的实施载体主要是校企合作。其主要目的就是构建起多层次、多方参与的协同育人机制。坚持德技并修、工学结合，注重专业技能、职业规范、职业素养及职业精神的培育及引导，落实以学生发展为主体的育人根本任务，做好立德树人工作，体现职业教育类型的特点。加强学校教学资源服务社会和企业员工的继续教育及终身学习的等功能的推进，服务企业行业的发展。

二、“一高两强”是人才培养高地的人才质量特征

（一）培养“高素质”的技术技能人才是高职院校的责任和使命

培养“高素质”人才，一是要解决好“为谁培养人”的问题，因此，落实立德树人根本任务，培养中国特色社会主义事业的建设者和接班人是首要任务。二是培养劳动和职业精神是责任使命。关键在于构建职业技能训练与职业精神涵养相统一的教育体系，通过弘扬执着专注、精益求精、一丝不苟、追求卓越的工匠精神，系统推进劳动教育课程化、职业精神场景化，使学生既掌握立身之技，又铸就立业之德，实现从“技能工匠”向“德技双馨型人才”的进阶发展。三是对接国家战略，创新培养范式。将新发展阶段的特征与新发展理念的要求深度融入人才培养全过程，重点围绕产业转型升级的需求重构课程体系，将绿色生产、智能制造、数字技能等前沿领域纳入培养标准，形成具有时代特征的高素质人才培养模式。

（二）培养“能力强”的技术技能人才是高职院校的办学能力和水平的具体体现

认知能力、合作能力、创新能力是当今产业发展所需技术技能人才必备的关键能力。认知能力是人们认识客观事物获取知识的重要能力，是人们成功完成活动的重要心理条件，良好的认知能力是人们准确判断事物关系及采取行动的重要基础，是教育对象要成为什么样的人的重要心理条件。合作能力是应对新一轮产业革命到来，企业生产模式变化对技术技能人才要求的一种重要能力，以智能制造技术和服务技术为主的新工作模式呈现了生产过程去分工化、技能操作高端化、服务与生产一体化的显著特点，这就要求技术技能人才要具有很强的合作能力。创新能力是当今社会人才的一项重要能力，创新人才是实施国家创新驱动发展战略的重要支撑，分布在我国产业中高端和中高端产业的技术技能人才是我国创新发展的重要生力军，创新能力培养是技术技能人才培养的重要内容。技术技能强就是职业能力强，职业能力是技术技能人才的根本能力，是他们立足岗位的本位能力，也是人才培养高地要构建的根本能力。社会主义核心价值观培养，体现了人才培养高地对人才培养的价值要求。培养什么样的人，这个教育的本质问题中最核心的内容就是培养对象。

（三）培养“技能强”的技术技能人才是培养大国工匠的目标所在

党的十九届五中全会指出“坚持把发展经济着力点放在实体经济上，坚定不移建设制造强国、质量强国、网络强国、数字中国”。没有高技能人才作为支撑，就没有国家和民族的强盛，打造具有国际竞争力的产业，是我国提升综合国力、保障国家安全、建设世界强国的必由之路。培养造就更多高技能人才和大国工匠，是实现“两个一百年”奋斗目标夯实人力资源基础的必然要求，是加快构建新发展格局，促进中国制造和服务迈向中高端的必然要求。

三、“1+X”证书制度是人才培养高地的制度特征

（一）把握“1+X”证书制度本质要义

习近平总书记指出，职业教育要“坚持产教融合、校企合作，坚持工学结合、知行合一，引导社会各界特别是行业企业积极支持职业教育，努力建设中国特色职业教育体系”。职业教育“1+X”证书制度主要探索人的感性认知与理性认知的基本规律，满足企业的应用型人才需求、学生的个体发展诉求、职校的培养目标要求，深入探讨校企合作高效模式，挖掘产教融合的微观元素，既要规避职业教育的普教化，又要防止职业教育的技能化。实现专业与岗位相融、课程与能力相配、知识与技术相通，形成校企合作的协同效应。

“1+X”证书制度回应了“怎样培养人”这个人才培养途径问题。人才培养高地在技术技能人才培养上进行多元复合的制度设计，打破单一的职业院校作为主体和学校教育作为主要内容的人才培养制度，引进行业企业优质的教育资源，推进产教融合，校企合作，倒逼职业院校打开校门，贴近产业发展和企业需求实际办职业教育，使学生在获得较为系统的技术技能培养之外，还可通过获得各级各类职业技能证书来拓展学生的职业技能，拓宽就业渠道。

（二）深化“1+X”证书制度改革

第一是围绕《国家职业教育改革实施方案》，进一步深化职业教育与培训体系融合与改革，不断促进职业院校坚持学历教育与培训并举，深化人才培养模式和评价模式改革，更好地服务经济社会发展。第二是深化教学改革。实现学历证书与职业技能等级证书、职业技能等级标准与专业教学标准、培训内容与专业教学内容、技能考核与课程考试统筹评价的有效融合，这既有利于高职院校及时将新技术、新工艺、新规范、新要求融入人才培养过程，又将倒逼高职院校主动适应科技发展新趋势和就业市场新需求，不断深化“三教”改革，提高职业教育适应经济社会发展需求的能力。第三是深化教育教学管理模式的变革的重要途径。任务导向、模块化、学分制等人才培养模式和教学管理制度的改革，必将对职业教育现行办学模式和教育教学管理模式产生重大挑战和严重冲击，新模式必然激发新动能，新制度必然形成新发展。

（三）形成“1+X”证书制度落实机制

基于新业态、新技术、新职业、新岗位的环境下，职业教育“1+X”证书制度的落地为我国产业结构转型培养岗人相符的复合型应用型人才。该制度的供给具有证书选择的灵活性、学习形态丰富性、课程空间的宽阔性、产教融合的精准性、师资组合有效性等特征。精准定位，推动多主体参与“1+X”证书制度应以“X”等级认证为抓手，发挥行业企业的主体作用，涉及政府部门、试点学校、行业企业、培训评价组织、认定机构等多方主体参与。疏通院校与企业在应用型人才培养方面关系。明确职业院校人才培养的定位，保障学生、职业院校、其他主体等合作单位在落实“1+X”证书制度过程中能够紧密融合，保证证书开发、考核中的质量，提升职业教育质量与学生就业能力。

高职院校可以通过现代学徒制试点工作的推进，真正实现产教深度融合，不只是停留在表面浅层次化的签合同、谈协议，而是校企双主体协同育人，根据职业标准和专业教学标准要求，共同制定人才培养方案，将产业需求、行业标准、岗位要求有机结合，融入人才培养方案之中，共同培养行业企业所需要的高素质技术技能人才。为了有效实现人才培养与产业需求相匹配，高职院校要根据“双高计划”“1+X”证书制度试点工作，推进“1”和“X”的有机衔接，将高等职业教育与产业行业融合发展，建立有效的校企合作体制机制，提升高职院校服务于产业转型升级的能力，实现人才的有效供给，真正体现高职院校人才培养的价值。

——第三节——
技术技能人才培养高地的建设现状

一、技术技能人才培养高地的建设现状分析

技术技能人才培养高地的建设目的就是以创新发展为主题，采取重点突破、带动全面的方式，实施重点发展、重点投入，在一定的区域、行业和专业，创造一流条件，营造一流环境，配置一流的人才，形成人才和人力资源开发相对优势和人才聚集格局，集聚和培养一批高层次技术技能人才集群，充分发挥技术技能人才培养高地的示范、带动和辐射作用，统筹推进人才和人力资源的整体开发，统筹支撑区域产业高质量发展。

（一）技术技能人才培养高地建设的主要模式

第一是区域发展模式。就是以行政区域为划分范围，带有明显的地理特征，有的甚至依托经济特区作为划分界限，凭借良好经济实力和区位优势，积极争取赋予更多

的优惠政策，突出技术技能人才的区域融合。这一发展模式在随着国家经济发展大区域划分过程中，发展迅猛。

第二是园区发展模式。园区模式也具有明显的地理特征，但其范围远远小于区域型，突出以园区为载体，实行灵活机制、特殊政策和良好服务，引进技术普通高等学校、高职院校等，进入园区，形成庞大的技术技能人才培养集群，为区域产业提供充分的技术技能型人才保障。

第三是专业发展模式。主要是依托高职院校，围绕区域重点产业、重点项目，按照国家“双高”建设目标和任务，建成一大批专而精、专而优、专而高、专而强的吸引、聚集和培养高层次技术技能人才高地。这一模式也是各地区推进区域产业转型升级发展，助力产业高质量发展的主要抓手，也是各高职院校深化内涵发展的主要方式。

（二）高职院校建设技术技能人才培养高地的主要路径

第一是明确方向彰显特色。“有为”才能“有位”，高职院校如何在区域经济社会快速发展中找到自己的位置，如何提高对区域经济社会的贡献度，如何服务于区域产业发展的现实需求，这是建设技术技能人才培养高地首先要明确的问题。把握区域产业重点，紧扣经济社会发展的主要方向，围绕优势特色专业，建设一支引领区域经济技术发展的师资队伍是建设技术技能人才培养高地的必由之路。

第二是创新办学体制机制。就是围绕深化产教融合、校企合作，着力构建起“政、校、企、行”合作育人新机制。在办学机制上，着力形成以“产业学院”等为载体的多元办学，着力推动职教集团专业建设与区域产业发展有效对接，深化教育教学改革；着力实现教学与生产有机结合，增强办学活力；着力推进产学融合，实现了人才培养过程与生产过程无缝对接，提高了人才培养质量。

第三是创新人才培养模式。就是紧紧围绕“以生为本，人人出彩”的办学思想，坚定不移落实立德树人根本任务，在创新人才培养模式上坚持育人导向，坚持产业发展需求、企业生产要素、职业岗位标准的有机融合，突出人才培养的实践性、职业性和岗位性，创新实践并形成了各具特色的人才培养模式。

第四是打造一流“双师”队伍。就是要紧紧围绕服务学生成长成才的现实需求，按照2019年9月教育部等四部门印发《深化新时代职业教育“双师型”教师队伍建设改革实施方案》的通知，“建成一支师德高尚、技艺精湛、专兼结合、充满活力的高素质‘双师型’教师队伍”。

第五是服务区域增强影响。就是要主动积极服务于区域经济社会和产业发展需要，首先围绕区域产业重点，通过校企合作等方式，主动服务于技术技能人才的需求。其次积极发挥优秀教师团队的技术技能优势，主动对接企业、行业对技术技能提升的需求，开展好继续教育培训。再次依托高职院校办学特色和资源优势，建设成为“职业教育—终身教育”基地。

（三）目前各高职院校建设技术技能人才培养高地的主要成效

第一是对接了产业需求。产业发展的水平较高，对高素质技术技能人才的需求就越大，行业企业就越重视人才的培养和使用，企业主动与高职院校开展合作的意愿较强，产教融合、校企合作的水平也比较高。

第二是对接了社会对教育的需求。国家对职业教育越重视，社会对职业教育的认可度也越高，高职院校对学生、家长的吸引力就更强，带来学校的生源和投入就会持续增加，这在一定程度上也满足了社会对职业教育资源的需求。

第三是对接了就业创业需求。高职院校通过建设技术技能人才培养高地，夯实了学生发展基础，拓展了学生技术技能，增强了学生创新创造能力，因此，学生的就业出口旺盛、就业渠道更通畅，学生在毕业就业时，往往就可以有多种选择，高质量的就业带动学校高质量的招生，生源持续向好毕业生的质量也越高，起到了一种相互促进的作用，学校的办学质量也会得到产业的认可。

二、地方高职院校技术技能人才培养高地建设存在的问题

（一）高职院校社会影响力和认可度还不高

传统思维模式下对职业教育认知缺失与行动的回避。主观上，受“学而优则仕”传统价值观的影响，人们普遍认为职业教育是差生的无奈选择，职业教育成为先天在地位上低于普通教育的二流层次教育。客观上，在经济高速增长阶段，我国一直处于全球制造业的第三阵营，社会经济对于低技能和无技能劳动者的大量需求，使得技能人才在阶层分化中处于不利地位，报酬相对较低。同时，职业教育的断头教育、终结教育特征极为明显。目前，虽然中高职贯通取得了一定成效，但高本衔接、本科向硕士研究生教育的通道却十分狭窄，高层次学历教育系统培养通道受阻，严重制约学生的个人发展，这使得人们不愿意选择职业教育。

（二）技术技能人才培养与现实需求匹配度不高

第一是没有紧扣区域产业发展重点，对专业设置和布局进行有效调控，造成专业设置不合理，有效衔接产业发展前沿不够。

第二是高职院校与区域产业、企业需求信息不畅，导致专业设置缺乏前瞻性和预见性，跟不上产业布局调整、生产技术更新换代的步伐，满足不了新兴产业的人力资源需求。

第三是课程体系建设与职业标准脱节，人才培养不适用企业需求。课程内容与生产技术脱节，教学过程与生产过程脱节，实习实训设施不能满足技能教学训练需求，重理论教学、轻实习实训。

（三）产教融合、校企合作不充分

校企合作育人仍然处于劳务订单的初级阶段，亟待提升到深度融合阶段，职业

院校技术创新能力不足，难以支撑产业升级；体系构建不充分，教育立交桥尚未完全建立，技术技能人才培养体系尚不健全；保障不充分，职业教育在经费投入、教师队伍和实习实训等条件不能充分保障，与现代职业教育发展相配套的法律法规还不够健全，已有的政策尚未完全落实到位。

（四）办学目标和人才培养目标定位不准

第一是人才培养定位不准确，没有根据本地区经济发展状况、本行业需求特点来培养人才，在资源建设、教学模式、评价模式等方面滞后行业企业的需求，学校培养的人才素质不能随着产业的升级而升级。

第二是人才培养结构失衡。职教专业布局与产业结构布局不匹配，部分高职院校在办学过程中不顾及自身办学基础与特色，盲目追求“大而全”的办学规模。专业结构调整滞后于产业发展，缺少对应新兴产业建设新专业的前瞻性，没有形成有效的专业动态调整机制，最终导致职教技术技能人才培养的层次、规模、质量均难以满足区域经济社会转型升级的需要，行业企业对职业院校的需求低。

第三是办学模式僵化。主要没有围绕经济社会发展对教育的多元化需求来深化办学模式的改革，不能适应各类人员升学、就业、转岗和技术技能提升等多样化的学习需求。当前我国职业教育发展多是以“政府推动为主”，职业院校和企业在政府的行政命令下完成规定动作。市场经济发展要求职业教育向多元化发展，政府单一办学体制不能满足人们对职业教育多元化发展的需求，不能合理地发挥市场在职教资源配置中的作用，不利于发挥行业企业在职教发展中的主导作用，同时政府在办学指导中的越位与缺位，限制了职业教育的发展与活力。

（五）职业教育人才质量观的狭义理解导致人才发展瓶颈

职业教育长期在就业导向理念指导下，注重岗位能力的培养，忽视创新能力的提高，致使学生职业迁移能力和持续发展能力弱，无法适应技术、经济、业态的更新迭代。一些高职院校对文化修养方面重视不足，创新创业教育与专业教育融合度不高，创新精神等核心能力的培养不够，从根本上忽视职业生涯发展的需要，尚未很好体现“使无业者有业、使有业者乐业”“谋个性之发展”等改善民生的职业教育宗旨，这也在客观上导致了人们对职业教育的认可度不高。职业教育人才质量观的狭义理解会使人才培养被局限于“技能与技术”上，成为综合知识贫乏、目光短浅的工具型职业者。

总的来说，高职院校技能人才培养高地建设就是要着力解决好技能人才培养与产业发展需求不对称、职业教育链与人才链的融合不够、产业链与创新链的衔接不紧、技术技能人才培养企业参与度不够、技术技能人才培养契合经济社会对创新人才的需求不实、技术技能人才综合素质和创新能力不足等问题。

第四章

路径之引领：党建领航高质量发展

第一节
地方高职院校党建工作现状与存在的问题

一、地方高职院校党建工作现状

在中国高校，坚持党的全面领导，高度重视党建工作，坚持以党建引领发展，不断推进高校党建工作的系统性、规范性、引领性、创新性，已经在全国教育领域形成了良好的政治觉悟和政治氛围，打下了坚实的政治基础，成了高校一切工作的行动指南，也已经是所有教育主体的思想共识和行动共识。通过对17所地方高职院校党建工作的调研，更加明确抓好党建工作的重要意义。

在对抓好党建工作的政治站位上，所有地方高职院校都能清醒地认识到，在中国特色社会主义新时代，高职院校要准确把握坚持党的领导、抓好党建工作是改革发展中灵魂、主心骨、压舱石的基本定位，站在“两个大局”的时代背景下，把社会主义办学方向、人民至上的办学理念作为办学的基本指南，聚焦政治建设、立德树人、基层组织建设、思想政治教育、“三全育人”等核心理念，把加强党的建设作为统领学校各项事业发展的基础工程，为培养社会主义建设者和接班人打下坚实的政治基础。

在抓好党建工作的重要意义上，习近平总书记早在2014年对第23次全国高等学校党建工作会议所做的重要指示中就指出：“加强党对高校的领导，加强和改进高校党的建设，是办好中国特色社会主义大学的根本保证。”浙江大学人文社会学院的蔡荃归纳为“贯彻新时代党的建设总要求必然选择、引领高等教育高质量发展的强大引擎、落实高校立德树人根本任务的重要途径”[①]。

在党建工作的组织体系上，所有地方高职院校均按照中国共产党所设定的党务工作组织体系进行构建。《中国共产党普通高等学校基层组织工作条例》对此做出了明确的规定。高校党组织贯彻落实党的全面领导和全面从严治党，实行党委领导下的校长负责制，实行民主集中制的根本组织原则。地方高职院校党委由党员大会或党代会选择产生，5年为一个任期。党委班子一般7~11人，部分地方高职院校没有设置党委常委会。根据工作部门和院（系）设置情况对应设置基层党委或是总支、支部。根据工作需要，党委工作部门设立办公室、组织部、宣传部、统战部、教师工作部、学生工作部、保卫武装部等机构。根据不同地方情况，派驻或设立纪检监察部门，代表上级纪

① 蔡荃．新时代教育强国背景下高校党建工作高质量发展的思考与探析［J］．北京教育，2022（01）：78-80.

委监委对高校党委进行监督。

在党建工作的内容上，主要包括政治建设、思想建设、组织建设、作风建设、纪律建设以及制度建设、党政廉政建设及反腐败斗争等。根据高校的特征，大学生思想政治教育、意识形态、“三全育人”等方面是突出的重点工作。

在推动高职院校高质量发展上，各高校均坚持以党建引领发展。对地方高职院校而言，无论是从前的示范院校、骨干院校建设，还是创新行动计划、提质培优行动计划，还是现在的“双高”建设计划，均旗帜鲜明地突出加强党的领导，以优质的党的建设引领高质量发展，课题调研到的所有地方高职院校的“双高”创建方案均明确指出“以党的建设引领‘双高’建设”。河北省委教育工委对此总结道：“把加强党的建设作为统领高校各项工作的基础工程，构建高质量党建工作体系，落实立德树人根本任务，为培养社会主义建设者和接班人提供坚强的政治保证和组织保证。”①

二、地方高职院校党建工作中存在的问题

（一）党建工作体系构建中存在的问题

地方高职院校一般成立时间不长，党建工作经验不足，党建工作体系构建大的布局基本完成，但还是存在一些问题。党务工作部门如办公室、组织部、宣传部等都成立了，但仍有部分学校没有落实中组部、教育部关于组织部长、宣传部长进入党委领导班子的要求；鉴于高职院校教师人数不够多，单独成立统战部的学校很少，基本是与组织部或宣传部合并；按照我国高校现行要求，二级院系实行党政共同负责，建立党政联席会制度，但很多地方高职院校二级院系落实得不到位，甚至没有建立党政联席会制度；党建工作队伍需要优化，党务和思政队伍建设不到位，按照要求，高校思政教师的应按照1∶350，辅导员按照1∶200进行配备，但是，大多数地方高职院校都没有达到这个标准，同时，党务和思政工作者能力素质还不能达到要求，接受培训的机会也不多；党建工作信息化程度不高，相对业务发展工作而言，信息化技术在党建工作中的应用很弱，甚至在部分地方高职院校中基本没有使用信息化技术，或者是仅仅在上级要求的工作如“易班”建设中使用，如何通过现代信息技术提高党建工作的便捷度、生动性等，仍有很大的提升空间。

（二）党建工作落实中存在的问题

部分地方高职院校对党委领导下的校长负责制理解有误差，执行中有走样，严重者甚至出现党政主要领导不和，影响工作；一些地方高职院校党委议事规则、院长办公会议事规则、“三重一大”议事决策制度还需要完善，党委决策与行政决策之间的界

① 中共河北省委教育工委. 党建引领高等教育高质量发展［J］. 共产党员，2022（01）：25-27.

限不清，各校在处理“三重一大”界定的标准不一，有的差距很大；各地方高职院校对全面从严治党都很重视，但是落实得不充分、不平衡，与地方党组织的管党治党力度比还有一定的差距；部分地方高职院校制度体系建设不足、制度全覆盖不够，制度建设规范性不足，在制定制度中照搬上级文件情况较多，缺乏结合本校实际的、针对性强的、有创新性的制度；部分高职院校囿于场地、经费、人力等方面的不足，对党建工作平台建设下的功夫不够，党建阵地建设较弱，党建工作平台比较传统，对新技术、新形式探索使用不多；有的学校的二级院系党总支、直属支部建设做得不够好，二级党委尤其是教学单位党组织力量发挥不够，基层党组织政治保障作用和战斗堡垒作用发挥不充分、不明显；有的学校基层党组织对“三会一课”重视不够，对组织“三会一课”有应付心理，组织不好、形式单一，通常就是开个会、学个文件、党员发个言，再写写心得体会等，效果不明显；有的党组织的民主生活会和基层组织的组织生活会不深入，批评与自我批评开展得不好；“三全育人”意识没有深入人心，工作不充分、不平衡，科研育人、服务育人等做得较差，尤其是后勤服务等群体，对自己的育人身份认识不够，作用发挥不好；在思政教育中，做好“思政课程”比较容易，但对做好“课程思政”缺乏好的思路、理念和办法，往往是简单地把思政教育放在教学环节中（一般是课前几分钟），但穿插进课堂教学、融合到教学内容、结合到教学形式做得是不够好的，存在“为思政而思政”的现象。

（三）党建引领发展中存在的问题

每个学校、所有人都知道必须以优良的党的建设引领学校事业发展，但对“怎么引领”的认识是不同的，是有些肤浅的，甚至是茫然的；调研不同地方高职院校发现，在其“双高”建设方案或是在其发展规划中，党的建设是作为一个建设内容存在，而不是作为一根红线有机融合在建设方案中，在写到发展部分的时候，很难在其中找到党建引领的痕迹；在部分学校、学校中的部分人心中，抓好发展、抓好业务最重要的心理仍然是工作的真正重心，重业务、轻党建的情况在很多学校不同程度地存在；在具体推进工作中，虽然能做到党建和发展“同规划、同部署、同安排、同考核”，但缺乏通盘考虑、融会贯通，党建与业务发展“两张皮”现象依然严重；对教育部党组部署的“双带头人”培育工程，贯彻落实情况并不理想，双带头人制度落实不好，相当部分学校的“双带头人”仅仅是落实在形式上，带头人抓业务多、抓党建少；针对职业教育的产教融合、校企合作本质特征开展党建探索不多，校企合作的合作范围多为业务发展，基本未涉及合作党建和合作育人，企业没有热情，也基本不参与学校的党建和育人工作，即使有，也是形式大于内容的居多。

（四）党建活动开展中存在的问题

部分地方高职院校及其基层党组织对开展党建活动重视不够，对开展党建活动缺乏主动性，往往是上面要求的活动才开展、重要节日节点才开展；对一定时期的党建活动组织缺乏规划和统筹，基本没有党建活动年度计划，对活动开展时点、开展形式、活动主题等策划不够；部分地方高职院校组织党建活动用心用力不足，活动流于形式的现象比较突出，深入程度不够、活动效果不明显；基层党组织组织党建活动创新性不够，会议、宣讲等传统形式较多，党员在党建活动中的体验感不足；深入社会实践中开展党建活动较少，把党的创新理论与国家的发展、社会的进步、地方经济建设飞速发展的现状、青年志愿者活动等结合不够紧密；部分基层党组织为了方便和节约实践，往往把党建活动同工会活动、“三八”活动等其他活动合并举行，一定程度上削弱了党建活动主题；大多数基层党组织充分利用网络资源开展党建活动不多，满足于“学习强国”App、线上培训等形式，对如何更好地利用网络资源组织多种形式的党建活动没有更多更好的办法。

——第二节——

地方高职院校推进党建工作的总体要求与主要内容

一、党建工作总体要求

党的十九大报告全面阐述了新时代党的建设的总要求：坚持和加强党的全面领导，坚持党要管党、全面从严治党，以加强党的长期执政能力建设、先进性和纯洁性建设为主线，以党的政治建设为统领，以坚定理想信念宗旨为根基，以调动全党积极性、主动性、创造性为着力点，全面推进党的政治建设、思想建设、作风建设、纪律建设，把制度建设贯穿其中，深入推进反腐败斗争，不断提高党的建设质量，把党建设成为始终走在时代前列、人们衷心拥护、勇于自我革命、经得起各种风浪考验、朝气蓬勃的马克思主义执政党。

2021年4月修订的《中国共产党普通高等学校基层组织工作条例》对全国高校党建工作提出了总体要求，并指出，加强新时代高校党的建设，必须坚持以习近平新时代中国特色社会主义思想为指导，坚持和加强党对高校的领导，全面贯彻党的教育方针，坚持教育为人民服务、为中国共产党治国理政服务、为巩固和发展中国特色社会主义制度服务、为改革开放和社会主义现代化建设服务，坚守“为党育人、为国育才”的初心使命，培养德智体美劳全面发展的社会主义建设者和接班人。

地方高职院校党建工作的根本性建设任务是加强党的政治建设。必须始终坚持以党的政治建设为统领，把政治标准和政治要求贯穿党的思想建设、组织建设、作风建设、纪律建设以及制度建设、反腐败斗争始终，教育引导广大高校党员干部和师生深刻领悟“两个确立”的决定性意义，不断增强“四个意识”、坚定“四个自信”、做到“两个维护”。

地方高职院校抓好党的建设必须坚持和不断完善党委领导下的校长负责制。学校党委要承担管党治党、办学治校主体责任，履行把方向、管大局、作决策、抓班子、带队伍、保落实的领导职责。要执行民主集中制，完善议事决策制度，健全党委统一领导、党政分工合作、协调运行的工作机制。

地方高职院校抓好党的建设必须强化基层党组织建设。基层党组织是党在高校全部工作和战斗力的基础。必须夯实高校党建工作基础，增强基层党组织的创造力凝聚力战斗力。要坚持抓基层、强基础，强化院（系）党组织政治功能，全面加强师生党支部建设，全面增强高校基层党组织生机活力和战斗堡垒作用。

地方高职院校抓好党的建设必须强化思想政治工作。党委要统一领导学校思想政治工作，牢牢掌握党对学校意识形态工作的领导权。要把理想信念教育放在首位，发挥课堂教学主渠道作用，办好思想政治理论课，把培育和践行社会主义核心价值观融入大学生思想政治教育工作和师德师风建设的全过程，形成全员全过程全方位育人的良好氛围和工作机制。

二、党建工作的主要内容

（一）顶层设计

《中国共产党普通高等学校基层组织工作条例》对高校党建工作的内容做出了准确的表述，主要包括：

①坚持党管办学方向、党管干部、党管人才、党管意识形态，领导改革发展，把党的领导落实到高校办学治校全过程各方面，确保党的教育方针和党中央决策部署得到贯彻落实。

②坚持全面从严治党，以党的政治建设为统领，把政治标准和政治要求贯穿党的思想建设、组织建设、作风建设、纪律建设以及制度建设、反腐败斗争始终。

③坚持高校党的建设与人才培养、科学研究、社会服务、文化传承创新、国际交流合作等深度融合，为高校改革发展稳定、完成党和国家重大战略任务提供思想保证、政治保证、组织保证。

④坚持把思想政治工作作为开展高校党的建设的重要抓手，把立德树人成效作为检验高校党的建设工作的根本标准。

⑤坚持抓基层强基础，健全高校党的组织体系、制度体系和工作机制，全面增强高校基层党组织生机活力。

这是党中央对高校开展好党的建设工作的顶层设计，是高校党建工作的根本遵循，也是各学校推进党建工作的基本工作框架。

（二）地方高职院校开展情况

1．地方高职院校党建工作特点

在对17所高校的调研当中发现，在各院校推进党建工作中体现出以下特点：

①各院校党建总体思路大同小异，均明确表述坚持以习近平新时代中国特色社会主义思想为指导，坚持党的全面领导，坚持以政治建设为统领，全面推进党的建设。

②各院校均明确以党的建设引领“双高”建设，推动学院发展的思路，也相应地提出了路径、对策和举措。

③各院校大多把党建工作梳理为“工程”“项目”等具体推进方式，具有较强的可操作性。但在对应的工作措施中，有的比较深入，有的相对欠缺。

④部分学校在党建工作中融入了非常规党建工作内容，如职业教育理念、职业素养与职业道德、校园文化、学生综合素质提升、学生管理服务、平安校园、精神文明建设等，体现了各院校在积极探索党建和工作与业务工作相融合、破除“两张皮”的路径与措施。

2．党建工作主要内容

综合分析17所地方高职院校，其党建工作内容涵盖了表4-1中的内容。

表4-1　全国17所地方高职院校党建工作内容

序号	工作内容	出现频次
1	以习近平新时代中国特色社会主义思想为指导	17
2	坚持党的领导，加强政治建设	17
3	坚持立德树人	17
4	民主集中制及党委领导下的校长负责制	15
5	思想政治工作与思想政治教育	14
6	马克思主义学院与青年马克思主义理论研习社建设	3
7	意识形态	14
8	领导班子与干部队伍建设	8
9	党建创新与党建品牌建设	3
10	“三全育人”	11
11	全面从严治党、党风廉政建设和作风建设	8
12	基层组织建设	14
13	社会主义核心价值观	4
14	党建机制与制度建设	6

续表

序号	工作内容	出现频次
15	党建带团建、群建	8
16	网络思政	2
17	校企党建共建	1
18	统战工作	1
19	师德师风建设	2
20	党员先锋模范作用	1

从以上统计可以看出：

①各校对党建工作的认识基本一致，对政治方向、政治统领、意识形态、思想政治工作、基层组织建设做出了明确要求，提出了明确措施。其中，“党委领导下的校长负责制”不仅是党建工作的核心内容，还可归属于治理体系与治理能力范畴。同时，“三全育人”“师德师风建设”工作也是党建工作重要内容。

②在坚持抓牢几个核心方面内容之外，各校在内容选择上不尽相同，“社会主义核心价值观”“网络思政”“马克思主义学院与青年马克思主义理论研习社建设”“党员先锋模范作用”等还应该更加重视和突出。

③需要提出的是，“党建创新与党建品牌建设”仅有3个学校写入方案，这是否可以理解为，各校对党建工作均以“守正”为本，确保“政治正确”，不做过多突破?

④“校企党建共建”仅有1个学校提出，说明在全国首批“双高”院校中，对党建引领职业教育发展的内涵认识还是有不够到位的地方，还有挖掘空间。

三、党建工作重点与标志性成果

（一）党建工作重点

综合分析17所地方高职院校党建重点工作，发现其集中在表4-2中的10个方面。

表4-2 全国17所地方高职院校党建重点工作

序号	重点工作
1	坚持党的全面领导
2	强化学习与理论武装，主要是以学习领会习近平新时代中国特色社会主义思想为首要任务
3	落实立德树人根本任务
4	坚持党委领导下的校长负责制

续表

序号	重点工作
5	牢牢把握意识形态工作的领导权管理权话语权
6	思想政治工作与大学生思想政治教育
7	全面推进“三全育人”
8	强化基层组织建设
9	强化领导班子及干部队伍建设
10	加强党风廉政建设

（二）党建工作标志性成果

不同学校对标志性成果的理解和选择有所不同，各校对党建建设成效除做出定性描述外，也确定了标志性成果的定量指标（表4-3）。

表4-3　全国17所地方高职院校党建标志性成果

序号	标志性成果
1	打造形成党建工作模式、思政工作模式（或体系）、党建工作示范（或案例）等
2	创建全国党建示范高校、标杆院系、样板党支部
3	创建国家级的思政教学团队、教育教学中心
4	创建全国“三全育人”试点学校、院系
5	建设区域性红色教育基地
6	建设党建标准化体系或质量体系
7	建设国家级、省级或区域性的党建、“三全育人”、思政研究平台，形成一批国、省级研究成果
8	建设国家级思政“金课”，国、省级思政教学资源库
9	建成全国文明校园
10	建设“五好”领导班子
11	建设国、省级思政名师工作室
12	形成国、省级宣传思想文化成果
13	打造党建品牌

第三节
地方高职院校党建工作体系构建

地方高职院校党建工作体系构建主要从领导体系、目标体系、内容体系、制度体系、责任体系、监督体系、保障体系等方面展开。

一、领导体系

地方高职院校党建工作领导体系建设是落实党对高校工作的全面领导的核心工作，承载着把党的领导制度贯穿到工作方方面面的核心作用。习近平总书记在十九届四中全会上指出："实现民族复兴伟大中国梦，必须坚持和加强党的全面领导，坚持和完善党的领导制度体系，提高党科学执政、民主执政、依法执政水平。必须坚持党政军民学、东西南北中，党是领导一切的，坚决维护党中央权威，健全总揽全局、协调各方的党的领导制度体系，把党的领导落实到国家治理各领域各方面各环节。"落实到地方高职院校，学校的各级党组织就是贯彻落实这一重要要求的唯一载体。

地方高职院校要坚持党的全面领导，充分发挥党委"把方向、管大局、作决策、保落实"的作用，坚持党委领导下的校长负责制，落实党委主体责任，全面领导学校党建和发展工作，对党建和发展重大事项作出决策。党委书记是第一责任人，班子成员落实一岗双责。学校各级党的基层组织（总支、支部）是落实党的全面领导在基层的工作载体和战斗堡垒，党总支、党支部是责任主体，总支书记、支部书记是第一责任人。

二、目标体系

地方高职院校党组织是党的一级基层组织，在贯彻落实党的建设总体目标要求的基础上，不同地方高职院校基层党组织面临着不同的地域特点、环境特点、地方特点、专业特点、人员特点等复杂问题，必须因地制宜、因时制宜、因势利导，根据学校的具体情况确定具体的党建工作目标，引导和推动学校总体工作沿着社会主义办学方向和党的教育方针顺利推进。以把党的领导落实到学校办学治校全过程各方面，确保党的教育方针和党中央决策部署得到贯彻落实，为地方高职院校改革发展稳定、完成党和国家重大战略任务提供思想保证、政治保证、组织保证，不断提高立德树人成效作为检验党的建设工作的根本标准。

确定地方高职院校党建工作目标的主体责任在学校党委，责任部门为党委组织部。

三、内容体系

地方高职院校基层党组织必须准确清晰地知道自己要做什么，要做到什么效果，这就要构建起地方高职院校基层党组织党建工作的内容体系。其内容在本章第二节第二部分“党建工作的主要内容”已经做了表述。

地方高职院校党建工作体系构建的主体责任在学校党委，责任部门在各个党委工作部门。

四、制度体系

地方高职院校党建工作制度体系构建应覆盖党建工作的方方面面，凡是属于党建工作内容体系中工作内容，都应建立相应制度，以制度管人、以制度管事，才能做到有章可循、客观公正，避免工作中的主观性和随意性。从大的方面概括，地方高职院校党建工作包括党的政治建设、思想建设、组织建设、作风建设、纪律建设、党风廉政建设等，都应当建立起系统协调、严密详尽、科学合理的管理制度。当然，基层党组织的制度设计，必须遵循和服从党的制度。

地方高职院校党建制度体系构建的主体责任在学校党委，责任部门在各个党委工作部门。

五、责任体系

抓好地方高职院校党建工作必须落实工作责任。建立和实行党的建设工作责任制是落实管党治党、全面从严治党的重要抓手，推进“党委—党总支（直属党支部）—党支部—党员”四级联动。

构建党建工作责任体系，首先，要建立责任体系的总体框架，明确党建工作领导机构、责任主体、职能部门，做到职责清晰、责任清晰。其次，要明确责任范畴，做好工作责任分解，落实责任督察检查，建立工作绩效评价机制，落实工作结果考核，建立绩效奖励和责任追求制度。再次，建立责任落实的实施路径，应当以本级组织的认真履职和严格考核为主，配合以上级组织的检查督促、本级组织党员全面参与、单位群众监督等多种方式，推动党建工作责任的全面落实。最后，要落实党建工作的保障条件，包括组织领导保障、人员保障、经费保障、场地阵地保障等。

落实党建工作责任，要落实权责对等、问题导向、操作性强、系统配套等工作原则，还要建立以上率下、以下促上、上下联动的工作机制，要形成主体责任明确、分管责任到位，各司其职、各负其责、协同配合的工作态势，也要形成党内团结一致，党外配合监督，内外同频共振的良好氛围。

地方高职院校党建责任体系构建的主体责任在学校党委，责任部门在各个党委工作部门，各总支、直属支部、支部。

六、监督体系

《中国共产党党内监督条例》对党的监督工作做出了明确的规定。地方高职院校的监督体系建设应当按照《中国共产党党内监督条例》全面系统地开展，坚持党内监督和人民群众监督相结合，不断增强党组织自我净化、自我完善、自我革新、自我提高的能力。

地方高职院校党组织应当建立完善党委全面监督、纪委（监审）专职监督、党的工作部门职能监督、党的基层组织日常监督、党员民主监督的党内监督体系。

在党委全面监督中，党委负有主体责任，党委书记是第一责任人，党委班子成员根据职责履行监督责任，党委职能部门加强职责范围内党内监督工作。认真组织开展加强日常管理监督，接受上级组织巡视巡察，在基层组织内部开展督察。严格执行党的组织生活会、民主生活会制度；坚持党内谈话制度，认真开展提醒谈话、诫勉谈话；严格执行干部考察考核、述责述廉、党员评议、领导干部个人事项报告等制度。组织监督的主体责任在学校党委，责任部门是党委组织部。

学校的纪委（监审处）是党内纪律监督的专门机构，履行监督执纪问责职责，坚决维护好党的政治纪律和政治规矩，处理信访举报，做好干部选拔任用的党风廉政意见回复，依规依纪进行执纪审查。纪律监督的主体责任在学校纪委。

学校内的党总支、党支部等基层党组织发挥战斗堡垒作用，履行日常监督职责，党员应当积极行使党员权利，履行民主监督义务。监督的主体责任分别在党总支、党支部和党员。

监督体系的构建还应当坚持党内监督和外部监督相结合，充分发挥统一战线、工会、社会监督作用，确保党建工作的监督全覆盖全落实。

七、保障体系

地方高职院校基层组织还应当构建扎实的党建工作保障体系。除加强组织领导，把党建工作纳入工作规划，与发展工作同规划、同部署、同安排之外，还必须加强党务队伍建设，配齐配强党务队伍。加强思想政治工作队伍建设，按照规定生师比配够思政教师、辅导员，强化思政工作队伍培训和能力提升。要确保党建和思政工作条件，在工作场地、工作设备等要素保障上给予充分保证。要充分保障党建经费保障，按照规定的人均经费比例足额及时预算、划拨、报销。

地方高职院校党建工作保障体系建设的主体责任在党委，责任部门在党委工作部门和国资、财务、后勤等相应的行政职能部门。

——第四节——
地方高职院校党建工作主要路径

一、提高政治站位，坚持以习近平新时代中国特色社会主义思想为指导

高职教育首先必须坚持社会主义的办学方向，落实立德树人根本任务，坚守“为党育人、为国育才”的初心使命，培养德智体美劳全面发展的社会主义建设者和接班人。这是全党全国、全体人民的共识。所以，要抓好中国特色的现代职业教育，必须首先坚持“举旗定向”，这就是要坚持走中国特色社会主义的办学道路，以习近平新时代中国特色社会主义思想为根本指导。这是每个学校必须具备的政治站位，也是办学的根本遵循。

二、保证政治正确，牢固树立党的全面领导和党建引领发展的定位

百余年中国共产党党史和70余年新中国史的成功实践，证明了中国共产党的“领路人”“定盘星”“主心骨”的地位和作用，坚持党的全面领导是党和国家事业蓬勃发展的根本保证。职业教育高质量发展也不例外。高职院校必须坚持正确的政治方向，坚持党对学校的全面领导。

不断深化强化党的建设，以党建引领发展是实现职业教育高质量发展的政治保证。高职院校应当坚持“大党建”理念，构建“大党建”格局，明晰“抓党建就是抓发展，促发展更要抓党建”认识，彻底革除“两张皮”现象，以高质量党建引领高质量发展。工作中，要把牢固树立党建与事业发展融合共建观念，把党建工作深刻融合到各项工作的各方面、全过程、各环节，切实把党的要求内化为工作的标准、路径、载体、动力。

三、把稳政治方向，正确处理“守正”与“创新”的关系

党建工作是高校办学的基础性核心工作，也是坚持正确的办学方向的首要保证。因此，把稳正确的政治方向，是党建工作的根本问题，也是党建引领发展的根本问题。这就需要高职院校在把握办学的正确的政治方向上，必须处理好“守正”与“创新”的关系。

“守正”的抓党建工作的前提和基础。因为党建工作的政治性、指引性、关键性，要求党建工作必须“守正”。政治方向是非常严肃的，也是不容出现任何偏差的，必须坚持党中央确定的基本理论、基本路线、基本方针，遵守党的原则、纪律、政策、制度，遵守党中央关于党的建设的各种要求和规范，确保党建工作在正确的道路上前行，并引领指导各项事业的发展。

“创新”是抓党建工作的活力之源。新发展阶段、新发展理念、新发展格局下对党建工作提出了新的要求，党建工作创新是必要且必需的。新形势下的党建工作应当紧紧围绕以党建促发展的战略目标，找准党建工作突破口，准确把握新时期党建工作规律，探索新方法、开辟新途径、建立新机制、开创新局面。

故此，党建工作应当以“守正”为根本，在“守正”基础上积极“创新”。

四、做好顶层设计，科学系统谋划学校党建工作

抓好党建、以党建引领发展是一项系统工程，必须高标准做好顶层设计、全覆盖做好统筹谋划、全方位设计工作路线、全过程抓好工作环节。

谋划党建工作要提高政治站位。高职院校谋划党建工作，绝不能思维囿于教育、重点偏安于校园，而要将学校置身于“两个大局”，将目标定位于中华民族伟大复兴和建设社会主义现代化国家，将着力点放在“为党育人、为国育才”，推动学校准确把握新发展阶段，深入贯彻新发展理念，加快构建新发展格局。

谋划党建工作要突出政治建设。政治是方向，也是保障。在谋划思考党建工作和抓党建促发展中，必须把讲政治放在首要位置，要强化习近平新时代中国特色社会主义思想的学习，要始终胸怀“两个大局”、心系“国之大者”，始终保持清醒头脑和政治定力，始终在思想上政治上行动上同以习近平同志为核心的党中央保持高度一致。

谋划党建工作要落实系统思维。要构建“横向到边、纵向到底”的全覆盖思维，横向上要做到党的建设见成效、发展改革见质量、治理能力见提升，纵向上要做到目标任务更清晰、工作体系更系统、责任落实更严格、管理运行更科学、监督检查更从严、工作保障更到位。

谋划党建工作要保障主责主业。高职院校办学要落实“四个服务”，要紧扣“人才培养、科学研究、社会服务、文化传承与创新、国际交流合作”五大功能，特别是要落实人才培养中心。抓好党建工作，既是发展的引领，也是发展的保障，因此，党建工作一定要突出主责主业，必须将党建工作与业务工作、改革发展同谋划、同部署、同落实、同考核，一体化建设、一体化发展、一体化提升。

五、坚持抓好关键，结合学校实际强化重点工作

在坚持党建的正确方向和顶层设计以及构建起高职院校党建工作体系基础上，要结合学校实际，坚持问题导向、需求导向、目标导向，突出重点、抓住关键，梳理若干重点工作进行重点强化，形成党建工作品牌和特色。

①加强学习型党组织建设。不断强化以习近平新时代中国特色社会主义思想为核心的政治理论学习，提升理论武装。

②加强领导班子及干部队伍建设。深化党委领导下的校长负责制，开展“四好班子”建设，不断提高领导力、战斗力、执行力，打造坚强的领导集体和骨干队伍。

③强化基层组织建设。加强对党总支、直属支部的组织领导和工作能力提升，实施支部标准化建设，不断深化“党委—党总支（直属党支部）—党支部—党员”四级联动的工作机制，不断强化基层组织的战斗堡垒作用。

④加强优良作风锤炼。强化党员干部队伍作风建设，不断完善党员干部思想作风、工作作风、生活作风，贯彻落实习近平总书记提出的关于作风建设“对党忠诚、理论联系实际、把人民放在心中最高位置、开展自我批评、敢于斗争、艰苦奋斗”6个要求，不断纯洁队伍、提升队伍战斗力。

⑤强化全面从严治党。把党的政治建设摆在首位，加强和规范党内政治生活，强化党内监督，不断发现和纠正新的形式主义和官僚主义。深入推进党风廉政建设，落实党风廉政建设责任制，优化完善、深入推进内部督察工作机制。

⑥强化思想政治和意识形态工作。不断深化思政建设和大学生思政教育，优化思政工作条件，深化思政工作改革，推进思政工作创新，全面推进具有高职院校特色的“三全育人”工作。鲜明政治导向，不断强化党对意识形态工作的领导权、管理权、话语权，注重教育与引导，注重舆情引导和管控，充分利用现代化的载体与手段，营造良好的意识形态环境。

⑦加强党建制度建设。制度是规矩、规范、约束、遵循，只有以制度管事管人，才能真正理清思路、明确责任、明晰流程、规范运行。要抓好党建工作，必须系统梳理党建工作涉及面，全覆盖开展党建工作机制和制度建设，并严格按制度开展工作、落实责任、监督检查、问责追责。

六、抓好品牌建设，形成系列标志性成果

牢固树立品牌意识，以创建“全国党建示范高校”为核心，着力推进高职院校党建品牌建设。规范性开展好规范动作、创新性开展好自选动作，加强提炼总结、对上汇报、对外宣传，形成高职院校党建工作在行业、社会的影响力和示范性，将党建工作塑造成为高职院校的一张闪亮名片。

打造系列党建标志性成果以支撑党建品牌。包括但不限于：

①创建全国、全省党建示范高校建设。

②创建全国、全省“高校党建工作标杆院系”“高校党建工作样板支部”“‘双带头人’教师党支部书记工作室”。

③创建全国、全省“三全育人”试点单位。

④打造全国、全省党建工作先进集体和个人（教师和学生），全国道德模范等国家级模范。

⑤形成在全国有较大影响力、具有高职院校特色的党建工作模式、思政工作模式，并以此获得全国高等教育教学成果奖。

⑥创建国家级的思政教学团队，打造一批在全国知名的思政教学名师。

⑦建设一批国家级的教学资源、课程资源。

⑧开展党建工作研究，形成一批国家级的研究成果，争取国家级成果奖。

⑨创建全国文明校园。

七、坚持结果导向，以发展成果检验工作成效

党建要引领发展，党建更要保障发展。检验党建工作成效的最终最好方式是检验学院建设发展的成效。要推动“为党育人、为国育才”，办好人民满意的教育不断取得新成效，“四为服务”“立德树人”“五大功能”不断彰显新业绩，办学实力和人才培养质量不断迈上新台阶，国家、地方、社会、教师、学生和家长的满意度不断得到新提升。

按照地方高职院校当地党委政府要求和学校“十四五”发展规划落实好发展任务，这是检验地方高职院校党建工作成效的最核心指标。要通过坚实的党建工作，引领和保障学校高质量发展。

第五章

路径之布局：构建纵向贯通、横向融通的现代职教体系

2002年8月，“现代职业教育体系”在国务院颁布的《关于大力推进职业教育改革与发展的决定》中被首次提及，继而，围绕如何建设“现代职业教育体系”的命题成为学界研究的重点。2010年7月，国务院颁布的《国家中长期教育改革和发展规划纲要（2010—2020年）》，对于职业教育的建设定位仍然是建立“现代职业教育体系”。在2014年6月23日召开的全国职业教育工作会议上，习近平总书记就加快职业教育发展做出重要指示：“努力建设中国特色现代职业教育体系”。在国家层面上出台的《关于加快发展现代职业教育的决定》《现代职业教育体系建设规划（2014—2020年）》两个纲领性文件中，建设目标都指向于“具有中国特色、世界水平的现代职业教育体系”。

改革开放，特别是党的十八大以来，我国已建成世界上规模最大的职业教育体系，为建设世界水平、中国特色的现代职业教育体系奠定了坚实的基础。从“现代职业教育体系”到“中国特色现代职业教育体系”是建设中国特色现代职业教育体系的逻辑走向。当前，中国职业教育发展的核心目标就是要完善中国特色现代职业教育体系，全面推进职业教育现代化。要建立职业教育和普通教育并重、纵向贯通和横向融通并行的中国特色现代职业教育体系，一方面需要中国特色现代职业教育制度体系这一实体基础来支撑；另一方面需要以确立和坚持职业教育类型定位为前提。

第一节 现代职业教育体系现状与存在的问题

一、我国现代职业教育体系现状

我国现代职业教育发端于19世纪后半叶洋务运动派推行的实业教育。从洋务运动派学习西方国家兴办实业学堂到黄炎培学习西方国家办职业学校，到新中国建国初期学习苏联办中等专业学校和技工学校，再到改革开放后广泛学习德国、英国、澳大利亚等发达国家的经验，建设现代职业教育体系，近150年来的中国职业教育发展，是一个通过学习别国经验来解决我们问题的职业教育发展历程。借鉴西方国家的职业教育办学方法，让我们迅速建立起职业教育体系的基本办学要素，与此同时也造成一些问题，如这些模式与我国社会、经济、教育等不完全贴合且难以真正融入，中国特色不鲜明等[①]。

近年来，全国上下大力推进现代职业教育发展，包括召开全国职业教育工作会议（2014年）、先后颁布《国务院关于加快发展现代职业教育的决定》（2014年）、《现代

① 李桂云，潘超．教育部职业教育与成人教育司司长陈子季：提质培优 加快构建中国现代职教体系［J］．在线学习，2020（09）：25-30.

职业教育体系建设规划（2014—2020年 ）》（2014年）、《教育部关于深化职业教育教学改革全面提高人才培养质量的若干意见》（2015年）、《国家职业教育改革实施方案的通知》（2019年）、《中国教育现代化2035》（2019年）、《关于实施中国特色高水平高职学校和专业建设计划的意见》（2019年）、《职业教育提质培优行动计划（2020—2023年）》（2020年）、《关于推动现代职业教育高质量发展的意见》（2021年）、《中华人民共和国职业教育法》（2022年）等政策，明确了具有中国特色现代职业教育体系的建设方针、时间表、路线图，实现了具有中国特色现代职业教育体系的不断完善。

（一）职业教育的人才培养能力和办学质量得到不断提高

近年来，通过对校企合作、工学结合等人才培养模式的积极实践和探索，使职业教育的教学质量和发展水平得到了大幅提升。目前，全国已有职业院校万余所，年招生量超千万人，这说明我国的职业教育已经具备了大批量培养技术型人才的能力，可为我国的现代化建设提供人才保障[①]。

（二）职业教育的办学条件和政策体系不断改善

通过各级政府的拨款和社会企业的赞助，目前已建成了一批高水平、大规模的实训基地和骨干学校，教学资源和师资队伍得到了优化，职业教育的办学条件得到极大的改善。同时，随着依法治教模式的推进，地方性法规等规章制度陆续建立，使现代职教体系建设有法可依。

（三）职业教育体系建设逐步规模化发展

近年来，通过实施试点项目、建立试验区等方式，一方面使职业教育结构得到不断的优化和调整，另一方面鼓励各地推进职业教育改革创新，使职业教育体系建设实现规模化发展。

（四）职业教育“走出去”效果显著

我国还积极实施职业教育“走出去”，与数十个国家及国际组织等开展职业教育交流合作，探索开展多种形式的境外合作办学，合作设立职业院校、培训中心，合作开发教学资源和项目，开展多层次职业教育和培训，培养各领域急需的各类“一带一路”建设者。依托“鲁班工坊”“中国—东盟职业教育国际论坛”“中文+职业技能”等项目，为走出去的中国企业提供了有力的教育服务支撑，成为职业院校国际化办学的重要抓手，加快中国职业教育发展，打造中国职业教育品牌[②]。

---

① 刁润丽．现代职业教育体系构建研究［J］．河南农业，2018（09）：6-7.

② 李长波，王阳刁．中国职业教育走出去的时代选择［J］．神州学人，2021（11）：16-19.

二、我国职业教育体系存在的问题

与发达国家相比，与建设现代化经济体系、建设教育强国的要求相比，我国职业教育还存在着体系建设不够完善、职业技能实训基地建设有待加强、制度标准不够健全、企业参与办学的动力不足、有利于技术技能人才成长的配套政策尚待完善、办学和人才培养质量水平参差不齐等问题。《职业教育提质培优行动计划（2020—2023年）》明确提出以习近平新时代中国特色社会主义思想为指导，牢固树立新发展理念，落实高度重视、加快发展的工作方针，坚持服务高质量发展、促进高水平就业的办学方向，坚持职业教育与普通教育不同类型、同等重要的战略定位，着力夯实基础、补齐短板，着力深化改革、激发活力，加快构建纵向贯通、横向融通的中国特色现代职业教育体系，大幅提升新时代职业教育现代化水平和服务能力，为促进经济社会持续发展和提高国家竞争力提供多层次高质量的技术技能人才支撑。但是，从现状来看，职业教育纵向贯通、横向融通的培养体系并不健全。

（一）我国尚未构建起纵向贯通的现代职业教育体系

1998年颁布的《中华人民共和国高等教育法》，明确指出："本法所称高等学校是指大学、独立设置的学院、高等专科学校，其中包括高等职业学校和成人高等学校。"高等职业学校被确定为高等教育的一部分，职业教育突破中职教育的局限性，进入多元化的发展时期，逐渐形成了中等职业教育、专科职业教育为主体的职业教育体系。但是在很长一段时期内，高等职业教育是作为普通高等教育的专科层次进行考试招生录取，且招生批次通常排在普通教育之后，导致高质量生源很难进入职业教育体系。同时，高等职业教育在办学模式上，主要参照普通教育，成为普通本科的"压缩饼干"；在培养层次上，职业本科刚刚起步、缺失专业研究生职业教育，社会对职业教育认可度仍然较低[①]。

职业教育与普通教育是两种不同教育类型，具有同等重要地位，这是新时代对职业教育的重要判断，从政策制度层面把职业教育提高到与普通教育相同的位置。《辞海》把教育类型定义为根据教育的对象、任务、内容和形式的特征对教育实践所做的划分。职业教育成为一种教育类型，就必须有符合职业教育特征的层次结构和完整的培养体系。当前，我国应系统构建起从中等职业教育、专科职业教育、本科职业教育、专业学位研究生教育的纵向贯通的人才发展渠道。

---

① 刘英霞．以职业教育本科试点为突破口，山东构建纵向贯通的现代职业教育体系［N］．神州学人，2020-01-13.

（二）现行职业教育体系无法实现人才培养供给侧和产业需求侧要素全方位融合

马克思人力资源理论认为，由于人力资源是人们具有的、存在于活的人体中的体力与智力的综合，因此，不同的人因其能力、知识的差异，使人力资源具有层次性。人力资源对经济发展的作用，尤其重要的表现在对科学技术的汲取与应用上，它能使人自身的素质得到改善，提高和增强其劳动力的等级与功能，把一种简单劳动力升华为复杂劳动力。当人的劳动力的复杂程度提高以后，他的生产能力与创造能力就会更大。同时，当劳动者掌握了先进的科学技术，还会改良和创造新的劳动资料与材料，大大提高劳动生产率。后工业化阶段技术密集型产业的迅速发展，使这种教育和训练更是不可或缺，教育程度越高，劳动力质量就越高，劳动者创造的劳动生产力就越高。

当前，新一轮科技革命和产业变革深入发展，大数据、云计算、互联网、人工智能等技术的广泛应用，对技术技能人才的素质结构提出了新的更高要求。企业对操作型技能人才需求量逐步减少，急需大量具备扎实的专业基础、熟练掌握信息技术应用、具备良好的合作能力、创新能力和职业能力的高素质技术技能人才。显然，中等职业教育和专科职业教育难以实现培养目标。为适应新旧动能转换、产业转型升级对人才素质复杂度、复合度变化的需求，部分地方已开展职业教育本科试点，培养高层次技术技能人才。

（三）现行职业教育体系无法满足学生多样化选择多路径成才的需求

内生增长理论的核心是经济能够不依赖外力推动实现持续增长，内生的技术进步是保证经济持续增长的决定因素。内生增长理论在教育中表现为，学生对接受更高层次专业教育的内在需求，以及通过接受教育提升技术技能水平和综合素养。目前，职业院校学生在升学、就业、职称评聘等方面还受到一定限制，就业层次低，学生对接受更高层次教育的愿望越来越迫切。

2013年以来部分地方启动中职与本科“3+4”、高职与本科“3+2”贯通培养试点，开始逐渐打通职业院校学生学业晋升路径。但是，无论是“3+4”还是“3+2”的贯通培养模式，在实际实施时，存在着诸多困境，如，本科院校合作意愿不强烈，招生计划安排、学籍注册不够畅通，学生转段测试分数线达成共识困难等。职业院校有较大比例学生有继续升学的强烈愿望，学生的内生增长动力迫切需要畅通成长成才通道，开展职业教育本科教育，以满足学生多样化选择和多路径成才的需求。

1．纵向衔接体系没有贯通

工业4.0时代更加需要具有跨领域复合型素质的职业教育人才。职业院校学生不仅要学习专业技术，还要学习相应的管理知识；毕业后不仅能做具体工作，还能从事管理工作。我国目前的职业教育主要为中职和大专。“中等职业教育—高等职业专科教育—应用技术本科教育—专业学位研究生教育”的纵向衔接体系没有形成，分段联合培养的立交桥未真正建立。纵向衔接体系未有效贯通，导致职业教育人才提升学历层次困难，削弱了职业教育的社会吸引力和就业竞争力[①]。

2．横向衔接体系没有建立

在我国，人们对普通教育和职业教育厚此薄彼。职业教育人才跨领域、跨学科、跨教育属性的学习发展困难很大，职业教育与普通教育融合发展存在障碍，工作实践、在职培训和学历教育不能互转互通，线上与线下学习不能有效对接，学校之间课程互选、学分互认存在困难。这样造成的结果是，学生一朝进入职教，终身就被打上了职教烙印，而普教人才想要获得技术技能提升也十分不便，必须另起炉灶。如果不能有效解决这一问题，那么培养适应社会需求的高素质现代职教人才将困难重重。

3．职教师资培养渠道匮乏

目前，全国 180多所师范院校几乎都是培养普通教育师资的。受职业教育学历层次的影响，职业院校本身又不能为本系统输送师资力量。职业院校的教师除了一部分来自企业外，大多数是来自普通高校毕业的本科生、硕士生、博士生。他们主要在工作中通过驻企工作或挂职锻炼获取实践知识，但由于校企之间的流动性、开放性不够，因此，得到“真刀真枪”的锻炼机会较少，导致难以掌握核心技能或关键环节，技术技能水平难以获得质的提高。师资培养是一个持续性过程，需要校企之间有机联动、协同互动。很多职业院校缺少完全意义上的“双师型”教师，这对职业教育人才培养质量造成了很大影响。

（四）职业教育办学水平有待提高

人力资源是经济社会发展的第一要素，职业教育是高素质技能型人才培养的“摇篮”，担负着向社会输送数以千万计的技能型人才的重任，而人才培养质量如何，与职业教育办学水平直接相关。当前，我国共有职业院校13600多所，在校生近3000万人，每年毕业生近1000万人。然而，全国只有1200所国家级示范职业院校，仅占全国职业院校总量9%左右，意味着国家层面投入的优质资源相对过少，相比较而言，普通高等学校尤其是“985”“211”院校动辄就上亿的投入力度，让职业学校办学面临“巧妇难为无米之炊”的困境。事实上，职业教育办学成本是普通教育办学成本的2.64 倍，但在人才培养投入成本上却没能得到体现。投入决定产出，我国对职业教育投入力度的不足，直接导致职业教育办学水平的低位徘徊[②]。同时，一些职业学校“校企合作、工学结合”的能力不足，导致办学理念和教学模式落后，很难满足学生系统成才和多样化成才的发展需求，客观上降低了职业教育的社会认可度和影响力。

---

① 张荣，赵崇平，许灵．德国工业4.0视角下中国现代职教体系建设的“三关”［J］．教育与职业，2018（10）：92-97.

② 蔡中兴，尹明柴．构建中国特色现代职教体系的瓶颈与突破机制研究［J］．职教论坛，2018（3）：139-143.

（五）职业教育管理体制机制不活

职业教育管理体制机制不活是指现在的体制机制无法对中国特色现代职业教育体系建设发挥有效的促动作用。无疑，遵循教育规律和市场机制来举办职业教育是中国特色职业教育体系建设的必然走向，职业教育办学需要坚持市场导向，围绕市场需求来设置人才培养类型，然而，围绕市场经济规律来举办职业教育的体制却并未形成，部门之间管理体制对接不畅，“行政化”干涉的影子却随处可见。比如，教育部和人力资源社会保障部都是职业教育的管理部门，教育部为学生发放学历证书，人力资源社会保障部则为学生发放职业证书，从市场的有效性来看，两者可以根据市场经济规律实现教育管理资源的有效整合和衔接，以实现教育管理资源的优化配置，但在实际情形中，二者的职业教育资源管理基本上互不相通，导致职业教育资源处于分散的局面。同时，在管理的过程中，无论是高职还是中职的教育管理权都属于职业教育与成人教育司而非高等教育司，客观上将高职教育拒在高等教育门外，但是实际上应将其列入高等教育的范畴，可见，职业教育的内部管理体制尚未理顺。

（六）职业教育产教深度融合不足

职业教育是以“能就业、好就业、就好业”为基本导向的就业教育，就业教育的核心是“工学结合、产教融合、校企合作”。在《中共中央关于全面深化改革若干重大问题的决定》中明确提出：“加快现代职业教育体系建设，深化产教融合、校企合作，培养高素质劳动者和技能型人才。”可见，产教融合、校企合作已经成为中国特色现代职业教育体系建设的重要方向。然而，从现实看，产教融合、校企合作过多停留在形式和表层，操作层面上的相应机制却并未形成。从校企合作来看，存在“剃头挑子一头热”的现象，即职业院校非常热衷，但往往企业的参与度并不高，这与缺乏有效的激励机制有关，企业以“利益最大化”为根本目标，无论是学生或教师的企业实践都将影响其正常的运转，在相关利益驱动机制缺失的情形下，企业的积极性势必不高。从产教融合来看，当前我国有 700 多个职业教育集团，但如何把产业行业企业与职业教育集团教学科研的全过程进行深度融合，实现专业设置与岗位需求匹配、教学模式与人才发展对接、教学内容与职业标准匹配、教学载体与职业环境对接、教学环节与工作流程匹配、教学成果与技术进步转化，通过产教融合实现资源整合和机制创新的改革探索还不够。

1．产教对接缺乏精准方向

由于职业院校、企业之间依存度低，导致校企合作程度不深，合作方式以教学见习、顶岗实习为主，形式单一，“校热企冷”的尴尬局面突出。一方面，企业作为人才的使用方，由于种种原因，不愿意加大对职业教育人才培养的投入，不愿意将企业的“真经”拿出来让学生学习；另一方面，学校难以从企业获取用于教学和研究的真实情况，缺乏稳定的人才培养方向，只好在校企合作方案上走形式、“撒大网”。

2．产教对接缺乏动态响应

由于政府、学校、行业、企业少有协同，因而无法从总体上把握产业发展对各级各类技术技能人才特别是跨界复合型人才在培养规格、数量、结构等方面的需求，无法对职教专业发展趋势及时做出研判，职业院校的专业调整始终滞后于经济社会发展对人才需求的变化。目前，全国职业院校毕业生总体就业率虽然达到 90% 以上，但是就业对口率很低，就业后离岗率很高。

3．产教对接缺乏足够推力

受行政级别、专业职称、职业资格、管理体制等多种因素影响，政、校、企之间人才流动困难，特别是党政机关、企业等单位人员到职业院校工作的壁垒很深，职称对应问题、待遇对接问题、身份认可问题等未能得到有效解决，这严重限制了职业院校人才引进通道，制约了高素质管理人才、急需紧缺人才、创新创业人才的引进，从而对推进职业教育产教对接和融合产生了不利影响。

（七）中高职有效衔接存在问题

中高职有效衔接问题是关系到我国技能型人才培养层次、培养力度和培养质量的现实性问题。建设中国特色现代职业教育体系，中高职有效衔接是关键环节和重要内容。然而，从目前我国中职高职有效衔接的现状来看，不容乐观。首先，在人才培养目标上，中职以培养技能型人才为重点，高职以培养高端技能型人才为重点，意味着中职教育倾向于学生的实践技能和就业能力，而高职教育则对学生的创新能力、学习能力、管理能力提出更多要求，虽然近年绝大多数中职学生升入高职学习，但两者在人才培养目标上依存度不足、“各自为战”的境况没有得到根本解决。其次，在人才培养体系上，主要表现在中高职在人才培养规格、标准制定、课程设置上存在重复的情况，尤其是在技能型课程的授课上，区别不明显，以至于一些中职学生进行高职阶段学习之后，发现实践教学的内容几乎和中职一样，有些实践课程甚至还不如中职学校有特色，无法凸显层次性教育。最后，在学生管理模式上，中职学校往往采用“半军事化”的管理模式，对学生进行较为严格的管理，高职院校采用的是“半社会化”的开放式管理模式，更加注重学生的自我管理、自我约束和自我教育，当一些中职学生进入高职学习之后难以适应高职的宽松环境，出现逃课、迟到、抵触管理等诸多问题。

第二节
现代职业教育体系建设的逻辑

现代职业教育体系建设应整体遵循纵向贯通、横向融通的建构逻辑。纵向贯通强调学生在体系内部的接续培养，满足经济社会发展对高水平人才的需求，横向融通强调职业教育与普通教育的协调沟通，为学生灵活选择不同的教育类型提供通道；在教学层面，要工学结合，不能只在教室上课；在办学层面，要校企合作，不能关起门来办学；在国家管理层面，要产教融合，职业教育要与产业同部署、同升级、同发展，相互支持、相互促进。这是我国职业教育在实践当中总结和发展出来的最本质的逻辑，同时也贯穿于整个实践过程，保证职教的发展不偏离航向。

一、建立纵向贯通的职业学校体系

建立纵向贯通的职业学校体系是构建中国特色现代职业教育体系的基础工程，主要目的是要实现中等职业教育、专科职业教育、本科职业教育自下而上的无缝衔接。

二、健全横向融通的政策制度保障

健全横向融通的政策制度保障是中国特色现代职业教育体系构建的关键支撑性制度，是职业教育国家制度完善和发展的重要内容，主要包括职教高考制度、普职融通制度、国家资历框架制度。

三、落实立德树人的根本任务

要针对职教学生的学习特点、行为习惯、思维模式等，建立区别于普通高校、体现职教特色的德育体系，主要将从“三教”改革入手，建立健全职业教育领域德育工作机制。

四、深化产教融合、校企合作

产教融合、校企合作是职业教育基本办学模式，要通过推动“混合所有制”改革、鼓励并支持企业和学校双主体育人来促进产教深度融合、校企紧密合作。

五、通过培训提高治理能力

提升治理能力是职业教育提质培优、增值赋能的关键，要把职业院校的领导和管理人员先武装起来，大规模、大力度地对职业院校的校领导和后备干部进行培训。

六、健全质量保障体系

要推进研制职业院校办学质量考核办法，健全职业院校办学质量考核指标体系，推动构建市场主体自治、行业自律、社会监督、政府监管的质量共治格局。

——第三节——
地方高职院校现代职业教育体系构建主要路径

一、构建协同育人机制，形成全社会共同参与的人才培养格局

（一）加强政、产、企、学研跨界合作，打破“半封闭”育人系统

改变目前由教育主管部门和职业院校唱主角甚至独角戏的状况，成立由不同层级政府部门、行业协会、品牌企业、职业院校、科研院所组成的跨界合作联盟，按照“政府引导、企业主导、学校主体、行业监管”的原则，使职业教育的相关各方真正参与进来，统筹协调有关资源，共同加大资金投入，共同制定培养标准，共同开发培训内容，共同加强质量监管，共同推进高质量就业，使职业教育成为以市场为标准、多点发力、耦合联动的开放系统。

（二）理清政、校、企等各类人才岗位标准，打通高层次人才流动关节

制订人才合理流动促进办法，畅通党政机关、企事业单位等社会各方面人才进入职业院校工作的通道，科学界定前后衔接对应标准，探索高层次人才、急需紧缺人才职称直聘办法，放宽急需紧缺人才职业资格准入，推进水平类职业资格评价市场化、社会化，从而促进各类高级人才向职业院校合理流动。此外，健全高端创新创业人才柔性引进机制，支持各类优秀人才依托众创空间与职业院校联合建立工作室，助力职业院校创新人才培养。

（三）落实企业人才培养责任，激发人才培养活力

建立以职业资格为基准，以职业能力为导向，以企业为主导，符合企业生产实际的人才培养体系和能力评价机制。学校主要负责学生相关理论知识和普通技能的教育，

企业主要负责培训实习生特有设备和工艺所需的专业化技能，学校和企业各司其职、相互协同，从而解决学习与工作脱节、校园文化与企业文化隔离的问题。加强“订单式”人才培养工作，推进现代学徒制等人才培养模式改革，支持企业与学校共同建设实训基地、驻企工作站、专业教学指导委员会、协同创新中心，使企业真正成为职业人才培养的参与者、实施者，形成互惠互利、共同发展、产学研高度结合的校企利益共同体。

二、转变大众的就业观念，努力创造有利于职业教育发展的环境

用一系列真实的案例及各种传播媒介使学生和家长及早认清目前的形势和人才需求模式，能正确地立足国情、认识自身。因此，教师既要拥有理想又要认清现实，脚踏实地，努力提高自己的能力，树立劳动光荣的信念，以免陷入既不能谋得理想的高级职位，又缺乏胜任一线工作的实际能力的尴尬局面。政府也应制定相应的政策，为高职学生提供更多的就业平台，轻学历重能力，打破企业招聘的学历门槛限制。

（一）营造良好的法治环境

保障职业教育应有的地位。贯彻实施《中华人民共和国职业教育法》，进一步厘清职业教育的发展定位、人才培养规格，明确职业教育与普通教育的同等地位，规定学生可以在普通学校与职业学校之间互转，从法律角度让全社会认识到职业教育与普通教育的区别仅仅是教育类型的不同，而不是教育层次有什么不同，从而使职业教育回归本位。明确企业在职业教育中的地位和义务，促使企业加大职业教育投入，加强职业技能人力培养。开展校企合作立法工作，明确企业的职责和权益，规定合作内容，规范合作形式，鼓励企业与职业院校开展合作办学、合作育人、合作就业、合作发展。

（二）营造良好的制度环境

健全职业教育多元办学、经费保障、质量评价、技能鉴定、教师资格、促进就业、社会分配及继续教育标准等制度。建立企业参与职业教育的星级制度，制定财政、税收激励措施，引导社会资本加大对职业教育的投入。财政教育经费增量重点向职业教育倾斜，逐步提高财政职业教育支出占财政教育支出的比重，职业院校生均财政拨款应不低于普通本科院校。把行业标准、岗位要求作为职业教育质量评价的重要依据，整体设计中职、高职、应用型本科、专业硕士等职业教育层次的评价标准，科学评估办学水平、培养质量，提高社会对技术技能人才的认同度。推进职业院校招生、科研及技术成果认定等改革，清理并消除不合理的规定和做法，创造公平的政策条件。

（三）营造良好的社会氛围

办好职业教育活动周，设立职业教育日，加强现代工匠精神的解读，加强宣传优秀

技术技能人才和职业教育。依托高职院校校园实训中心、应用技术推广中心、公共实习实训基地，建立面向中小学生和社会各界的职业体验中心，加强职业启蒙教育和体验分享，推进普通教育与职业教育的渗透。注重全社会职业精神、职业理念的培养和传承，探索实践技术技能人才地位待遇保障制度，完善表彰奖励制度。赋予职业技能人才应有的尊严感和社会地位，使更多的优秀学子主动接受职业教育。加大职业院校“走出去”“引进来”的力度，鼓励一批具有国际视野、通晓国际规则的职业院校“走出去”，与国外教育机构或具有国际业务的大型企业联合办学；支持职业院校引进国外优质教育资源，不断提高办学水平、核心竞争力和国际影响力，从而增强职业教育对全社会的吸引力。

三、加大投入力度，形成职业教育发展的良好局面

在中国特色现代职业教育体系构建过程中，把发展初等职业教育作为重要一环，将“初等职业教育”的要求在国家义务教育阶段中体现，在生源上坚持指令性政策和指导性政策相结合，确保中等职业教育的生源数量，加大对中等职业学校办学的投入力度，形成适应现代职业教育发展要求的经费投入机制和生均拨款标准，确保职业教育投入费用不低于城市教育费附加30%，职业院校生均经费标准不低于同类普通院校标准，增加中职学生教育经费投入比重，中职学校生均经费标准不低于高职院校生均经费标准的 80%，改善办学条件。此外，推动建立“双师型”职业教育师资培养基地，给予教师教育培养经费，让教师有更多的机会参与教育培训，帮助其成长为高层次技术技能人员，使职业教育办学条件“硬件更硬，软件更软”，为职业教育创造更大的发展空间。

四、强化教育治理，实现职业教育管理机制市场化

建构我国职业教育管理体制机制不活的主要原因在于治理理念落后于治理实践，存在着明显的“规制型”管理的流弊，以至于职业教育市场主体被压抑，职业教育市场能量未能得到释放。对此，盘活我国职业教育管理体制机制的根本之策在于建构“市场型”教育治理体系。各级政府应根据我国产业体系和中国特色现代职业教育体系市场化发展的现实需要，规避以往管得“过多过宽”的问题，逐步实现职业教育“权力”下放或归还市场，让市场来充当“裁判员”角色。事实上，职业教育是多重因素综合作用的产物，市场在发展职业教育中发挥着极其重要的作用，必须在政府与市场之间寻求一个恰当的平衡点，职业教育治理的市场化转型是市场经济体制的本质要求，在产业发展和企业治理已经进行市场化阶段的时候，职业教育也必然要对接市场化，发挥市场在职业教育自我发展、自我完善中的根本性调节作用，才能确保职业院校治理的自主性、主体性和创造性，有效解决职业教育内部管理体制无法理顺的关键性问题。此外，要着力理顺职业教育管理体制，明确教育部与人力资源社会保障部的管理范围、管理权限，完善职业教

育部门联席会议制度，确保教育部与人力资源社会保障部在管理工作中形成合力。构建中国特色现代职业教育体系，必须顺势而为、顺时而动，推动我国现代职业教育体系治理形态的“市场化”，维护市场在治理中的核心地位，规避行政权力对职业教育发展规律的“僭越”，进而为实现现代职业教育体系“服务型”的更高治理形态夯实基础。

五、围绕核心理念，建构产教深度融合的系统性机制

产教深度融合是职业教育的本质特色，是构建中国特色现代职业教育体系的核心理念，建设以产教深度融合为导向的中国特色现代职业教育体系已经成为职业教育改革发展的根本目标。对此，必须从系统性的视角出发，完善产教深度融合的操作机制，才能实现产教由表层结合走向深度融合。首先，建立统筹督导机制，从国家层面、省级层面上整合关键资源，成立产教深度融合联席会议和协调委员会，实现产教深度融合从教育行为向政府行为的转变，形成产教深度融合“政府主导、行业指导、职业院校和企业主体参与”的良好局面。其次，建立激励补偿机制，当前产教深度融合出现职业院校“一头热”的现象，主要是企业基于自身利益诉求的考虑，这就需要对校企合作积极性高的企业给予一定的激励补偿，给予财税、土地、金融等优惠政策，使学校和企业成为产教深度融合的利益共同体。再次，建立资源多元配置机制，发挥职业教育集团的优势，积极开展集团化办学，对处于同一产业链的职教集团，政府层面要注重整合力量和资源，促进资源共享、优势互补，建立校企合作发展联盟，打造“厂中校”和“校中厂”产教深度融合模式，促进教育链和产业链有机融合，实现学生“毕业即就业”的目标。最后，建立质量评价机制，产教深度融合的效果如何，关键是要建立科学合理的评价制度，主要从内部评价、第三方评价和政府评价三个方面来达成，内部评价主体是职业院校和企业，主要考查人才培养的质量、基地建设、毕业生社会声誉、教师成果转化、新产品开发、新技术引进、企业品牌升值等；第三方评价主体是行业组织，主要根据行业企业标准、职业技能标准来展开评价；政府评价主要通过开展常态性产教深度融合督导检查，通过设置各种奖罚措施来达到评价效果。

六、构建终身发展机制，与时俱进提升职业教育人才质量

（一）设计多元化学制路径，畅通中高级人才成长通道

加快推进地方一般本科院校向应用型本科转变，提高专科类职业院校对中等职业学校毕业生、本科院校对专科类职业院校毕业生的招生比例，逐步扩大高等职业院校招收有实践经历人员的比例，完善“中等职业教育—高等职业专科教育—应用技术本科教育—专业学位研究生教育”的纵向衔接培养体系。加强以职业需求为导向、以实践能力为重点、以产学结合为途径的专业学位研究生培养，积极发展专业硕士、职业

教育硕士和博士教育，推进工作实践、在职培训和学历教育之间学习成果互转互通。针对一些地方试点联合培养中存在的问题，成立分段培养工作协调会，建立定期会商、交流、评估与考核机制，厘清分段联合培养各方的权利、责任和义务，建立合理的培养成本分摊机制、收益分配机制和权益保障机制，协调解决分段联合培养存在的困难和问题，建立健全分段联合培养体系。

（二）探索学分银行与课程模块联动，强化创新创业能力培养

逐步推行学生根据学习基础、学习能力、身体状况、经济条件等，按照开课计划和选课规定进行跨学期、跨专业、跨班级选课。积极开发创新创业类课程，鼓励学生通过社会实践、发明创造或科技活动、竞赛活动获取学分。对具有较好经济社会效益的毕业论文（设计）、专业论文、调研报告给予一定学分，并允许替代部分选修课学分。在重视专业核心技能的基础上，通过复合专业方向、复合课程设置、复合能力结构、复合资质证书等，提高学生的综合素质和职业能力。探索企业、学校双导师制度，加强学生通用岗位、专业岗位、迁移岗位职业能力培训，指导学生获得专业核心能力资格、职业核心能力岗位证书，培养学生适用、通用、活用的职业道德、职业技能和就业创业能力，提高学生首岗胜任能力、岗位迁移能力和可持续能力。

（三）服务全民终身学习，完善终身学习培训系统

依托教育云平台，以教育资源共建共享为基础，以大规模课程资源建设为前提，完善终身学习培训系统，实行高校课程互选学分互认、职（教）普（教）继（教）学分转移认定、职业院校毕业生及各类岗位人员在职在线培训等制度。制定线上线下课程学分、具体课程替代和学分换算办法；推进线上线下就业技能培训、岗位技能提升培训和创业培训；鼓励区域内高校联合开设优质课程，支持学生基于互联网学习平台选修课程，实现师资、课程资源共享，为职教人才终身学习创造良好条件。

—— 第四节 ——
以职业教育本科试点为突破口构建纵向贯通的现代职业教育体系

《国家职业教育改革实施方案》明确了畅通技术技能人才成长渠道的任务，不少省份针对完善高层次应用型人才培养体系制定了有力的举措，以高水平职业教育本科专业建设为突破口，开展职业教育本科试点。

一、将现有部分省属本科高校转型为应用型本科高校

推动本科高校向应用型转变，是党中央、国务院重大决策部署，是推进教育领域人才供给侧结构性改革的重要举措。《国家职业教育改革实施方案》提出“推动具备条件的普通本科高校向应用型转变”的具体要求，《关于引导部分地方普通本科高校向应用型转变的指导意见》对高校转型改革进行了顶层设计，提出了本科高校转型发展的主要任务、配套政策和推进机制，部分省份也提出了把现有部分省属本科高校转型为应用型本科高校的目标。一是引导高校从治理结构、专业体系、课程内容、教学方式、师资结构等方面进行全方位、系统性的改革；二是采取项目建设、试点遴选、政策倾斜等方式，从办学自主权、专业设置、招生计划、教师聘任等方面对试点高校给予大力支持，激发高校转型的内生动力与活力；三是加大对转型为应用型高校的资金支持力度，推动高校将产教融合项目建设和学校转型深化改革相结合，切实转型到服务地方经济社会发展，转型到培养应用型、技术技能型人才。

二、在高职院校骨干专业试办本科层次职业教育

职业教育的专业不是对学科体系专业分类的简单复制，而是对真实社会职业群或岗位群所需要的共同知识、技能和能力的分解和重构，是与社会职业紧密相关的。因此，试办本科层次职业教育专业，一是要紧密对接产业发展，根据社会职业所需的职业资格结构化专业门类，并综合考虑与中等职业教育和专科职业教育专业的衔接，研制切实可行的专业目录；二是根据专业的职业属性是职业教育区别于其他教育的本质特征，研制本科层次职业教育专业设置标准；三是畅通从中等职业教育专业到本科层次职业教育专业、专科职业教育专业到本科层次职业教育专业的学习通道；四是通过系统研制本科层次职业教育专业评估标准，收集相关信息，对专业的办学水平和办学质量进行全面评价。

三、支持高水平高职院校举办若干职业技术大学

围绕国家战略，服务区域经济发展，充分考虑产业发展、教育资源、人口分布等要素，借鉴国外成功职业教育发展经验，支持高水平高职院校开展职业教育本科试点，举办若干职业技术大学。一是要坚持类型发展，坚持德技并修、工学结合校企协同育人，彰显职业教育类型特色；二是要坚持需求导向，围绕国家和区域主导产业、支柱产业和战略性新兴产业重点领域，服务新时代经济高质量发展，为中国产业走向全球产业中高端提供高层次高素质技术技能人才支撑；三是坚持质量为先，高标准、高起点、严要求，支持基础条件优良、改革成效突出、特色鲜明的学校率先试点，开展职业教育本科教育，引领职业教育改革发展。

第五节

宜宾职业技术学院涉农专业“中高企”协同育人体系构建与实践

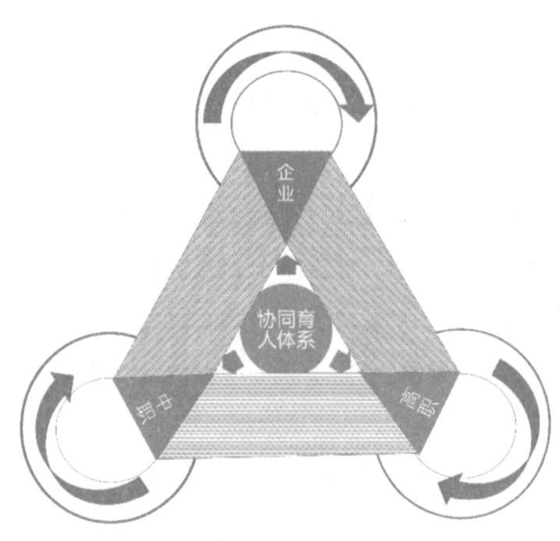

图5-1 西部涉农专业“中高企”协同育人体系

守住脱贫攻坚成果，腾飞乡村振兴关键在于构建一个对接产业、服务乡村建设的人才培育体系。2016年西部农业从业者大专以上学历仅0.9%，涉农人才需求大与学校生源少、产业类型多与专业方向少、企业技术新与学校实践弱、企业留得住与学生强怀差矛盾突出，涉农人才极其匮乏。2010—2016年宜宾职业技术学院在国家示范性高等职业院校建设计划（骨干）中，3个涉农专业以打通升学和就业渠道吸引生源、以高职引领中职推进专业发展、以企业标准引领提高培养质量，以企业全方位融入开展中职、高职、企业协同递进培养，探索育人主体集群化、育人层次递进化、育人方向多样化、三农认同情怀化，通过制定协同育人标准，共建共享育人平台，创新协同育人模式，实施跨界评价，构建了“西部涉农专业‘中高企’协同育人体系”（图5-1）。

以2个省级产教联盟、1个省级名师工作室为核心整合101个校企主体，协同开发中高职衔接专业教学标准3个，企业初、高级技能等级证书考核标准2套，中职3个涉农专业标准系列、高职3个涉农专业标准系列，创制涉农专业“三对接”协同育人标准。以接力培育“爱农情感、爱农情结、爱农情怀”为情感主线，以接力培养“专业技能、专业技术、复合技术”为技术主线，构建“中高企”协同育人模式，创新“中高企”协同育人理念。通过整合中职特色教学资源12套、高职专业教学资源3套和企业培训资源6套，生产现场监控系统3个、企业生产线15类建设协同育人平台，创新平台建设与运行机制。构建“双评双用”跨界型学业成就评价路径，并创新“双招双育双证”招生就业新路径。

与2017年比，2021年涉农专业招生宜宾职业技术学院增加了403人，35所中职增加1571人，增加涉农学校10所，新招生844人。毕业生就业相关度93.3%，半年内薪资、职级提升平均42%；近5年德康集团川南片区晋升主管以上毕业生75人，占比55%；梁圣、何代帝2人获全国农牧渔业丰收奖。获省教书育人名师1人、担任泰国格鲁大学博导1名；建成国家重点专业2个，教育部现代学徒制试点专业1个，专业群党支部被四川省评为“四川省高校党建工作标杆院系培育单位”，获四川省“脱贫攻坚先进集体记大功”表彰，被教育部、农业农村部评为国家乡村振兴人才培养优质校。引领建成省级示范中职学校4所、示范专业18个。成果被中央电视台宣传2次、中国教育报报道2次，农业农村部网站、中国高职高专网、四川省人民政府网等新闻媒体报道47次。成果在川滇黔渝桂等西部山区涉农中高职学校和涉农企业得到很好的推广应用。

一、主要解决的教学问题

①中职、高职育人质量与企业用人标准不对接，育人标准缺乏“中高企”三方对接的协同性、系统性。

②涉农龙头企业与中职涉农专业主动合作意愿不强，“中高企”协同共建三方共享的育人体系缺失，育人内涵“三农”情结性不足。

③涉农中职、高职生产性实训基地和企业生产线产业类型单一，与现代涉农人才需求多向性难相适应，协同育人平台缺乏共建、共享性。

④中职、高职育人质量评价企业参与度低，认同感差，评价结果与实际应用脱节，育人效果评价缺乏跨界性。

二、解决教学问题的方法

（一）开发“中高企”协同育人标准，解决“中高企”三方对接的协同性问题

“中高企”协同开展西部山地农业人才需求调研和职业能力分析，明晰企业用人要求与“中高企”协同育人目标，开发初级技能等级证书考核标准、高级技能等级证书考核标准和中高职衔接专业教学标准，优化中职、高职涉农专业教学标准。对接中职专业标准与高职专业标准，对接中职人才培养质量标准与初级技能等级证书考核标准，对接高职人才培养标准与高级技能等级证书考核标准（图5-2）。

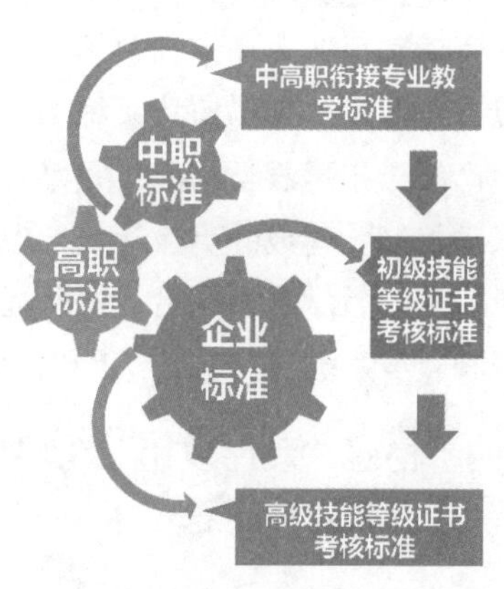

图5-2 “中高企”协同育人协同育人标准

（二）构建“工学交融、校企一体”协同育人模式，解决育人内涵“三农”情结性缺失的问题

依托“中高企”共同体，根据学生成长规律，以“爱农情感、爱农情结、爱农情怀”熏陶为情感主线，以“专业操作、专业技术、复合技术”培养和企业实操为技术主线，“中高企”协同递进，工学交融培育“三农”情结与专业技能，育人效果实施校企“双评双用”，实现扎根“三农情怀”工学交融培育和涉农专业“操作技能、专业技能、综合能力”校企一体培养（图5–3）。

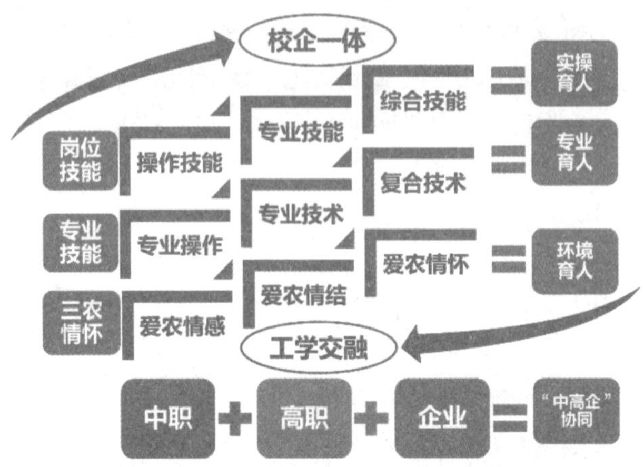

图5-3 “工学交融、校企一体”协同育人模式

（三）构建“开放联动立体式”协同育人平台，解决“中高企”协同育人平台共建、共享性的问题

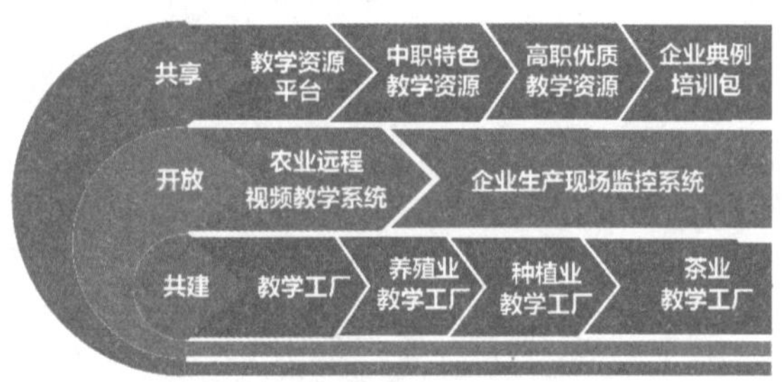

图5-4 “开放联动立体式”协同育人平台

依托“中高企”共同体，针对涉农人才需求的专业多向性，整合中职特色教学资源、高职专业教学资源和企业典型培训包等资源，以及企业生产现场监控系统和企业生产线，拓展教学功能，完善开放联动机制，建成并高效运行“中高企”共享教学资源平台、农业远程视频教学系统和教学工厂等协同育人平台（图5–4）。

（四）构建“双评双用”跨界型学业成就评价路径，解决协同育人效果评价缺乏跨界性问题

图5-5 “双评双用”跨界型学业成就评价路径

针对企业岗位需求，构建校企结合课程团队，分配校企双导师，配备班主任，组建学生发展评价小组，开展课程育人、实践育人、环境育人和育人效果综合评价，评价结果作为单招择优录取依据，专升本择优推荐依据，企业录用定岗定级定薪依据（图5–5）。

第六章

路径之体系构建：以“五大功能”构建地方高职院校的高质量发展体系

第一节
核心任务：高素质技术技能人才培养

一、坚持育人为本，实现全面发展

教育是国之大计、党之大计。高职院校应该牢记培养社会主义建设者和接班人这一根本任务，牢固树立以育人为本的理念，扎扎实实开展大学生思想政治教育，推动大学生德智体美劳全面发展。

（一）坚持立德树人，塑造大国工匠之魂

党的十九大报告强调，要加强思想道德建设。高校思想道德建设要以立德树人为中心。立德树人，“德”字为先，立什么样的“德”决定了大国工匠有什么样的“魂”。大国工匠不应该仅仅是职业技能卓越的体现，更应该是内在的为人民服务、建设中国特色社会主义强国等精神品质的彰显。

1. 坚持党对教育事业的全面领导，坚持社会主义办学方向，坚持扎根中国大地办教育

“立德树人”是指明中国特色社会主义教育事业发展方向的旗号，更是党和国家事业发展对教育各领域、环节、工作的实际要求。从基础教育、职业教育到高等教育，各个教育领域的思想道德、文化知识、社会实践等教育环节，各级各类学校的学科体系、教学体系、教材体系、管理体系，始终都要把立德树人作为谋划发展的基本理念，围绕着完成“根本任务”这个中心来设计、来落实，把立德树人的实际成效作为检验教育部门和各级各类学校一切工作的根本标准。教育部门和各级各类学校要加强党对教育工作的全面领导，切实保证新形势下办学治校坚持正确的政治方向，保证新时代党的教育方针全面贯彻到学校工作的各方面，保证学校的一切工作都围绕着完成立德树人根本任务来进行。教育部门和各级各类学校的党组织要通过自身建设增强“四个意识”、坚定“四个自信”、做到“两个维护”，还要通过行之有效的思想政治工作，努力使全体教育工作者在政治立场、政治方向、政治原则、政治道路上同党中央保持一致。

2. 全面贯彻党的教育方针，紧紧抓住“立德”这个树人工作的核心，把学生培养成德智体美劳全面发展的高素质人才

党和国家把立德树人确立为教育的根本任务，这里的“立德树人”并不是一个抽象的概念，它明白指示新时代中国特色社会主义教育发展的方向和目标，要求教育部门、各级各类学校和全体教育工作者辛勤耕耘、持之以恒，教育引导学生树立共产主

义远大理想和中国特色社会主义共同理想，增强对中国特色社会主义的道路自信、理论自信、制度自信、文化自信，教育引导学生爱国爱党，听党话、跟党走，立志肩负起民族复兴的时代重任，教育引导学生加强品德修养，努力做社会主义核心价值观的积极践行者，做有大爱大德大情怀的时代新人；它清楚表明当代中国努力构建的高水平现代化教育体系，是能够有效促进学生全面发展、更快更多培养高素质人才的教育体系，要求教育部门和学校把党的教育方针落实在各自的全部工作中，要求所有教师都要为着培养德智体美劳全面发展的人来教，所有的学生都要为着成为德智体美劳全面发展的人来学。

3. 把教师队伍建设作为基础工作，形成能够胜任教书育人职责的队伍，为保证教育教学过程的质和量奠定良好根基

百年大计教育为本，教育大计教师为本，这就要求全党全社会大力弘扬中华民族尊师重教的优秀传统，在新时代新形势下真正形成做人民教师无上光荣的社会风尚，为广大教师在教书育人岗位上为党和人民事业做出贡献创造更好的环境和条件。立德树人是教育的根本任务，保证教育质量的根本在教师，这就要求教育部门和各级各类学校要建立师德建设长效机制，健全立德树人落实机制，扭转片面的教师评价导向，解决教师中存在的疏于履行育人职责、对学生的全面发展漠不关心的问题，使学校各方面的资源和力量形成合力，真正发挥校内全员、全程、全方位育人的优势；要求每一位教师都要充分认识自己作为人类灵魂的工程师、人类文明的传承者的崇高使命，以热爱教育的定力、淡泊名利的坚守，严格要求自己，不断完善自己，执着于教书育人，担当传播知识、传播思想、传播真理，塑造灵魂、塑造生命、塑造新人的时代重任。

（二）加强文化育人，灌溉大国工匠之根

高职院校作为培养生产、管理、建设和服务一线高素质、技术技能型人才基地，应当深入挖掘中华优秀传统文化的内涵，借鉴、吸收中华民族优秀智慧，来弘扬和培育工匠精神，让大国工匠之根深植于中华传统文化这片沃土之中。

中华优秀传统文化是大国工匠精神取之不竭的宝藏，是最深厚的文化软实力。工匠精神是一种职业精神，涵盖了职业道德、职业能力和职业品质三个方面，蕴含了执着专注、精益求精、严谨求真、敬业守信、不畏困难、超越自我、推陈出新等源远流长的人文精神，是中华优秀传统文化的核心组成部分，弘扬着中国精神，传播着中国价值。加强中华优秀传统文化教育，培育工匠精神是时代的要求，也是高职院校现实的需要。

1. 以文育人、以文化人，强化中华优秀传统文化的认同感和归属感

高职院校要加强中华优秀传统文化教育的顶层设计，明确中华优秀传统文化教育的重要意义。要将文化自信提升和文化育人有机结合，实施思想政治工作质量提升工程，建立文化育人质量提升体系，将中华民族优秀传统文化、社会主义先进文化教

育、校园特色文化教育融入教学各环节，践行和弘扬社会主义核心价值观，优化校风教风学风，繁荣校园文化，以中华优秀传统文化涵养师生心灵，增强师生对工匠精神的认同感，提升师生的文化自信。

2. 以工匠精神的培育作为切入点和制高点，充分挖掘中华优秀传统文化的时代内涵

要从组织领导、课程体系、教学管理和社会实践等方面对传统文化教育进行系统设计，在教学内容、教学过程的组织上，始终贯穿一条主线，就是注重工匠精神的挖掘与发扬，把“教知识”与“教思想”，“学技能”与“强素质”有机地统一起来，实现“育德”与“育智”的有机结合。要结合各专业课程的特点，渗透中华优秀传统文化，把传统文化教育潜移默化地穿插在课程建设中，使学生不仅掌握技术技能，更重要的是使大学生洞悉为“匠”之道，用优秀传统文化教育学生励之以志，“志存高远，技报天下”。

3. 融入中华优秀传统文化元素，加强以工匠精神为主要内容的校园文化建设

一是学校积极利用围墙、宣传栏、走廊、教室、实训室等场所布置有关图片、名言警句、名人故事等传统文化内容；二是设立校园道德模范榜、优秀毕业生名人榜、技能比赛名人榜等典型示范；三是利用校园网站、学校微信平台等现代媒介，加强宣传历史上的工匠大师和模范人物。

4. 学校与企业的教育，发展优秀的中国传统文化服务学习

利用好校企合作中人才培养模式的改革平台，加强工匠精神实践教育、体验教育以及养成教育，使工匠精神与技能培育、技术活动结合起来，并在学生的精神之中内化。在传统文化教育实践活动中，将地域文化资源进行整合，发展校企合作，纳入传统文化教育活动体系，作为第二课堂共同培养社会需要的高素质的应用型人才。

（三）强化劳动教人，牢记大国工匠之本

《中华人民共和国职业教育法》开篇名义，职业教育旨在，“提高劳动者素质和技术技能水平；国家采取措施，提高技术技能人才的社会地位和待遇，弘扬劳动光荣、技能宝贵、创造伟大的时代风尚；持续培养更多高素质技术技能人才、能工巧匠和大国工匠”。新时代职业院校开展劳动教育，应体现职业教育类型化特征，牢记大国工匠之本，以培育为人民服务的政治观念、成就高素质劳动者和技术技能人才、实现人人出彩的人生价值为价值根本，培养更多高素质技术技能人才和大国工匠，为全面建设社会主义现代化国家提供有力人才和技能支撑。

1. 劳动教育课程体系化

课程教学是学校开展劳动教育的主要载体。按照显性和隐性两类课程，同时考虑教室、校园、企业和社会4个场域，构建劳动教育课程框架。一是开设劳动教育专门课程，包括面向全院的必修课程、结合专业特点针对性开设的选择性必修课程和以劳动精神、劳模精神、工匠精神、劳动文化等为主题的专题讲座。二是开设劳动教育

实践课程。以强化工匠精神培育作为核心，以锻造技艺技能为路径，结合学校和专业特色，开设工匠精神浸润的特色劳动教育实践课程。三是将劳动教育融入思政政治课程和专业课程。将马克思主义劳动观和习近平总书记关于劳动的重要论述融入思想政治理论课，开展劳动教育理论研讨，阐明新时代劳动实践观、劳动发展观和劳动价值观。以实习实训课为主要载体，充分利用现有师资、设备、场所，借助专业课平台有效传授学生从事职业劳动所应该具备的具体知识和技能，培养学生创造性解决问题的能力。

2．劳动教育实践层次化

根据年级不同特点有针对性地开展劳动教育实践。第一阶段为日常生活劳动的养成教育，以学生党团组织为枢纽，通过勤工助学活动、校园集体劳动，培养良好的生活习惯，提升生活技能。第二阶段为服务性劳动教育，改革传统的劳动周的工作内容，结合专业设置校内服务性劳动实践岗位，如园林专业的学生参与后勤绿化、信息专业的学生参与机房管理、经管专业的学生参与超市运营、食品专业的学生参与餐厅管理、旅游专业的学生参与学院的会议服务等，让学生利用知识和技能为他人和社会提供服务，深化对劳动价值的理解。第三阶段是专业生产劳动教育，以专业实训、顶岗实习为主要载体，把劳动教育与专业教育和生产实践紧密结合，提升学生的专业能力和职业素养。

3．劳动教育资源全面化

加强劳动教育课程与教材建设，制定劳动教育课程标准，开发课程资源，组织编写劳动教育教材及劳动实践活动指导手册，建立职业院校劳动教育资源共享平台。加强师资队伍建设，建立以思政课教师、专业课教师、辅导员为主，企业导师、行业专家、劳模工匠、优秀毕业生等为辅的专兼结合的劳动教育师资团队。搭建校内外实践教学资源，充分发挥校内实训基地、实训室、模拟工厂或车间等在生产性劳动教育中的作用，加强会议室、图书馆、宿舍、餐厅以及各业务处室在日常生活劳动和服务型劳动教育中的应用，为校内劳动教育提供资源保障。构建校企劳动教育共育体系，联合企业创立工作室、实验室、创新中心等富含劳动教育元素的培养基地，与周边社区、博物馆、工会等开展生活劳动、生产劳动和社会服务性劳动。

4．劳动教育评价综合化

要建立课程评价和素养评价并重、过程性评价和结果性评价结合的劳动教育综合评价体系。劳动教育课程进行评价要同时兼顾考察应知和应会两个方面，通过知识测试、主题辩论或者调查问卷等途径，考查学生对劳动观、劳动基本知识和技能的认知；参照职业技能大赛成绩、“1+X”证书获取等考察劳动实践成果。劳动素养不仅包括劳动实践过程的表现、劳动技能的综合应用等基本素养，还可参照学生在参加重大活动时的自觉性、面对重大事件的态度等特殊素养。充分利用现代信息技术，开展劳动教育过程监测与纪实评价，发挥评价育人导向和反馈改进功能，建立劳育激励制度。

二、聚焦能力培养，落实德技并修

（一）坚持产教融合，构建优质资源共享生态

“坚持产教融合、校企合作，坚持工学结合、知行合一”是习近平总书记关于加快职业教育发展的重要指示。通过政府、高校、行业企业及社会力量做到资源共享，优势互补，建立共建、共生、共享的生态圈，确立以产业需求为导向的人才培育机制，才能培养出适应社会发展的人才，进而推动产业转型升级，以此促进职业教育的可持续发展。

1. 加强顶层设计，统筹协作

突出规划引领作用，充分做好顶层设计，将产教融合作为重要举措融入产业转型升级各个环节，全面推动高质量发展，着重解决机制问题。一是完善政策体系，尽快出台实施细则或行动指南。不断通过制度创新，建立配套法律法规，合理保证各方利益，积极吸引行业、企业和社会力量参与，最终实现多元主体办学的创新模式。二是创新沟通渠道，着力解决校企以及社会信息渠道不畅的问题，利用“互联网+”等高科技手段探索建立全信息服务平台，向各类主体提供精准信息及增值服务。三是打破行政区划概念，以产业链条为主体，培育一批全方位、多元素，集高等院校、龙头企业、科研机构等为一体的共建、共享、共赢的产教研生态圈。

2. 加速模式转变，共融共生

创新人才培养模式，着重解决人才供给与企业需求“两张皮”问题。一是将实践教学融入校园，鼓励院校探索特色专业建设，支持企业院校联合建班，“订单式”培养，大力发展“双师制”教学模式。二是打破院校区域性限制，在全国范围内优选先进院校、先进专业、“双一流”高校、优势产业龙头企业参与建校，通过“校校”合作等创新模式提升办学质量，培养优秀人才。三是扭转职业偏见，完善上升通道。逐步扭转人才观，逐步扩大职业教育招生比例，同时完善职业教育发展上升通道。

3. 加快深度合作，资源共享

从政策和立法的角度保证企业利益，鼓励校企深度合作，开拓校企多渠道沟通，着重解决企业参与积极性不高问题。一是支持企业深度参与院校教学改革，积极推动企业建立与院校共育的新型学徒制度，通过建立全面合理的考核体系，对相关企业给予财政补助。二是逐步放开办学门槛，允许有能力的企业及社会力量建立职业学校，促进职业教育多元化。三是建立协调创新服务综合平台，以产业生态圈形式的共享体系，帮助企业解决实际生产运营中的各种问题。

（二）专业集群发展，打通复合能力培养通道

1. 适应跨界融合的产业发展需求，把握专业集群发展的逻辑起点

数字经济是继传统经济之后的新经济形态，是驱动全球经济社会发展和技术变革

的关键力量。借鉴产业集群理论，围绕关键技术领域和行业应用，整合不同岗位对于员工的知识、能力、素质方面的需求，按照“产业—岗位—能力”的分析路径，动态刻画出各专业人才能力结构图谱，重新厘定各学科专业的覆盖边界，规划集群架构，构建专业群组成的专业集群，实现专业集群、资源集成和管理集约“三集统筹”。同时围绕专业集群和集群证书接口课程，建成集群共享“课程池”，由此打通群内专业方向课程互选通道，各专业群聚焦核心技术方向和学生就业面向，融入大思政与创新教育，重构“基础通用、平台共享、核心聚焦、方向融通”的课程体系；完善优质教学资源的转化机制，不断推动新技术、新工艺、新规范进课程、进教材、进课堂，实现国家技术标准开发与专业教学标准优化“双标同步”。通过“三集统筹、双标同步”的专业集群建设模式促进产教贯通，实现专业结构布局吻合产业升级，有效促进高素质人才培养。

2．构建互选互融的柔性课程体系，建立学科专业集群发展的联结纽带

在整个数字经济工作体系框架下，从多个工作主题切入，打破传统的相对固定的课程体系，建构新的基于系统性训练的课程体系，打造学生能力培养的链状发展脉络。充分遵循“通用胜任力、核心胜任力课程一体化，专业胜任力课程精准化，岗位提升力课程多样化”的原则，搭建“互选互融”的柔性课程体系。其中，通用胜任力课程培养新时代高素质技术技能人才应当具备的基本素养和如法治素养、智能应用素养和团队协作、创新创业意识等；核心胜任力课程主要培养学科类人才的基本职场素养；专业胜任力课程侧重岗位技能的培养；职业发展力课程重在跨界知识与能力的培养。学生可以自由选择与组合各模块下的课程，修满规定的学分即可获得主修专业与辅修专业的证书，既能满足复合型岗位的要求，也能适应多元化的岗位选择。

3．建设智能仿真的智慧教学工场，建构学科专业集群发展的空间轴心

互联网时代，学生通过新技术获取差异化信息、掌握新技能的途径大大增强，倒逼高职教育在教学内容的实用化、学习行为的数据化、教学设计的情境化和技术平台的先进性等多个方面全面进步。将AR和VR等技术应用于教学场景打造，建设具有新商业生态体验、大数据分析、智能互动等功能的智慧工场，以项目为驱动进行综合训练，拉近课堂与职场的距离，让学生上课等于上班，让教学场景变单一为综合、从支撑型转为赋能型，为专业集群发展提供空间轴心。同时，依托智慧教学工场进一步支撑课程群的开发与建设，首先，遵循“资源—模块—课程”的课程建设路径，通过不同层级的数字化课程资源建设，形成“知识点上有资源、技能点上有项目、岗位点上有课程”的数字化课程集群；其次，选择区域内典型企业为合作对象共建课程，将职业标准融入课程教学内容，由骨干教师与业务能手共同编制课程标准、设计教学模块；校企联手基于业务场景将真实业务项目、数据改造成为教学案例、素材，开发基于场景、角色、任务的形态多样的课程数字资源。

（三）开展个性化培养，探索人人出彩培养途径

1．以志愿服务平台为载体，传承雷锋精神，以理想信念教育、道德观念教育、价值理念教育为重点，全面提升思想道德素质

将志愿服务纳入人才培养方案，实行星级认证制度，规范志愿服务学分评定工作，实现志愿服务工作制度规范化、组织建设网格化、注册管理信息化、活动流程系统化、服务内容项目化、活动载体品牌化。依托青年志愿者服务队，筹建学雷锋志愿服务队，完善形式多样的志愿服务项目，倡导“帮助他人，提升自己”的志愿服务理念，培养“有困难找志愿者，有时间做志愿者”的志愿服务意识。达到“人人愿为、时时能为、处处可为”，促进师生志愿服务自觉化、常态化，实现全员化、专业化、制度化、品牌化志愿服务新格局。同时将思政课程与课程思政相结合，专题式设计教学内容及形式多样的“活动课堂”提升思政课教学实效，把社会主义核心价值观培育和塑造“基因式”融入专业课程，以学生喜闻乐见形式拓宽育人载体，确保“双课程”体系协同育人。

2．以大国工匠培养平台为载体，弘扬工匠精神，以职业精神、职业意识、职业能力为重点，全面提升职业素质

实行“工匠工坊”培养模式，引导学生在“工坊”制作项目过程中，注重职业精神培养和专业知识的贯通融合，严格执行“6s”（整理、整顿、清扫、清洁、素养、安全）管理，加强工艺规范规程、质量标准、制度管理、安全环保等职业精神培养，德技并修中建立并完善职业人格和职业素质测评考核评价体系。将合作企业“四真实标准”引入培养过程，即真实工作场景、真实工程案例、真实工作过程、真实商业项目，通过“双师协同”教学，促进学校教师与企业指导教师之间的知识共享、转移，实现“1+1>2”的育人效应，让学生在真实情境下，快速提升职业意识。同时采取“专长+DIY定制化”人才培养模式，全面提升职业能力。以“人人成才、个个出彩”为目标，通过校内导师与企业导师全程化的职业规划指导，结合学生职业倾向测试结果，明确学生特色培养定位，整合专业群课程资源，为学生提供线上线下的学习资源，满足学生个性化学习需求，实施培养的个性化与特色化，并通过跟踪机制及时调整。

3．以优雅学子熏育平台为载体，弘扬人文精神，以社会能力、审美能力、健康能力为重点，全面提升人文素质

注重以美育人、以文化人，开展体育美育浸润行动。打造特色书院，依托书院开展弘扬优秀传统文化，举行校园文化艺术节，芭蕾舞、交响乐等高雅艺术进校园活动，依托大学生合唱团、艺术团等开展多彩文艺活动，与老艺术家共同“歌唱青春”、诵读经典、演绎精彩，提升艺术素养。依托准军事化训练，开设“晨跑”第一课；增强校园体育文化建设，通过体育社团、群体赛事的开展，让全体学生参与到体育运动中，强健体魄；建立心理危机四级网络预警系统，构建以教育教学为主线，以宣传活

动、咨询服务、预防干预为手段，形成以“思政引领”“主题宣传”“专业保障”“人文关怀”四位一体的心理健康教育模式。

（四）数字技术赋能，推进职业教育课堂革命

1. 数字校园建设应从“有边界”走向“无边界”

信息技术极大地突破时间和空间对教育的限制，同时也给传统教育的组织方式带来了挑战。作为职业院校，一方面，要加快技术更新，联通校内行政、教学、学生、后勤等应用系统，建设一体化智能化教学、管理与服务平台，使信息技术和智能技术深度融入学校管理全过程，提高学校决策和管理的精准化科学化水平。特别是要以教学工作诊断与改进制度建设为抓手，以校本数据中心为支撑，健全常态化、全覆盖的学校自主保证人才培养质量机制推动数据的源头采集和实时采集，加大大数据分析应用的力度、深度和效果，将教育信息化融入治校理教全过程，把全员、全过程、全方位落到实处。另一方面，要打破学校教育边界，利用和扩大人工智能在优化教育服务上的优势，服务构建时时可学、处处能学、人人皆学的全民终身教育体系，放大职业教育在技能型社会建设中的特殊贡献，提高全民素质和生活品质。

2. 教学改革应从统一标准走向个性定制

教育核心任务在于育人，数字化的根本目的是服务教育教学，要把信息技术融入教育体系，创新教育教学理念、模式、内容和方法，推动教育体系的结构重组、流程再造和文化重构。职业院校必须主动迎接产业调整快速化、生源类型多样化、学习需求个性化的挑战，通过发展数字教育，改进传统大规模、标准化、整齐划一的教育供给，超越农业社会个性化、小规模的教育，超越工业化社会大规模、标准化的教育，建立起既可大规模覆盖，又可个性化支持的教育体系，让不同基础、不同人群、不同领域的学习者，都能按照自己的兴趣、特长和节奏参与学习，推动信息技术与教育技术深度融合，为教育变革提供新模式。

3. 资源开发应从创新引领走向共建共享

教育是社会的重要组成部分，始终镶嵌在社会人口、经济、科技、文化的发展进程中，既受到社会外部因素的强势拉动，又受到教育内部改革的积极推动。数字化赋能就要直面人民对更好更公平教育的需要和教育不平衡不充分的主要矛盾，一方面，用新技术新理念创新信息化教学资源和教学方法，加快建设国家、省、校三级资源体系，做大优质资源的“蛋糕”。另一方面，推进信息化教学资源的广泛应用和共建共享，把优质教育资源输送到农村、边远、贫困、民族地区，实现城乡之间、区域之间、校校之间、师生之间广泛共享，利用互联网解决弱势群体的受教育问题，努力让人民享有更好更公平的教育。

4. 投入保障应从政府主导走向多元参与

数字化转型是主体多、投入大的大工程，要坚持政府和市场“两条腿”走路，既

要重视政府投入保障，加大财政对职业教育信息化建设与应用的支持力度，推动建设国家级、省级的信息共享服务平台，系统设计学校信息化整体解决方案，引导职业院校提升信息化基础能力，也要注重调动行业、企业参与的积极性，通过制度创新、方法创新、路径创新等多种途径，让更多行业企业参与到职业教育中来，为职业院校提供精准信息服务，在推动信息化建设等方面发挥更大作用，同时服务好产业行业转型升级和职业教育事业发展，形成良好的教育信息化发展环境。

三、强化质量保障，提升培养效能

（一）服务区域产业发展，推进供给侧改革

1. 紧贴区域产业结构调整规划，梯级打造专业群（集群）

围绕国家重大战略，紧密对接产业升级和技术变革趋势，对接新兴产业发展需求，以服务智能制造（智能终端）、轨道交通、信息技术、新材料与新能源汽车等产业为重点，推动人才供给侧结构性改革，补齐高素质技能技术人才供给短板，增强产业配套，优化产业生态，助推区域经济社会高质量发展。

高职院校紧贴区域产业结构调整规划，有效服务企业技术研发和产品升级，为增强产业核心竞争力提供有力支撑。由市场调配教育资源并进行优化配置，实现政府统筹管理、社会多元办学的职业教育新格局，职业教育改革成为企业社会参与、专业特色鲜明的高质量类型教育。产业发展是专业群建设的外驱力，是专业群组建的逻辑起点。对接新基建、新工科、新商科、新农科及其市场需求，提升专业集群服务产业转型发展的能力。贴近高端产业、产业高端需求，取得关键领域技术新突破。深化办学体制改革和育人机制改革，按照开放、共享、创新理念共建共享协同发展改革试验区，避免各职业院校重复投入和同质化建设，有利于构建校企、校校命运共同体。成立职教集团，选拔一批德能兼具有识之士，积极开展产教融合、校企合作工作。在集团下设创新发展中心、培训中心、社会服务中心，建立健全协同创新政策支撑和人才支撑，推动成果转化应用。充分利用优质资源，在专业设置与评估、创新型教学团队建设、联合科技攻关等方面广泛合作，共同打造培训平台，将互联网+职业培训模式做大做强。主动配合国家教育主管部门及行指委制定专业目录、专业教学标准、课程标准、顶岗实习标准、实训条件建设标准等标准体系，联合制订人才培养方案。全面推广“1+X”证书制度试点工作。建设、高水平专业化国家级产教融合实训基地，面向试验区广泛开展高质量职业培训；全面推广“学分银行”，实现学习成果的认定、积累和转换。完善专业预警机制和专业考核淘汰机制，建立服务区域产业发展的专业动态调整机制。

2. 推动企业深度参与协同育人，深化产教融合、校企合作

健全多元化办学格局，扶持鼓励企业和社会力量参与举办职业教育。紧密对接产业链开设具有针对性的课程，深化产教融合和校企合作，满足课程教学的需求。建

立健全校企合作机制，加强软硬件建设，稳步推进校企资源共享。开放和引入行业标准。让企业参与人才培养的全过程，企业专家带着企业案例走进课堂，带领学生在真实的企业环境进行开发，让学生提前了解企业的日常工作流程和规范，实现产学人才的无缝衔接，为课程提供有力的技术支撑。坚持职业导向，立足本地发展优势和产业发展趋势灵活设计专业课程，并从学生整个职业生涯的需求出发设置课程内容。强调从实际出发，根据工业和企业家不断变动的职业和岗位需求设置灵活性专业和构建课程。课程体系从总体上要符合地方经济需求，课程设置需要符合学生职业发展规律。

（二）深化“三教”改革，保障人才培养质量

1. 由“双师型”教师到高水平、结构化教学创新团队，打造一支“能说会做”的职业教育教师队伍

一是鼓励教师走向企业，成为合格的“双师型”教师。教师是人才培养的决定力量。职业院校急需一批高素质的“双师型”教师为学生搭建学习与企业之间的桥梁。教师走向企业进行相关的实践、实习，提高实际水平，推动教师与企业的互动，走进企业与企业合作，把企业的技术人员请到学校，进行深层次的交流，包括学生在学习环节的共同指导，教学活动以及实践活动，注重教师与企业之间的合作以提高学生的各项综合能力，成为合格的“双师型”教师。二是对标建设高水平、结构化教学创新团队。全面落实教师立德树人根本任务，加强教师队伍建设，将“立德树人与爱岗敬业条件”放在首位，引导教师不忘教书育人初心、立德树人的根本任务。

2. 由传统教材到新型活页式、工作手册式、模块项目式教材，创新高职教育教材形态

教材选用和课程建设是学生培养内容的重要载体。教材不能照搬普通高校的教材，需要对应生产一线的问题与革新重新编写，教学内容对应岗位需求，对接主流生产技术，注重吸收行业发展的新知识、新技术、新工艺、新方法，校企合作开发专业课教材，开发教材信息化资源、及时动态更新教材内容。

3. 以校企合作、育训结合为切入点，综合运用线上线下多样化的教学手段和技术推动教法改革

秉承“线上与线下、课内与课外、理论与实践”三位一体的教学理念，针对不同教学任务和教学目标，以学生的学习效果为中心，以结果产出为导向，以问题任务为驱动，进行组织混合式教学。努力为学生打造自主学习场所，培养学生自主学习能力。通过慕课同步教学、小规模限制性在线课程（SPOC）异步教学、智慧教学环境下的合作教研、校企合作共建共享优质教学资源等丰富的方式，在常态下能满足不同能力水平学习群体学习需求差异化。积极探索网络环境下新的教学模式、线上学习资源（慕课+小规模限制性在线课程、雨课堂、问卷星、在线考试平台、虚拟实验平台）、课堂教学环节（引入、探究、解释、迁移、评价）、改革教学方法（OBE 即成果导向教育教学法、BOPPPS

有效教学法、PBL 即问题驱动教学法、引导式教学法、游戏式教学法、探究式教学法）。根据布鲁姆的教育目标分类法，在实现教学目标过程中，学生需要经过从实际到创造六个阶段，因此对教学目标进行细化和分层，层层递进教学，并结合学生的学习能力确定了各分层教目标对应的教学阶段，对于概念、规律，将利用慕课结合立体化学材，课前开展自主探究学习，配合学习平台上答疑讨论功能、社交化功能软件实现自主学习，课中通过小组合作法进行实验验证，再利用虚拟实验等方式自主探究分析知识应用的本质，最后结合线上评价对学生学习效果进行评估完成课堂教学。课后再以任务作为拓展让学生在课后进行自主探究分析，完成与专业相关的知识迁移。

（三）强化全程质量管控，完善多元评价体系

1. 加强培养流程监督管理，保证培养质量

从招生、培养、就业三个环节，明确学生培养各个环节要求，加强统一领导，顶层设计，完善责任体系，优化协同育人机制，形成社会、企业、学校、家庭多元评价体系，加强社会监督。

2. 实行“课程质量深耕”计划，增强高职教育核心竞争力

全面深化课程体系、课程内容、课程形态、课程评价等改革，全方位提升课程质量，从传统高职教育向未来高职教育跨越。完善通识教育课程体系、专业课程体系、实践与创新创业课程体系，建设荣誉课程体系；明确课程地图，厘清课程与人才培养目标之间、课程与课程之间的关系，凝练专业核心课程；丰富课程资源，建设项目制课程、融合型课程、团队型课程等新型课程，创新课程形态和教学形态，加强慕课建设，变“一本书”的课程为“多资源”的课程；推进混合式教学，变“满堂灌”式的课堂讲授为引导型、探索型、研究型教学；推进学生学业评价方式改革，加强非标准化、综合性多元化考核方式，全面考核学生在学习过程中的投入和学习效果，形成全过程考核、个性化指导、全面发展的机制；优化课程评价体系，着力课程效能评价。以客观、全面评价学习过程和结果为基本原则，改变期末考试一卷定乾坤的单一考核模式，利用在线教学平台追踪并分析学生的平时学习过程，构建集过程性评价、表现性评价、总结性评价为一体的多元化课程评价体系。一是学生学习效果评价，也就是老师对学生的评价。包括线上课程评价数据，线下课程评价数据。二是学生评价授课教师（通过微信群扫二维码对教师进行授课评价）。三是学生之间相互评价（线上学生互评作业截图，线下学生相互打分）。四是学生评价课程效果（线上学生对课程评价，线下学生对课程评价）。对学生的评价通过课前测验、随堂测验、学生互评、教师点评等方式，通过慕课、在线自测平台、雨课堂、问卷星等工具实现。创新评价方式，形成评价内容广、客观性强的个性化评价。在考核上对学生采取多元评价方式，评价手段更加契合人才培养目标，强化前沿探索式、报告答辩式等作业评价方式，评价内容也不再完全局限于专业知识理论和技能的掌握，而在评价中体现思政的占比。在评价

方式趋于多元化、综合性的同时也保证了评价的公平性、严谨性、合理性。

3. 制定高职教育质量保障计划，构建“内外结合、突出重点”的质量监测与评价系统

围绕学生、教师、课程、专业等高职教育核心维度的质量要素，强化教学过程管理和效能评价，以推进育人质量智慧评价、内部自主认证型专业评估、课程质量与效能评价、教师本科教学质量综合评价等为抓手，健全完善质量保障体系。围绕教师教学投入和学生学习收获，从教师教学投入，课堂进展与课程质量、学生学习体验与发展收获等多个方面，推进课程质量专项调查与评估，切实了解学生的课程学习经历和收获，促进教师的反思、自我诊断及改进，为薄弱课程质量改进和教学教学能力帮扶提升等专项督导工作打下坚实基础。探索形成一系列的理念、标准、模式、资源、课程、教材，使学生就业有优势，创业有本领、升学有渠道、全面终身发展。

——第二节——

发展动力：紧贴产业发展的科技创新

科技创新是产业高质量发展的引擎。打造技术技能创新服务平台是“双高”建设十大任务之一，也是新时代中国特色职业教育高质量发展的重要突破口。通过对首批国家“双高计划”立项建设单位，尤其是其中的地方高职院校，在打造技术技能创新服务平台方面存在的问题、思路与举措的调研和梳理，结合宜宾职业技术学院创建省“双高”和国“双高”的具体实践，力求探析出地方高职院校技术技能创新服务平台建设的新路径与新模式：即紧贴区域产业发展，以技术技能积累为纽带，构建“平台N+”技术技能创新服务体系，汇聚创新要素打造高水平科技创新团队，完善平台管理机构、运行机制和激励机制，实现产教深度融合，促进人才培养、科技创新、技术技能积累与转化，提升高职院校在支撑地方支柱产业发展中的配套供给服务能力。

一、技术技能创新服务平台建设的困境

（一）平台硬件条件较差，资金投入缺乏保障

虽然国务院提出“中央财政加大投入的同时，地方财政也要加强支持”的要求，全国有31个省级行政区建立高职院校生均拨款制度，但是在一些省份这一政策还未真正得到落实，地区差异较大。调研发现，地方高职院校尤其是理工类院校办学成本较高，在基础设施、实训耗材、仪器设备购置、教学改革等方面的投入比较大，用于技术服务平台建设的经费相对很少。同时，平台投入缺乏可持续性和常态化。多数职业

院校主要靠项目带动，一旦项目验收过后，就要靠平台自身造血，有的平台运行都成问题。在调研的17所国“双高”地方高职院校中，平台建设经费投入差距非常大：最高的顺德职业技术学院达到21800万元、最低的淄博职业学院仅为96万元，平均投入5088万元，其中12所低于平均值。现有教学仪器设备中绝大部分为教学型，具有生产性和研发功能的仪器设备严重不足，技术技能创新服务平台的硬件条件亟待改善。

（二）平台校企协同不够，教研科研缺乏联动

目前高职院校的技术技能创新服务平台和专业教学尚未真正形成良性互动，没有充分体现产教融合、跨领域多方协同的特点，校企共建研发平台往往形式大于内容，往往停留在“签了个协议、挂了个牌子，领导站了台后又回到原来的样子”。师生有效参与平台的程度不够，平台反哺教育的功能没有得到较好发挥，且由于校企融合不深、机制运行不畅，即使有研发项目或服务项目，双方也未必能深度参与其中。缺乏技术积淀和企业的实质参与，十分不利于技术技能的积累与转化。如果校企深度融合，双方以项目合作为纽带，高职教师和企业员工能深入、长期、稳定地开展技术技能合作，形成聚合式、紧密型的研发团队，建立良好的沟通协作机制，高职院校的技术技能服务和创新工作也会更有成效。

（三）平台层次水平较低，高质量研究成果不多

高质量研究成果是支撑高职院校服务产业转型升级和提高创新人才培养能力的关键。目前高职院校的技术平台层次主要是校级，师资力量较为雄厚、地方政府支持力度较大的地方高职院校，如温州职业技术学院、日照职业技术学院、淄博职业学院有较多市级平台和极少数的省部级及以上平台。在全国1400余所高职院校中，拥有国家级科研平台的更是凤毛麟角。由于缺乏支撑教师科研的高水平创新服务平台，或平台自身研究能力不足、创新性成果不多，严重制约了高职院校配套供给服务产业发展的能力。近年来，虽然一些高职院校开始重视研究，但是研究注意力往往投向纵向重点课题的申报以及高水平期刊上发表论文，但是产生重要学术影响的成果极少，在能反映高质量技术研发和应用水平的“四技”服务和发明专利也产出寥寥。根据有关统计，2023年全国981所本科高校（不含本科高职）共获得发明专利授权16.88万件，平均每校172.07件；665所高职院校共获得发明专利授权7403件，平均每校仅为11.13件。但高职院校发明专利授权率差别也很大。从高职院校统计结果来看，重庆电子工程职业学院共获发明专利授权162件，位居全国第一；扬州工业职业技术学院共获发明专利授权143件，位居全国第二；南京工业职业技术大学共获发明专利授权131件，位居全国第三。

（四）平台中试能力不足，成果转化应用率低

科技成果转化能力体现了高职院校自身的发展水平。推进科技成果转化有助于高

职院校社会服务能力提升，使得更多科技工作者有机会与市场化项目接触，不断提升技术服务能力，将有助于高职院校在区域地方塑造良好的社会影响力。据统计，我国高职院校平均专利成果转化率不足1%[①]。企业往往需要能直接产生效益的技术成熟的科技成果，尤其是没有研发能力的中小微企业，而高职院校的科研若不能与市场应用紧密结合，研发过程与市场需求脱节，则很难实现成果转化。实验室成果一般只做到样机或初试，中试需要合作企业资金、设备、人力的大力支持，中小微企业往往追逐直接效益，如果高职院校的平台又不能承载中试功能，将很难直接面向企业转化为生产力。由于高职院校科技工作者研究水平、研究条件的限制，高职院校科技成果普遍脱离市场或缺乏市场潜力，其实际价值不够。教职工站在讲台上、困在实验室研究的科技成果，一般情况下是滞后于产业发展需求的。此外，由于科技成果转化激励机制不足，导致教职工缺乏科技成果转化的内生动力和外部资源，高职院校也缺少扶持科技成果转化的专项基金和专职服务队伍，致使大量科技成果束之高阁、无人问津[②]。

（五）科研团队水平不高，创新服务意识不强

很多高职院校没有科研团队，或者缺乏优秀领军人才。尽管近年来一些高职院校大量引进博士等高层次人才，但博士不一定是优秀的科研带头人，科研组织能力和协同攻关能力不足，团队激励机制不健全，导致团队难以形成合力，研究方向分散，研究成果难以形成系列并产生集聚效应。高职教师很多是毕业后直接进入教学岗位，自身的科研意识和应用研发能力也有待加强，面向一线的实践经验和追踪科技前沿、产业发展趋势的能力不足，职称科研、论文科研的现象较为普遍，工作重心不在科技服务或者创新意识不强，研究方向与社会经济发展需求脱节，知识技能更新相对滞后于行业企业技术发展，很难带领学生高质量完成技术服务项目，难以适应真实的企业化、项目化运作。由于高职教师在技术研发服务方面的创新能力和服务意识不强，企业也不愿意将科研项目委托给高职院校师生。

（六）平台管理不够专业，激励措施亟待加强

大多数高职院校科技管理工作的重心还没有转移到知识产权与成果转移转化上来。科研平台以专兼职研发人员为主，缺乏既懂成果转化又懂金融、市场、法律的复合型技术技能人才和专业化运营管理及服务团队。平台主管部门往往注重量化结果的考核，片面追求论文、专利等指标，对平台成员的研究方向和过程缺乏有效引导和约束，导致平台管理考核粗放，不利于平台的持续发展和成果积累。有的老师为了完成

---

① 孙红艳．“双高”背景下高职院校技术技能创新服务平台构建的现实困境和优化策略［J］．中国职业技术教育．2020（24）：41-46.

② 何为，赵克林．高职院校职务科技成果转化的问题与对策［J］．教育与职业，2021（09）：109-112.

平台（团队）目标考核，往往急功近利，选择容易出“成果”的研究课题，或者相互挂名拼凑“成果”来应对考核。此外，很多高职院校对教师也缺少分类管理和聘期考核机制，科研与技术服务的动力往往只是靠教师职称晋升来推动。有的地方高职院校核定的教师编制数不足，教师教学工作量普遍偏高，有些院校一学年人均教学课时超过500，有的甚至超过600，在这种教学为主的环境中，教师的教学任务过于繁重，而且还要花时间在专业内涵建设上，没有充沛的精力针对专业前沿技术和企业需求的技术难题开展技术研发。

二、系统构建“平台N+”技术技能创新服务体系

（一）技术技能创新服务平台的发展定位

国家“双高”建设文件要求打造的技术技能创新服务平台主要有三种类型：一是人才培养与技术创新平台，以技术技能积累为纽带，通过科技创新驱动人才培养、团队建设和技术服务，促进成果转化，重点服务中小微企业技术研发和产品升级；二是产教融合平台，通过地方政府、行业企业、科研院所、产业园区的深度合作，实现科技攻关、智库咨询、英才培养、创新创业等多功能一体推进，服务区域发展和产业转型升级，是第一类平台的深化和拓展；三是技术技能积累与创新平台，主要是配合专业集群建设，在产品研发、工艺开发、技术推广、大师培育等方面集聚行业优质资源，提升服务重点行业和支柱产业的配套供给服务能力。三类平台各有侧重、相互交叉融合，但其核心要义是基本一致的，即引导各高职院校结合所处区域或行业产业特色，加强科技创新和技术技能积累，整体提升专业集群在人才培养、应用研究、技术服务等方面的配套供给服务能力。

（二）“平台N+”技术技能创新服务体系的构建

高职院校要紧扣国家发展战略，以服务区域经济建设为导向，会聚人才、资金、技术、信息、环境等高端创新要素资源，结合自身优势专业集群，在相关领域重点打造N个技术技能创新服务平台，协同构建技术技能领域的资源整合、运行管理、团队建设、绩效评价的平台运作模式，全面提升教育链、人才链与产业链、创新链的融合度，形成创新要素集聚效应，健全“产学研用培创”一体化机制，实现“平台N+”应用研究、技术服务、人才培养三大功能，推进创新成果产业化应用，并面向中小微企业开展技术服务，同时反哺人才培养，形成一批业内具有显著影响力的技术技能创新服务平台，建成全国一流技术技能创新服务高地。

图6-1所示为宜宾职业技术学院整合地方政府、行业企业、科研院所资源建立的“平台N+”技术技能服务体系。宜宾市作为国家首批、西南唯一产教融合型试点城市和四川省“学教研产城”一体化试验区，宜宾职业技术学院充分发挥区域政策优势，

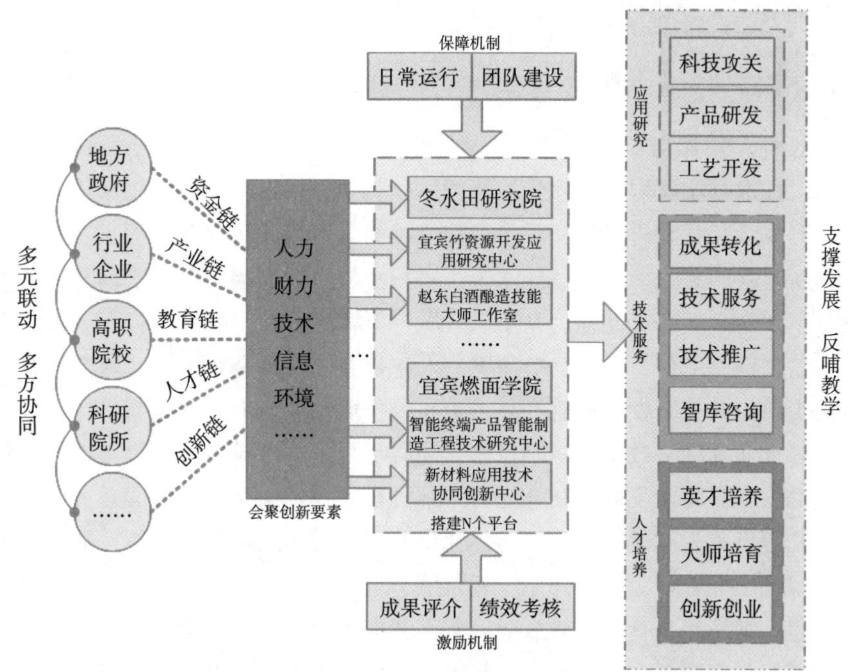

图6-1 “平台N+”技术技能创新服务体系构建示意图

会聚创新要素，创新产教融合模式，组建了一批技术技能创新服务平台。其中，“冬水田研究院”是在四川省农业农村厅和宜宾市委、市政府的大力支持下，宜宾职业技术学院充分发挥“全国乡村振兴人才培养优质校”的优势，经批准成立集冬水田基础研究、人才培养、科技成果转化、社会服务为一体的研究服务平台，填补了当前农业研究中在冬水田问题上的一项空白。“宜宾竹资源开发应用研究中心”是宜宾职业技术学院与乐山师范学院共建的竹类病虫防控与资源开发四川省重点实验室的宜宾分中心，双方通过多专业、多学科跨界融合，整合优势资源推进竹资源提质增效，推动竹类病虫防控、竹类食品、竹类资源发掘与利用等研究与推广，推进四川竹产业跨越发展，提升我国在竹产业领域的国际地位。“智能终端产品智能制造工程技术研究中心”是立足于服务宜宾智能终端及智能制造产业发展，宜宾职业技术学院与智威科技有限公司、四川轻化工大学联合申报的省发改委立项的“四川省移动终端结构件全制程先进制造技术工程研究中心”的分中心。宜宾燃面学院由省级宜宾燃面非遗传承人曹祉清大师领衔，将打造富有地方特色的产教融合项目，挖掘燃面技艺和文化，讲好宜宾燃面故事，做好燃面“非遗”传承人培养，推进宜宾燃面产业高质量发展。各个平台在应用研究、技术服务、人才培养等方面各有侧重，但其本质是支撑地方产业发展，同时反哺教育教学，核心目标是打造成具有宜宾特色全国一流的技术技能创新服务高地。

三、整合要素打造高水平科技创新团队

（一）创新要素的聚集与整合

技术技能创新服务高地是基于人才、资金、技术、信息、环境等创新要素资源的整合，以技术技能领域的平台为演化载体，要素提供者与消费者相互依存、同生共长，进而形成具有一定边界且相对稳定和持续的具有自我造血功能的生态系统，综合体现了创新要素的集聚能力和适配水平。政行企校多元联动、多方协同共建技术技能创新服务平台，必然是以共建、共享、共赢为根本出发点，要全方位汇聚多维创新要素，政策是关键，平台（环境）是基础，人才是支撑，资金是保障。地方高职院校要充分利用当前职业教育发展的有利环境，积极争取地方政府在资金投入、人才引进、平台搭建等方面的配套政策和激励机制，同时加强内部改革，提升治理能力，营造良好氛围，增强创新要素集聚和整合能力。宜宾职业技术学院利用全国首批产教融合型试点城市和省市共建“学教研产城一体化试验区”的历史机遇、政策机遇，汇聚创新要素深入推进产教融合，联合海尔、五粮液、华为等行业龙头企业，牵头组建了中国新城建联盟、宜宾绿色食品产教联盟、宜宾智能终端（智能制造）产教联盟等多个产业链生态联盟，实现了人才、资金、技术、信息等供需的有效对接，建立了冬水田研究院、技状元平台、元宇宙职业教育研究应用中心等多个实体化运作的技术技能创新服务平台，打造“平台N+”提升配套供给服务能力。

（二）高水平科技创新团队的组建模式

组建高水平的科技创新及服务团队，增强原始创新能力，是平台可持续发展的根本保证。创新团队的组建一般有三种模式[①]：一是围绕领军人才组建团队，从知识视角遴选与领军人才或团队已有成员知识相似度较高的人才，其特点是具有稳定的研究方向和可持续积累的成果；二是围绕项目需要组建团队，以市场需求为导向，针对特定的产品、技术或工艺组建科技攻关团队，其特点是目标明确、周期较短；三是围绕学科组建团队，其特点是具有学科的长期性和研究的系统性。对于政行企校多方协同共建的平台，由于人员的双向兼职，团队的组建方式更加灵活。不论以哪种方式组建科技创新团队，除了知识能力因素外，人才的发展潜力、合作精神、忠诚度、价值取向等都是必须考虑的因素，团队的激励机制和考核评价机制是团队显现生命力的重要保障。优秀的创新团队是成员相互融合、与平台同生共长的集体，他们围绕团队愿景和平台战略目标，不断培养和挖掘新人，激发内在创新活力，团队才有更强的凝聚力和战斗力。

---

① 孙薇，马钦海等. 基于知识超网络的科技创新团队的组建方法［J］. 科学学与科学技术管理，2013（8）：166-171.

（三）创新团队能力提升的方法途径

通过政策待遇吸引高端人才加盟组建创新团队，可以迅速提升高职院校教师队伍的实力，但实现现有师资队伍应用研究和创新能力的整体提升才是高职院校的当务之急。一是通过职称和绩效制度改革，破除“五唯”，完善“人才评价”机制，鼓励教师增强探究意识和钻研精神，结合产教融合、校企合作、人才培养模式改革、课程建设与课堂革命、技术更新与工艺改进等加强应用型研究，成为“研究型”人才；二是通过教师送培制度改革，完善“四进培养”机制，鼓励教师进企业、进平台、进项目、进团队，发挥科技领军人才的帮扶带动作用，让教师在具体实践中提升科研素养；三是建立创新团队管理办法，完善“分层分类”培育机制，构建“多方协同、多层递进、多类并存”的创新团队，如技能大师团队、科技创新团队、专家智囊团队、技术服务团队等。

四、不断完善平台管理架构与运行机制

（一）“多元协同共管”的平台运行模式

技术技能创新服务平台的管理架构可划分为两个层级：学校层面和平台自身层面。学校层面一般由科技处或教务处等职能部门负责各类平台的宏观管理和绩效考核，市级或省级及以上平台还要受立项或授予部门的管理和约束；平台自身的管理，由于建设主体的不同，管理模式可能各不相同，一般采用“多元协同共管”的运行模式。一是高职院校与龙头企业深度耦合，共同出资（资金、设备、场地）建立独立运行、独立核算的研发机构，组建专兼结合的研发团队和服务团队，面向市场开展应用技术攻关、新品研发、工艺开发、技术服务等，实现自我造血功能。二是高职院校与企业国家级技术中心或高校重点实验室合作共建挂靠高职院校的分中心或专家（大师）工作室、博士工作站，以承接科技创新成果转移转化、中试及推广应用、学生创新创业孵化、生产性实训等任务，实现产教深度融合。三是健全政行企校“多元协同共管”的平台运行模式，平台聚焦某技术领域，各方按需协同。政府指导高职院校和企业开展产教融合，给予土地、税收等优惠政策，加强对产教融合政策、创新人才和创新成果的宣传；高职院校立足优势专业集群，聚焦区域发展和行业关键技术领域，打造创新服务平台，发挥“平台N+”人才培养、科技研发、技术服务功能，实现技术与市场的信息交互、新产品新工艺开发、新技术推广应用等。平台建设人员一般既是学校教师又是企业员工，肩负“生产教学、创新研发、应用推广培训、创新创业孵化”深度融合重责，并参与国际国内标准及行业标准的制定。企业应全面参与平台建设，深度融入高职院校专业结构调整优化、人才培养模式改革、课程标准制定、教学项目开发、技术技能攻关等教育教学全过程。

（二）“产学研用培创”一体化运行机制

“平台N+”体系应兼具生产（中试为主）、实践教学、科技研发、推广应用、新技术新技能培训、创新创业孵化等功能，建立“产学研用培创”一体化运行机制。一是用够地方财政补贴，完善平台接受学生实习的经费补贴制度、平台技术人员兼课取酬制度。二是修订完善“研学相济、创新驱动”科研育人制度体系，推进平台科研育人、团队科研育人、项目科研育人，构建全员、全过程、全方位科研育人运行机制，形成师生共同科研制、科研学分化、科研诚信化、大学生创新创业类大赛常态化等科研育人制度体系。三是修订完善科研运行管理制度体系，建立科技积分绩效考核制度，将平台专兼职人员取得的科技创新成果同等纳入学校科技积分绩效奖励，激发其科技创新的主观能动性；完善科技成果转化机制，规范管理科技成果转化活动，促进更多科技成果转化为现实生产力，实现技术技能创新赋能区域发展和产业转型升级。

五、科学设置平台绩效考核与评价指标

（一）绩效考核的基本原则

高职院校应根据“双高”院校建设的总体要求，从科学定位、创新驱动、高质量发展的角度，坚持应用研究与转化导向，坚持创新成果与贡献导向，坚持服务发展与反哺教育导向，多层次、多维度、多视角、多元化客观评价技术技能创新服务平台建设情况，构建与“双高计划”要求和学校高质量发展相适应的平台绩效考核评价指标体系①。评价主体由平台自评、举办方联合评价、第三方评价相结合。评价维度主要包括环境评价、产出评价、影响评价等。评价方式为定性与定量相结合。评价结果与学校拨付平台的日常运行经费和奖励绩效挂钩。

（二）评价指标体系及其内涵

平台绩效考核指标体系应围绕平台自身建设情况和“平台N+”应用研究、技术服务、人才培养三大功能的达成度来设计。对于不同类型和性质的平台，三大功能达成度的权重可以适当调整。主要指标如表6-1所示。

---

① 陈远宏．“双高”背景下高职技术技能创新服务“大平台+”模式［J］．黎明职业大学学报，2021（2）：40-47.

表6-1　评价指标体系及其内涵

一级指标	权重	二级指标及其内涵
自身建设	10%	**平台影响力**：校级、市厅级、省部级、国家级、行业级 **管理运行机制**：领军人才、团队结构、人员配置、制度建设 **环境评价（定性）**：包括资源会聚能力，平台创新氛围、研发活力和保障未来可持续发展方面的证据材料
应用研究	30%	**纵向项目获取能力**：国家级、省部级科研项目立项及到账经费 **创新研发能力**：取得的新品种、新技术（工艺）、新设备及授权发明专利、科技奖、高质量学术论文等 **产出评价（定性）**：简单陈述年度成果的原创性、重要性和严谨性 **影响评价（定性）**：提供案例说明成果受益范围、多样性及重要程度
技术服务标准	30%	**横向项目获取能力**：横向服务合同及到账情况 **成果转化能力**：成果转化基地建设、专利等科研成果转化率、技术转让（交易）合同等 **标准制定能力**：主导或参与国际国内行业标准制定情况 **影响评价（定性）**：提供案例说明成果受益范围、多样性及重要程度 **智库咨询**：省级及以上入库专家、名师、"万人计划"人才等，意见建议被市级及以上政府有关部门采纳情况
人才培养	30%	**日常教学**：平台人员（不含校内进平台锻炼的教师）承担全日制教学学时、平台接收学生实习人数 **科技创新**：学生参与研发项目人次、学生参与技术服务项目人次 **英才培养**：培养学生参加职业技能大赛、"互联网+"创新创业、挑战杯等全国性大赛获奖情况 **大师培育**：培育省级及以上技能大师、名师、技术能手、学术技术带头人等情况，专业教师进平台、进项目、进团队等情况

六、地方高职院校技术技能创新服务平台建设典型案例

（一）金华职业技术学院：建设创新驱动的人工智能产教综合体

金华职业技术学院对接人工智能、产业发展融合新业态，整合科大讯飞、华为、腾讯、百度、光通天下等企业优势资源，共建包含"人工智能+产业升级"的技术应用协同创新、"人工智能+创业、培训"的技术咨询服务、以无人车为载体的高水平实训基地和基于世界500强华为认证的ICT专业核心能力培养等功能的"人工智能产教综合体"，满足电子信息专业群"产、学、研、创"四大需求，支撑"人工智能+X"复合专业建设改革与实践，构建辐射华东地区、全国领先的综合性人工智能技术应用中心。综合体架构如图6-2所示。

图6-2 金华职业技术学院“人工智能产教综合体”架构图

第一是成立人工智能技术应用协同创新中心。引入华为、科大讯飞等企业，共建人工智能技术应用协同创新中心，组建智能感知与物联、大数据与信息安全、智能硬件与控制3个技术创新团队，开展计算机视觉、VR和AR等关键技术应用研究。实施“人工智能+产业”集成应用创新，打造浙中区域智能信息产业“技术创新+技术服务”集聚地。年立项省级及以上纵向课题2项，完成横向课题5项以上，到款金额超100万元。

第二是设立人工智能技术咨询服务中心。利用华为、光通天下等领军型企业资源，依托产教大楼场地，设立人工智能技术咨询服务中心，开展小微企业“人工智能+创新创业”项目咨询与诊断服务和“人工智能+创新创业”项目孵化。整合腾讯网络攻防实验室、浙江大学等优质培训项目，打造华东地区人工智能新技术培训示范性基地，开展“云、网、端”集成创新项目、华为5G技术应用等社会培训，共同开展“1+X”证书认证项目及相应资格等级认证。年开展咨询与诊断服务10项以上，创业孵化项目5个以上，每天社会培训2000人，参与“1+X”证书试点专业2个，人数200人以上。

第三是建设基于云计算的无人车工程技术中心。联合百度、德州仪器（TI）、安谋国际科技股份有限公司（ARM）、金开物联网等企业，引入企业实际生产，以全链贯通“云、网、端”的无人车技术，共建智能终端控制、智能感知互联、云服务与人机交互共三大实训中心，支撑“人工智能+X”复合专业人才培养。中心下设智能车工程中心、智能网联实验室、人工智能技术创新应用实训室等高端实训室7个，年开发综合实训项目10个以上，年实践教学课时数达50000人时以上。

第四是共建华为ICT学院。引入华为课程资源，搭建实验环境，建设华为ICT学院。将华为新技术、新工艺、新规范纳入教学标准与教学内容，分专业嵌入云计算、大数据、物联网、人工智能、信息安全等系列课程，传递华为ICT技术与产品知识，组织学生参加HCIA、HCIP、HCIE等级别的华为认证；利用华为HCAI教师培训与认证项目，组织教师参加华为认证培训与授课技巧培训，同步提升师资团队的技术储备与教学能力。在此基础上，推进建设“人工智能学院”，年参加华为认证人数100人以上，年参加华为教师培训与认证项目2～3人。

第五是构建面向工程实践创新能力培养的人才培养体系。构建“人工智能+X”的复合专业人才培养体系，开发在线课程群、项目库，打造基于“人工智能产教综合体”的“口袋实验室—专业实训室—竞赛工作室—科研实验室”一体化创新实践平台，实施“线上自主研学，线下项目实践”混合式异步教学模式，培养“人工智能+X”拔尖型技术技能人才，年取得技能竞赛、社会服务、科技创新等成果不少于50项。

（二）温州职业技术学院：“学校—政府—园区—行企”四方联动，打造“科技研发—创新创业—成果转化”相融合的技术技能创新服务平台

温州职业技术学院主动对接高端装备制造、信息、时尚、现代服务等区域支柱产业，依托全国高等职业院校技术应用服务联盟等产教融合大平台，与地方政府、产业园区、行业企业深度合作，着力打造“科技研发—创新创业—成果转化”相融合，集“技术开发—应用研究—决策咨询—技术服务—人才培养—创新创业”于一体，资源共享、机制灵活、产出高效的“全链式”技术技能创新服务平台（图6-3）。

第一是做强科技研发平台，主动引领区域产业转型升级。实施科技研发平台提质增效工程着力打造“科技研发—创新创业—成果转化”相融合，集“技术开发—应用研究—决策咨询—技术服务—人才培养—创新创业”于一体，资源共享、机制灵活、产出高效的“全链式”技术技能创新服务平台。实施科技服务进万企工程。以科技研发平台为依托，与产业园区共建产业发展联盟，与龙头企业共建省级企业研究院（研发中心），与中小微企业共建研发中心，实现共建共享。

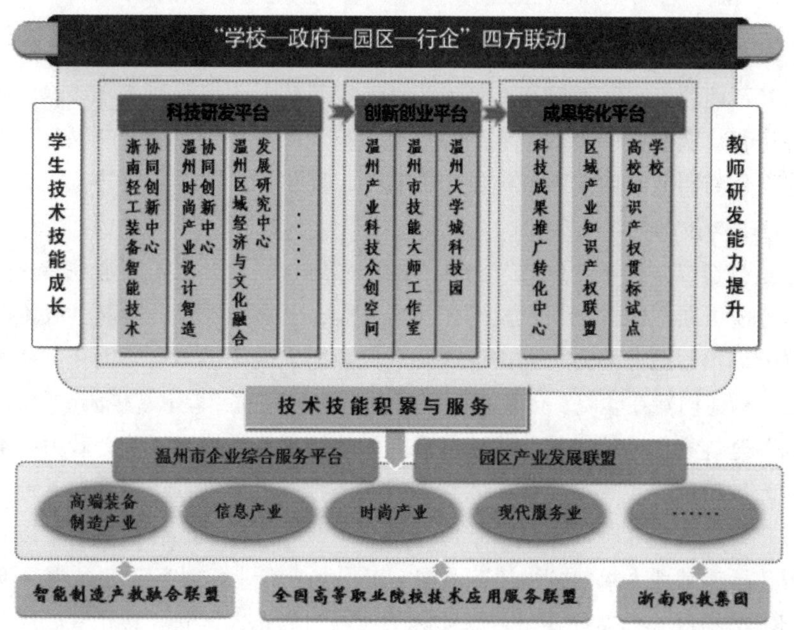

图6-3　温州职业技术学院“科技研发—创新创业—成果转化”相融合的技术技能创新服务平台

第二是做优创新创业平台，促进人才技术集成供给。重点实施创新创业平台提升工程。以现有研发平台为依托，通过教师将承接项目转化成课程实践、综合实践与毕业实践的训练内容，融解决企业问题于具体教学之中。以众创空间、大学城科技园等为依托，结合学生兴趣与特长生培养，按照一个研发平台对接一个创新创业团队的方式进行创新创业创造能力的培育，并同时实施创新创业创造项目提质工程。通过“内培外引”等方式创建国家、省、市三级技能大师工作室，着力打造技术创新、同业交流、带徒传技等高技能人才研修平台。实施科研反哺教学专项工程，并通过专项研究、经验推介实现科研、教学良性循环。

第三是做大成果转化平台，推进科技成果转化与核心技术产业化。重点实施成果转移转化平台升格工程。对现有科技成果转移转化中心进行功能拓展，在浙南鞋革产业知识产权联盟的基础上进行拓展，新增泵阀产业知识产权联盟等。对接市场需求，以校企共建研发中心为纽带，以开发任务为方向组建校企双元研发团队，开展技术开发，探索混合所有制科技服务公司运作模式，推进科技成果市场化运作，提升科技研发“增溢效能”。

（三）淄博职业学院：实施“铸台强技”工程，打造地方综合类院校技术技能创新服务平台典范

淄博职业学院实施“铸台强技”工程，依托高水平专业群，聚焦产出，建设成果转化中心，打造高品质人才培养与技术创新平台、高水平产教融合平台、高标准技术技能平台。

第一是打造“团队—基地—中心”立体化人才培养与技术创新平台。依托电气自动化技术、新能源汽车技术等高水平专业群，按照从人才培养到英才培养、从团队建设到大师培育、从服务中小微企业到服务重点行业和支柱产业的“三提升”思路，优化机制建设创新团队，面向服务建设实训基地，聚焦产出建设成果转化中心，打造高品质人才培养与技术创新平台。

第二是打造以“稷下智创园”为核心的产教融合平台。依托高水平专业群建设智能制造研究院、新能源汽车研究院等产业研究院，开展前瞻性、针对性政策研究，提升专业群配套供给服务能力。以产业学院和产业研究院为主体，以创新创业生态圈打造为动力，构建创新在学院、创业在园区、创造在镇区的“稷下智创园”，实现“产学研用培创”全链条创新。对接共建淄博职业学院周村乡村振兴学院，着力打造淄博市家居技能人才培训、小家电技能人才培训、酿造技能人才培训三个特色基地。融入淄博大学城建设规划，联合周边院校资源，构建三级三段四创融合生态圈。以省级大学生创业孵化示范基地为基础，构建专业创客工作室、专业群创客工坊、“稷下创客汇”众创空间三级递进式创新创业平台，实践创业项目育苗、孵化、转化三阶段培育，实现创新、创业、创造“三创”功能。

第三是打造“协同—联动—共育”技术技能平台。按照校企联合、需求导向、项目引领的思路，对接山东省新旧动能转换高端装备制造、新能源新材料等“十强”产业布局，联合行业领先企业，依托专业群新旧动能转换重大项目为引领，打造国家—省—市三级协同创新平台，形成三级协同创新格局，进一步提高专业群集聚度和配套供给服务能力。依托高水平专业群，联合科研院所和企业共建高端润滑材料创新中心淄博职业学院工作站、新能源汽车技术研发中心，以高质量共性技术服务新旧动能转换重点行业和支柱产业发展。落实“引才引智”计划，探索大师培育路径，通过国省市三级大师工作室合力培育具有绝技绝艺的骨干教师和具有高端装备制造研发能力的杰出教师，打造特色品牌创新团队。

七、结论

高职院校的科技创新必须紧贴产业发展，汇聚创新要素和优质资源，努力提升高职院校的配套供给服务能力，这是“双高”建设背景下高职院校打造技术技能创新服务平台的核心要义。高职院校应该对接科技发展趋势，以技术技能积累为纽带，通过构建“平台N+”技术技能创新服务体系，以N个专业集群领域的技术技能创新服务平台为“支点”，完善政行企校等多元协同共管的运行模式，汇聚人才、资金、技术、信息、环境等创新要素资源，全面提升教育链、人才链与产业链、创新链的融合度，多方协同、一体推进“产学研用培创”，实现为区域产业发展提供人才培养、应用研究、技术服务等方面的配套供给服务能力的整体提升，力争建成全国技术技能创新服务高地。

——第三节——
服务支撑：面向政府、社会、企业、三农的社会服务

服务经济社会发展是职业教育的重要职责和历史使命。高职院校服务发展的能力和水平是职业院校的竞争力和生命力所在，也是体现高职院校社会效能的主要标志[①]。教育部、财政部《关于实施中国特色高水平高职学校和专业建设计划的意见》（教职成〔2019〕5号）将“提升服务发展水平”列为实施中国特色高水平高职学校和专业建设计划（以下简称“双高”）的十大改革发展任务之一，其重要性不言而喻。与其他类型的高职院校相比，地方高职院校作为地方政府举办的职业院校，在服务地方城市建设

① 伏琳娜. 高职院校社会服务能力建设研究［J］. 辽宁广播电视大学学报. 2021（3）：48-51.

和区域经济社会发展方面具有重要意义，但往往受地域环境、区域产业、经济发展水平等限制[①]，在政策支持、资金投入、人才储备、就业渠道等方面都存在较大差距。在“双高”建设背景下，地方高职院校如何明晰办学定位、构建适应区域经济社会发展需求的社会服务体系，更好地融入并支撑区域经济发展，是高职院校内涵建设的必然要求和基本价值导向。

为深入了解各高职院校尤其是地方高职院校如何提升服务发展水平，针对“中国特色高水平高职学校和专业建设计划”建设单位（教职成函〔2019〕14号）的部分地方高职院校，综合考虑样本院校的区域分布、层次分布，采用现场调研和文本调研相结合的方式，对日照职业技术学院、淄博职业学院、金华职业技术学院、温州职业技术学院、芜湖职业技术学院等17所地方属综合性高职院校“提升服务发展水平”的建设思路、实施路径、预期标志性成果等进行了梳理，发现各高职院校对提升服务发展水平建设任务的认识总体是一致的。各院校均以“双高”建设文件要求为纲，围绕服务国家战略和区域经济社会发展需求，坚持问题导向、精准靶向施策，通过打造各类平台和创新服务团队、完善管理制度和运行机制，拓展服务空间和渠道，提升服务发展水平和能力，充分体现了新时代“双高”院校的社会责任与担当。通过对其实施“双高”建设任务的梳理，发现上述地方高职院校围绕“提升服务发展水平”所设置的具体建设项目（任务）可归结到“人才培养、科技服务、社会培训、文化传承、继续教育”五大板块，上述建设任务从某种程度上来说基本涵盖了大学“人才培养、科学研究、社会服务、文化传承创新、国际交流合作”的五大职能，只是各个学校在具体任务的侧重点上各有不同。由此可见，服务发展水平的提升是国家“双高”建设十大任务的最终落脚点，是高职院校综合办学实力和核心竞争力的重要体现，也是当前高职院校强化内涵建设、实现高质量发展的重要抓手。

一、支撑服务发展的功能定位

（一）高职院校社会服务能力的基本构成要素

从“双高”文件要求看，提升高职院校服务发展水平，就是围绕国家和区域发展战略，培养高素质技术技能人才、开展应用技术研发、促进成果转化应用和工艺技艺传承创新、服务脱贫攻坚和民生福祉、助力乡村振兴和新型城镇化建设、开展区域紧缺技能人才培训、承担继续教育服务的能力。因此它是一项涉及学校人才培养、科技创新、社会服务、文化传承等诸多方面的系统工程。从本质上讲，高职院校社会服务能力就是立足区域经济社会发展需求，对各种资源要素进行聚集整合和加工创造的能力，以及应对外部需求和环境变化的调整适应能力和支撑、驱动区域经济社会发展的

---

① 赵圆圆．地方高职院校产教融合办学模式实现路径研究［J］．当代农机．2021，（10）：39-40.

能力。从内隐要素看，高职院校社会服务能力主要体现为办学体制机制的灵活性、专业设置的针对性、人才培养的有效性、师资队伍的适应性、条件设施的保障性；从外显要素看，高职院校社会服务能力主要体现为支撑地方政府购买教育服务能力、服务区域产业行业企业发展能力、服务人才成长成才及持续发展能力①。

（二）地方高职院校支撑服务发展的功能定位

地方高职院校要结合自身特色优势，扎根地方、紧贴需求，服务国家战略和区域经济社会发展，突出社会贡献与服务水平，着力打造人才培养支撑、科技创新驱动、技术技能育训结合、文化传承引领、继续教育发展等高地，构建产教深度融合的适应性社会服务体系，以适应新时代职业教育发展的需要。其功能定位主要体现在以下五个方面。

第一是做实集群发展，优化区域人才供给，着力培养适应高端产业和产业高端需要的复合型技术技能人才。

第二是做深产教融合，产、学、研、用、培、创等一体推进，提升服务产业发展能力，促进教育链、创新链与产业链、人才链的有机衔接。

第三是做强技术创新，推动产业技术转型，助力新旧动能转换和转型升级，促进应用技术研发、推广和成果转化。

第四是做大职业培训，增强职教服务能力，助力乡村振兴和新型城镇化建设，推动继续教育和社区教育发展，促进学习型城市（社会）建设。

第五是做好文化传承，守护民族民间文化，促进民族传统工艺、民间技艺的发掘、保护、传承、创新。

二、适应性社会服务体系的构建

（一）高职院校社会服务适应性的基本内涵

“增强职业技术教育适应性”是党中央立足当下国内外发展形势对职业教育提出的新要求。台州职业技术学院的陈丽婷提出了职业技术教育适应性的五重维度②。

第一是高素质人才培养的现实需求。随着人民群众生活水平的日益提高，对接受更高层次高等教育的期待和要求也越来越高，高职院校要应人民群众的期盼和要求，对原有的人才培养体系做出调整，适应人民群众更高层次的教育需求。与此同时，我国处于社会主义初级阶段的基本国情依然没有改变，这就需要高职院校能够结合地方经济、社会发展的实际，结合百姓的教育需求，以人才培养为根本，以高质量就业为

---

① 吴一鸣．高职院校社会服务的功能定位与改进策略［J］．教育与职业，2018（2）：26-31.

② 陈丽婷．增强职业技术教育适应性的五重维度［N］．中国教育报，2021-04-13（5）.

导向，以服务区域经济发展为动力，通过高素质技术技能人才的培养与供给，解决当地经济、社会发展不平衡、不充分的问题。

第二是高质量经济发展的客观要求。目前，我国经济已经由原来的高速发展阶段转到高质量发展阶段，产业转型不断加快，产业结构迈向中高端。这就要求高职院校的人才培养，要从原有的面向工业经济社会的技术技能型人才向具备思辨能力、问题解决能力、自主学习能力、责任担当能力、沟通合作能力等核心能力，能够熟练掌握专业新技术，满足现代产业结构发展的高水平技术技能型人才方向转变。

第三是高品质职业教育发展的时代要求。我国职业高等教育经过20余年的发展，取得了举世瞩目的成绩，产教融合、校企合作、工学结合、知行合一、育训结合成为我国职业高等教育取得成功的重要法宝。但也需要看到，教育人才培养和产业需求“两张皮”的问题还非常严重，高素质劳动者求人倍率居高不下，人才荒与就业难并存，人才供需结构性矛盾凸显。问题出现的根源在于，产教融合还没有完全渗透到人才培养的全过程。解决的办法就是深入推进改革创新，突出职业教育类型特色，教育理念以职业能力为目标，专业设置以职业需求为依据，课程开发以工作过程为主线，教学实施以行动导向为原则，考试考核以职业资格为准绳，深化校企合作，积极探索政校企行协同推进、中职—高职—本科—体化培养的中国特色学徒制。

第四是建设学习型社会的目标要求。构建终身教育体系，建设学习型社会，满足人民群众终身学习的需求，已成为世界各国共同的教育改革目标和行动。教育是改善民生之首，职业技术教育需要进一步加大改革创新力度，整合各种政策举措，突破体制机制障碍，优化教育资源配置，搭建起与普通教育协同发展的“立交桥”。加强各类学习型组织建设，建立健全国家资历框架和国家学分银行制度，推进职业技能等级证书和学历证书相互融通，实现学业发展和个人职业发展的有机统一。以学习者为中心，以能力培养为导向，满足学习者差异化学习需求，强化育训结合，深化职普融通，优化跨界融合，遵循职业教育规律，服务终身学习需求，将职业高等教育和人力资源培训贯穿于职业生涯全过程，使各种学习活动覆盖人的全生命周期，构建起科学的学习型社会的职业教育发展体系。

第五是建设数字化中国的发展要求。随着5G、大数据、人工智能、区块链、物联网技术的飞速发展，数据作为一项重要的生产要素，在社会发展中发挥着非常重要的作用。迎接数字经济时代，激活数据要素潜能，建设数字社会、数字经济、数字生活、数字教育，需要高职院校在人才培养过程中积极应对，根据数字经济时代的人才需求特点，重构核心能力，对原有教学资源进行数字化升级改造，开发适应数字化发展的课程体系，构建未来技术技能，为数字化中国发展提供高素质人力资源支撑。

“适应性”本是生态学术语，指生物体与环境表现相适合的现象，是反映个体或群体与环境间的协同程度，有“调适、顺应或回应”之意，是一种动态的、交互的、有弹性的历程，体现了主观和客观的互动效果，反映了个体或群体顺应或回应外部环境和内部环境需求的一种结果。“职业技术教育适应性”是职业技术教育发展过程中需要被高度重视、不断强调和重申的话题。从已有政策和研究成果看，关于“职业技术教育适应性”的阐述和研究主要聚焦于职业技术教育对区域经济社会发展要求的顺应、对行业企业需求的满足和对个体成长发展诉求的回应方面。进入“十四五”时期，在复杂的国内外环境和多元需求交织的时代背景下，党和政府高度关注和重视“职业技术教育适应性”问题，主要是由于职业技术教育在适应新阶段发展需求、践行落实高质量新发展理念、服务新发展格局的能力方面尚有诸多进一步提升的空间。要明晰高职院校社会服务适应性的基本内涵，首先要明确社会服务的内涵。狭义的社会服务是指高职院校将学校教育教学资源直接、迅速地转化为社会生产力（社会实践）；广义的社会服务是指高职院校作为一个学术组织与社会服务平台，为社会做出直接和间接的所有贡献[①]。从“双高”文件要求来看，“提升服务发展水平”是指广义的社会服务。服务经济社会发展水平的能力决定了高职院校的社会地位和竞争力。因此，其适应性是与高职院校的办学定位和办学实力息息相关的，是高职院校适应经济社会发展并为其提供配套支撑服务的能力。当学校所处的环境和条件发生变化时，能否及时响应、适时调整，实现自身运行与环境发展需要的协调，这种适应性同时也受到高职院校内部环境和客观条件的制约，即职业院校既要适应经济社会发展变革等外部环境，又要适应教育教学改革等内部环境[②]。

（二）产教深度融合的适应性社会服务体系的构建

产教融合是校企浑然一体的办学模式，也是深化人才培养供给侧改革、提升高职院校服务发展水平、破解社会服务瓶颈问题的重要途径。要实现产教深度融合，政府是主导、校企是主体、融合共生是关键，根本动力来源于各方利益追求和价值诉求的实现。构建产教深度融合的适应性社会服务体系（图6-4），需要政府通过产教融合政策支持、教育经费投入、社会舆论价值导向等，努力营造有利于职业教育发展的良好环境；地方高职院校要以满足地方支柱产业和新兴产业集群发展需求、行业企业人才技术需求，以及地方政府购买职教服务的需求和社会对职业教育的期待等为根本出发点，努力打造特色优势专业集群，探索将人才培养与技术技能培训、应用技术创新研究、社会服务与生产经营相互贯通的一体化运行机制，实现人才培养、科技创新、社会服务、文化传承等功能的相互支撑，促使社会服务或产学研成果能更好地反哺人才培养，持续提升高职院校适应并赋能经济社会发展的能力，从而实现这一社会生态系统的良性循环，体现高职院校应有的社会价值。

---

① 吴一鸣. 高职院校社会服务能力的要素解构与评价策略［J］. 职教论坛，2016（13）：14-19.

② 张菊霞，任君庆. 技术技能积累视域下高职院校社会服务适应性研究——基于1390所高职院校2021质量年度报告数据的分析［J］. 贵州师范大学学报（社会科学版），2022（1）：53-64.

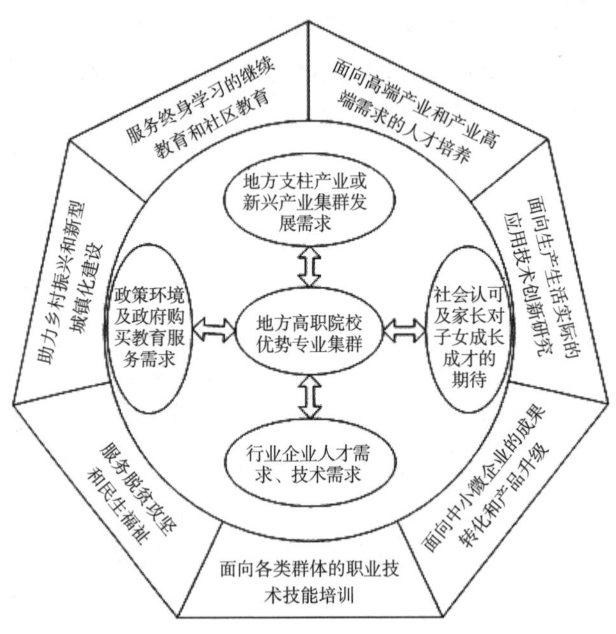

图6-4　基于产教深度融合的适应性社会服务体系

三、提升服务发展水平的主要举措

（一）对接区域产业优化专业结构，提升高端人才输送能力

人才需求侧和供给侧的矛盾是高职院校人才培养改革的动力。经济领域供给侧结构性改革对高职院校应用型人才培养提出了新的要求和新的挑战。高端创新型人才和能工巧匠人才缺口大、应用型人才培养供需对接相对滞后等成为经济社会人才需求结构性失衡的重要原因。“双高”院校既要关注区域经济社会发展需求，又要引导区域产业发展，体现出为高端产业和产业高端输送高素质技术技能人才的能力和毕业生竞争力的高水平。地方高职院校对区域内高素质技术技能人才需求的满足度或匹配度，也是地方财政投入产出考量的重要指标。为提高地方高职院校与区域经济社会发展的相互依存度，地方高职院校应根据区域产业发展定位及其人才需求，按照“以特建群、以群建院”的思路，凝练优质教育资源，产教深度融合，校企协同打造特色优势专业集群，以专业集群对区域产业人才需求的满足度作为专业结构优化和布局调整的重要依据，常态化开展专业建设水平评估和专业群建设绩效考评，形成专业群“对接产业、动态调整、自我完善”的良性发展机制，促进人才培养供给侧结构性改革，实现专业集群与产业集群同步并适当超前发展，提升高端技术技能人才输送能力，助力区域支柱产业和新兴产业走向全球产业中高端，为建成高端技术技能人才培养高地奠定坚实基础。

（二）需求导向协同共建创新中心，助力区域产业转型升级

高职院校的创新功能主要体现在人才培养模式的改革与创新、产业技术的改进与创新、技能与技艺的传承与创新，实现途径主要是强化高职教育“技术技能”的积累。在协同创新时代，高职院校不仅要提升人才培养能力，更要夯实技术技能积累方面的能力，进而确立在区域产业创新体系和企业发展体系中的独特地位。“双高”院校应体现技术协同创新的高水平、科技成果转化的高水平和服务区域产业发展的高水平。地方高职院校应面向区域支柱产业和新兴产业，以技术技能积累为纽带，联合政府相关部门、行业企业、科研院所，协同共建集人才培养、科技攻关、技术服务为一体的协同创新中心、中小微企业技术服务中心等人才培养与技术创新平台，推进实体化运作，实现资源共建共享，通过高水平技术创新，促进区域产业转型升级。创新平台汇聚人才、资金、技术、信息、环境等高端创新要素资源，以企业技术革新需求为切入点，以应用研发项目为载体，联合相关单位开展协同攻关，切实解决生产生活中的实际问题，提高生产效率，改进产品质量和服务品质；在协同创新的过程中不断积累研究成果并推广应用，促进中小企业的技术研发和产品升级并反哺教育教学，增强高职院校为区域产业发展提供人才支撑、智力支持和技术服务的能力，打造技术技能创新服务高地。

（三）建设高水平外向型师资团队，提升专业教师服务能力

教师是高职院校发挥五大职能的主体。高职院校应该推进教师分类管理和绩效工资改革，建立以服务和贡献为导向的绩效考核制度，努力打造高水平外向型师资团队。外向型师资团队具有积极主动、善于沟通、团结协作、灵活开放的特点，是高职院校社会服务的主力军。通过组建跨专业的科技创新与技术服务团队，实现教师专业优势交叉互补，鼓励专业教师走出去帮助企业解决生产实际问题，参与企业核心技术研发、推广应用、技术标准（规程）研制和经营策划研究，提升教师服务企业尤其是中小微企业技术研发和产品升级的能力。同时，高职院校应深化产教融合，打造“校企共建、合作共育”的平台[①]，通过鼓励教师进平台、进团队、做项目，提高教师队伍的“双师”能力。例如宜宾职业技术学院，按照“专业对口、合作共赢”的原则，在合作企业建立产教事业部、教学事业部[②]或教师驻企工作站，建立教师常态化入企锻炼制度，通过选派青年教师到合作企业或校外实训基地顶岗工作或挂职锻炼，参加企业生产实践与产品开发，积累实践经验，提升综合应用能力。同时，选聘企业优秀技术

---

① 胡剑凝．加快建设适应新时代职业教育的“双师型”教师队伍［J］．广西职业技术学院学报，2020（6）：95-98.

② 黄河，张德红等．基于产教事业部的高职数控专业人才培养模式改革［J］．机械职业教育，2017（4）：26-29.

人员来校兼课或进平台、做项目、带团队，促进校内外优秀人才的交叉融合。

（四）育训结合开展技术技能培训，助力人力资源提智升技

随着“人工智能”越来越普及，“职业替代”将深刻改变以“人力资本再生产”为重要职能的职业教育系统①。推进“1+X”证书制度改革，落实育训结合人才培养模式，拓宽受教育者的职业适应性是职业院校人才培养改革的根本要求。“双高”院校要按照育训结合、长短结合、内外结合的要求，打造高技能人才培训基地，积极开展以稳就业、保就业为目的的职业技能培训、以高质量就业为目的的高技能人才培训、以服务高端产业或紧缺行业人才需求为目的的高端人才培训。面向在校学生和社会群体广泛开展技术技能培训，满足产业结构变革和区域经济高质量发展对复合型技术技能人才的需求。充分利用学校师资、设备、平台等资源，积极参与职业技能等级证书的开发和认证培训，开展个性化定制培训服务，不断开发标准化、多样化、定制化的培训资源包，以满足在校学生、退役军人、新型农民、农村剩余劳动力、下岗职工、企业员工等各种群体知识技能提升的需要和企事业单位的人才需求；针对民族民间技艺（工艺），开展推广普及教育、技能技艺培训和保护研究，传承和守护优秀传统文化；努力打造“当地离不开、业内都认同”的职业培训品牌，助力本区域人力资源提智升技。

（五）面向社会开放优质教育资源，提升继续教育服务能力

高职院校面向社会提供优质的继续教育服务是提升服务发展水平的重要内容之一，也是构建以学习者为中心的终身学习体系的重要环节，是精英高等教育的重要补充。当前经济社会高质量发展必然带来人力资源对继续教育的旺盛需求。高职院校应深入区域产业调研明确具体需求，如学历需求集中在哪些专业，非学历需求集中在哪些技能，继续教育的周期需求等。地方高职院校要适应当前政策形势的变化，转变以往过于追求经济利益的继续教育发展观念，将成人学历继续教育和非学历培训（进修）作为高职院校的重要职责，借助现代信息技术手段，实现多元主体的有效衔接和资源优化共享，推进自考、网教等成人教育模式改革，加强在线开放课程资源开发和“主播型”教师队伍建设，满足更多利益群体自我成长成才的需求。同时，适应高职持续百万扩招的需要，以及城镇化加速发展对社区教育、终身学习越来越强的需求，探索建立社区学院，实行注册入学、弹性学制、个性化培养，开展线上线下混合、远程教学与现场培训结合等灵活多样的教学方式，通过素质积分、技能证书兑换课程学分，积累学分换取学历证书等方式，满足不同生源群体的学习需求，打造终身学习高地，助力学习型城市（社会）建设。宜宾职业技术学院与宜宾市翠屏区西郊街道党工委“校

---

① 史洪波．智能时代背景下职业教育管辖权变动与职业教育的回应［J］．广西职业技术学院学报，2021（8）：80-85.

地结对共建”社区教育学院，双方将在“校地自愿、互利共赢、注重实效、开拓创新”的基础上着力构建校地共建社区学院的长效机制，以“一月一主题”的形式进一步开展深入务实的校地合作，共同推动基层党建、社区治理、集成改革、企业发展、人才培养、志愿服务、文化交流等方面取得实效。

（六）多措并举赋能乡村振兴战略，助力高质量发展新格局

实施乡村振兴战略，是党的十九大做出的重大决策部署。2022年中央一号文件明确提出了全面推进乡村振兴重点工作，职业教育迎来大有可为的发展空间。乡村振兴的关键是人才，乡村振兴战略为高职教育改进人才培养质量、提升服务发展水平带来了重要的历史机遇。高职院校要抓住这一历史机遇并结合当地的实际问题，多措并举赋能乡村振兴战略，从乡村建设与治理人才培养、涉农技术开发、涉农培训和乡土文化传承等方面有效对接，优化资源配置，加强“懂农、爱农、助农、兴农”团队建设。高职院校有必要成立乡村振兴研究团队，围绕乡村振兴战略开展一些基础性、根本性问题调研，探寻新型城镇化建设、“三产”融合发展、绿色协调发展模式，为有关部门决策提供有价值的参考；鼓励教师开展涉农技术研发课题，开展智慧农机设备研发及推广应用，促进物联网、大数据、人工智能、无人机、机器人等新技术在“三农”领域的融合，为农业机械化提档升级提供新动能；整合经济、建筑、农业、机械领域的专家团队资源，组建跨领域技术服务团队，协助制定乡镇特色产业发展规划、开展技术指导和技能培训；建立乡村振兴学院，加强专业化人才培养，改进涉农教育治理，强化立德树人，厚植“三农”情怀，完善人才培养体系，确保乡村人才培养的针对性和实效性。

四、地方高职院校提升服务发展水平典型案例

（一）金华职业技术学院：精准供给，提升服务发展水平

金华职业技术学院围绕服务人才强国、创新驱动发展、乡村振兴、精准扶贫等国家战略，着力构建立体化、精准化的科技创新与社会服务体系，努力打造成为全国领先的产学研用合作高地和社会人员终身学习高地。

第一是适度扩招、提升质量，实施年度“万人培养计划”。通过细分服务领域优化人才培养供给结构，依托优势专业资源，积极响应“百万扩招”要求，探索“自主申请+单独考核+工作经历”的招录模式，实行“质量型”扩招；创新“学分制+弹性学制+育训结合”的培养培训方式，面向社会生源制定“菜单式、模块化、转换制”的专业人才培养方案，实行完全学分制和工学交替的弹性学制与弹性学期制改革，建构个性化、开放式的终身学习体系和柔性管理模式；加强同地方政府和用人单位的沟通协作，开展促进当地就业和高质量就业专项服务行动。

第二是立足应用技术创新服务，打造区域产学研用合作高地。依托院士专家工作

站等高端平台，开展区域产业关键技术攻关，攻克一批“卡脖子”难题；面向中小微企业生产过程中普遍存在的关键技术研发、产品开发、测试化验、创意设计等共性服务需求，整合专业群及社会服务团队人才优势以及“产教综合体”的平台优势，建设一批产业特色鲜明、辐射带动作用强的技术创新服务中心，探索“学校与社会渗透、专业与行业衔接、个人与企业对接”的技术服务路径，服务中小微企业转型升级；培育和聚集一批对接产业发展需求的科技创新成果，提升科技成果的技术值和转化值，打造科技创新资源的“蓄水池”；建设立体式技术转移中心，探索“线上线下结合、展示交易并举、平台团队共建”的转化机制，打通科技成果转化上中下游，推动科技优势转化为生产力优势，形成一个平台化、全链条的技术转化体系。

第三是做强“五所学院”，打造社会人员终身学习高地。政校合作共建金华农民学院，打造农民培训“管、办、监”一体的金华模式，服务乡村振兴战略；与省市退役军人事务部门合作共建军民融合学院，打造区域退役军人培养培训核心基地，服务退役军人职业发展；政校企合作共建企业学院2所，探索企业员工培训整体解决方案和全产业链人才培训新模式，为企业紧缺人才需求提供精准服务；重点围绕关爱老人与“下一代”需求，与县区、乡镇（街道）、社区等合作共建多层次多类型的社区学院10所，共同推进文明城市创建与学习型社区构建；发挥专业优势，建设“家长学院”，为家长提供专业的婴幼儿发展、小学生教育等方面的线上线下辅导。同时，对接国家“学分银行”建立学分制度，开发区域学分对接转换平台，探索各级各类教育培训纵向衔接、横向沟通的学分转换体系，满足区域社会人员终身学习的多元化、个性化、弹性学习等需求。

第四是深度参与“东西协作”计划，带动中西部院校创新发展。增加中西部招生计划并注重向贫困地区倾斜，践行精准扶贫；搭建教育信息、技术资源、培训资源共享交流平台，援建一批院校，派出管理团队入校帮扶，输送职教前沿理念；开发学校职教办学探索实践与理论研究的系列培训项目，吸纳中西部院校教师和管理人员来校或远程学习培训，拓展协作广度。

（二）温州职业技术学院：“育训结合”打造“产学研培”一体的高水平社会服务品牌

温州职业技术学院发挥高校社会服务职能，依托立地式研发服务平台，利用学校雄厚的教学资源与科研实力，积极培养适应高端产业和产业高端需要的高素质技术技能人才，“育训结合”打造“产学研培”一体的高水平社会服务品牌（图6-5）。各部分相互作用，良性循环，形成学校社会服务生态体系。

第一是打造基于科创的技能培训基地，助力温州区域经济发展。通过政府—行业—学校—企业四方联动的办学模式，针对劳动力技能结构重心偏低、高技能人才总量不足的问题，围绕经济发展和产业布局，依托学院智能制造、时尚设计、现代服务

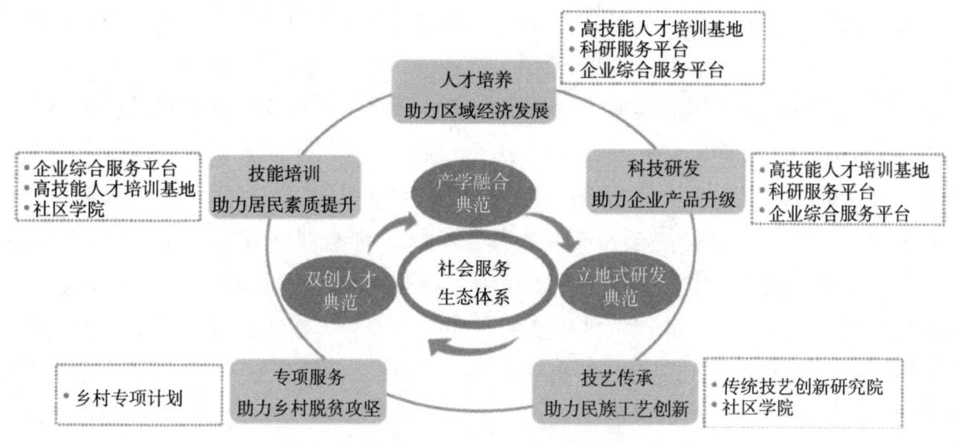

图6-5　温州职业技术学院社会服务生态体系

三大专业群和五大特色优势专业群的技术力量与教学资源，开展高技能人才培训、企业职工培训、农村劳动力技能培训、职教师资培育等，助力温州区域经济发展。

第二是打造温州特色的社区学院，建立多元化、开放化的社区教育，普惠温州市民。建立社区学院，学历教育与培训并举，改革入学与学习方式，构建技能与学历相通机制，利用各种教育资源，扩大招生规模，重点提升退役军人、职工、农民工等人群的技能水平和获得高薪酬的能力。建立多元化、开放化的社区教育，打造终身教育品牌，为全体社区居民提供旨在丰富精神文化生活，提高居民综合素质、技能和生活质量的教育服务。设立传统技艺创新研究院，致力于传统工艺、民间技艺传承创新的研究与教育。

第三是打造全国示范性企业综合服务平台，助推企业升级。开辟“线上线下”两个服务渠道，线上建设企业服务云（帮企云），打造成为全市企业“政策的百度、服务的京东”；线下实施以政策、法律、金融、科技四大模块为主题的“帮企行”系列活动，构建市县联动、资源共享、信息畅通、服务便捷的企业综合服务平台。利用政府惠企政策，以高效对企服务为抓手，组织中小企业在高校设立订单班、委托培养班和行业提升班；组织中小企业参加学校大型毕业生招聘会，为企业技术和中层管理提供人才储备；有效引导和调动企业资源入校，助推学院科研平台开展立地式研发，促进产教融合，技术成果转化以及学生就业创业，推动中小企业技术升级。

（三）顺德职业技术学院：依托三类平台，显著提高学校服务社会经济发展的贡献度

顺德职业技术学院聚焦国家战略，整合学校资源和专业优势，依托技术技能转化平台、职业技能提升平台、终身教育服务平台，建成技术创新服务基地和终身教育培训基地，实现“产学研用”创新、“政校企社”协同综合服务功能，显著提高学校服务社会经济发展的贡献度。

第一是依托技术技能转化平台，成为推动区域产业走向中高端的强引擎。依托优势专业群，整合资源打造“专业群+公司”联合体，创办集教学、科研、生产、经营、服务、管理等多功能一体的实体化运作联合体，形成一个专业群依托其特色优势专业创建一个实体的新格局，建立现代企业制度，实现产学研用同频共振，产教深度融合协同发展，更好地服务于人才培养。依托国家中小企业公共服务示范平台、顺德生产力促进中心、顺德区技师协会、广东省知识产权培训基地等载体，开展现金技术推广、技术成果转化、技术咨询服务，积极参与企业技改和管理创新工作，推进企业产品升级换代，提升中小企业技术创新能力和核心竞争力。建成区域内第三方权威农产品检测中心，为区域内机关企业事业单位、个体种植、养殖户提供农产品、食品相关领域的专业检测服务，助推绿色农业发展。依托技能大师工作室，发挥大城工匠、工艺大师、非遗传承人等具有绝技绝艺的名师带徒作用，开展传统技艺培训推广，培育更多传统技艺技能人才，促进民族传统工艺和民间技艺传承与发展。

第二是依托职业技能提升平台，为产业转型升级提供人才支持，解决结构性就业矛盾。对接深度贫困地区，实施“粤菜师傅”工程，开展粤菜师傅厨师培训，建立“粤菜师傅”工程培训基地，打造“帮扶地食材+顺德厨艺”产业扶贫新模式，推进教育扶贫精准化，实现“一人学厨、全家脱贫”，建强顺德厨师学院品牌。紧扣现代农业发展需要，打造1个校内理论教学中心，打造N个可提供新品种新技术示范展示、观摩学习和实际操作的校外实训基地，建成“1+N”农民教育培训阵地，开展弹性化、多样化的培训方式，创新“送教上门”培训模式，实施新型职业农民精准培训。立足市场紧缺人才需求，推进职业技能提升行动，实施急需紧缺高技能人才培训工程，满足区域支柱产业和新兴产业对前沿技术技能人才的需求；建立退役军人教育培训中心，实施全程化、多维度、终身制退役军人技能培训和创业培训，夯实退役士兵职业发展体系；提升职业技能培训服务能力，广泛开展企业职工、农民工、城乡未就业未升学人员、贫困劳动力等职业技能培训，创新职业培训包、“互联网+”等培训模式，做好职业教育培训评价组织建设，推进学历证书与职业技能等级证书互通衔接，构筑技能人才新高地。

第三是依托终身教育服务平台，实现技术技能人才持续成长，为实现人的全面发展开辟通道。争创香港公开大学高级工商管理大湾区合作基地，并引入教育部产学合作协同育人项目，以“政校企社”合作方式开展高校研究生教育，加快高层次应用型人才培养。对接国家资历框架和“学分银行”体系建设要求，开发建设“顺德学分银行”系统，实现个人学习成果可存储、可追溯、可查询、可转换，通过学习成果的认定、积累与转换，逐步完成各类教育成果的有效衔接，搭建终身学习“立交桥”，构建更加开放畅通的人才成长通道，加快解决高技能人才供需结构性矛盾，扩大高素质技术技能人才有效供给。成立社区教育发展与研究机构，加强城市社区教育实践探索与国际交流，成立“顺德老年开放大学”，完善终身教育服务功能，通过“继续教育信息管理系统”“顺德市民终身学习平台”“顺德学分银行”三个信息化管理系统，打造“智慧化”终身学习生态链，推动顺德学习型社会建设。

五、结论

服务社会发展是高等教育的重要功能，是高职院校引领经济社会发展的发动机。提升服务发展水平就是提升职业教育对区域经济社会发展的贡献度和认可度。“双高计划”文件明确了提升服务发展水平的内涵，为高职院校加强内涵建设、狠抓任务落实指明了方向。地方高职院校要立足区域，站高谋远、统筹规划，完善社会服务功能和支撑体系的顶层设计，打造产教深度融合的适应性社会服务体系，通过“三提升三助力”强化学校与区域支柱产业企业的相互依存度，增强服务发展能力，实现学校发展与区域经济社会发展的相互依存、同生共长、同频共振。

——第四节——
思想底蕴：建立文化自信和推进文化传承与创新

一、建立文化自信

（一）文化自信的内涵

文化自信比较好理解，它指一个群体对其拥有文化价值的充分肯定，对拥有文化的生命力信念果断。因此文化自信就是对传统文化的极大肯定。因为从历史维度来看，任何一个国家的文化，都有其既有的惯例和固有的根本。华夏文明是传统文化重要一部分，传统文化指导着人们行为方式的同时也形成了完整的顺应时代潮流的思想，并且对人的行为方式起着重要的指导作用。中华文化在继承和发扬优秀传统文化的同时不断吸收融合其他优秀的文化，中华文化包含完整的“儒”“释”“道”等精神内涵，这种精神内涵像基因序列一样深深印在每一个中国人身上。中华文化是优秀的、丰富的，是指导中国人民生存和发展的精神宝库。作为一个中国人，我们必须不断地继承和弘扬中华传统文化，以主人翁的态度承认、正视自身文化，摒弃偏执思想，增强文化自信，增强国人自信心。

文化自信是对坚定自身文化发展持久力的信心。四大文明古国，三个文明已经消失在人类历史中，现存的只有中华文明，为什么会这样？其中很重要的一个原因就是没有实现持续性发展。每一种文化都是独特的，其发展渊源和历史发展息息相关。战国时期赵国推行“胡服骑射”，一度使赵国成为雄霸一方的强国，实力增强后敢与秦国一较高下，虽然赵国进行了彻底的“胡服”学习，但是其精神文化没有任何改变，却促进了中华文明发展。北魏孝文帝统一北方后进行“汉化”政策，使得胡人摒弃恶习，汉文化得到发展。历史上有很多政权都试图中断或者阻止中华文化发展，但是中华文化却有着天然的免疫力，没有被中断或者阻止，反而每一次都是大发展。究其原因就是中华文化具有超强的文化包容力量。

生存与发展是文化的永恒话题，文化又是人类社会发展的助推器，中华民族一次次面临危机困难，一次次总能化险为夷、凤凰涅槃，最后又使得自己兼容并蓄、自我丰富、自我发展。中国特色社会主义进入新时代后，中华民族迎来了新的伟大目标，实现中华民族伟大复兴。实现中华民族复兴需要强大的精神动力和思想智慧，中华文化基础实、范围广、包容强、底蕴深，通过不断发展已成为实现中华民族伟大复兴的有力支撑，所以坚持文化自信就是不断地为中华民族伟大复兴提供源源不断的力量！中国文化的力量无与伦比，因为正是这种根植于中华优秀传统文化之中，锻造于中国革命文化时期，发展壮大在中国当代和现代的核心思潮里的中国精神和信念，支撑着我们这个伟大民族走过风风雨雨，方当显得披荆斩棘，所向无前。

因此身为高职老师，必须坚持文化自信作为自己的思维底线，做到将中国文化根植在自身教书育人的使命之中，从而实现“为党育人、为国育才”的根本目的。

（二）文化自信对于建立现代职教体系的重要意义

1．文化自信滋生教师自信

邓小平同志早就指出：“一个学校能不能为社会主义建设培养合格人才，培养德、智、体全面发展的、有社会主义觉悟的、有文化的劳动者，关键在教师。”加之21世纪是以知识和智慧为主的时代，因此推动经济发展的内生动力是高素养的人才，而保持文化自信的高职教师对于培育高素质的人才有着积极作用[①]。

因此高校老师必须坚持学习中国特色社会主义文化，推动社会主义文化大发展大繁荣，全面贯彻党的二十大精神：“高举中国特色社会主义伟大旗帜，全面贯彻新时代中国特色社会主义思想，弘扬伟大建党精神，自信自强、守正创新，踔厉奋发、勇毅前行，为全面建设社会主义现代化国家、全面推进中华民族伟大复兴而团结奋斗。”

全面建设社会主义现代化国家，必须坚持中国特色社会主义文化发展道路，增强文化自信，围绕举旗帜、聚民心、育新人、兴文化、展形象建设社会主义文化强国，发展面向现代化、面向世界、面向未来的，民族的科学的大众的社会主义文化，激发全民族文化创新创造活力，增强实现中华民族伟大复兴的精神力量。

文化自信还能够帮助高职教师坚持以人为本的教育思想，从而贴近教育活动，以

---

① 云杉，文化自觉、文化自信、文化自强——对繁荣发展中国特色社会主义文化的思考（上）[J].红旗文稿，2010：8-10.

自身的行为来带动学生的行为和思想。文化自信在高校老师平时的教学活动中，能够帮助其将文化自觉和文化自信贯彻进自己的课堂之中，从而培育出全面发展和全面成长的高职人才。因为树立文化自信，推动社会主义文化走向繁荣，不仅仅是高职老师的任务，更是青年学子的使命，所以高职老师才要以文化自信为纲，更加自觉承担起用先进文化引领社会进步的责任和以文化育人的使命，将文化自信贯彻进教学活动之中，成为社会主义新时代的自信教师。

2．文化自信促进院校自信

文化自信不是一种虚无的口号，而是深深根植我们国家和民族的灵魂之中，对高职院校的影响十分深远。

首先，文化自信为高职院校提供了正确的实践路径，从而对于高职院校的教育工作具有十分重要的意义，还对高职院校文化建设起到了凝魂固气的根本性作用。因此在这一方面高职院校可以通过优秀的文化融入院校之中，在结合自身的特点，形成特色鲜明，意义非凡的高职院校文化内核。除此之外，还可以依托文化自信和校园文化，开展对应的文化活动，从而引导学生建立和甄别优秀文化的内涵，真正意义上促进他们的成长。

其次，文化自信为高校提供发展的内生动力，因为文化作为人们在实践活动中的智慧结晶，对于促进高职院校自身建设具有十分重要的意义。而高职院校作为培育人才的重要平台，对于培育优秀人才和国家整体文化自信建设有着积极影响，所以将文化自信融入高校建设之中，对于建设具有中国特色，文化内涵的高质量高职院校具有十分重要的意义。

最后，文化自信对于高职院校打造精品化教育具有十分重要的意义。因此高职院校通过文化自觉落实文化自信的过程中，能够将优秀的文化赋予在教育实践之中，从而打造出精品化的教育。因为当今高职院校所面临的主要问题就是教育内核缺乏创新和质量内容的加持，从而导致高职院校在教育内容等主要方面落后不少，但文化自信恰恰可以弥补高职院校在这一方面的不足。

3．文化自信促进教育自信

第一，文化自信是推动教育创新发展的基础。在党中央的带领和重视下，我国和世界发达国家高等教育的差距也逐渐缩小。而剩下的差距就需要文化自信来弥补，因为文化自信的普遍提升，意味人民群众对自身文化的强烈认同，而这种认同和欲望不仅仅能够推进教育的发展，更能有效提升国民整体文化素养。

第二，文化自信能够有效推动教育的发展和进步。文化和教育的关系是相辅相成的，两者既相互推动又相互制约，因此文化的好坏影响着教育的好坏，而教育的好坏也影响了文化的好坏。所以一个国家，一个社会，如果对自身的优秀文化具有强烈认同和归属，那么就能够推动教育的壮大和进步。因为教育的发展和进步能反作用于文化自信，所以以更加优秀的教育推动文化自信建设，就能够实现文化和教育的良性互动。反之，如果一个国家的教育缺乏足够的自信，那么这个国家的文化和教育就会掉入文化虚无主义的深渊，从而陷入恶性循环之中。

（三）地方高职院校建立文化自信的途径探索

1．包罗万象，提升文化底气

关于高职院校建立文化自信的重要前提，首要在于包罗万象，提升文化底蕴。简单来讲，就是高职院校的文化建设需要充分吸收中华优秀传统文化，借鉴外来优秀文化，更要以中国特色社会主义文化为精神魂魄，保障高校文化建设不失根，不丢魂。因此包罗万象的宗旨就是要充分包容吸取不同种类的优秀文化，来推动高职院校的文化建设。首先，中华优秀传统文化就可以作为高校提升文化自信的有力抓手，通过宣传中华优秀文化，不仅仅可以丰富高校文化的历史内涵，更能够提升以德育人的核心。其次，通过中国特色社会主义文化的加持，可以有效避免高校文化的方向和引导不失去正确的方向和基准。最后，关于外来文化的待遇，一方面高职院校要积极开展国际交流合作，吸取外来优秀文化的精髓，另一方面要"以我为主"的自信状态，从而确保高职院校文化建设的中国化特征。

2．百花齐放，推动文化多元

毛泽东曾经说过我们对待文化的态度要"百花齐放，百家争鸣"，为后续我国的文化发展定下了基调。随着改革开放的深入，我国文化发展也逐渐进入了文化多样化的局面，尤其是高职院校作为高等教育的重要组成部分，也应该顺应时代的潮流，以开放包容的态度对待文化的建设和发展，不仅仅有利于文化自身的革新，也能加强多元文化的交流和互动。但值得我们注意的一点是，所谓文化多元并非指所有文化我们都要接受和吸取，文化多样化的前提是必须坚持本民族文化的底蕴和特色，在当下这个激烈变幻的时代里，要守住自身的文化风采。只有如此，我们才能以更加自信的态度去推动高职院校的文化建设和发展，并最终建成具有中国特色和社会主义底蕴的高职院校文化。

3．推陈出新，丰富文化内涵

文化传承的关键在于文化的创造，在于对于传统文化的创造性转化和实践，在于推陈出新赋予文化以时代的内涵和底色。尤其是现如今的高职学生对新鲜事物的接受能力比较强，因此我们更要以此为突破口，将文化同创新结合起来，推陈出新，更加符合当代人的接受范畴。

4．循循善诱，提升文化影响

文化相较于其他事物，对人的影响更多是潜移默化和循序渐进的，因此身为高职老师，我们在利用文化影响学生时，一定要注意循循善诱，而非传统意义上的填鸭式教育和教学，只顾速度而不顾质量的错误做法不可取。加之现在的高职大学生对传统固化教育比较反感和不易接受，因此唯有循循善诱，才可以促进高职大学生更好地理解文化自信的内涵，从而丰富文化内容，进一步提升文化对其的积极影响，促进高职大学生的全面发展。

二、推动文化传承和创新

（一）推动文化传承

1. 高职院校文化传承的历史意义

习近平总书记一贯关注传统文化保护传承，自党的十八大以后，其足迹遍布山东曲阜孔府、甘肃敦煌莫高窟、嘉峪关、山西云冈石窟、湖南岳麓书院、福建三坊七巷、朱熹园，反复强调要保护好中华民族精神的根脉，把中华民族优秀传统文化不断传承下去，为建设文化强国提供精神力量。

而党的十八大以来，中华优秀传统文化传承发展已上升为国家战略。因此习近平总书记多次指出："中华优秀传统文化是中华民族的精神命脉，是涵养社会主义核心价值观的重要源泉。"我们要结合新的时代条件传承中华优秀传统文化，推动中华文明创造性转化、创新性发展，激活其生命力。党中央始终高度重视中华优秀传统文化的传承发展，从国家战略资源的高度继承优秀传统文化，从推动中华民族现代化进程的角度创新发展优秀传统文化，使之成为实现"两个一百年"奋斗目标和中华民族伟大复兴中国梦的根本性力量。

除开中华优秀传统文化需要传承外，以红色文化为核心的中国特色社会主义文化也需要得到大力的弘扬和传承，红色文化蕴含着丰富的革命精神和厚重的文化内涵，是中华民族宝贵的历史遗产和精神财富。而站在新时代，传承革命精神，弘扬红色文化，增强文化自信，具有十分重大的历史意义和现实意义，因为其能够为实现伟大复兴的"中国梦"和"两个一百年"奋斗目标，提供源源不竭的精神动力和力量源泉。

由此也可以看出，在新时代进一步弘扬红色文化的必要性和重要性。不能说这些是"过去的东西"，更不能说其"已经过时"。红色文化是在中国地面上生长出来的，深深植根于广大人民群众的心中，具有强大的生命力。尽管与过去相比，所处的环境有异、条件不同，但其精神、原则和内容，在任何情况下都适用。就眼下我们所面临的情况来看，尤有弘扬之必要，因为它对于克服困难、继续前进具有巨大的积极意义。

进入新时代，中国面临的内外环境，需要我们不断推动中华优秀文化创造性转化创新性发展。世界正经历百年未有之大变局，全球政治经济格局急剧变化，意识形态领域的斗争也愈发白热化。因此为了应对百年未有之大变局，解决好中国和平崛起的外部摩擦，展现出与中国的和平崛起以及民族文化的伟大复兴相辅、相成的文化形象，更加需要坚定文化自信，坚持以马克思主义为指导，推动中华优秀传统文化创造性转化、创新性发展；推动中华民族伟大复兴的征程中，更加需要大力弘扬革命传统，传承红色基因，培养斗争精神。特别是党的十九届五中全会明确提出了我国到2035年建成文化强国的战略目标，我们提高国家文化软实力，要结合新的时代条件传承和弘扬中华优秀传统文化，为传承传播中华优秀传统文化，促进国家文明发展、实现民族伟大复兴提供重要精神动力和精神支撑，更为高职院校的转型发展提供宝贵的理论和精神力量。

因此高职院校大力推进文化传承的意义在于，筑牢教育发展的文化底线和灵魂，担当“为党育人、为国育才”的神圣使命。

2. 高职院校文化传承的具体途径

第一是根据高职院校立德树人的根本任务出发，遵项学生发展和自我成长的基本规律，通过一体化，分段式，有效开展的组织原则，把中华优秀传统文化、中国特色社会主义文化全面融入高职院校的思想道德教育建设之中。

第二是丰富拓展校园文化，加强高职院校校园文化建设，推进诸如戏曲、书法、国画、围棋等传统文化进入校园，深入高职大学生的日常生活和学习之中，并通过打造出中华优秀文化展示活动，让优秀文化深入校园的方方面面，从而加深高职大学生对于国家、民族、中国共产党和社会主义的高度认同。

第三是打造系统化教育课程，形成连贯常态化的教学机制。高职院校的传统文化建设以及文化传承并非一日之功，而是需要以常态化、系统化的教学培育才能形成的。因此这就要求高职院校在设置职业教育相关课程时，首先是要考虑到这些课程的连贯性，不能为图速度和便利，一股脑将相关课程放在毕业季。要从高职大学生入学开始时，就进行相关教学和培育，确保学生毕业时，形成了系统的文化传承课程和完善的文化培育规划。其次是考虑到高职大学生不同阶段的发展目标进行对应授课，例如在第一、第二年以理论教育为主，而在第三年则是以应用教育为主。

第四是加强师资力量培育和引进，提升教育课程的质量。高职院校的文化传承不仅仅要依靠文化环境的熏陶，更需要借助高素养的专业老师，来推动文化建设的发展。最好能够匹配相对应的专业老师和团队，唯有这样才能对课程之中所暴露的问题进行及时改正和修补。即使部分高职院校短时间内不能有效解决师资引进问题，也应该对现有的课程老师进行专业且定期的培训和学习，以确保相关课程的质量。而这其中要尤其注重对于老师文化自信和文化自觉的探讨和培训，从而实现高职院校的老师们以一种精神上的高度自觉，传播文化自信，以身作则，带动高职学子参与文化传承的建设中来。

第五是通过校企结合和产学融合等方式，加强课程实践。传统的文化传承之所以难以形成落实并形成规模效益，关键就在于高职院校对于文化传承的态度和认知未能同现实情况有机结合起来，从而导致学生学习了文化自信的有关课程和内容后，难以落地实践。因此高职院校的文化传承以社会实践活动为切入口，通过校企结合，产学融合等方式，解决好文化教育实践难等突出问题，才有可能落实文化发展的现实意义。因为唯有高职大学生走向社会，走向岗位，通过所知、所感、所学、所闻、所见和所思这样的系统过程，才能让他们充分理解到社会实情和发展现状，克服对文化传承的主观随意性，培育从实际出发的应用思维，从而有效提升高职大学生的文化素养。而通过参与社会实践，不仅仅可以磨炼高职大学生的文化素养，培育他们的文化使命感和荣耀感，从而激发学习文化和传承文化的热情，加强对于文化精神、文化认同、文化价值取向等的正确认识，为以后进行生活和学习打下坚守的基础。

第六是坚持思想道德和文化传承共进，做到“引导和学习”并重。对目前高职院校在文化传承过程中所暴露的“功利化”和“个人化”倾向，高职院校的相关课程要以中国特色社会主义文化为根本导向，强调吃苦耐劳，艰苦奋斗，无私奉献等优秀文化和认真负责，遵法守纪，积极进取的学习态度，鼓励高职大学生将个人文化素养同社会和国家的相关需求有机结合，从而引导他们树立远大的文化传承理想，并为此奋斗拼搏。但另一方面也要考虑到目前高职大学生的阶段特点和自身需求，以“文化自信”和“文化自觉”为教学重点，帮助高职大学生清醒认识文化的内涵和特色，并根据自身优势特长和时代需求，找准文化继承的起点和节点，帮助他们有计划、有目的、有高度地去探寻自身发展文化的战略方法，从而针对性提升自己的文化素养，从而完成文化学习的根本需求。除此之外相关文化课程设计应融入思政元素，从而提高文化课程的指导作用。通过深度挖掘思政元素的重要价值，让高职院校的文化继承和传播课程更具有时代特色，并将高职大学生的文化传承和认知同社会主义核心价值观，习近平新时代中国特色社会主义思想和中华优秀传统文化等思政元素有机结合，不仅仅能够有效提高相关课程的指导性作用，还能帮助高职大学生树立正确的人生观、世界观和价值观，从而将个人的追求和发展同时代和国家的进步联系起来，高度认可本国家本民族的文化。

（二）推进文化创新

1. 高校文化创新的指导意义

首先，创新是一个民族进步的灵魂，是一个国家兴旺发达的不竭动力，也是中华民族最深沉的民族禀赋。在激烈的国际竞争中，唯创新者进，唯创新者强，唯创新者胜。思想是行动的先导，建设创新文化，首先要树立与创新相适应的一系列思想观念，特别是牢固确立以创新为荣的价值观，大力培育创新意识，弘扬创新精神，为推进教育思想、管理体制、运行机制和工作方法的创新，从而带动文化创新的教育活力，更好促进人才的培育和高职院校的发展。

其次，文化创新是文化的灵魂和生命，是发展先进文化的不竭动力和因素。文化创新的能力是一个国家、一个民族智慧和文明的体现，也是一个国家综合实力的重要标志。坚定“四个自信”中明确将文化自信列在其中，党的十九大报告中更是提出文化发展要坚持百花齐放、百家争鸣，坚持创造性转化、创新性发展，不断铸就中华文化新辉煌。说明文化创新对发展先进文化，实现中华民族伟大复兴具有重大意义，对高职院校高质量发展也具有十分重要的现实意义。

而古往今来，中华民族之所以在世界有地位、有影响，靠的是中华文化的强大感召力和吸引力。因为当今世界是开放的世界，而没有竞争就没有生命力。想要在国际上取得更大的文化影响力，需要我们进一步增强文化自觉和文化自信，更需要我们重视中华文化的代代传承与发扬。传承中华文化，绝不是简单复古，也不是盲目排外，而是古为今用、外为中用，辩证取舍、推陈出新，摒弃消极因素，继承积极思想，做到中西合璧、融会贯通，高职院校的文化发展才能繁荣起来。

因此，文化建设一定要“立足于改革开放和现代化建设的实践，着眼于世界文化发展的前沿，发扬民族文化的优秀传统，汲取世界各民族的长处，在内容和形式上积极创新，不断增强中国特色社会主义文化的吸引力和感召力”。这一重要论述进一步阐发了习近平新时代中国特色社会主义思想，明确指出代表先进文化前进方向的关键在于不断地进行文化创新，并在创新中赋予文化以新的社会内容与时代精神，使其不断与时俱进，充满活力。

所以，高职院校深刻认识文化创新的意义在于：文化创新是文化的生命之源，是先进文化的特质；文化创新是增强综合国力的要求；文化创新是实现文化与时俱进，增强文化的吸引力和感召力的根本途径；文化创新是提高人的素质，实现人的全面发展的重要因素；文化创新是高职院校走向新时代的重要因素；文化创新是高职院校教书育人的重要根基。因此根据党的十九大精神，我们应该在理论探求与具体实践中，切实把“着眼于世界文化发展的前沿”与“发扬民族文化的优秀传统”有机地结合起来，高度地统一起来，并以之作为实现文化创新的基本方略。

2．高职院校文化创新的途径

（1）政治层面：精神文明建设全面化，教学理念科学化

因为高职院校在资金、场地、师资等条件的限制，从而导致高职院校的文化创新在政治层面具有一定的不足和问题。从施教时间来看，大多数高职院校的文化创新较为短暂，缺乏长效性的教育机制。由于高职多为三年学制，学校在这一段时间既要保证学生习得对应的职业技能，提升足够的文化素养，又要进行文化自信价值观的教育和规划，是具有一定的难度的。因此导致了部分高职院校在政治层面忽视了思政对文化创新的引领作用。

从施教深度来看，高职院校的文化创新教育尚且停留在表面，未能在学生思想中形成完整系统的价值观培育。因此综上所述，高职院校在进行文化创新时，首先，必须明确思想政治对文化创新的引领作用，通过思政教育和文化创新的有机结合，全面推动高职院校的精神文明建设。其次，高职院校在进行文化创新时，要以习近平新时代中国特色社会主义思想为纲要，认真贯彻有关指示精神，确保自身教学理念的科学性和正确性。

（2）精神层面：校园文化建设常态化，意识影响全面化

高职院校的文化创新在精神层面具体表现为打造出符合氛围的校园文化和环境氛围。因此，相关高职院校可以积极拓展校园文化，加强学校诸如社团、学生会等群体的作用，从而实现“学校带领学生，学生带动学生”的良好氛围。除此之外还可以定期召开校园文化艺术节等大型活动，集中展示高职院校在文化继承和文化创新方面的成果，从而更好推动形成良好的校园文化氛围。因为精神文化对人的影响，不仅仅依

托文化自身的发展，也依赖良好的文化环境，去潜移默化影响人们的观念和思想。

（3）文化层面：文化教育途径多样化，教育方式创新化

文化创新的途径从来都不只是限制于课堂，因此高职院校要积极拓宽主体文化创新的途径和渠道，实现文化教育的多样化。比如结合劳动教育课程，将诸如“劳动光荣，珍惜粮食”等具体文化精神，通过引导高职大学生在劳动之中，在田间之中的实践，从而转化为文化创新的现实意义。除此之外，高职院校还可以通过以教育方式的创新来推动文化创新的发展，借助大数据、人工智能等先进技术，将文化的表现载体赋予在科技之中，实现“文化+科技”的有机结合，从而形成高职大学生易于接受的文化教育模式。尤其是当个性鲜明，自我凸显的“00后”高职大学生成为高职院校的主体时，就更需要根据“00后”高职大学生的特点进行改造和升级，打造出适应其发展需求的文化教育课程和文化教育模式。但目前而言，部分高职院校的文化教育依旧停留在十几年前甚至是20世纪的水平，既没有考虑当下时代的刚需，又没有考虑学生的个体差异，从而导致文化传承的相关课程成为学生眼中“学而无用，听则扰耳”的内容。为了避免这种情况的再次出现，高职院校需要畅通文化教育的途径和渠道，因地制宜，因时制宜，更新教育模式和方法，行之有效地推动文化创新在校园的发展。毕竟文化和教育的关系是相辅相成的，两者既相互推动又相互制约，因为良好的文化建设是发展优质教育的重要前提，而优质教育又能反作用于文化精神，从而更好推动文化的繁荣和昌盛。而对于高职院校而言，文化和教育同样是不可或缺的建设抓手，对其的发展有着难以估量的影响。

（4）教学层面：教学反思多方全面化，教学成果积极化

高职院校落实教学层面的文化创新，主要是以富有深度和广度的德育课为主，并重点做好以下几点工作。

第一是深入开展中国传统文化主题教学活动，可通过实施中华传统文化振兴工程，丰富诸如国学、国画、国粹和传统节假日的宣传和研究，并结合具体的教学课程，实现教学成果积极化。比如护理专业的学子，可以依托重阳节敬老活动，组织学生深入社区养老院，义务开展各项敬老服务，从而让学生们在实践教学中，感受中华传统文化的魅力，体验本专业的实习感受。

第二是深入开展“社会主义文化”主题教学活动，借助社会主义核心价值观为向导，引导学生学习中华优秀传统文化的同时，赋予其时代内涵和价值。比如通过党史学习、党员带领等具体方式，组织院校的学生党员、积极分子等带头学习百年党史精神，学习中国共产党的百年辉煌，学习中国人民的百年奋斗，从而加强自身对社会和党的信仰和拥护，实现在教学层面落实文化创新的任务。

第三是深入开展“文化创新，教师先行”的培训活动。高职院校的文化创新，关键在于高职老师的文化创新，因为高职老师自觉投身文化创新的实践之中，能有效带动周围的学子也投身文化创新之中，况且高职教师自身的文化素养对教学质量和成果

的好坏有着重要影响，因此高职院校要尤其注重对老师的培训和指导，从而为高职院校深入文化创新提供人才支撑。

第五节
国际竞争：建立世界视野推进国际交流与合作

一、高职院校教育国际化的内涵和要素

（一）教育国际化的内涵

1. 国际化的含义

"国际化"可以理解为不同国家之间相互联系和相互影响，是国家之间双向交流活动，即"引进"和"输出"的双向过程。"引进"是一国认识、理解、尊重或吸收其他国家优秀成果的过程，"输出"则是将本国优秀成果推广到其他国家，让各国认识、理解、尊重或吸收本国优秀成果的过程[①]。

2. 大学教育国际化的内涵

早在1993年国际著名教育家吉恩·纳特就提出了大学教育国际化定义，既"大学教育的国际化是指将大学的教（teaching）、学（learning）、研究（research）、服务（service）和管理（management）置于全球教育和文化之中进行建设和管理的理念、政策和措施"[②]。从这个定义中我们可以清晰地理解到大学教育国际化的真实内涵就是国际理解教育，就是要培养具有国际视野的人，这是大学教育国际化工作的逻辑起点。同时，他还强调"开放性、交流性和通用性"是大学教育国际化的外延所在，这就更进一步阐明了国际交流的核心内涵。

3. 高职院校教育国际化的内涵

《中华人民共和国职业教育法》明确规定：职业教育是指为了培养高素质技术技能人才，使受教育者具备从事某种职业或者实现职业发展所需要的职业道德、科学文化与专业知识、技术技能等职业综合素质和行动能力而实施的教育，是与普通教育具有同等重要地位的教育类型，是国民教育体系和人力资源开发的重要组成部分，是培养多样化人才、传承技术技能、促进就业创业的重要途径。

根据《中华人民共和国职业教育法》和教育国际化的内涵，高职院校国际化的基本内涵应该包括三个方面：一是以技术技能培养为核心的高等类型教育；二是职业教

① 戴小红．高职院校教育国际化动因、内涵与路径选择［J］．黑龙江高教研究，2012（6）：81-84.
② 王庆石，赵彦志．大学教育国际化的基本含义［J］．光明日报，2003-6-3.

育资源在世界范围内按照市场规则的合理流动；三是技术技能的跨国认同。

（二）高职教育国际化的要素

1. 教育理念的国际化[①]

理念是行动的先导和灵魂，教育理念则是关于教育方法的观念，是教育主体在教学实践及教育思维活动中形成的对“教育应然”的理性认识和主观要求。因此，教育理念的国际化就是要用国际意识和视野来把握和发展教育，主要包括国际化的方向、思路、目标、措施和保障等。作为高职院校更需要以全球视野、基于国情和行业特点来审视作为高职学院自身的价值，需要从高等教育全球化发展趋势来审视自身发展和规划未来，承担培育一代代具有国际交流、理解、合作和竞争能力的技术技能型人才的社会责任。

2. 培养目标的国际化[②]

培养目标是指各级各类学校，根据国家对教育的总体要求和不同类型教育的性质、任务等，对受教育者身心发展所提出的具体标准和要求。各个国家的不同高校，在培养目标上都不相同。

美国早在20世纪90年代初制订的《美国2000年教育目标法》中，强调了教育的国际化，提出了明确的培养目标，即采用面貌新、与众不同的方法，使每个学校的每个学生都能达到知识的世界级的标准。要通过国际交流，努力提高学生的“全球意识”“国际化观念”；韩国为适应教育国际化的发展，专门成立了“21世纪委员会”，提出的教育国际化培养目标是：努力提高学生国际化的意识，包括提高外国语言能力，增强“自主的世界公民意识，加深学生对各国多种多样的社会、文化知识的理解，制订系统的国际问题研究计划，加强对世界各国政治、经济、社会、历史、宗教等问题的研究，强化国际交流与合作，加强国际的相互理解”。

我国早在2010年《国家中长期教育改革和发展规划纲要》中就明确提出了“培养大批具有国际视野、通晓国际规则、能够参与国际事务和国际竞争的国际化人才”的培养目标。

3. 专业水平的国际化

专业是人才培养的基本单位，专业水平的国际化包含了两方面的内涵，一方面是专业教学标准的国际化，就是以我国教育部统一颁布的专业教学标准为基础，将获得国际公认的发达国家的一些专业教学标准融入相关专业的人才培养方案中，从而培养出通晓国际行业规则，掌握国际技术要求和服务规范的高素质技术技能人才。这既是展现国际先进产业和高水平职业教育的专业教学标准，又是国际互认的专业教学标准，更是突出区域行业特色和优势的专业教学标准。另一方面是教学模式的国际化。就是构建起开放

① 王晋荣. 论高等职业教育专业建设国际化［J］. 长江丛刊，2018（26）：254.

② 同①.

的教学模式，既充分利用信息化技术，拓展学生学习空间和实践路径，又用好国际国内两种优质教学资源，形成互补递进的教学新模式。

4. 课程标准的国际化[①]

课程标准是按照人才培养方案所确立的培养目标，所设计形成的课程体系标准，因此，专业课程标准的国际化，就是既要对接好国家职业标准、岗位标准和职业资格证书要求，又要围绕跨国就业岗位、境外就业岗位的需求来设计，形成以国家职业资格标准、国际化职业资格和专业教学标准相融合的课程标准，突出对学生的综合实践能力培养。

5. 师资队伍的国际化

师资队伍的国际化是实现高职教育国际化的根本保证。第一，要建设世界一流的高职院校，就必须有世界一流的教师。美国著名教育家科南特曾经这样来评价教师的重要性，他说："大学的荣誉不在它的校舍和人数，而在于它一代又一代教师的质量。一个学校要站得住脚，教师一定要出名"。因此，国际化是建设一流高职院校的必须途径和重要手段，只有具有国际视野、国际水平的教师，才能承担起世界一流的教学、科研和专业建设，才能培养出一流的人才。第二，师资队伍既是专业建设的客体，又是专业建设的主体。只有汇聚一支国际一流水平的师资队伍，才能建设出世界一流的专业。第三，师资队伍国际化是实现高职课程国际化的保证。课程的国际化是高职教育国际化的重要内容之一，这里所说的课程的国际化不仅指课程体系的国际性倾向或包含若干门具有国际性特征的课程，也包括有些课程使用国际学术界比较通用的语言进行教学，要实现课程的国际化，就要求教师要具有国际水平的专业知识和较高的外语应用能力。

6. 生源结构的国际化

国际化的生源结构是高职教育国际化的重要标志，也是世界一流高职院校的标志之一。一方面高职院校要成为国际文化交融的窗口，就要不断吸引世界各地的学生来此学习，不断丰富跨国文化和技术的交流，为培养具有国际交流、理解、合作和竞争能力的高端技能型人才提供良好的环境；另一方面，高职院校应有意识地积极营造多元化的校园氛围，既要培养好我们自己的建设者和接班人，更要为服务"一带一路"、服务"走出去"战略输出更多的中国技术和中国标准。

二、高职院校国际交流合作的目标

2019年，国务院正式印发的《国家职业教育改革实施方案》中明确提出"建成覆盖大部分行业领域、具有国际先进水平的中国职业教育标准体系"的建设发展目标，这为高职教育的国际交流合作指明了，也为中国为世界职业教育发展贡献中国智慧和

---

① 潘小明. 高职院校教育国际化的内涵、要素与动因［J］. 职教论坛，2012（33）：10-15.

中国方案提供了路径选择。综合全国各级各类高职院校开展国际交流合作的实际，我们系统梳理形成了以下三个主要目标。

（一）引进优质职业教育资源

1. 引进优质职业教育资源的内容

第一是对职业教育办学理念的引进。就是通过引进先进的办学理念，突出“以学生为中心”的办学思想，使教师从教学活动的开展者，成为教学活动的组织者，学生从单一“受众”转变成为教学活动的参与者，培养学生主体意识。近年来，各高职院校在引进办学理念上，重点是以新加坡、德国等职业教育发达国家为主体。

第二是对优质课程、教材的引进。这些优质课程和教材就是按照国际相关行业标准开发而形成，这些优质教学资源所表现出来的特点就是行业针对性强、教学实践性强、教学目标容易达成。近年来，各高职院校抢抓发展机遇，根据学校自身专业特点引进了较多的国际优质课程和教材资源，一定程度上弥补本身专业课程资源不丰富，内容接轨国际标准不够的问题。

第三是对先进教学模式和方法的引进。教学模式是影响教学质量和成效的重要因素，世界各国为提高教学质量，对职业教育教学模式不断探索，形成了新加坡的“教学工厂”、德国的双元制、加拿大的CBE、澳大利亚的TAFF以及美国和瑞典合作形成的CDIO等教学模式，这些模式中最为主要的特点就是突出“学生为中心”和“行动导向”，重视学生自主发展和自主学习能力培养，注重学生通过参与各种教学活动，获得相应能力。近几年来，各高职院校在开展国际交流合作过程中，很多高职院校引进了新加坡的“教学工厂”、德国的双元制，并在各高职院校发展应用得较好。

2. 引进优质教学资源的方式

第一是合作办学方式。就是国内的高职院校选择国外优质的专科或本科院校，直接对接，采取招收专门班级的方式，将对方的人才培养方案、课程、教材、教学方法、评价方式等与国内的专业、课程等内容进行整合，形成专项合作。其对方获取利润的方式主要是在学生学费中分成。

第二是直接购买的方式。就是由高职院校与国外相关高校或高职院校达成合作协议，双方在课程、教材、实验实训等方面的合作形成协议，由对方定向输出相应的资料，并指导建设。

第三是派遣学习引进方式。高职院校与相关发达国家高校签订合作协议，以派出或引进相关专业教师的形式学习国外先进的教学管理经验。

（二）参与国际职业教育标准的制定

参与国际职业教育标准的开发和制定是判断一个国家职业教育水平高低的一个重要指标。习近平总书记指出，“世界需要标准协同发展，标准促进世界互联互通”。因此，标准作为世界“通用语言”，能够为国家间的企业与教育合作提供评判依据，参与国际标准的制定，既是让职业教育的中国标准“走出去”，获得国际认可，更是我国的职业教育参与全球治理，助推国际交流合作的重要方式。

目前，我国高职院校参与国际职业标准的制定方式还比较单一，主要是高职院校通过跨国大型企业的合作，参与其技能人才培养框架和标准的制定。

（三）服务国家发展战略

2015年，教育部印发的《高等职业教育创新发展行动计划》中明确提出了“全国高职院校要积极配合国家‘一带一路’倡议，加快推进与‘一带一路’沿线国家的教育合作与交流，助力国内优质产能走出去”，这一要求，为高职院校“走出去”奠定了发展基础。目前，各高职院校服务于国家发展战略的国际交流合作方式主要有两种，即“走出去”和“引进来”。

1. 走出去

“走出去”的主要方式是建立海外“鲁班工坊”或技术培训中心。通过建设海外培训主体，为中资企业在国外的服务提供充足的技术技能人才保证，同时，也为当地培养了更多熟悉和掌握中国技术的技能人才。

2. 引进来

“引进来”的主要方式就是招收留学生或短期生，既实现了文化交流，又注重了为他国培养技术技能人才。

三、高职院校国际交流合作中存在的主要问题

（一）各级政府层面

1. 职业教育国际化战略规划缺失

国家结合国际交流与合作出台了一系列政策文件，这些文件大多是从政策层面，规范和指导各级各类学校开展国际交流与合作，很少涉及我国教育国际交流的长远目标和战略布局，更很难看到关于高职院校国际交流合作的目标任务。教育部等九部门印发的《职业教育提质培优行动计划（2020—2023年）》中提出了“实施职业教育服务国际产能合作行动”，重点是“加快培养国际产能合作急需人才”和“提升职业教育国际影响力”，这两方面在一定程度上能指导各高职院校开展国际交流与合作，但并未架构起我国职业教育国际交流与合作的完善体系。

2. 职业教育国际化配套制度体系缺失

一方面是未建立起规范的“引进来”的制度体系，包括合作办学制度、优质教育资源引进制度、留学生招生规范制度、职业资格认定制度等；另一方面缺乏“走出去”的指导性制度体系支撑，包括海外办学制度、海外技术培训制度、教师出国培训制

度、学生出国培训制度、中国职业标准海外认证制度等。制度体系的缺失必然导致目标的零乱，导致职业教育国际化进程的缓慢和资源的重大浪费。

3．职业教育国际化缺乏充分的资金保障

职业教育国际化发展缺乏国家统筹战略和制度体系做保障，必然导致缺乏政策性资金的支持。因而，高职院校在开展国际交流与合作过程中，常常难以取得实质性的突破，已经开始实施的项目也会因为后续建设资金的缺乏而在完成某项建设任务后停止。这是制约我国高职院校国际交流合作的主要瓶颈之一。

（二）高职院校自身层面

1．顶层规划缺位，国际交流合作缺乏长远目标

很多高职院校没有结合自身的发展定位，确立好国际交流合作的目标和远景，没有梳理形成系统的路径和措施。大部分学校依然把国际交流与合作作为一项“锦上添花”的项目进行建设，或者是作为“双高”建设中不得不建设的项目，没有从学校发展战略的角度规划好国际交流与合作的价值取向、目标导向，因而很多高职院校根本不清楚自己的国际交流合作要达到什么样的高度，推进到什么样的广度。

2．价值取向不清，以资源和资金输出为代价

我们在调查中发现，“引进来”一方面是购买或变相购买发达国家优质教育资源；另一方面是盲目地大量招收欠发达国家留学生。“走出去”主要采取的措施，第一是输出中国技术和标准，建设海外培训基地（鲁班工坊等），其对象大多是欠发达国家或地区；第二是采取“3+2”或其他方式向经济较发达地区输送留学生或交换生；第三是服务于中资企业走出去，为所在国中资企业培训当地员工。因此，我们的国际交流与合作很大程度上依赖于大量的资金和设备投入，这在一定程度导致了各高职院校发展不平衡，经济条件好、资金保障充分，其国际交流与合作的范围就更大，内容也更多。

3．专业较为局限，交流与合作缺乏广度

通过相关调查了解到，引进的优质教育资源主要集中在机械制造、电子信息、汽车技术、商务四个专业类型；输出的专业类型主要集中在机械制造、电子信息、汽车技术、医护、建筑工程、能源动力与材料、电子商务等专业。从这些引进和输出专业类别分析，一方面是各高职院校开展合作的专业同质性强，结合本校专业资源特色不强；另一方面是没有在高新技术专业类开展互补性交流合作。

4．开放思路不宽，交流与合作国家或地区较为局限

通过相关调查我们了解到，国际交流与合作的主体对象分为两个方面：一方面是以美国、德国、加拿大、英国、澳大利亚、新西兰、新加坡等为主体的发达国家或地区，其主要合作内容集中在引进优质职业教育资源、引进标准、输出学生培养、输出教师培养；另一方面是以南非、肯尼亚、卢旺达、刚果、乌干达等为代表的非洲国家和以柬埔寨、老挝、缅甸、泰国、马来西亚、斯里兰卡、越南、巴基斯坦等为代表

的东亚和南亚国家，其主要合作内容集中在留学生招生、海外培训基地建设（鲁班工坊）、输出中国技术和标准、服务于中资企业走出去等。从合作国家的广度上看，局限性强，表现出了国际交流合作对“一带一路”倡议的支撑作用还不够。

5. 经费保障不足，限制了交流与合作的广度

离开了经费保障，无论“走出去”还是“引进来”都不能实现。目前大多数高职院校开展国际交流合作的经费均是从学校事业收费中划出一定比例来开展，这在很大程度上限制了国际交流合作的广度和深度。

四、高职院校国际交流合作的实现路径

（一）政府层面

1. 系统构建高职院校国际交流合作战略，服务于国家发展战略

随着我国综合实力不断增强，国际地位不断提升，以及经济全球化进程的加快，世界各国相互依存、协作共进将越来越多，国家利益已经不再局限于国境线以内，更多的是体现在与他国的竞争与协作的过程中，体现在各种国际规则、标准等的制订中，体现在参与国际事务的处理中。因此，处在百年未有之大变局中，高职教育必须充分把握好国际背景和国内现实，系统构建高职院校国际交流合作战略，系统制定实现这些战略目标的路径、方法及政策保障等。

第一是所制定的发展战略要指导各级政府及相关部门为实现战略目标提供协调配套的政策支持，要统筹好各区域高职院校国际交流合作的协调发展，要为各高职院校做优做强国际交流合作提供实质性支持。

第二是所制定的发展战略要以国家利益为首要，综合经济、文化等因素，让高职院校国际交流合作真正服从并服务于国家战略。

第三是所制定的发展战略既要从国家层面清晰高职教育的国际交流合作目标定位，也要围绕区域国际化发展目标，紧扣产业和人才这两个重点，形成系统支撑。

2. 完善高职院校国际交流合作平台建设，服务于高职院校“引进来”和“走出去”发展需要

通常我们所说的平台是指高于附近区域的平面，也常常引申为供人们施展才能的舞台或提供的环境条件。因此，从国家层面完善高职院校国际交流合作平台，其主要作用归集于以下三个方面。

第一是所搭建的平台是各高职院校实施高质量国际交流合作的基础。在全面深化职业教育改革，创新发展路径的大背景下，高职院校的要实现内涵提升，既要有一个基础的生存发展平台，又要有一个融入国际发展的大平台。各级政府层面搭建的平台不同，各高职院校所展现出来的发展能力也不同，平台不仅可以使各高职院校更快地融入国际发展大环境，还可以为高职院校高质量发展注入新动力。

第二是所搭建的平台是各高职院校共享国际交流合作资源的重要依托。习近平总书记提出的“构建人类命运共同体”得到了世界各国的广泛认同，融合发展已成为时代的主题，各级政府既可以统筹各政府职能部门的各类国际交流合作资源，形成国际交流合作的资源信息库，又可以充分发挥好各高职院校在办学中所形成的各类优势，形成高职院校与政府部门协同推进高质量国际交流合作的新格局。同时，由各级政府所统筹形成的这些资源一定程度可以成为协同推进区域经济高质量发展的利器。

第三是所搭建的平台是各级政府落实《国家职业教育改革实施方案》的现实举措。《国家职业教育改革实施方案》明确提出了“建设一批引领改革、支撑发展、中国特色、世界水平的高等职业学校和骨干专业（群）”，要实现高职院校建设达到“世界水平”就必然要融入世界职业教育发展的前沿。因此，平台既为各高职院校融入国际发展大环境提供了展示的舞台，而这个舞台，不只是简单的平台，同时也为之提供许多其他配套资源，降低了风险，增加了价值，这也是平台对各高职院校来说最为现实的作用之一。

3. 建立以职业资格证书为载体的就业准入制度，搭建国际职业资格标准融合立交桥

《国家职业教育改革实施方案》明确要求“借鉴国际职业教育培训普遍做法，制订工作方案和具体管理办法，启动‘1+X’证书制度试点工作”“国务院人力资源社会保障行政部门组织制定职业标准，国务院教育行政部门依照职业标准牵头组织开发教学等相关标准”，这些要求进一步明确了职业资格证书制度的核心在于确立职业教育的质量标准，建立起了职业教育与职业资格证书的紧密联系，同时各行各业严格执行职业证书的就业准入制度，这种制度打通了学历文凭、职业资格和就业准入三者之间的关系。因此，建立和完善我国的标准的同时，搭建与国际标准相融合的立交桥是各高职院校人才培养国际化的重要抓手。

第一，搭建与国际标准相融合的立交桥是各高职院校主动融入经济全球化的根本路径。既要有序选择引进，又要以国际通行的做法，利用行业、企业资源，整合国内力量，形成中国特色的国际标准。

第二，搭建与国际标准相融合的立交桥，各级政府要形成协同协调机制。如何实现学历证书、培训证书和职业资格证书的有效衔接，成为就业的制度导向，很大程度上需要政府部门主导，行业企业主动参与，各高职院校主动融入。

第三，搭建与国际标准相融合的立交桥，必须以当今世界先进技术和标准为重要参考。在制订这些标准的时候，既要充分彰显中国特色，又要参照世界职业分类的概念，借鉴发达国家的职业资格证书标准，使我们的教育标准和职业资格证书标准从制订之初，就与国际接轨，得到国际认可。

4. 建立起完善的资金保障机制，为各高职院校开展国际交流合作提供坚实支撑

高职院校要开展好国际交流合作，制度保障是先决，资金保障是基础。因此，建立起完善的高职院校国际交流合作，资金保障是实现可持续交流合作的重要支撑。

第一是建立政策性资金保障制度。重点是围绕高职院校举办高层次国际学术会议、引进海外高层次人才、海外办学、紧缺专业师资海外培训、学生海外学习、招收学历留学生等，形成完善的政策性支持制度。

第二是建立多方融合的资金筹集机制。就是各级政府积极组织和联动中资企业，支持高职院校配合中资企业“走出去”战略，搭建起政府、企业、行业组织和高职院校“四方协同”的国际交流合作资金筹集机制。比如，由政府主导，由高职院校为中资企业的海外工厂开展“订单培养”等。

（二）高职院校自身层面

1. 精准人才培养目标，树牢开放办学理念

高职教育的国际化发展是经济全球化的必然选择，培养具有国际视野和国际竞争力的技术技能型人才是服务于国家发展战略责任和使命，因此，高职院校开展国际交流合作，既要着眼当前学校的建设和发展，又要落实人才培养的目标定位，既要关注区域经济、产业的发展需求和动态，又要关注国际职业教育和产业变革的方向。因此，精准人才培养目标，树牢开放办学理念，以更开放的胸怀、更高远的谋略，规划好自身的国际交流合作，才能在未来的竞争发展中脱颖而出。

2. 站高看远谋划，完善管理机制

一方面是要紧紧抓住国家开放发展战略和“一带一路”倡议，围绕融入国际发展大格局、培养具有国际视野的师资、更新职业教育理念、引进世界优质职业教育资源、输出中国技术和中国标准，形成适合高职院校自身发展需要的国际交流与合作规划，这是推进高质量交流与合作的基础；另一方面是要根据目标任务，形成完善的管理机制和制度保障体系。

3. 选好交流合作路径，提升交流合作广度

第一是与发达国家的交流合作，重点是在优质职业教育资源引进和整合上要高起点、高标准。高起点就是要与世界发达国家的优秀高校或科研院所开展好交流合作，在交流合作中创新，实现建设世界一流职业教育的目标；高标准就是要在交流合作过程中，既要善于引进标准，又要善于合作开发标准，既要用优质的标准了指导专业建设，又要在整合和优化标准过程中深化内涵建设。

第二是与欠发达国家的交流合作，应紧扣“坚定不移地输出中国技术和中国标准，坚定不移地建设海外培训基地服务中资企业走出去，坚定不移地按照‘中文+职业技能’的模式开展交流合作”来落实交流合作内容。

4. 紧扣自身发展需求，拓展交流合作深度

高职院校开展国际交流合作的最本质的需求就是不断提升内涵建设水平，不断推进世界职业教育高质量发展。因此，在拓展交流合作深度上应落脚于三个方面。

第一是要建立起国际化的人才培养体系。这就要求在人才培养标准、师资队伍、

课程体系、教学模式等方面，全面与发达国家的职业教育标准接轨。

第二是形成引领世界职业教育发展的代表。这就要求既要与国际标准接轨，又要在此基础上形成高水平的中国特色，既要创新应用优质的资源和标准，又要善于创新、提升这些标准。

第三是在推进世界职业教育高质量发展过程中，既要与发达国家开展广泛的交流合作，又要与欠发达国家和地区开展深度交流合作，既要把合作办学、合作科研做深，又要在服务“一带一路”上彰显中国职教优势。

5. 突出自身优势，形成交流合作特色

第一是结合高职院校自身专业优势，打造国际交流合作特色。重点是紧扣自身专业优势，打造具有国际影响和广泛认可的专业标准、课程标准和职业资格标准，形成中国职业教育国际化品牌。

第二是把握高职院校区位和经济发展优势，形成国际交流合作新模式。重点是围绕产业链、创新链和人才链，结合区域优势，转变国际交流合作模式和方向，既要从“引进来”中，着力深化教育和科研合作，也要在“走出去”中，善创新。着力创新交流合作模式，深化在内涵建设上的交流合作，形成相互依存的共生发展新模式。

第三是要紧扣建设世界命运共同体，增强国际交流合作活力。

6. 融入世界发展格局，服务“走出去”战略

第一是主动参与政府间项目或国际民间组织，融入世界职教联盟。2021年，习近平主席在上海合作组织成员国元首理事会第二十一次会议上提出“中方将设立中国—上海合作组织经贸学院”；在金砖国家领导人第十三次会晤上提出“建立金砖国家职业教育联盟和举办职业教育技能大赛”。这一系列的重要部署和安排，为高职院校融入世界教育发展格局指明了方向，并奠定了发展基础。

第二是主动对接中资企业，服务“走出去”发展需求。随着我国中资企业走出去战略进程的不断加快，国际产业和产能合作日益深化，这将大幅度增加所在国技术技能型人才的需求，这为高职院校实施高质量的国际交流与合作提供了前所未有的发展机遇。高职院校服务中资企业走出去，既要为中资企业所在国培养技术技能人才，满足企业需求，又要着眼长远，建立起以中国技术和中国标准为基础的完善的当地人才持续培养体系。

第三是多元交流合作，打造国际人才培养新高地。多元交流合作就是要紧紧围绕我国教育对外开放全球布局，结合高职院校自身发展实际，形成层次清晰的国际人才培养体系。一方面是与发达国家和组织之间的合作，重点是在开展技术研究、合作开发职业技术标准、合作开发课程体系和课程标准、开展跨文化交流等方面，形成合作交流新空间；另一方面是与欠发达国家和地区的交流合作，重点是通过经验分享、发展合作、对外援助等，打造海外培训基地（鲁班工坊）等教育品牌，为深化与合作国的合作内涵提供人才和智力支撑。

第七章

路径之实现：推进高质量发展的十个维度

——第一节——
加强治理体系与治理能力建设

党的十八届三中全会提出，全面深化改革的总目标是完善和发展中国特色社会主义制度、推进国家治理体系和治理能力现代化。党的十九届四中全会通过了《中共中央关于坚持和完善中国特色社会主义制度，推进国家治理体系和治理能力现代化若干重大问题的决定》，充分反映了新时代党和国家的新要求和人民的新期待。高校治理现代化是国家治理现代化的重要组成部分，也是高校深化内涵发展和内部治理结构改革，推进高质量发展必然需求。地方高职院校是由地方政府主办的专科层次、职教类型的教育机构，如何积极探索结合地方实际、学校实际推进治理体系与治理能力现代化进程，有效服务地方经济社会发展，为地方培养更多很好的技术技能人才，是地方高职院校推进内部治理改革的一个重要课题，也是治理体系与治理能力现代化建设中一个重要领域。

一、治理内涵与治理目标

（一）概念

这里所涉及的概念包括治理、治理体系、治理能力、现代化等，其中，核心概念是治理。

1. 治理

中国古代对“治理”有多重释义，其基本的释义是管理和统治，《孔子家语·贤君》说“吾欲使官府治理，为之奈何?”《汉书·赵广汉传》说“壹切治理，威名远闻。”均体现了这个含义，也体现了国家治理的意义。同时，也可表现国家统治的道理和统治的成绩等含义。

而在西方学术语境中，“治理”一词首先在经济学领域使用，进而进入政治学、管理学、社会学等领域，广泛应用于公共事务管理。在商业领域，指公司等商业组织中的管理方式和管理制度；在公共管理学中，则认为治理就是一定的秩序和导向性、约束性；而在政治学领域，治理是指政府在一定理念基础上，应用国家权力和一系列的法律法规来管理国家和人民。这些理论都可以归结为一个基本理念：治理就是在一定活动领域里的管理机制。

联合国全球治理委员会（CGG）对治理进行了定义：各种公共的或私人的个人和机构管理其共同事务的诸多方法的总和，是使相互冲突的不同利益得以调和并采取联合行动的持续过程[①]。这个定义包含了几个重要特征：治理是社会组织中成员之间的互动，是双向的而不是单向的；治理是多元的，而不是一元的；治理重要的不是控制，而是协调；治理是一个过程。

治理的运行模式是“多元共治”。从定义可知，一个社会组织中的成员，不是单纯单向的控制性管理，这个社会组织中相关的各利益主体，均能围绕共同的目标和愿景参与组织的治理，各治理主体是平等的，基于相关利益的诉求，成员之间双向互动、协商协调，“治理主体通过平等协商达成一致的公共目标”[②]。因此，治理的主体是多元的，是人人参与和共同治理，通过协调来完成治理。

治理的基础是“依法”。2020年11月16日，习近平总书记在中央全面依法治国工作会议上讲话时指出：“法治是国家治理体系和治理能力的重要依托。只有全面依法治国才能有效保障国家治理体系的系统性、规范性、协调性，才能最大限度凝聚社会共识。”法制是治理的前提，也是治理的基础，治理只能是以法律和制度为依据，依法依规地进行。

治理的目标是“善治”。善治即良好的治理。老子在《道德经》中首次提出“正善治”的观点，表明善治历来是中华民族的优良传统和美好愿望。2018年8月24日，习近平总书记在中央全面依法治国委员会第一次会议上的讲话中指出：“使社会主义法治成为良法善治，引导全社会崇德向善。”推进治理体系和治理能力现代化，就是要在坚持中国特色社会主义制度的基础上，通过“良法”而达成现代化的“善治”。

在当今中国，治理的概念和理念已经被国家和社会广泛接受，十九届四中全会把推进治理体系和治理能力现代化上升到党和国家层面，成为我国推进民主政治，推进依法治国，不断深化制度自信的重要内容。

2. 治理体系、治理能力、现代化

治理是社会组织中的管理机制，而机制本身是隐性的，必须通过显性的制度来实现。因此，治理体系就是社会组织实现治理的一系列系统的、科学的治理制度。治理能力则是执行这些制度的能力，是能否达到“善治”目的的能力和水平。现代化则是在中国进入新的发展阶段后，特别是“两个一百年”奋斗目标和中华民族伟大复兴的大局下，对治理体系和治理能力建设设定的目标，也就是“善治”的具体含义。

（二）中国特色高校治理体系与治理能力建设的内涵与目标

1. 内涵

高校治理是国家治理的重要组成部分，也是治理体系和治理能力现代化建设的必然要求。全面推进治理体系和治理能力现代化，也包括教育的治理体系和治理能力现

① 张银．治理导向下的内部审计与国家审计关系研究［D］．蚌埠：安徽材经大学，2014：1.

② 宋建军，宋扬．高校内部治理结构改革的依据、动因与路径选择［J］．江苏理工学院学报，2016（10）：90-93.

代化。高校应该在中国特色社会主义制度总体框架下，加强学校内部治理改革，构建具有中国特色和本校特征的治理体系，促进学校治理能力的提升。

根据前述对治理的定义，高校治理可以概括为：针对高校治理结构和治理要素，在坚持中国特色社会主义基本制度和遵守法律的前提下，构建具有中国特色的体系化的治理制度，并严格执行，达到良好的治理效果。这些治理要素，包括学校性质、领导体制、决策机制、管理运行、绩效评价等，以要素为单位建立系统完整的治理制度，确定相应责权利，形成科学合理的人权、事权、财权治理结构，达到渠道通、运行畅、效能高的治理效果。

2. 目标

教育的基本问题是“培养什么人、怎样培养人、为谁培养人”的问题。中国特色社会主义教育的根本任务，党的教育方针做出了非常明确的表述。习近平总书记在2018年全国教育大会上的讲话中指出：“我国是中国共产党领导的社会主义国家，这就决定了我们的教育必须把培养社会主义建设者和接班人作为根本任务，培养一代又一代拥护中国共产党领导和我国社会主义制度、立志为中国特色社会主义奋斗终生的有用人才”。

这个根本任务的具体体现，习近平总书记在2018年全国高校思想政治工作会议上的讲话中将其归纳为“四为服务”，即：为人民服务，为中国共产党治国理政服务，为巩固和发展中国特色社会主义制度服务，为改革开放和社会主义现代化建设服务。实现“四为服务”的基本途径，也是高等教育的基本功能，就是高校的“人才培养、科学研究、社会服务、文化传承与创新、国际合作交流”这“五大功能”。

推进高校治理体系和治理能力现代化，是服务于这个根本任务的，治理改革不是目的，而是手段。因此，中国特色高校治理体系与治理能力建设，必须围绕教育的根本任务，围绕“四为服务”和立德树人，围绕培养德智体美劳全面发展的社会主义建设者和接班人来展开。

（三）地方高职院校治理体系和治理能力建设的定位与目标

1. 高职院校治理体系与治理能力现代化是高校治理体系与治理能力现代化的重要组成

2019年，国务院颁布《国家职业教育改革实施方案》，第一次把职业教育作为一种独立的教育类型，明确了职业教育的定位，也明确了职业教育肩负的重要使命和任务。高职院校是中国高校的重要组成部分，承担了与普通高等教育并行的培养高素质技术技能人才的重要任务。高职院校的治理体系和治理能力现代化，是中国高校治理体系和治理能力现代化的半壁江山，不可或缺、不容忽视。

2. 地方高职院校是高职院校的重要组成

在中国职业教育体系中，地方（即市州级城市）政府举办和管理的高职院校占了很大比例，与省属、行业属、企业举、民办高职院校相比，具有管理主体、管理体制、运行机制、运行经费支持、专业设置、服务面向等多方面的明显区别。对地方高职院校而言，其本土性、本地化特征非常明显，其举办者和管理者是地方政府，其办学支持也主要靠地方政府，其专业设置具有明显适应本地产业的特征，其科技与社会服务对象多数为当地产业和企业，其培养对象也以本地本省为主，他们培养社会主义建设者和接班人的具体任务，在国家层面是立足当地服务国家战略，在地方层面是服务当地经济社会建设与发展，在学校层面是主要针对当地产业培养高素质技术技能人才。

3．地方高职院校推进治理体系和治理能力现代化的目标

综上所述，地方高职院校承担着国家层面、地方层面、学校层面的职业教育任务，因此，高职院校的治理，就要围绕这三个层面来思考与探索，尤其是要紧扣服务地方经济社会发展这个关键任务——这是其地方属性所决定必然要求——来开展。在国家层面，有党和国家制定的关于教育和职业教育的大政方针，以此作为学校办学的基本遵循，是决定了各级各类学校在治理上有其必然共性。在地方层面，各地经济发展水平、产业结构布局、社会文化特色均存在显著差异。地方高职院校作为地方经济社会发展的重要支撑力量，需紧密贴合当地实际情况。既要精准对接地方产业需求，动态调整专业设置，为地方产业升级转型培养适配的高素质技术技能人才，也要积极参与地方社区教育、技能培训等社会服务，提升当地居民的职业技能和综合素质，促进地方文化传承与创新，助力地方社会和谐发展，更要深度融入地方发展，充分彰显地方高职院校的独特价值，这是地方高职院校治理体系和治理能力现代化进程中不可忽视的关键维度。在学校层面，青年学生所处的时代背景、社会背景，学生的年龄特征、心理特征、行为特征，高职院校学生的文化基础、专业基础等，也在全国范围内具有较大的共性，也使各级各类学校在治理上产生了较大的一致性。让地方高职院校在治理中与其他类别学校产生差异，从而必须差异化治理的因素有以下两点。

第一是职业教育作为类型教育产生的差异。职业教育作为与普通教育并行的独立类型教育，其人才培养的主要指向是为培养高素质技术技能人才的实施的教育，其侧重点是应用性、技能型，注重实践能力。《中华人民共和国职业教育法》在对职业教育做出定性时，所使用的“坚持立德树人、德技并修，坚持产教融合、校企合作，坚持面向市场、促进就业，坚持面向实践、强化能力”表述明确地讲明了这一点。这是和普通教育是有显著区别的，特别是和普通高等教育的学科型、研究型必须明显分野，避免人才培养规格的重叠，也避免高职教育和高职院校成为“简化版的高等教育”和“简化版的大学”。

第二是地方高职院校的“地方性”产生的差异。按照国家高职教育的布局，几乎在每一个市州都布局了至少一所由地方政府主办的高职院校，其目的很明显，就是要服务地方经济社会发展。这就决定了地方高职院校必须围绕当地来办学，要办到“当地离不开”的程度。而不同的省份和市州，其经济发展状况、产业结构状况、主导产业布局、

市级财政水平、专业需求和人才需求状况，乃至管理体制机制、地方治理理念和治理水平，甚至官员的视野、格局、能力、水平等，甚至还包括当地的社会文明程度、社会观念、社会风俗、对职业教育的理解和认同等，都是参差不齐的。这就决定了每个地方高职院校的发展都是一局全新的棋，其治理也是一局全新的棋，需要“棋手们”探求规律、对症下药、常思常新，体现出地方高职院校在治理上的地方性、独特性。

所以，地方高职院校的治理目标，就是要以上述共性特征和差异性特征为目的，重构内部治理体系，建立适应高质量发展的制度体系，提高治理能力，从而达到地方高职院校的“善治”目标。

二、当前地方高职院校治理中存在的主要问题

（一）地方高职院校与主办方关系没有理顺

地方高职院校通常是由地方政府举办，党政官员主要由地方政府选任，学校依靠地方政府运行，也是由地方政府管理。这样的体制决定了学校对地方政府的依赖性是很强的。同时，也是因为这样的体制，地方政府对学校运行的控制力很强，“放管服”往往落实不到位，“政府在管理过程中存在着错位、越位和缺位的现象，学校自主发展和自我约束能力不足，机制不健全、不完善”[①]。因此，必须理清学校和政府、社会之间的管理，建立起一种新型的政校关系，才能实现地方高职院校从管理向治理的转型。

（二）地方高职院校尚未实现从管理向治理的转变

从治理的定义和特征来看，其“多元”“双向”“协调”等主要特征，在很多地方高职院校中并未真正实现，仍然属于一种单纯的管理性质，未能实现向“治理”的转型转变。第一，管理权力一枝独大，占据了管理结构的金字塔尖，校园内的其他主体基本处于从属地位。第二，基于此原因，管理的导向与管理权力的指向都是单向的，处于从属地位的其他主体无法与管理权力开展相对平等的对话和互动，只能被动执行和服从，这样的绝对单向性必然导致权力的失衡，甚至引起管理权力失去监督而失控。第三，因为管理权力的强势，从而使管理层在行使管理权力时，具有说一不二的控制性，解决问题和推动工作都是依靠行政指令，缺乏多元治理主体之间的协商协调，导致管理制度刚性有余、人本不足，甚至影响到校园和谐。

（三）地方高职院校内部治理结构不合理

在高校中治理结构中有两个基本权力，即行政权力和学术权力。理想的高校治理

---

① 宋建军，宋扬．高校内部治理结构改革的依据、动因与路径选择［J］．江苏理工学院学报，2016（10）：90-93.

模型中，这两者应当是权责清晰、各司其职、协调配合的，但由于地方高职院校的行政化迹象明显，基本上行政权力是远远强势于学术权力，学术权力往往依附于、服从于行政权力，或者是学术权力在发挥其作用时带有明显的行政色彩。行政权力和学术权力的不协调和失衡，导致地方高职院校专业水平和科研水平的提升受到限制，创新思维和创新能力无从发挥，不利于长远发展。尤其是地方高职院校基本由原来地方管理的中专校升格而成，本身学术水平和学术能力有限，虽然经过了20年左右的发展，但其学术能力提升仍然不足，在学术界话语权不高，也缺乏一大批有影响力的学术专家，其学术权力都行政权力的依附更加明显。

（四）地方高职院校内部运行机制创新性不足

地方高职院校作为地市级城市的一个事业单位，接受地方事业机构编制管理，其内部组织结构与政府机关高度同构，属于“科层制”管理模式①，支撑其运行的行政系统基本上执行政府机关规则与惯例（这一点与资深的本科大学有明显的区别），这导致地方高职院校内部的管理运行泛行政化的迹象非常明显。而且，其内部管理机构由于高度相似于地方机关，部门设置过多过细，造成职能重叠、人浮于事、职责不明等问题也比较严重。在内部运行与管理中，容易出现权力集中在上，责任和压力在下，二级学院基层组织的权力和自主性不足，造成教育教学一线的活力不足、动力不够。

上述问题是存在于地方高职院校治理中的深层问题，此外尚有制度制定的科学性不够、治理主体的素质能力不足甚至掺杂私心杂念、治理过程中走样变形等技术层面和操作层面的问题，且不同的院校也存在各自不同的个性问题，千变万化、不一而足。

三、地方高职院校治理体系与治理能力建设的基本框架

（一）逻辑起点：从管理向治理转变

要实现治理能力现代化，首先要实现真正的治理，这是显而易见的逻辑关系。地方高职院校治理改革的首要任务就是从“管理”向“治理”转变。习近平总书记在参加十二届全国人大二次会议上海代表团审议时的讲话中指出：“治理和管理一字之差，体现的是系统治理、依法治理、源头治理、综合施策。”这是对政府转变职能提出的系统性要求，同样也是对高校治理提出的要求。

那么，地方高职院校应当怎样从管理向治理转变呢？按照问题导向的原则，在原有的管理结构中，缺什么就补什么，哪里有问题就转哪里。因此，要按照前述关于治理的“多元共治、双向互动、依法办学、协调治理”等几个特征，从治理理念、体制

① 科层制由德国社会学家马克斯·韦伯提出，是指社会组织内部职位分层、权力分等、分科设层、各司其职的组织结构形式及管理方式。

机制、制度建设、能力提升等全方位从管理向治理转变。这是实现治理能力现代化的起步、关键一步，这一步说起来容易，但实践起来很困难。

（二）基本原则

推进地方高职院校治理体系和治理能力现代化应当遵循以下基本原则。

1. 坚持社会主义办学方向原则

"君子务本，本立而道生"，中国教育的"本"，就是社会主义办学方向。在全国教育大会上，习近平总书记强调，"我国是中国共产党领导的社会主义国家，这就决定了我们的教育必须把培养社会主义建设者和接班人作为根本任务"。既然教育之本是社会主义办学方向，自然，高校治理就要为这个根本任务服务，也就要以坚持社会主义办学方向为本，把"四个服务"作为根本要求，把坚持社会主义意识形态作为根本特征，把教师队伍建设作为根本依靠①。

2. 坚持党的全面领导原则

"东西南北中，党是领导一切的"，坚持党的领导是中国特色社会主义最本质的特征，坚持党的领导是中国特色社会主义事业兴旺发达的根本保证。我们的教育事业，是党领导下的教育事业，是新时代中国特色社会主义教育事业，我们的学校是党领导下的学校，是新时代中国特色社会主义的学校②。这是我们最大的政治优势、制度优势，也是根本政治保证。

3. 坚持依法治校原则

法治是现代政治文明的重要特征，也是党和国家对高校治理的基本要求，"只有规制、法度才具有共性抽象、整体治理、规则行事的功能"③，依法治国、依法治教、依法治校，这是一脉贯通从大到小的现代治理理念。对此，党和国家陆续制定颁布了《全面推进依法治校实施纲要》《中华人民共和国教育法》《中华人民共和国高等教育法》《中华人民共和国职业教育法》《高等学校章程制定暂行办法》《学校教职工代表大会规定》《高等学校学术委员会规程》《高等学校信息公开办法》《中国共产党普通高等学校基层组织工作条例》一系列的法律法规和制度，为高校的依法治校提供了遵循依据。

4. 坚持主体性原则

教育是针对人的事业，教育者与被教育者都是具有生命、思想、人格、尊严的鲜活的人，教育的终极目标是实现"人的自由而全面的发展"。在教育世界中，教育者（教育举办方、学校、教师）和受教育者（家长、学生）是教育的必然主体，也就成为

① 教育部课题组. 深入学习习近平关于教育的重要论述［M］. 北京：人民出版社，2019：71-79.

② 同①32.

③ 秦德君等. 推进我国高校治理能力现代化的若干思考［J］. 东华大学学报（社会科学版），2014（6）：53-57.

学校治理的必然主体，任何教育主体在教育世界中都是必须且平等的，都应当充分尊重其主体性、激发其主体性。这也是体现了党和国家“以人民为中心”的治国理念。因此，包括地方高职院校在内的任何教育机构都应当坚持教育的主体性，建立“以学生为中心、以教师为根本”的理念并彻底贯彻这个理念。

5. 坚持效能提升原则

有了正确的方向和科学的框架，下一步的关键就是坚决落实和提升效能。没有坚决的执行力和良好的执行效能，再好的体制、机制、制度都是空谈。一方面，要落实社会主义办学方向和党的全面领导，按照“治理”的理念构建起地方高职院校的制度体系，建立起秩序和规范。另一方面，所有治理主体都应当提升站位、强化认识，自觉遵守制度，强化制度执行，提升制度执行效能，避免夸夸其谈、纸上谈兵。

（三）治理结构

高校基本治理结构，包括政治权力、行政权力、学术权力、民主权力四个基本要素。地方高职院校也如是。

1. 政治权力

政治权力是指高校的党组织实现党的全面领导的权力和能力。中共中央办公厅于2014年10月印发的《关于坚持和完善普通高等学校党委领导下的校长负责制的实施意见》明确了党委职责，即“高等学校党的委员会是学校的领导核心，履行党章等规定的各项职责，把握学校发展方向，决定学校重大问题，监督重大决议执行，支持校长依法独立负责地行使职权，保证以人才培养为中心的各项任务完成。”地方高职院校党组织一般由地方党委任命和管理，执行省委教育工委和地方党委命令，确保正确的办学方向，党的教育方针和中央、省委、市委重大决策部署在学校中贯彻落实，指挥带领校内各级基层党组织、各部门及全体师生，有效服务地方经济社会建设发展和高素质技术技能人才的培养。按照党的组织原则，政治权力的实施采用民主集中制的原则，实行党委集体领导。

2. 行政权力

行政权力是指高校行政管理领导及行政管理部门，以行政管理体制为基础，以履行行政管理职能为目的，根据自身业务范围依法依规行使行政管理的权力和能力。行政管理一般采用首长负责制，于学校而言，校长（院长）具有最终裁决权，于行政职能部门而言，部门主要负责人具有最终裁决权。《关于坚持和完善普通高等学校党委领导下的校长负责制的实施意见》明确了校长（院长）的职责，即“校长是学校的法定代表人，在学校党委领导下，贯彻党的教育方针，组织实施学校党委有关决议，行使高等教育法等规定的各项职权，全面负责教学、科研、行政管理工作。”

3. 学术权力

学术权力是指高校的专家学者依据其学术水平和学术能力，对学术事务和学术活动施加影响和干预的力量。学术权力是大学治理结构中的重要组成，但其权力行使领域为学术领域，在高职院校中主要是在专业技术、科学研究与科技创新、学术规范、学术诚信、学风建设等方面。《关于坚持和完善普通高等学校党委领导下的校长负责制的实施意见》也对学术权力进行了界定："加强学术组织建设，健全以学术委员会为核心的学术管理体系与组织架构，合理确定学术组织人员构成，制定学术组织章程，保障学术组织依照章程行使职权，充分发挥其在学科建设、学术评价、学术发展和学风建设等方面的重要作用，积极探索教授治学的有效途径。"

4．民主权利

民主权利是指高校的教职工对学校各项事务的知情权、参与权、表达权、监督权以及在政治生活及行政管理中的选举权与被选举权等。教职工代表大会、工会是教职工行使民主权利的法定机构，《关于坚持和完善普通高等学校党委领导下的校长负责制的实施意见》指出："发挥教职工代表大会及群众组织作用，健全师生员工参与民主管理和监督的工作机制。实行党务公开和校务公开，及时向师生员工、群众团体、民主党派、离退休老同志等通报学校重大决策及实施情况"。此外，师生也可通过口头、书面、网络等形式反映自身对学校事务的意见和建议，通常，不同高校也会建立一些便于师生反映诉求的机制和渠道，意见箱、书记院长直通车等，直接接受师生反映问题，提出意见和建议。

四、治理体系的基本构成

地方高职院校治理体系的基本构成包括组织体系、制度体系、运行体系、评价体系四个基本组成，分别涵盖了地方高职院校的治理主体、治理框架、治理实施和治理效果四个方面，构成了地方高职院校的治理逻辑与治理进程。

1．组织体系

组织体系体现了地方高职院校治理的权力结构和权力主体（也即治理主体）。"大学组织体系是以权力为基础的组织机构设置、职能布局和权力配置。"[①]简单地说，就是地方高职院校治理中有哪些权力以及由哪些组织机构来行使这些权力。比如，教学工作由教务处行使权力，学生管理由学生处行使权力等，这些组织机构就构成了地方高职院校的组织体系，也构成了相应的治理主体。在中国，党和国家对高校的组织体系做出了规定，形成了党委、行政、教学、科研、学生、后勤、群团、工会等一套完整、完善的组织结构和相应的治理主体。

2．制度体系

制度体系是地方高职院校根据治理理念实施治理的基本框架和具体治理的标准。

① 李立国．大学治理的基本框架分析——兼论大学制度和大学治理的关系［J］．大学教育科学，2018（3）：64-70，124.

再先进的治理理念，都需要有具体的制度体系和制度才能落地实施，因此，制度体系也就成了地方高校治理的显性体现，是承天（理念）接地（实施）的关键中间环节，要实现地方高职院校科学高效的治理，取决于建立一个科学合理的制度体系和一整套科学合理的制度。这个制度体系包含了三个层面：一是基本制度，是体系中处于根本性和长久性的制度，这些制度是党和国家已经设计安排好的，取决于国家政治制度、国家的法律法规、政府的制度设计，是大学必须服从的制度，是制度体系的基石。如社会主义办学方向、党委领导下的校长负责制等。二是基础制度，是体系中强调稳定性和适用性的制度，是地方高职院校根据自身实际设计的体现本校的治理规则与程序的重要制度，是自主和主动的主体性制度，是制度体系的“四梁八柱”。如学院章程，党委、行政的议事规则等。三是具体制度，是地方高职院校实施治理的具体规章、政策，是基本制度和基础制度在教育教学、科研、管理等各领域的具体体现和实施细则，体现了地方高职院校的治理能力和治理水平。

3. 运行体系

运行体系是地方高职院校各项制度的具体实施过程和功能发挥效果的掌控，也即地方高职院校通过贯彻执行制度体系实现治理的实施路径。这个环节是大学能否实现科学高效的关键环节，再好的治理理念、再科学完善的制度，也只能通过运行实施才能实现。组织体系中的各个治理主体，按照既定制度执行和实施，并在过程中不断反馈制度体系的优劣，以对制度进行修正和完善，提高治理效果。前边讲到的现代大学治理的内涵和特征，都是运行体系在具体实施过程中必须遵循的原则，否则，就会出现制度形同虚设、令行不能禁止、执行出现偏差等问题，甚至出现南辕北辙、方向性的严重错误。

4. 评价体系

评价体系是地方高职院校开展治理的成效检验的方式和结果运用，也就是治理的绩效评估。通过治理评价，起到监督、引导、规范、矫正、推动等作用，其中，引导、规范、推动作用是评价体系最重要的价值体现。国际上对大学治理的指标体系有过很多研究和实践，如世界银行制定的“大学治理筛选卡”，就确定了“目标、管理、自治、问责、参与度”5个评价维度。在中国，包含地方高职院校在内的大学治理的目标是达到“善治”，因此，中国的大学治理评价体系的建立也应当以实现“善治”为目标，围绕“善治”设计一整套评价指标体系，这套评价体系要体现社会主义办学方向，体现党和国家的教育方针、体现立德树人根本任务、体现“以学生为中心、以教师为根本”的办学理念。

五、治理的基本理念

地方高职院校治理的基本理念，属于治理体系的制度体系中“基本制度”范畴，由党和国家确定。中国特色现代大学治理和大学制度体系建设是中国特色社会主义制度体系的重要组成部分，本质特征体现在党对高校的全面领导上，具体体现为“党委领导下的校长负责制”在我国大学治理中具有根本性、决定性和指导性地位，是我国现代大学制度与其他大学制度的本质区别。对此，《关于坚持和完善普通高等学校党委领导下的校长负责制的实施意见》做出了明确规定，其理念归纳起来，就是“党委领导、行政负责、专家治学、民主管理”。我们从文件中能够精准理解和深刻领会这个治理理念的内涵。

1. 党委领导

关于“党委领导”，《关于坚持和完善普通高等学校党委领导下的校长负责制的实施意见》规定“高等学校党的委员会是学校的领导核心，履行党章等规定的各项职责，把握学校发展方向，决定学校重大问题，监督重大决议执行，支持校长依法独立负责地行使职权，保证以人才培养为中心的各项任务完成。”明确了党的全面领导。习近平总书记在全国高校思想政治工作会议上强调：“高校党委对学校工作实行全面领导，承担管党治党、办学治校主体责任，把方向、管大局、作决策、保落实。”

2. 行政负责

关于“行政负责”，行政管理的规则是首长负责制，大学生的行政首长是校长，《关于坚持和完善普通高等学校党委领导下的校长负责制的实施意见》规定“校长是学校的法定代表人，在学校党委领导下，贯彻党的教育方针，组织实施学校党委有关决议，行使高等教育法等规定的各项职权，全面负责教学、科研、行政管理工作。”明确了校长的具体责任。

3. 专家治学

关于“专家治学”，《关于坚持和完善普通高等学校党委领导下的校长负责制的实施意见》规定“加强学术组织建设，健全以学术委员会为核心的学术管理体系与组织架构，合理确定学术组织人员构成，制定学术组织章程，保障学术组织依照章程行使职权，充分发挥其在学科建设、学术评价、学术发展和学风建设等方面的重要作用，积极探索教授治学的有效途径。”职业教育是一种与普通教育同等重要的独立的类型教育，具有重技能、重实践、重服务产业、重产教融合的典型特征，不仅需要学术、更加需要技术，不仅强调学科建设，更加强调专业建设，不仅重视教授，更加重视包括企业专家、能工巧匠在内的技术技能专家。

4. 民主管理

关于“民主管理”，《关于坚持和完善普通高等学校党委领导下的校长负责制的实施意见》规定“发挥教职工代表大会及群众组织作用，健全师生员工参与民主管理和监督的工作机制。实行党务公开和校务公开，及时向师生员工、群众团体、民主党派、离退休老同志等通报学校重大决策及实施情况。”确定了大学治理的多元主体和参与方式与途径。

六、地方高校治理体系与治理能力现代化的实现路径

地方高职院校推进治理体系和治理能力现代化的路径和举措主要包括以下几个方面。

（一）坚持党的全面领导，牢牢把握领导权

坚持党的领导，是中国特色社会主义道路的最本质特征。作为社会主义的高校，坚持党的全面领导是学校必须坚守的政治本色，也是办好社会主义高校的根本保证。地方高职院校要推进治理体系和治理能力现代化，必须坚持以马克思主义为指导，坚持社会主义办学方向，全面贯彻党的教育方针，必须始终坚持党的全面领导，牢牢掌握党对高校工作的领导权，教育引导广大干部师生增强“四个意识”、坚定“四个自信”、做到“两个维护”，深刻领悟“两个确立”的决定性意义，把党的领导落实到办学治校各方面各环节，确保党的路线方针政策在学校得到不折不扣的贯彻，使学校成为坚持党的领导的坚强阵地。这一点，所有教育工作者、全体师生在任何时候、任何环境、任何变化面前都不能有丝毫动摇。

要贯彻落实这样的办学方向，其根本在于必须真正全面贯彻落实《中国共产党章程》以及党中央国务院《中共中央关于加强党的政治建设的意见》《中国共产党支部工作条例（试行）》《中国共产党普通高等学校基层组织工作条例》《关于坚持和完善普通高等学校党委领导下的校长负责制的实施意见》《高等学校章程制定暂行办法》《中共中央、国务院关于全面深化新时代教师队伍建设改革的意见》《中共中央、国务院关于加强和改进新形势下高校思想政治工作的意见》等根本制度和重大制度，真正落实习近平总书记强调的“为人民服务，为中国共产党治国理政服务，为巩固和发展中国特色社会主义制度服务，为改革开放和社会主义现代化建设服务”的“四个服务”的重托，承担起为“为党育人、为国育才”的重任。

（二）坚持依法治校，在法律的框架内实施办学行为

法治是现代文明社会的重要特征之一。当今中国已经在“依法治国”的法治化轨道上走出了坚定的步伐，地方高职院校也应当坚持在“依法治校”上走实走深。第一，教育现代化和教育法治化是统一的同向关系，教育法治化是教育现代化的重要特征，教育现代化必然伴随教育法治化，同时，教育法治化是实现教育现代化的重要保障，没有教育法治化，就无法实现教育现代化。第二，地方高职院校治理体系与治理能力建设必须牢固树立法治意识，治理体系的构建、制度建设、治理的实施与改革，都必须遵循中国法律法规，在法律的框架下实施办学行为，法定职责必须为、法有禁止不可为、法有授权方可为。第三，用法治思维去引领推进高校治理体系和治理能力现代化建设。构建一所学校的制度体系，犹如一个国家构建法律体系，地方高职院校制度体系的建设与治理能力提升，必须立足法治思维，依法治校。

（三）营造有利于地方高职院校治理的内外环境

1. 理顺学校和地方政府的关系

地方高职院校都是地方政府主办，作为主办方，地方政府对地方高职院校具有绝对

的领导权和管理权，同时，地方政府又需要获得地方高职院校在地方经济社会发展特别是产业发展中的重要支撑，包括技术支持、智力支持、人才支持等。地方高职院校既要服从于政府，更要服务于政府，才能获得自身良好的发展。而在实际运行中，往往存在重视程度不够、政策支持不足、管得过多过死、行政色彩浓厚等问题，带来地方高职院校自主性不足、主动性不强、活力不够、创新不足等问题，特别是在人事管理。对此，地方政府积极推进“放管服”，转变政府职能就成了理顺政府与学校关系的重要因素。原中国高等教育学会会长瞿振元教授提出了政府职能的三个转变：“一是在工作理念上实现从以管理为中心转向以服务为中心。二是在工作方式上实现由单纯的行政管理转向综合运用法律、规划、政策、公共财政、信息服务等积极引导和支持学校发展。三是调整行政行为空间，政府简政放权，给高校更大自主权，激发基层活力。”[①]

2. 理顺学校和社会的关系

教育的社会性决定了学校（教育主体之一）与社会（教育环境）具有密不可分的关系，社会一定是职业教育的参与者而不是旁观者，职业教育的任何活动都会引进社会的互动，要积极引导社会与职业教育形成一种积极的和谐共生关系。首先，要建立起社会的职业教育的认同。长久以来，传统的“学而优则仕”观念造成对职业教育的偏见，学生往往因为在普通教育的路上走不通，才退而求其次选择职业教育。当前，职业教育已经被党和国家、社会高度关注，《国家职业教育改革实施方案》明确了职业教育是与普通教育同等重要的类型教育，习近平总书记在2021年全国职业教育大会前对职业教育的重要指示指出职业教育“前景广阔、大有可为”。这在全社会带来巨大的影响，极大地提高职业教育的社会地位。其次，要营造全社会关心和支持职业教育的良好氛围。包括政府职能部门充分履职，所有的职业教育关联者充分联动，家庭教育、社会教育发挥更大作用，社会舆论积极引导、传播职业教育正能量，社会团体、社会组织尽心辅助，特别是企业应当更加重视校企合作、产教融合，使企业成为职业教育高质量发展的又一个主体、主力。

3. 统一学校内部的思想

在组织行为学角度，思想统一是组织发展的基础。地方高职院校必须高度重视自身文化建设，建立起所有成员都认同的思想体系，并愿意为其付出自身的努力以达成共同的目标，形成良好的发展内环境。这个统一的思想体系包括：一是统一价值观。在社会主义核心价值观基础上，形成地方高职院校自身的价值理念、价值追求、价值指向、价值引领。二是高度的集体意识。教育引导师生厚植家国情怀，养成集体主义思想和行动自觉，热爱学校、热爱事业，以集体为荣、以荣誉为贵。三是一致的发展愿景。建立为全校师生共同认可的未来发展目标，描绘充满希望、让人憧憬、激情洋溢的美好蓝图。四是共同的利益追求。给全体教师建立形成充满期待的利益追求，包

① 瞿振元. 建设中国特色高等教育治理体系推进治理能力现代化［J］. 中国高教研究，2014（01）：1-4.

括自我价值、事业发展、晋升空间、职业规划、经济收益、福利待遇诸多方面，形成具有一致性的强烈的利益驱动。五是建立起强大的执行力。凝聚团结全体教师，通过教育引导、制度约束、激励措施等方式，将共同的价值、追求、利益，转化为工作的执行力和执行效能，转化为行动的强大动力。

（四）科学配置和理顺政治、行政、学术、民主四大权力之间的关系

地方高职院校治理结构中政治权力、行政权力、学术权力、民主权力四个基本要素，是同向同行的，但必须在四者间建立起一种良性互动、互为补充、协调一致、协同共治的关系，才能形成良好的治理结构并取得良好的治理效能。

首先，“党委领导”的政治权力必须予以保证。这是高校治理的最高准则，也是红线，不可逾越。但是，“党委领导”不是党委包办，党委主要发挥把方向、管大局、保落实的领导作用，而不是事无巨细亲自管、亲自做，更不能代替行政、专家和广大教职工的正常权力，以牺牲其他治理主体的积极性来换取政治上稳定。其组织形式就是党委以及组织部、宣传部、纪委等党委工作部门，其实施领导的形式主要是党员大会、党员代表大会、党委全委会、党委常委会。

其次，“行政负责”的行政权力首先要在党委领导的前提下来开展，按照正确的政治方向，坚决贯彻党中央、省委、市委的重大决策部署，在学院党委的总体部署下开展工作、执行落实。同时，在政治正确的前提下，大胆地、独立地推进行政管理、教育教学、科技创新、社会服务等工作，确保党委议定的决策部署不折不扣、高质高效完成，并要积极发挥主观能动性，创新性地开展工作，不断提高工作质量与效能。其组织形式就是行政各职能部门，其实施领导的主要形式是校长（院长）办公会。

再次，“专家治学”的学术权力首先要清晰自身的权力边界，它是专家学者依据其学术水平和学术能力，对地方高职院校学术（专业）事务和学术（专业）活动施加影响和干预，在学术发展、专业建设、科学研究等专业领域起到决定作用，并对学院的管理决策层提供咨询服务、意见建议、参谋策划，可以影响但不能左右政治权力和行政权力，更绝不能超越政治权力和行政权力。其组织形式就是学校的学术委员会、教授（专家）委员会、教学指导委员会等。

最后，“民主管理”的民主权利是地方高职院校治理的重要补充，是发挥教师代表、民主党派、党外知识分子等广大教师员工参与学校治理的重要途径，不可或缺。但它的作用发挥主要在于建议、监督，更有协助党委、行政做好教职工思想工作，提高认识、统一思想、服务大局的功能。当然，民主管理也是广大教职工参与管理、反映诉求、发表意见的渠道，涉及广大教职工切身利益的重大事项，必须通过教代会、工会等民主管理结构，获得大多数教职工的认可。这一点，国家已经在法律上做出了规定。民主管理的组织形式主要就是教师代表大会、工会。

（五）强化地方高职院校治理的外显方式：制度体系建设

地方高职院校治理的治理理念体现到制度体系建设上，要实现治理现代化也必须落实到制度体系上。所以，建立一套完成、系统、科学的制度体系，是治理现代化的关键中间环节，也是地方高职院校治理的“腰”。

1．以大学章程统领制度体系

大学章程在地方高校的制度体系中的地位和作用，如同国家法律体系中宪法的地位和作用。大学章程是“是高校依法自主办学、实施民主管理和履行公共职能的基本准则”①，其作用是上承国家法律法规、下启学校规章制度，规定了地方高职院校办学的方向和根本任务，是学校制度体系中举旗定向的基础制度。国家对大学章程的制定高度重视，在教育部党组和省委教育工委的领导下，四川省已经指导完成了都所有高校的章程制定，并通过了教育厅备案。2022年4月，四川省教育厅又全面启动了省内所有高校的章程的第二轮修订。

2．建立适应新发展阶段地方高职院校高质量发展的制度体系

“学校章程规定的根本内容大多是原则性的，要让章程的内容真正落地，就必须建立起一整套以章程为基准的制度体系”②，这一整套制度体系，就是体现学校治理体系现代化的外显方式，也是实现学校治理能力现代化的科学载体。

完善的制度体系，第一，要对学校的发展目标、发展规划要有明确的指向性，让广大师生明白“我们将向何处去”。第二，对学校制度建设要有确定的溯源性，让学校的制度和治理有法可依、有依可循、有理可据，让广大师生明白“我们为什么要这样做”。第三，对广大师生提倡什么、反对什么，哪些可以做、哪些不可以做有明确的规定性，让广大师生明白“我们应当怎样做”。第四，制度体系应当具有可操作性，结合实际、科学合理、易于理解和接受，在刚性约束的同时又具有一定的弹性空间，让广大师生明白“我们愿意这样做”。第五，制度体系在体现本校特点特色上应具有独特性，紧扣地方高职院校自身的职业特点、区域特点、专业特点以及教师群体的具体实际展开，让广大师生体会“这是我们家的规矩”。

完善的制度体系应当包含地方高职院校治理的方方面面。除学校章程作为基础制度外，分别从议事决策、党的建设、综合管理、民主管理、办学功能、资产管理、财务管理、服务保障、安全稳定、产业开发等方面进行设计，形成全覆盖的制度网络。宜宾职业技术学院一直以来高度重视制度体系建设和制度建设。特别是在党的十九届五中全会之后，学院党委大力推动治理体系与治理能力现代化建设，下大力气开展制度体系重构和制度新建和修订、完善。目前已经基本形成一套较为成熟的地方高职院

---

① 罗萤．以现代大学制度建设推进质量提升［J］．中国高等教育，2012（20）：22.

② 阎晓辉．坚持完善党对高校的全面领导 不断推进高校治理体系和治理能力水平现代化［N］．甘肃日报，2019-1-22（006）.

校制度体系，制度体系充分贯彻了以坚持党的全面领导为根本，以党委领导下的校长负责制为领导体制，以大学章程为核心，以议事决策制度为领导机制，以党的建设为引领，以发扬民主为保障，以大学职能发挥为路径，以管理效率、安全稳定、服务保障为基础的治理理念（图7-1）。

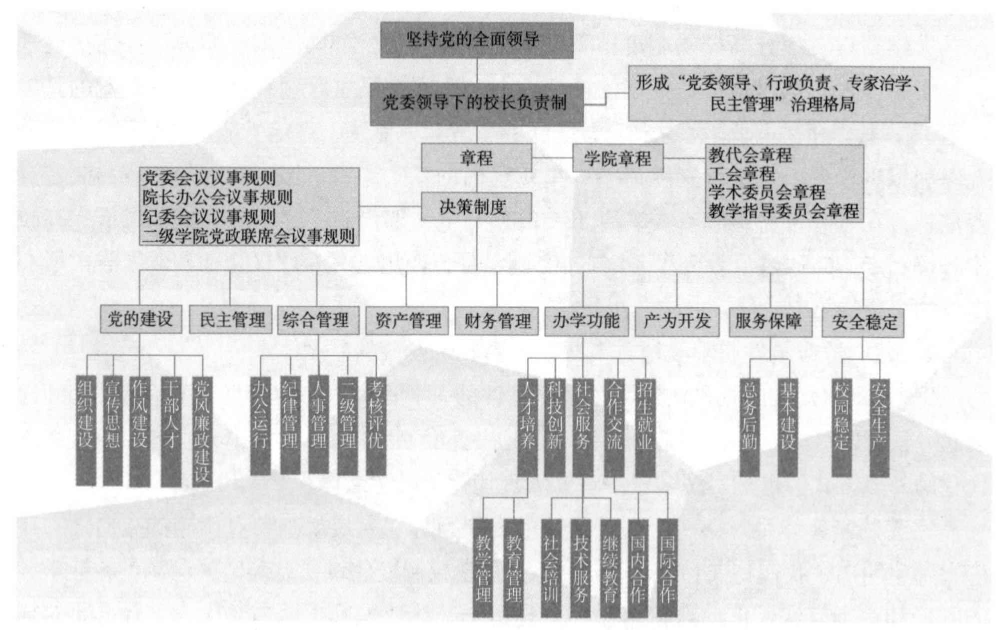

图7-1　宜宾职业技术学院制度体系框架图

（六）切实提升治理能力

在治理理念、治理结构、治理体系都已经清晰和完善之后，最重要的就是落地，就是靠强有力的执行来提升治理能力。具体有以下几项推进措施。

1．理顺运行机制并畅通运行

按照地方高职院校治理结构，优化四大治理权力，以制度体系和制度执行为路径，就能使治理进行正常化、规范化轨道，推进治理能力逐步提升。这其中，强化领导力是核心、加强组织力是难点、强化执行力是关键、硬化约束力是保障。

2．完善决策机制并提高决策水平

地方高职院校的决策层只有两个，即学校党委和学校行政。其决策机制相应也就是两个，即党委会议（或党委常委会议）议事制度和院长办公会（或行政办公会）议事制度，要建好并落实好这两个决策制度。当然，落实的前提就是严格执行党委领导下的校长负责制，并要严格执行党委“三重一大”议事决策制度。

3. 深入推进改革创新

改革创新是永恒主题，也是永远在路上的工作。地方高职院校提高治理能开应当着力推进以下领域的改革创新。这些领域的改革也是宜宾职业技术学院近年来正在下大力气推进的改革内容。

（1）实行大部制管理

精兵简政在任何时候都是提高治理效能的不二法门，毛泽东对精兵简政做出了精要的概述“达到精简、统一、效能、节约和反对官僚主义五项目的”。地方高职院校推行精兵简政的主要抓手就是实行大部制管理，把相近的职能部门合并，把多余的岗位精简，岗位减少但工作任务并不减少，充分激发每个人的潜能，避免人浮于事、互相算计、推诿扯皮的陋习，也有效地防止形式主义和官僚主义，提高工作效能。

（2）推进二级管理

人才培养是地方高职院校的主业，教育教学是中心工作。激发地方高职院校教学单位的教育教学主动性、积极性，主动给教学单位赋职、赋责、赋能，是有效推动地方高职院校治理能力提升的重要方式。宜宾职业技术学院在将原有系部升格为12个二级学院，2022年正按照“以群建院”的思路进行二级学院调整。调整后的二级学院全面实行二级管理，充分尊重二级学院主体地位，充分赋予其自主权，采取分步推进、循序渐进的方式，在教育教学、专业建设、人才管理、科研实训、社会培训、经费管理、绩效考核等方面，全面赋予二级学院管理自主权。同时，明晰职能部门和二级学院的权力边界和责任划分，职能部门对二级学院的管理按照统筹、规范、指导、服务的原则，全面向结果导向、过程监督、质量把控、服务保障转变。

（3）推进绩效分配制度改革

绩效分配制度是推动地方高职院校高质量发展的重要杠杆，是激发全校教职工主动性、能动性、创新性的核心驱动力。学校必须建立一套适应高质量发展的绩效分配制度体系，激发工作活力。绩效分配制度改革，必须勇于自我革命，勇于打破固有的利益格局，勇于打破“干多干少一个样、干好干坏一个样”的痼疾，切实体现“以贡献论分配”“多劳多得、优劳优得、不劳不得”的核心理念，建立贡献导向，强化正向激励。特别要对在学校的重大项目工作中做出突出贡献的集体和个人，进行大张旗鼓的奖励，真正让干事的人有回报，有贡献的人得利益，在全校形成正确的分配导向和比贡献的良好氛围。

（4）推进职称制度改革

国家相继出台《关于深化高等学校教师职称制度改革的指导意见》（人社部发〔2020〕100号）、《关于加强新时代高校教师队伍建设改革的指导意见》（教师〔2020〕10号）、《关于深化高等学校教师职称制度改革的指导意见》（人社部发〔2020〕100号）等指导性文件。宜宾职业技术学院在这些政策的引导下，主动探索该和措施，努力发挥职称改革指挥棒作用，提高人才队伍质量和水平。一是职称评定改革。创新教师岗位类型，健全教师职称层级设置。完善职称评审标准，根据不同学科专业、不同岗位特点，分类设置评价指标，突出教育教学能力和业绩，克服“五唯”等倾向。实施分类分层评价，引入同行专家评价，推行代表性成果评价。建立重点人才绿色通道，对招聘引进的高层次和急需紧缺人才等，申报高级职称时论文可不作限制性要求。二是实施学术、技术职称和技能等级评定交叉融合改革。打破学术职称、技术职称、技能等级壁垒，建立职称互认体系，积极探索学术、技术职称和技能等级“三线交叉融合”。对学术、技术职称和技能等级进行对应认定或对应贯通，鼓励教师结合自己的专业特长选择适合自己的职称晋升通道。三是实施评聘分离改革。按照已下放的职称评聘自主权自主评审、按岗聘任、评聘分离。实施岗位聘期制管理，落实和完善能上能下、能进能出的聘用机制。四是优化专技岗位设置结构。按照规定动态调整岗位设置方案，岗位设置向专技岗位倾斜，减少管理岗位和设置“双肩挑”岗位，畅通专技人员的岗位晋升通道。

（5）科研体制改革

地方高职院校应当深化科研体制和社会服务改革，提升成果贡献率。破解体制机制障碍，围绕地方产业发展中的痛点、难点开展科技创新和社会服务。一是推进科研项目管理方式改革。探索与地方科技管理部门共建科技项目制度，共同发布科技项目指南、招标科技重大项目，开展产业共性技术、关键技术、核心技术攻关；接受政府部门、行业企业委托，共同组织开展重大项目研究；搭建合作研究平台，承接企业合作研究项目。二是建立有利于吸引社会资本参与的科研投入机制。积极搭建载体，吸纳社会资本投入科研平台、进入科研项目、形成科技成果，约定共同出资、共享知识产权和成果转化收益。三是实施科研成果转化收益分配改革。纵向科研项目成果全权属职务发明成果或校成果，其成果转化收益按照最新上限70%给予科研团队；校企合作研究项目、委托研究项目、横向项目成果转化按照项目来源合同约定执行。

（6）实施混合所有制改革

职业教育混合所有制改革是当前的热门话题，但是又是一个很谨慎的改革探索领域。国家和教育部对探索混合所制改革是鼓励和支持的，《国家职业教育改革实施方案》第十三条提出“支持和规范社会力量兴办职业教育培训，鼓励发展股份制、混合所有制等职业院校和各类职业培训机构。”《关于推动现代职业教育高质量发展的意见》中明确“丰富职业学校办学形态。推动职业学校在企业设立实习实训基地、企业在职业学校建设培养培训基地。推动校企共建共管产业学院、企业学院，延伸职业学校办学空间。”

顶层设计有了，但是具体实施的细则尚未出台，各省、各地的态度尚不明朗，相应的配套政策也没有制定，高职院校在实际操作中，还有很多政策障碍和运行机制无法突破。其中主要问题有四个方面：一是混合所有制的法律界定与管理问题，包括公办高职院校的公益性属性和引入社会资本后可能发生性质冲突，混改后的办学机构属于学校还是属于企业？是否按照《公司法》的规定解决法律问题？混合后的人员编制性质（体制内和体制外混用）如何确定？公办院校的党委领导与私营企业的董事会决策如何协调，怎样坚持党委对高校的全面领导？等等。[①]二是高职院校在和社会资本进行混合的时候，国有资产如何核定其价值与价格？如何界定是否造成国有资产流失？高职院校进入混改的人力资源如何折算为资本？学院进入混改的人员（特别是干部），既要执行“兼职不兼薪”的规定，同时还要建立激励机制？如果混合失败或是效益不佳，其退出机制怎么设定？是否应当承担法律责任？等等。三是混合所有制因为社会资本的进入后必然产生的学费标准大幅提高，如何解决学费标准核定？在学费收入中如何确定分配标准等问题。四是公办高职院校与社会资本混改后，知识产权如何界定与保护？

以上诸多问题，都尚未有明确的规定，也是阻碍混合所有制改革顺利推进的障碍，基于这些原因，混合所有制改革在全国都进展得相当缓慢。

宜宾职业技术学院近年来积极推进混合所有制改革，推进办学主体多元化，做了很多积极的探索。主动聚焦人才培养质量、社会服务能力提升和宜宾主导产业发展需求，实现教育链、人才链、产业链、创新链深度融合，优化产教融合生态，构建地方、企业、学校命运共同体。一是在混改价值取向上，坚持“公益性+市场化”和与人才培养主责主业紧密关联的原则。二是在混改方式上，由经营性资产平台公司作为出资人，与企业合作，开展股份制混改，对合作中取得的社会服务收益，双方约定分配机制。同时依托宜宾职业技术学院经营性资产管理公司，兴办与人才培养、社会服务、后勤保障紧密相关的校办企业。三是在混改监管上，积极争取宜宾市政府对宜宾职业技术学院实施的混改项目实行备案制。四是在股权管理上，宜宾职业技术学院的混改项目和自主兴办的校办企业，由宜宾职业技术学院行使国有资本管理权，所得收益全部用于宜宾职业技术学院自身发展。

（7）实施校办企业改革

产教融合是职业教育最本质的特征，校企合作是实现产教融合的根本途径。然而我们还可以做出进一步的探索，即：对应企业办学校，也可以推进学校办企业，按照“校企一体”的思路和“公益性+市场化”的原则，由高职院校举办紧扣专业建设、人才培养、科技创新、社会服务的校办企业，使其成为实现教师科研、学生实训、社会培训、社会服务等职能的载体和工具，同时为学校的高质量发展集聚发展资金。当然，举办校办企业根本目的是服务于人才培养，其公益性是主要方面，不能本末倒置，只盯住经济效益，就失去了举办校办企业的初衷。同时，校办企业的运行必须坚持保证国有资产的保值增值，这也是公办地方高职院校必须守住的底线。

---

① 李秋斌. 公办高职院校混合所有制改革的困境与法律回应［J］. 中国职业技术教育，2018（24）：20-26.

对此，宜宾职业技术学院也进行了积极的探索，组建了1个经营性资产平台公司和2个全资子公司。目前，校办企业运行良好。

4. 强化民主管理：充分发挥教代会、工会作用

地方高职院校的教职工代表大会和工会，是实施多元主体共同治理的法定渠道，也是广大教师参与治理、发表意见建议、提出诉求的主要通道，应给予高度重视和充分尊重。学校党委应当加强对教代会、工会的领导，加强与教代会、工会及其代表的沟通联系、政策宣讲、形势宣传，帮助其加强自身建设，在学校的建设发展、改革创新中发挥更大作用。同时，通过教代会和工会，充分听取教职工对学院改革发展的意见建议，以及教职工的利益诉求，对合理的意见建设和诉求，在工作中予以修正和调整。

5. 健全完善监督机制

地方高职院校的治理必须建立监督机制，防止权力膨胀，“将权力关进制度的笼子”。监督的方式是多样的，一是纪律监督，充分发挥纪检监察部门的作用，不断深化全面从严治党，加强党风廉政建设和反腐败斗争，严肃执纪问责，营造风清气正的政治生态。二是党内监督，常态化进行学习教育、谈话提醒、扯衣拉袖，发现苗头尽早防止。三是民主监督，也就是通过教代会、工会开展监督。四是群众监督，畅通群众意见通道，让所有人都有说话的权利。宜宾职业技术学院设立的书记、院长直通车，就是一个有效的群众监督方式，实行以来，也收到了非常好的效果。

6. 建立科学考核评价机制

任何人都需要得到尊重，都渴望获得认可。考核评价既是对工作的评估，又是对工作者的努力付出的认定。一是要体现鲜明的导向，提倡积极、主动、担当、创新、勤奋、高效、高标准、高质量等正面因素，反对被动、退避、守旧、推诿、敷衍、迟缓、勉强等负向因素。二是要科学合理，既鼓励勇于担当、跳起摸高，也要切合实际、努力可得。既要严格要求、坚持原则，也要预留空间、合情合理。三是要奖惩得当、贡献为重。要建立激励机制，鼓励大家冲锋在前、勇于贡献，对贡献大者从精神上、事业上、物质上予以充分奖励，更要建立惩罚机制，对庸碌者、懒惰者、无所作为者、混时误事者，应当加大惩处力度。通过科学的考核机制，在学校形成良好的干事创业氛围。

7. 全员协同发力

“学校是我家，发展靠大家”，任何组织和团队，如果没有全体成员的共同努力，都不能取得真正的成功。地方高职院校治理体系和治理能力的现代化，也必须全体师生的共同努力才能实现。要大力弘扬集体主义精神，培养“众人拾柴火焰高”的团队意识，塑造“岗位只有分工、没有轻重”的理念，养成团队作战作风，群策群力、勠力同心，互相配合、协同发力，才能真正形成钢铁一般的战斗集体。

第二节
扎实有效开展思想政治教育

一、高职院校存在的主要思想政治问题

高职院校在开展思想政治教育的过程中还存在着一些问题，主要表现在教育途径单一和教育内容陈旧两个主要方面。

（一）教育途径单一

1. 教育途径单一的主要表现

高职院校开展思想政治教育的教学方式单一是目前存在的主要问题之一。教学方式是教师以及相关的教育工作者在使得学生获取知识、提高能力，对学生进行培养的教学过程中所采取的方式，教学方式主要体现在系统的教学活动中，主要包括谈论式、归纳式、讲授式。但是，目前高职院校在进行思想政治教学的过程中，存在教学方式过于单一的现象。

高职院校进行思想政治教育的主要途径是通过开设的思想政治教育相关课程进行系统的思政教育。但是在课程的开展过程中，教学方式的单一是主要凸显的问题。首先，教学方式还存在明显的传统教学方式的特点。传统的教学方式以教师以及相关的教育工作者的讲授为主。在课堂教学中，教师常常占据主导地位，教师通过对相关知识以及内容的讲解，是学生学习以及了解知识的主要途径，在这个过程中学生未能发挥主体地位，在学习中，主观能动性的发挥受到了限制。教学型是形式过于传统，还会导致教学缺失吸引力、渗透力，导致教师与学生在课堂教学中缺乏交流，降低了课堂的情感体验与感受的质量。进一步造成思政课堂氛围沉闷、学生体验感不佳。其次，课堂教学形式过于单调，未能融入新的教学方式与方法。思政课程的教学具有与其他学科具有特殊性，在进行知识的传授以及学习的过程中，还伴随着较强的情感态度价值观的引导。但是，课堂形式的单调与课程教学的需要存在脱节，未能将新的教学方式与方法应用到课程教学中，并且在课程的教学中没有更好地体现出思政课程的特点。最后，教师等相关的教育工作者对改进教学方式的重要性认识不足。思政教育的主要通过开展公共课进行，高职院校的思政课教师以及其他的教育工作者，常常由于公共课的性质，出现“水课”的现象。为了更快地完成教学目标，常采用以传统的教学方式为基础的教学的方式方法，忽视对教学方式的改进，并且没有意识到改进教学方法对更好地开展思政课程发挥的作用。

总之，在高职院想开展思政教育的主要渠道是思政课程的开展，思政课程作为公共课程，目前，在进行思政课程的教学中，教学方式单一是存在的较为明显的问题。

2．教育途径单一带来的影响

教育途径的单一会对思政教学带来较为明显的负面影响。首先，教育途径单一会造成学生在思政学习中的积极性下降。单一的教育途径，很容易致使学生产生思政课都很刻板、很无聊的印象，学生的排斥性会加强，学生在课程学习以及课业的完成中积极性不高。其次，会导致思政教学缺乏趣味性。教育途径的单一，不但会给学生留下刻板固定的印象，更会降低内容学习的吸引程度。最后，会对教师的教学水平的提升带来限制。采取单一的教育途径，不利于教师进行新的教学尝试与探索，教育途径是整个教学过程开展的重要环节，教学的展开依赖于各个教育环节的相互配合，长期局限于单一的教育方式，会导致教学过程中其他的教学因素受到影响。长此以往不利于教师改善教学方式、提升教学水平。

（二）教育内容陈旧

首先，思想政治教育课程的开展过程中，教育内容陈旧的一个重要表现就是教学理念的陈旧。教育理念，是关于教育所形成的一系列观念，是教师从事教学活动的基本信念，在不同的教学理念的影响下，教学过程和教学成果都是不同的。在思政教育中，教学理念关乎整个思政教育的开展，也是所有教学活动的出发点。教学理念的陈旧主要表现在思政课教师不能及时地调整教学理念。思政教学的部分内容具有很强的时效性，而很多时候，教师无法将时效性较强的相关内容融入正常的教学之中。在高校思想政治教育的长期发展中，无论是教学内容的确定、教学方法的选择还是教学模式的构建等，都没有能够体现出对学生主体性以及学生学习需求的关注与满足，这导致了教育工作中的内容供给、方法选择等与学生所具有的自我发展需求产生了一定的背离。

其次，课堂内容的呈现缺少吸引力。第一，课堂内容的呈现形式过于传统从而缺乏创新性。目前，思政教学在高职院校的开展主要以公共课的形式展开，公共课程的课时有限，思政教师为了将课程内容在有限的时间内完整呈现，只能采取比较传统的授课方式，没有立足于学生的实际需求，这样一来，就忽视了授课形式创新的必要性。第二，教师的综合素质差异影响学生对思政学习的积极性。思想政治教育的内容综合性较强，需要思政教师具有较强的专业素养和过硬的综合素质。但是，在高职院校中，现在还存在思政教师专业性和综合素质有待提高的现象，体现最明显的就是，有些思政教师没有就读于思想政治教育专业，教师所学的专业与思政教育专业存在明显的差异，导致教师自身学科素养较差，专业性较弱。这些因素反映到课堂就是，会造成对学生的吸引力不足，使得学生对思政教师产生“不能信其道”的想法。

最后，思政教学内容还存在与现实脱节的现象。第一，未能贴近时代的发展。思想政治教育的相关课程内容的展开应该结合具体的时代背景，同时也要紧密贴合思想政治教育学科的发展。但是，在高职院校的思政课程开展的过程中，还存在思政教学的过程中，课程素材老旧，未能将教学内容与时事联系的现象。第二，与现实生活的密切性较低。将授课内容生活化，是推动学生理解和学习思政课程的重要方式。将授课内容联系生活、贴近实际有利于学生进行理解、掌握知识。但是，高职院校进行思政内容课程的传授时，由于各种因素的影响，还存在授课内容与生活割裂的现象。长此以往，会导致学生对所学知识与生活时间产生脱离，对学习产生畏难情绪。第三，忽视学生的需求。思政课程应该关注学生的发展，正视学生在课程学习中的需求，只有立足于学生的需求，才能更好地培育学生，引导学生。在高职院校中，学生通过公共课程的方式进行思想政治教育相关内容的学习，对思政教育的重要性认识不足，在这种情况下，由于课时限制以及其他的客观因素的影响，思政课程的开展经常忽视学生的需求，没有将学生的发展需求以及情感需求与思政课特有的情感价值引导更好地结合起来。无法充分发挥思政课程的引导作用。

二、高职院校开展思想政治教育的意义

（一）有利于先进思想的传播

首先，思想政治教育是传播先进思想的重要渠道。思想政治教育能够培育具备良好的政治理论素养、思想道德素质和科学文化素质的人才，思想政治教育所设置的相关课程也是符合人才培养要求的。高职院校开展思想政治教育主要依靠的渠道就是思政课，思政课程本身包含思想政治教育理论基础、思想政治道德观教育、中华人民共和国国史、伦理学、教育学、管理学、心理学基础等先进思想的丰富的课程，与此同时，思政课的综合性与包容性的特点更加有利于源源不断的先进思想融入思政课堂教学。在高职院校中。通过思政教学课堂进行先进思想的传播，能够使得先进思想的传播更加系统化、更加规范化。同时，能够达到用先进的思想武装高职院校师生的目的。思想政治教育为先进的思想进入校园以及先进思想的传播与发展都起到了巨大的推动作用。

其次，思想政治教育传播先进思想具有明显的特点。第一，传播过程具有明显的与时俱进的特色，先进思想并不是一成不变的，跟随时代的变化和社会的发展，经济基础在不断地发生变化，基于此，思想也在不断地发生变化，将具有时代特点的先进思想不断地融入思想政治教育的过程必将要求思想政治教育要与时俱进，依据不断变化的物质基础去吸纳新的优秀的思想文化。因此这个过程也具有明显的与时俱进的特点。第二，思想政治教育在传播先进思想的过程中还体现出了系统性和规范性的特点。思想政治教育开展的主要方式便是思想政治教育的相关课程的开展，而将先进思想融入思想政治教育中，也要依托思想政治教育课程的开展，将先进思想文化融入思政课程中，通过授课的方式传播给学生，这个过程使得先进思想的传播更加系统化和规范化。同时，也进一步丰富了思政课程的相关内容。

总之，在高职院校开展思想政治教育，有利于先进思想的进一步传播。思想政治教育是将先进思想传播进入学校的重要渠道，能够使得学生、教师以及相关的教育工作者接受更加系统化、规范化的先进思想文化，进一步推动先进思想的传播，有利于先进思想文化的继承和发展。

（二）有利于学生的健康成长

在高职院校开展思想政治教育有利于高职院校学生身心的全面发展，有利于学生的健康成长。首先，有利于对学生进行积极正向的引导。思政教师对学生的影响不仅仅在思政课堂中，思政教师对学生的影响体现在方方面面。第一，思政教师在教学理念方面要坚持以马克思主义为指导，自身树立正确的价值观，以更高的标准来要求自己，形成科学正确的教学理念与较高尚的道德情操，在此指导下对学生进行人文关怀和正向引导。第二，思政课程的内容本身就具有较强的感染力和引导力，在相关的教学活动开展的过程中，通过扎实的专业基础，能够向学生传递更加强大的精神力量，使得学生在思政课程的学习过程中，获得积极健康的引导。高职院校的思政课程开展也是如此，高职院校的学生通过思政必修课程与选修课程的学习，感受思政课程的魅力。

其次，有利于促进学生的全面发展。思想政治教育的开展对高职院校学生在掌握相关技能发展的基础上，成为高素质的技术人才起着巨大的影响。高职院校的学生通过思想政治课程的学习，能够培养自身良好的学习习惯、丰富自身的知识储备以及提升自身的学习能力，在此基础上，开阔自身的学术视野，提升政治素养，自身不断地进行的学习和发展，为成长成为高素质技能人才奠定基础。

总而言之，在高职院校开展思想政治教育对学生的健康发展起到巨大的影响，学生的健康发展不仅仅局限于身体的健康发展，更重要的是学生在学习与生活的过程中心理的健康发展。思政教育通过思政课程的开展为依托，发挥思政课程的优势，将学生的身心健康发展需求融入思政教学中，助力学生的健康发展。

（三）有利于巩固教育的成果

在高职院校中，思想政治教育的价值与作用日益凸显，高职院校是高等教育以及高等院校普及的重要战略地。高职院校的普及以及发展程度在一定程度上展现出了高等教育的普及化与大众化的过程。高职院校在培养发展所需的高素质技能人才上发挥着不可替代的作用。对高职院校的学生开展思想政治教育教学，在培养高素质技能人才技术的基础上，提升相关人才的思想政治素养，有利于巩固相关的教育成果，将思政教育的作用最大化。

首先，在高职院校开展思想政治教育，有利于推动高职院校的综合性发展。自党的十八大以来，高职院校的思政课发展有了新的背景和动力。思想政治教育的开展，为高职院校坚持正确的办学方向、优化办学模式、改善管理体制、优化职业教育类型定位等工作提供了思想指导和理论保障。高职院校的发展带有明显的自身特色，即以学生学习相关专业和技术为主，以求为社会发展提供所需的技术类人才。但是，在传统的职业技术院校的教育模式的影响下，教学存在一定的倾向性，对除技术教育之外的其他教育存在忽视，开展思政教育能够有效推动职普融通，加快构建综合性的职业教育培养体系，培养更多政治素养良好的技术人才。

其次，高职院校开展思想政治教育有利于进一步提升高职院校的竞争力，满足高职院校繁荣发展的需要。在学生进行学习以后必然要进入社会奔赴相关的社会岗位，在高职院校中，学生的实习与就业情况是影响招生的重要因素，与此同时，高职院校本身培养的学生的质量对就业与招生具有反作用力。校企合作的人才培养模式是高职院校开展就业与学生培养结合的良好模式，思想政治教育的开展，对校企合作的日益深化起到推动作用，思想政治教育教学的开展能够提升学生的思想道德认知水平，促进学生的全面发展，为学校培养高素质技能人才发挥重要作用。在此基础上，高素质技能人才的提供，能够满足企业的更高的要求，会增加企业与高职院校的合作意向，同时，增加对学生的吸引力，从而提升高职院校的核心吸引力，推动高职院校的繁荣发展。

总之，在高职院校开展思想政治教育能够有效地巩固教学成果，主要体现在推动高职院校综合性发展以及提升高职院校的竞争力方面。思想政治教育内涵丰富，在思政教学开展的过程中，结合实际，对高职院校学生所学的具体科目以及相关知识进行结合，对学生进行积极正向的引导，由此推动学生的全面发展。

三、高职院校开展思想政治教育的途径

（一）多方协同，教育方式多样化

高职院校开展思想政治教育的途径是多样化的，在多样化的影响下，开展思想政治教育要多方协同，统筹教育活动中的各个主体，推动教育方式的多样化。

首先，多方协同，推动教育方式的多样化需要做好家校衔接工作，为思想政治教育工作的开展创造良好的家庭以及学校的环境。家校衔接是开展学生工作的重要环节，但是，在高职院想开展思想政治教育的过程中，家校衔接的重要性经常被忽略，家庭教育与学校的教育应该是进行沟通、交流与融合的，不应该被割裂，家校衔接的被忽略，就会造成学校教育与家庭教育在学生、家长乃至于教师的眼中被分割开来，导致二者在教学中本应发挥的作用大打折扣。因此，做好家校衔接工作，能够最大限度地发挥家庭以及学校的环境在思想政治教育中对学生的积极作用。家庭环境以及学校环境是影响学生的最重要的两个环境，做好家校衔接工作，能够协调学校教育与家庭教育的关系，使得二者的合力在学生的思想政治教育中发挥更大的作用，创造更多的价值。

其次，多方协同，推动教育方式的多样化需要协调在教育过程中各个参与主体

的作用。第一，需要协调好学生与思政教师以及其他教育工作者的关系。在思政教学中，思政教师的人格魅力也是思政教师教学理念的一种体现，教师的人格魅力极大地影响着学生对思政课程教学内容的认同。教师与学生的关系对教学效果产生着重大的影响，学生的学习过程是一个具有主动性的过程，学生与教师的关系，影响着这种主动性的发挥，从而影响学生学习积极性的发挥。第二，需要协调好家长与学生的关系，思想政治教育的范围广、内涵丰富，学生对家庭关系的处理也是其中重要的内容。由于思政教学的特殊性以及长期以来家长对思政教学的认知不充分等问题，还存在家长认为思政教育“无用”的现象。学生在进行思政学习的过程中很可能因此与家长产生分歧。协调好学生与家长的关系，改变家长的固有印象，能够进一步推动思政教学更好地展开。

最后，多方协同需要协调好学生进行思政学习的环境。环境能够对学生产生潜移默化的影响，好的客观环境以及人文环境能够对学生产生积极的正向引导作用。因此，应该积极打造有利于开展思政学习的环境，在客观的环境上，学校作为开展思政教学的主要环境，应该从学校的硬件设施上改善学生的学习以及教师教学的条件，例如，积极利用现代化教学设备，组织学生开展思政学习活动。在人文环境上，学校应该通过各种事件以及宣传活动，例如，开展新先进事迹学习活动；我为大家办实事等实践活动，引导学生进行思政学习。总之，发挥好环境的影响作用，有利于推动思政学习更加高效地开展。

（二）兼收并蓄，教育内容新颖化

思想政治教育教学的授课内容是学生和教师主要开展思政学习与教学活动的重要内容。其主要以课堂学习的形式呈现，教育内容的展现包含着教学方式、教学设计等教学过程的展现，要创新思政教学内容就要进一步改善教学方式与教学设计。

首先，在原有教学设计的基础上吸纳新的教学设计，使得教学设计更加规范化、新颖化。我们必须明确，学生是课堂教学的主体，任何的驾驭教学活动的开展都是以学生为主体的，所以，教学设计必须立足于学生的具体需要和自身发展的具体情况。在整体的教学设计上，结合多种课程形式，在高职院校中，可将思政的必修和选修课程相结合起来，将“思想道德修养与法律基础”“形势与政策”“毛泽东思想和中国特色社会主义理论体系概论”等必修课与“中国近代史纲要”等选修课程相结合，充分整合课程内容，建立更加科学的课程设计体系。

其次，立足现实，改善思政课的教学方式。教学方式是教学活动展开的主要形式，是传授教学内容的主要方法。在课堂教学中，教学方式更是影响课程对学生吸引力的重要因素。思政课的教学方式具有多样性，高职院校想要更好地开展思想政治教育，就必须兼收并蓄。改善传统的理论灌输法等教学方式。理论灌输法并不是一无是处，思政课程涉及大量的政治理论知识，在教学的过程中，保留一些理论灌输是十分有必要的，但是，应该将之与死板化的“填鸭式”教学区分开来。启发式教学法、案例教学法、解惑式教学法、情境创设法以及讨论辩证法还有翻转课堂法等，都是可以融合进思政教学的方法。以情境创设法为例，在课堂教学中，通过模拟具体的情境让学生产生带入的情绪，亲身体验教学的内容，加深学生对所学内容的体验和认知。使得学生能够通过自身体验领悟到相关知识，并且在此基础上使得学生产生更深刻的学习体验。在情境创设的过程中，要注意情境创设要与学生的具体实际相结合，同时立足教学内容紧扣教学目标。同时还要激发学生对相关知识的探究性，以此更好地激发学生学习的积极性。

最后，思想政治教育的内容还应该吸纳优秀的传统文化，将优秀的传统文化融入思想政治教育教学中，有利于丰富思想政治教育的内涵，更有利于优秀传统文化的传承与发展。中华优秀的传统文化包含了中华民族五千年的智慧，是中华民族的发展不可缺少的重要部分。将其融入思想政治教育课程中，能够为课程的开展提供更丰富的教学内容，能够促进学生了解和发展本民族的文化。

（三）师生连心，教育合力最大化

师生关系是影响教育教学活动的重要因素，在思政教育开展的过程中，由于思政教育自身具有明显对学生引导的特点，师生关系对思政教育的影响会更加明显。

首先，教师的个人魅力影响师生关系，并且影响思政教学，想要改善师生关系，就要提升思政教师的人格魅力和影响力。提升思政教师的人格魅力与影响力就要提升思政教师的文化素养。思政课教师以及相关的教育工作者应该不断地加强对专业知识的学习，在此基础上，更要丰富自身的见识，夯实自身的知识储备，积极参与学校以及教育部门开展的相关教育教学的培训活动，开阔自身的知识视野，掌握课程的核心内容，熟练应用各种教学方法，才能在思政课的教学中应用自如。这样才能使得学生“信其道”，增加思政课程对学生的吸引力，提升学生学习思政课的积极性。

其次，要提升思政教师的亲和力，为师生交流创建良好的沟通渠道。在教育教学的过程中，思政教师应该坚持基本心，坚定自身的追求，有高尚的人格，以自身刚正的思想品德去感染学生、引导学生。在这过程中，发挥亲和力的作用是十分必要的。这就要求思政教师在教学以及生活中，要树立立德树人的观念，对学生要有仁爱之心，关注学生的发展，关心学生，在学生需要的时候提供帮助，爱护学生。在“传道、授业、解惑”的基础上真正将学生的发展需求贯穿到教学与日程与学生的相处中，才能获得学生的尊重与认可，才能更好地与学生进行交流。

最后，鼓励学生积极参与思想政治教育的相关教育教学活动，改善学生对思政教学的偏见和固有认知。高职院校的学生在此阶段已经具备了独立思考的能力，在教学中，在教师已经采取各种亲和力较强的措施时，也应该引导学生进行积极的反馈，鼓励学生参加相关的教育教学实践活动，与教师一同打造创新、高效的思政课堂。

（四）社会协助，教育影响深远化

开展思想政治教育教学，需要发动社会各个主体，通过社会的协助，促进思政教育影响的深远化。学生在学习的过程中，受到社会环境、学校环境以及家庭环境的影响，社会环境中的各个因素都会对思政教学的开展产生重要的影响。

首先，开展社会与学校相合作的相关思政教育的实践活动。这是社会协助最直接发挥作用的方式。学生定期参加相关的思政实践活动。例如，参观红色景点，对学生进行设身处地的红色教育，能够让学生获得最直接的教育感受。高职院校的学生已经具备了直接参与社会实践活动的能力，学校与社会各界可开展以思政教育为目的的、与高职院校合作为背景的实践活动，在实践活动中加强思政教育对学生的影响。

其次，积极利用社会环境中有利于思政教学的各种因素。社会环境是学生接触社会、了解社会并在其成长中发挥重要作用的客观环境。社会环境中有利于思政教学的因素是较多的，例如，社会各界对思政教育的看法与观点、建议与指导等。这些因素还具有复杂性，将之进行整理与规划，放进思政教育中，将之以适应的方法利用起来，将体现思政教育的丰富性和包含性。

最后，积极利用社会中现有的思政教育机制，积极构建思政教育的综合平台。在利用现有的思政教育机制的基础上，构建思政教育的综合平台，就要求将思政教育进行生活化，思政教育本身内涵丰富，涵盖范围较广，生活教育也是思政教育的重要内容，将思政教育生活化的过程就是将思政教育内容生活化的过程，也是将生活内容融入思政教育的过程。在这个过程中，要积极协同社会各方力量，积极构建思政教育的综合平台。例如，鼓励高职院校学生参加社会各界组织的红色教育活动；鼓励高职院校学生充当红色文化的讲述者传承者；除此之外，高职院校的思政教师以及相关的教育工作者，应该积极构建思政学习的综合平台，与社会其他平台建立良好的协作关系，共同推动思政学习的多样化开展。

第三节 构建“三全育人”体系

一、“三全育人”之科学内涵

（一）“三全育人”概述

2018年教育部在《关于开展“三全育人”综合改革试点工作的通知》文件中，首次提出了“三全育人”的概念。“三全育人”即全员育人、全程育人、全方位育人，是中共中央、国务院《关于加强和改进新形势下高校思想政治工作的意见》提出的坚持全员全过程全方位育人的要求。

（二）新形势下对“三全育人”要求

职业教育作为一种重要的教育类型，和普通教育具有同等重要的地位，在面向职业教育“提质培优、增值赋能”爬坡过坎的关键期，更应坚持党的领导、坚持正确办学方向、坚持立德树人是根本要求。在良好的新形势下，构建全员、全过程、全方位的“三全育人”模式既是职业院校落实立德树人根本任务的重要途径，也是高职院校将“三全育人”综合改革贯穿于人才培养、科学研究、社会服务、文化传承创新、国际交流与合作高校五大职能的必然要求①。这需要切实解决好习近平总书记提出的“为谁培养人、培养什么样的人、怎样培养人”这一根本问题，努力开创我国高等教育事业发展新局面，切实推动地方高职教育高质量发展。在新的历史阶段，要发动全员参与，全过程、全方位发力，在完善的顶层设计下创新育人路径，形成一个以立德树人为根本、以整合式育人资源为基础、以系统性综合改革为抓手、以一体化育人体系为目标的大思政工作格局，有效提升高职院校思想政治教育的实效性，科学落实“三全育人”的整体工作。一是坚持育人导向，把“三全育人”理念渗透到办学治校中去，全面统筹各模块、各环节、各方面的育人资源和育人力量，推动知识传授、能力培养与理想信念、价值理念、道德观念的教育有机结合，使思想政治工作体系贯通学科体系、教学体系、教材体系、管理体系，善于把自身特色和优势有效转化为培养社会主义建设者和接班人的能力②。二是坚持问题导向，聚焦短板弱项，坚持把破解高校思想政治工作不平衡、不充分问题作为目标指向，从宏观、中观、微观各个层面，着力构建一体化育人体系，打通“三全育人”最后一公里，真正引导各地各高校把各项工作的重音和目标落在育人效果上，使高校思想政治工作更好地适应和满足学生成长诉求、时代发展要求、社会进步需求③。

二、“三全育人”之现实困境

习近平总书记在全国教育大会上指出：“培养什么人，是教育的首要问题。”地方高职院校按照习近平总书记的指示精神，紧紧围绕立德树人根本任务，积极在育人实践中推进全员全程全方位育人，构建了“三全育人”的良好格局，提升了育人成效。但是在实践中，高职院校依然存在全员“主体参与不充分”、全过程“环节衔接不到

① 高武，杨婉玲. 高职院校“三全育人”实践研究［J］. 教育与职业，2021（23）：48-53.
② 管弦.“三全育人”视域下高职院校学生学习成效提升研究［J］. 科教文汇，2022（03）：103-106.
③ 李彦冰.“三全育人”活动中的两种误区析论［J］. 文化与传播，2019，8（02）：39-43.

位”、全方位“资源利用不全面”等现实困境，导致“三全育人”体系不完善、不健全、不完备，育人堵点没有完全打通等问题，影响了育人效果①。

（一）全员：主体参与不充分

全员育人指的是人人皆是育人主体，人人皆可育人，人人皆来育人，是新时代高校深入推进“三全育人”综合改革，落实立德树人根本任务的重要一步。尽管地方高职院校在大力推进全员育人方面做出了很大努力，但是，在育人实践中依然存在不同程度的参与度不够，全员育人“主体参与不充分”等现实困境，主要体现如下：一是对全员育人认识不到位，部分地方高职院校教职员工依然存在将育人责任主要归结到思想政治理论课教师、辅导员等思想政治教育工作者身上，没有或很少将其作为专业课教师、教辅人员、科研人员、行政管理人员、后勤服务人员的首要职责，致使这些人员轻视或忽视其育人职责。二是育人主体参与不充分。随着党和国家对“三全育人”重视程度的不断提高，地方高职院校纷纷提出要全面推进“三全育人”工作，但是，相当多的高职院校依然存在育人体系缺乏系统设计，各部门只从自身职责角度出发推进育人工作，育人工作条块分割，部门之间协同不够，呈现育人“部门化”“孤岛化”等现象，没有建立起协同育人的大思政格局，无法发挥协同育人的合力，影响了育人成效。

（二）全过程：环节衔接不到位

全过程育人是指把育人贯穿于人才培养的全过程，从时间的维度出发，在育人对象的各个成长过程中开展思想政治教育，确保全程无缝衔接、全程追踪。在当前社会大环境的影响下，随着高等教育从大众化转变为普及化，尽管地方高职院校时常强调育人的全程性、系统性，但是，在育人实践中依然存在全过程育人环节衔接不到位。一是对育人的一体化设计“脱位”。育人是一个系统工程，需要守正笃实、久久为功，需要对育人进行一体化设计。但是，目前不少高职院校对如何一体化培养人缺乏系统科学设计，特别是对高职学生思想道德素质、政治素质、职业素质、工匠精神等的培养缺乏一体化设计和建构，导致高职毕业生难以达到高素质人才培养目标的要求。二是对育人的全程化质量监控“脱位”。完整的质量监控链条是育人质量的保证，但当前高职院校在育人上缺乏全程化、无缝隙有机衔接和监控，对育人各个环节的质量缺乏可管控、可追溯的监测点，影响了育人的针对性。

（三）全方位：资源利用不全面

全方位育人是指发挥各育人要素、育人资源的育人功能，实现全场域育人，处处

---

① 杨利军，姚和芳，周少斌. 破解高职院校“三全育人”困境的探索与实践［J］. 中国职业技术教育，2022（01）：86-91.

育人。尽管高职院校强调全方位育人，强调充分调动各方资源推进全方位共同育人，但是，在育人实践中依然存在资源不够多的情况。一是育人体系中各自的育人功能挖掘“失位”。许多高职院校课程育人，科研育人、实践育人、文化育人、网络育人、心理育人、管理育人、服务育人、资助育人、组织育人等方面工作的育人功能挖掘不足，无法实现育人的全方位覆盖。二是育人体系各环节的融通育人“缺位”。院校的育人体系是一个完整的系统，各子系统是相互依存、有机联系的整体，需要打通子系统之间的育人壁垒，实现育人的大融合、大融通。目前，高职院校在育人子系统融合，融通方面依然处于起步阶段，无法实现育人成效的最大化。

三、地方高职院校“三全育人”路径构建

教育是“国之大计、党之大计”，是党的事业发展的重要保证，是国家繁荣昌盛的根本基石。党的十八大以来，以习近平同志为核心的党中央高度重视教育，尤其是职业教育。2021年在全国职业教育大会上，习近平总书记对职业教育工作作出重要指示强调，在全面建设社会主义现代化国家新征程中，职业教育前途广阔、大有可为，并从全局宏观整体战略高度对职业教育提出了许多新理念和新论断，确定了许多新任务和新举措。要坚持党的领导，坚持正确的社会主义办学方向，坚持立德树人的根本要求，就是要把习近平新时代中国特色社会主义思想贯穿于教育事业的全过程，切实履行依法办校，科学治校。地方高职院校从诞生之初就肩负着培养服务区域经济社会建设与发展的高素质技术技能人才的使命，如何做到“当地离不开、业内都认同、国际可交流”与牢牢把握好“培养什么人、怎样培养人、为谁培养人”这个关键问题，这是职业教育在当下应审视的基本问题。以下为宜宾职业技术学院的实践案例。

（一）党建引领：打造政治坚定信念牢固的育人队伍

全面加强了高职院校党委对教育工作的领导，坚持立德树人根本任务，加强思想政治工作，推进教育改革。一是不断完善高职院校党委的全面领导体制，加强领导班子自身建设，着力增强党委在项目建设中把方向、谋全局、抓大事的能力。完善党委常委会、院长办公会议事规则，推动科学决策、民主决策。二是优化完善内部治理结构，建立健全党委统一领导、党政分工合作、协调运行的工作机制。三是坚持党管干部原则，加强干部队伍专业化建设，打造一支始终保持高度政治站位和强烈责任担当的高素质干部队伍，带领全体教职员工全员共同参与育人工作。

（二）产教融合：深化形成政校企深度协同的育人格局

高职院校应积极承担国家产教融合型试点城市建设任务，紧紧围绕地方产业转型升级发展需求持续探索产教融合、校企合作新模式，提升职业教育的适应性、类型

化，提升人才培养质量。深入探索产教融合“二三四”体制机制创新，一是主动与高职院校所在区域内的大型企业共建校企产业学院，共同探索职业教育发展路径；二是对标学校专业建设，与同类型的高职院校开展校校合作，深化合作项目，助推人才培养的改革；三是政校企共建职业教育集团，充分发挥行业的作用，助推产业的发展与变革，促进职业教育在课程、教材与教学上的与时俱进和大胆创新。

（三）课程育人：树立工匠精神的理念，构建工匠或工坊的品牌育人体系

深度打造以工匠精神的高水平育人平台，形成良好的人才培养品牌。一是充分利用地方特色产业资源，探索推进“模块化专题式理论教学+交互式在线教学+沉浸式实践教学+多元评价体系”“四位一体”的思政课程教学改革，实现了思政课的“强、活、亮、实”。二是全方位打造思政教育大格局，推进“思政课程”与“课程思政”同向同行。在人才培养方案制定中逐步完善了由思政课、形势政策课、哲学社会科学课、国家安全课、军事课、心理健康课、体育美育劳动课、创新创业课、素质教育选修课、非遗课、专业课、实践课等构成的育人课程体系建设；建立了“课程思政”指导和联系制度，成立以专任教师负责“一对一”联系指导各二级学院“课程思政”工作，协助专业课教师挖掘各类课程所蕴含的思政教育元素。三是推进编写了“课程思政”教学指导手册，探索制定“思政课程+课程思政”评价标准，使全院各类课程与思政课程同向同行。

（四）科研育人：创新助推高质量人才培养的育人动能

优化学校科研管理制度，明确科研育人功能。一是科学合理地制定宜宾职业技术学院《学术规范及科研诚信建设管理办法》《科研管理办法》等系列制度，规定了教职工的科研规范、学术纪律，也将“学生参与科研”落到实处，把思想价值引领贯穿科研及成果运用全过程，大力鼓励教职工带领学生“真”做科研、做“真”科研并追求成果的转化。二是建立教研一体协同育人机制，落实校企协同育人计划。在教学中贯彻科研精神：探究精神、求真精神、合作精神、创新精神等。加大与企业的合作力度，合作申报科研项目、合作开展科研工作，让学生参与全过程，在科研实践中体验科研精神。加强科技创新平台建设，搭建师生科研交流互动平台。激励师生积极参与科技创新团队和科研训练，及时掌握科技前沿动态，培养集体攻关、联合攻坚的团队精神和协作意识。三是做好科学研究与产教融合的协同发力，高职院校要做好产教融合项目，主动牵引职教集团运行，建设和完善组织机构和管理机制，实现科学研究与产教融合的共同发力。

（五）实践育人：拓展厚植家国情怀、提升实践能力的育人空间

地方高职院校应注重引导大学生在实践中增强社会责任、培养家国情怀，引导大

学生坚持以青春梦想、实际行动受教育、长才干。一是注重高职院校实践育人平台建设。高职院校应充分发挥地方建设国家产教融合型示范城市的契机，抢抓乡村振兴发展机遇，积极争创“全国乡村振兴优质院校”，积极做好大学生暑期社会实践活动，在活动中体悟实践育人的全过程。二是做好高职院校实践育人团队建设。在育人过程中，地方高职院校要充分发挥二级学院、部门的重要职责和功能，主动分专业建设各类社团，建设常态化竞赛团队，建设重点培育学生竞赛品牌和全国示范志愿服务团队，要让非正式的社会组织或团体发挥其正向促进功能，让学生在实践中感知自我成长，让实践育人团队在实践中淬炼。三是外引内培实践育人师资队伍，在实践育人师资队伍建设上，如宜宾职业技术学院建立了一支以“辅导员+人生导师”为主体的育人团队，建立了一支58人的以指导服务社团需求的专业技术师资团队，建立起了曲建武教授、王龙奎、王力洪等时代楷模、道德模范、非遗传承人等为代表的高水准校外兼职实践育人团队，确保实践育人各环节的高质量。

（六）文化育人：开展秉承工匠精神、凸显职教特色的育人活动

在开展秉承工匠精神凸显职教特色的育人活动中，宜宾职业技术学院校园文化建设水平得到了长足进步，一是确立了“鼎承大同、钵传天工”的八字校训，凝聚了以学院校训为核心的精神文化，形成校园文化识别系统。二是坚持以马克思主义思想成果武装师生头脑，坚持开展社会主义核心价值观教育，坚持抓牢立德树人核心要素，全面提升学生思想政治素质，塑造新时代高校校园核心价值观文化体系。三是开展大学生“4C”（校园文化、素质课程、党团建设、社团建设）工程建设，高标准建立思想政治教育基地和“工业文明中心”。四是开展形式多样、层次丰富的校园活动。打造了校园艺术节、技术技能大赛、校园运动会三大品牌，加强了校园人文环境和自然环境建设，非遗传承、传统文化进校园、读书月活动、志愿服务等文化活动蓬勃开展，成功创建“省级文明校园”。

（七）网络育人：构筑师生共享安全智能的育人网络

多举措努力夯实网络育人基础。一是依托智慧校园建设，通过“健机制、统规划、强基础、促应用、融数据”等举措，努力夯实校园网络育人基础。校园网实现了校园各区域有线、无线全覆盖，数据治理平台实现了统一身份认证和打通了网络信息系统之间数据壁垒、消除信息孤岛。网上综合办事厅的构建成功和今日校园App在校园全面启用，完善了网络服务体系。二是多途径，努力实施网络育人。网站群系统升级后全面支持PC和移动端，规范了校内新媒体管理，“一站一抖、两微一端两群”的网络宣传阵地形成。充分利用校园网络、全国高校思政网、学习强国、川观新闻等开展党史教育，网络学先进评先进已逐渐成为常态。成立了易班中心，学生全面入驻易班网。全面实现了新冠疫情防控期间“停课不停学、网络育人不掉线”，网络安全宣传

活动线上线下齐发力，网络育人广度、深度和热度获得进一步提升。三是强保障，努力为网络育人提供坚实支撑。建立了由网络宣传员、评论员、舆情员构成的百人宣传团，形成了一支由专兼职人员构成运维保障队伍，汇编成册校园网络管理制度，全面落实网络意识形态工作责任制，为学校网络安全培训，师生网络安全素养提升提供坚实支撑。

（八）心理育人：夯实“七位一体”的心理健康育人基石

育人育心，一是构建“宣（宣传教育）、教（集体教育教学）、辅（团体心理辅导）、咨（个别咨询）、预（危机干预）、研（课题研究）、服（服务师生）”七位一体教育模式。已打造四大常规心理健康教育宣传活动，开设《心理素质教育》公共必修课，开展特色化主题化团体辅导，每年20场以上；开展常态化线上线下心理咨询。二是形成新生普查、春秋排查、咨询评估、班级上报等全方位、全时段的及时发现即时干预的危机联动干预模式；立足高职学校特点开展针对性教研教改项目、心理课题。三是承担社会责任，积极响应各级号召组织教师投身于线上和线下心理志愿服务、“爱心高考”心理服务、高校所在市州的教育心理扶贫重点项目“双益工程”项目。

（九）管理育人：落实科学管理、依法治校的育人理念

强化了政治引领，坚持学院党委对工作的全面领导，党委充分发挥在“把方向、管大局、作决策、保落实”中的领导核心作用。一是加强和完善党委领导下的院长负责制，认真贯彻落实了民主集中制和“三重一大”决策等重要制度。落实了高校治理的制度体系，以《宜宾职业技术学院章程》为主，开展了制度体系建设，不断修订完善学院规章制度。二是切实抓好师德师风建设，制定《宜宾职业技术学院新时代师德师风建设实施方案》，把师德师风作为评价教师队伍素质的第一标准，将社会主义核心价值观贯穿师德师风建设全过程，并开展了师德师风建设专项工作，严格落实《新时代高校教师职业行为十项准则》，制定实施了《宜宾职业技术学院学院教师行为规范“十二条”》，全面贯彻落实了“师德师风一票否决”。

（十）服务育人：营造处处有温情、时时有关怀的育人氛围

深挖各服务岗位育人功能，将服务育人作为提升服务质量的衡量标准。一是强化岗位育人。提升后勤、安保、图信岗位的服务能力。二是提升服务标准。开展“规范服务行为，使用文明用语”“优质服务月”“争创优质服务窗口，争做优质服务标兵”“最美宿舍管理员评选”活动；开展完善后勤服务制度体系和制度建设，建立后勤管理与服务质量评价体系与考核标准，坚持“主动、周到、规范、精细”的后勤服务理念，强化后勤服务意识，提升后勤服务质量活动。三是开展活动育人。学生食堂每年端午节和中秋节免费为全院师生发放粽子、咸鸭蛋和月饼、水果等活动。在食堂开设“贫

困学生爱心餐”窗口活动，开展为学生提供“假期暖心晒被子”活动，通过食堂培训为学生开展“一碗燃面报亲恩”活动，在全国低碳日、节能宣传周等重要时间节点开展“绿色环保主题教育”活动；每年3月开展植树活动，让师生树立“绿水青山就是金山银山”理念；开展学生预防结核病、毒品与艾滋病的宣传教育活动；开展“安全校园快乐生活”校园安全稳定的主题教育。

（十一）资助育人：拓宽多点、多面、多渠道资助的育人渠道

把资助育人作为学校思想政治教育和意识形态工作的重要内容，加强资助育人顶层设计，完善奖、勤、助、贷、减等相关管理办法，建立资助育人长效机制、创新资助育人工作方法、拓展资助育人路径渠道、丰富资助育人活动载体，坚持资助和育人相结合，使资助更有温度、育人更有力度、资助育人更有效度。一是通过资助育人的向导，注重扶“困、智、志”相结合，推动资助育人工作从保障型提升为发展型，将资助渠道从单一的政、校资助，拓展为政、校、企共助。二是将育人载体从简单的校、家联合，拓展为政、校、企、社、家、生六方联动，将单纯资助工作提升为资助育人工作，形成了“资助—育人—成才—反哺”的良性循环。三是在国家助学金申请发放环节开展励志教育和感恩教育，在国家助学贷款办理过程中开展诚信教育和金融常识教育，在勤工俭学活动过程中开展自强不息、创新创业教育，在基层就业、应征入伍学费补偿贷款代偿办理过程中，开展成才观、就业观教育。

（十二）组织育人：引领示范表率同频共振的育人风气

一是通过修订学校、二级学院党组织议事规则和党政联席会议事规则、建立党委书记与院长定期沟通协商，党委书记、院长与班子成员定期沟通的机制，完善了制度体系和规范了决策程序。二是按照新时代党的建设总要求，以坚持党要管党、全面从严治党，党建统领、相互触动，问题导向、精准施策，改革创新、培养人才为工作原则，实施凝心铸魂工程，强筋壮骨工程，夯基固本工程，新风正气工程，生态清廉工程，大力推进“党委—党总支（直属党支部）—党支部—党员”四级联动，通过党委做表率，总支强引领，支部筑堡垒，党员强业务，起到党建引领作用。三是全面加强工会工作，充实基层工会力量，通过完善制度建设畅通了职工建议献策渠道，充分发挥了职工的参政议政作用。四是进一步完善共青团、学生会、学生社团相关管理制度，围绕“一严三精”的指导思想，推进学生社团改革和深化学生会改革，按期规范召开学代会。在党委统一领导下形成了各部门各方面齐抓共管的工作格局，初步构建了整合优势、整体推进、协同发展的组织育人体系。

第四节

以开放思维推进产教融合、校企合作

一、产教融合、校企合作发展现状

产教融合、校企合作，是职业教育的基本办学模式，是职业教育最显著的类型特征。2017年以来，国家层面已就产教融合做出了一系列制度安排和组合式激励政策，但从实践来看，进展情况并不理想，校企合作还处于浅层次、低水平状态，产教融合还存在松散式、“两张皮”现象。究其原因，是学校和企业还没有找到利益的结合点，教育的供给侧和产业的需求侧还没有同频共振，产教融合、校企合作还没有找到有效的机制。

（一）产教融合、校企合作之定义分析

产教融合、校企合作，作为职教改革发展的主要政策，可以说也是职教作为与普通教育相区分的教育类型的理论根基。但是，关于二者的内涵并没有清晰的界定。有学者指出：“产教融合”的内在机理未被破解，导致在操作层面上缺乏理论支撑与指导，难以设计出“产教融合”的相关机制。学校与企业界深度“融合”的内驱力不足，缺乏相应的激励机制推动。作为两个特质完全不同的社会系统，双方在惯性思维框架内，难以实现深度融合。实际上现在谈产教融合和校企合作，在内涵上往往交织在一起，到底哪些属于产教融合的领域，哪些属于校企合作的领域，并没有明确的区分。

1. 何为产教融合

产教融合的概念偏向宏观，“产”指产业，“教”指教育，二者都是总体领域。产教融合的含义应该比原来的产教结合要深入，“结合”是不同的事物间形成密切联系，“融合”是不同的事物融为一体，即形成你中有我、我中有你的共同包容形态。产和教究竟怎样才算融合？哪些方面能够融合？如何做到融合？需要探讨的问题还很多。

《国务院办公厅关于深化产教融合的若干意见》指出，深化产教融合，是“促进教育链、人才链与产业链、创新链有机衔接，是当前推进人力资源供给侧结构性改革的迫切要求”。对产教融合的构成定位就是产教的双链衔接，指出这是当前推进人力资源供给侧结构性改革的迫切要求（《职业教育提质培优行动计划》也要求“深化职业教育供给侧结构性改革”）。人力资源供给侧自然是教育一方。产教融合的基本原则是“面向产业和区域发展需求，完善教育资源布局”并“建立紧密对接产业链、创新链的学科专业体系。”把双链衔接具体化为学科专业体系向产业链的对接，可见产教融合应该是教向产靠拢，而不是产向教靠拢，也不是双向靠拢，所以主动方应该是教育、学校。《中华人民共和国职业教育法》第四十条要求“职业学校、职业培训机构实施职业教育应当注重产教融合，实行校企合作”。即实施主动方是职业学校和职业培训机构，

而且是体现在（或者说限定在）“实施职业教育”的活动中。当然还需要产业方面的响应和配合，而且必须落实到企业。所以《国务院办公厅关于深化产教融合的若干意见》强调要“充分调动企业参与产教融合的积极性和主动性”，且专门有一章“强化企业重要主体作用”，包括鼓励企业以独资、合资、合作等方式依法参与举办职业教育；支持企业参与公办职业学校办学。鼓励以引企驻校、引校进企、校企一体等方式，吸引优势企业与学校共建共享生产性实训基地等。

总的来看，产教融合是一个宏观概念，同时又是归属于职教办学领域，理念与实践兼有。就职业院校而言，落实产教融合，就是要使自身专业建设、培养模式和教育教学能够与对应的产业发展、转型及就业和创业需求紧密对接，从而实现教育链、人才链与产业链、创新链有机衔接。

2．何为校企合作

校企合作偏向微观，其含义是明确的，校和企都是实体，合作也有各种内容和形式且高度具体。教育部、国家发展改革委、工业和信息化部、财政部、人力资源社会保障部、国家税务总局6个部门2018年2月联合发布的《职业学校校企合作促进办法》，对校企合作的界定“是指职业学校和企业通过共同育人、合作研究、共建机构、共享资源等方式实施的合作活动”。规定校企合作机制是“校企主导、政府推动、行业指导、学校企业双主体实施”。要求“职业学校应当根据自身特点和人才培养需要，主动与具备条件的企业开展合作”，也就是学校应该是开展校企合作的主动方，是本着人才培养需要而进行校企合作的。那么，最根本的问题，也就是如何真正调动起企业参与校企合作的积极性和主动性。从产教融合到校企合作，应该是从宏观到微观、从全局到具体的链接。校企合作是学校需要努力练成的外功和需要相应落实的办学模式，遇到的问题也更加突出且制约性很强，值得认真探讨。

3．产教融合与校企合作之政策演进

1991年《国务院关于大力发展职业技术教育的决定》明确“提倡产教结合，工学结合”。1996年颁布的《中华人民共和国职业教育法》第二十三条规定：“职业学校、职业培训机构实施职业教育应当实行产教结合，为本地区经济建设服务，与企业密切联系，培养实用人才和熟练劳动者”。2014年《国务院关于加快发展职业教育的决定》正式提出“深化产教融合、校企合作。”同时要求：“推进人才培养模式创新。坚持校企合作、工学结合”。为落实党的十九大报告提出的产教融合和校企合作，配套有政府部门随后发布的专门文件，2017年年底发布《国务院办公厅关于深化产教融合的若干意见》，2018年2月教育部等6个部门联合发布《职业学校校企合作促进办法》，2018年6月人力资源社会保障部、国务院国资委发布《关于深入推进技工院校与国有企业开展校企合作的若干意见》，2019年1月发布《国家职业教育改革实施方案》有关产教融合、校企合作的具体措施。2019年3月，国家发展改革委、教育部关于印发《建设产教融合型企业实施办法（试行）》属于比较具体的落实文件。2019年6月国务院办公厅发布《关于促进家政服务业提质扩容的意见》，要求通过市场导向培育一批产教融合型家政企业，到2022年全国培育100家以上产教融合型家政企业，属于细化到具体行业的。此外，各地也出台了相应的法规文件。《职业教育提质培优行动计划（2020—2023年）》继续强调：“深化产教融合、校企合作，强化工学结合、知行合一”。《中华人民共和国职业教育法》修订征求意见稿有“坚持产教融合、校企合作、工学结合、知行合一”的条款，即将成为法定规范。其中“知行合一”属于原则目的，而“产教融合，校企合作，工学结合”则是举措行为，成为职业教育人才培养的基本宗旨。产教融合是职教发展的宏观理念及策略，校企合作是职教办学的基本方针，工学结合是职教的人才培养模式，且集中体现在教学模式上。三者构成职业教育作为类型教育的基本特色。

（二）产教融合、校企合作之内涵指标

1. 产教融合、校企合作之标志成果定量指标

各校对校企合作建设成效除做出定性描述外，也确定了标志性成果的10项定量指标：共建产业学院数量，共建高水平产教融合实训基地数量，深度合作企业数量，“1+X”技能等级鉴定数量，多主体地方职教集团数量，混合所有制二级学院数量，校中厂、厂中校数量，现代学徒制和企业新型学徒制试点专业数量，大师工作室数量，以及产学研协同创新平台数量。

2. 产教融合、校企合作之重点推进落实举措

梳理统计出职业院校推进校企合作的重点工作在以下14个方面：校企合作开发专业人才培养方案，校企合作制定专业教学标准，校企合作开发课程，校企合作编写教材，合作企业兼职教师专业课授课学时比例，合作企业接收学生实习实训学时，订单式人才培养人数，现代学徒制人才培养人数，学生在合作企业就业比例，校企合作开设新专业，学校联合培训评价组织开发职业技能等级标准，校企联合技术攻关项目，合作企业对院校捐赠设备总值（含放置在学校无偿使用设备），以及企业对学校投入资金。

（三）产教融合、校企合作之外延形式

产教融合、校企合作外延形式主要涉及以下6个方面：产业学院，职教集团，深化产教融合，现代学徒制，校企命运共同体和职教联盟。从统计和分析各高水平职业院校中可以看出：

①各校对产教融合、校企合作的认识基本一致，特别是产业学院、职教集团和现代学徒制，是大多数高职院校与企业合作的基础和突破点。

②各校在产教融合、校企合作方式的选择上，基本都以特色产业学院建设为主抓手，通过搭建职教集团平台，联合培养特色人才，共同建立校企合作命运共同体。

③需要提出的是，“混合所有制改革试点”仅有4个学校写入方案，这是否可以理解为，各校对校企合作均以“守正”为本，确保“底线意识”，不做过多突破。

④仅有极少数学校（淄博职业学院）提出“产业教授”概念，说明在全国首批“双高”院校中，对校企合作共建师资团队的内涵认识还是有不够到位的地方，还有挖掘空间。

（四）产教融合、校企合作之实践困境

产教融合、校企合作自职业教育兴起以来一直是高度受重视、全力在推进的办学举措，各职业院校多年来也取得了很大的成就，丰富了各种合作内容，创造了很多好的合作方式，积累了很多好的经验，做得好的典范也不少。但是总体看，普遍有效并可持续性推进校企合作的办法不多，困难和障碍也是明显的。

1．根本症结厘清产教融合、校企合作困境

有学者指出，“我国企业参与职业教育的困境在于：一方面，企业参与的动力和积极性不足且参与程度有限；另一方面，那些参与的企业倾向于将实习学生当作廉价劳动力来使用”[①]。最普遍的情况是企业缺乏参与校企合作的积极性，即学校经常抱怨的“剃头挑子一头热”。此外，部分校企合作中也存在异化现象。目前很突出的问题，就是企业把学校派遣的实习生当一般劳动力使用，放在缺乏技术含量的简单工作岗位上，学生实际上就是提前就业上岗，学不到什么有价值的东西，甚至有些实习根本就与专业无关。学生质疑：“我既然能顶岗了，为何还要实习?”还可能有违反劳动法和教育法的行为。从实质上来看，学校向企业的单纯劳力输送，违背了校企合作的基本目的。毋庸讳言，学校对企业的这种劳力输送不仅是企业一方需要，学校一方也是能够从中受益的。校企既然都能受益，就必然会产生专门的劳务中介来促成这笔交易，吃亏受害的是作为劳力输送的学生，进而会严重影响职业教育的社会声誉。教育管理部门对此一直是高度重视的，多次出台相应的规范制约举措。例如，规定学生顶岗实习不得低于本企业在岗新员工的相应待遇，既可以堵塞获利的空间，也可以消除学生的不满。不过这又可能导致企业接纳学生实习的成本提升，何况实习生也不见得都能达到在岗新员工的工作绩效。2021年5月教育部发布了持续加强职业院校实习实训违规问题治理的公告，但这些问题如何能够彻底解决，还需要做深层次的探讨。

2．企业性质决定产教融合、校企合作困境

企业组织的性质和任务是校企合作积极性不高或者异化的校企合作出现的根源。企业是社会经济组织，面向市场运作，以营利为目标，自主经营，自负盈亏。而教育属于公益性事业，首先讲究社会责任和效益，性质上就有本质区别。培养人才并不是企业的生产工作任务，难以成为企业的职责。目前没有一部面向企业的法规有这样的

① 李俊．我国企业参与职业教育的困境及其突破——基于公共选择理论与劳动经济学的分析［J］．教育发展研究，2015（03）：52-58.

明确规定，也尚无国家级别的“企业法”。1988年制定、2009年修订的《全民所有制工业企业法》，其中没有与人员培养相关的条款，值得注意的倒是有拒绝摊派的条款，其中第二十五条规定：“企业有权拒绝任何机关和单位向企业摊派人力、物力、财力；除法律、法规另有规定外，有权抵制任何部门和单位对企业进行检查、评比、评优、达标、升级、鉴定、考试、考核。有关部门按照规定对企业进行必要的检查，一般情况下，每年只进行一次，不得重复检查。”国有企业尚且如此，其他企业就更不可能强制性摊派了。1993年制订、2023年修订的《中华人民共和国公司法》涵盖企业，其中亦无涉及社会义务的条款。第十六条规定：“公司应当采用多种形式，加强公司职工的职业教育和岗位培训，提高职工素质。”这是明确涉及教育培训的，但仍只是限于企业内部职工。涉及企业的有关合作法规，有1997年通过、2007年修订的《中华人民共和国合伙企业法》，分为普通合伙企业和有限合伙企业两类，其中第三条规定：“国有独资公司、国有企业、上市公司以及公益性的事业单位、社会团体不得成为普通合伙人”。这就限定了校企之间只能有限合作，而且成为合伙人是以其认缴的出资额为限对合伙企业债务承担责任，所以也不属于一般校企合作的内涵。可见，要规定企业有培养人才的职责，还要与学校合作的硬性条款困难很大。所以企业可以与学校合作，也会愿意与学校合作，但不是必须与学校合作。

3．政策滞后导致产教融合、校企合作困境

政策安排尚未实现校企合作提供学校、企业的利益兼顾。校企关系错位由于教育机构属于所谓的“体制内”，思维方式更多的是依赖政府，希望政府出政策、立法规来要求企业执行，由政府牵头来引导落实企业与学校合作。当然靠政府支持可以有力推进与企业建立合作，但是政府颁发的文件属于政策层次，主要发挥提倡、指导作用，达不到法规的强制推行作用，而且在不同行政部门所管辖的领域实际上也不一定能全面落实。例如，《国家职业教育改革发展方案》提出要在职业院校启动“1+X”证书制度试点工作，至今只是在部分领域实施。这些年来在国家高度重视职教发展的大好形势下，政府也确实在政策法规的制定，行政管理的推进等方面做出了积极行动。其中，有关抵免企业应缴教育费附加和地方教育附加，给予“金融+财政+土地+信用”的组合式激励等优惠政策，也能对企业有所激励。如果要落实到具体的校企合作上，企业必然还要做经济及财务上的估量。企业毕竟也需要承担社会责任，也就是说，企业作为社会组织，有承担高于组织自己目标的社会义务，要求企业不能把利润作为运营的唯一目标，还要在生产过程中同时注重对社会的贡献。所以《职业教育提质培优行动计划》希望能“将企业办学情况纳入企业社会责任报告”，这应该更有推进企业参与校企合作的效果。但企业的社会责任毕竟属于出于义务的自愿行为，而且覆盖社会公益层面的广泛领域，包括环境保护、安全生产、社会道德以及公共利益等方面。如何将支持和参与办学有效纳入企业做公益事业的既定范畴，还需探索。

（五）产教融合、校企合作现状困惑

1．认识误区：校企合作与产教融合

产教融合本质是生产和教育培训的一体化，在生产实境中教学，在教学中生产，生产和教学密不可分。人们常把产教融合和校企合作视为同义语，其实二者是有区别的。产教融合是指行业企业和高职院校为了各自的发展需要合为一体，因而产教融合是一个双向发力、双向整合的过程，企业和高校都是产教融合的主体，只有组成一个利益共同体，才能真正实现产教融合。校企合作是高职院校为了实现人才培养目标，主动向企业靠拢，寻求与企业的联合。其主体是高校，是单主体的单向过程，很难真正与企业形成合力，尤其是在高职院校高速发展初期，人才培养的特色和优势还没有形成、企业短期内还无法从高校获取人才红利时，这种合作只是高校的一厢情愿，不会取得好的效果。

目前，大家感到困惑的共同问题是，怎么才能让企业实实在在地参与高校人才培养，真正实现产教融合。产教融合之所以难以得到推进和深化，在一定程度上是因为人们对政府、企业、行业、高校在产教融合中应发挥的作用、所承担的责任与义务认识不清所导致的。

2．实践误区：合作现状与融合困惑

校企合作和产教融合是在职业教育发展过程中应运而生的，相对于西方发达国家，我国的职业教育兴起较晚，校企合作也相对滞后，还没有达到产教深度融合的理想状态，主要表现在以下几个方面。

（1）合作难以稳定，融合渠道未贯通

由于企业与学校在性质、体制、功能和结构上的不同，在初期校企双方很难实现真正意义上的合作。企业的目标是利润，需要创造经济效益，因此缺乏与高校开展校企合作的动力。在这方面能给二者架起桥梁的就是政府。虽然地方政府出台了一些推动校企合作的地方性文件，然而政府的提倡只停留在政策层面，缺乏刚性约束机制。大多数校企合作关系的建立与维系主要还是靠人脉关系和信誉。这样建立的合作关系，大多是短期的、不规范的、难以持久的低层次合作，未能形成统一协调的、自觉的整体行动，合作的成效参差不齐。要真正解决这些问题，就要尽快构建由政府主导的校企合作政策与管理机制，以立法的形式制定有关职业教育校企合作的法规或条例，明确政府、行业企业、高校在校企合作中的职责和义务。

（2）合作模式单一，合作内容不深入

高职院校要实现人才培养、终身教育、技术创新、社会服务等功能，必须与行业企业紧密结合，与地方社会经济发展实现良性互动，校企合作、产教融合应贯穿于人才培养的全过程。校企合作的深度和广度直接关系着人才培养质量的高低和高等职业教育社会功能的实现，然而现阶段我国高职院校正处于转型发展关键期，校企合作还局限于共建学生实习基地、订单式培养、顶岗实习等，部分走在前列的高职院校做到了“引企入校”建立“校中厂”，或“引校入企”建立“厂中校”，但总体来看，合作模式比较单一，合作内容不够深入、系统、实在。出现这种局面的原因是多方面的，主要是校企双方对合作内涵和意义认识不到位，没有建立起合作的长效机制和约束机制，企业出于自身的原因对合作缺乏动力和热情，高职院校对校企合作准备不足，没有制定出科学合理的校企合作方案。

（3）合作对象误区，选择存在未确定

校企双方在合作对象选择上都存在认识误区和实践误区。很多高职院校在校企合作方面，往往急于求成，片面追求高大上，把目标瞄准域外大型行业企业，追求轰动效应，满足虚荣心理，结果由于自身条件和区位限制，导致合作效果不佳。从企业行业来看，企业在选择合作对象时，往往患得患失，追求短期利益，缺乏长远战略。由于地方高校处于转型发展的初期，能够为企业提供直接利益的能力有限，所以在短期利益驱动下企业不愿承担校企共育人才、扶持地方高校发展的社会责任，即使合作也更愿意选择那些科技研发能力强、人才培养质量高、能够带来直接经济利益的老牌高校。由于校企双方合作理念、合作目的相左，利益相悖，如果缺乏约束机制，校企双方很难走到一起，即使勉强合作，也不会有好的效果。

（4）合作经费困局，长期保障不到位

校企合作是一个复杂的系统工程，校企双方联合进行科技研发，共建科研和学生实训平台，都需要投入大量的人力、物力和财力。但现状是，国家和大多数地方政府鼓励和推动校企合作的奖励拨款制度和财政拨付机制还不完善，国家对企业深度参与职业教育的税费、信贷优惠政策还没落实到位，社会捐助渠道也不畅通。从企业层面来看，按照校企深度融合共育人才的要求，企业应当全程参与教育，对人才培养投入一定的人力、物力资源，但是目前的校企合作关系设计多以学校为中心，无法保障企业在合作中的获益，导致企业的积极性不高。从高校层面来看，部分经济发达地区的地方高校，经费比较充裕，而那些经济欠发达地区的地方高校，经费本身就不充裕，投入有限，校企合作的深度难以保证。

（5）合作队伍滞后，师资建设未互融

校企合作需要校企双方共建一支具有“双师”素质的高水平师资队伍，很多转型发展的地方高校已经采取多种措施开展“双师型”队伍建设，但就现状来看不容乐观。很多地方高校刚从普通高校转为应用型高校，原来的师资以理论教学为主，无法适应实验、实践等应用型人才的培养工作，更谈不上和行业、企业联合进行科技研发等应用型科学研究，服务地方社会经济发展的能力有限。而企业师资虽然实践动手能力强，但多数理论功底不足，且缺乏从事高校教学的基本技能和方法训练。师资队伍的薄弱严重制约了产教融合的深度和广度，影响了应用型人才培养的质量。

（6）合作质量波动，保障评估仍缺位

从目前的情况看，校企合作各环节如专业设置、师资队伍建设、实验室建设、课堂教学、实习实训、毕业设计都缺乏与应用型人才培养相适应的质量标准和规范的管理制度。有的学校即使制定了管理制度和质量标准，在执行过程中也存在这样那样的问题，导致有章不依。例如毕业实习，很多高校学生实习时间长达一年，但如何对学生实习尤其是分散实习进行有效管理，如何规定高校和企业指导教师的职责，如何评价实习效果等这些问题还没有得到很好的解决。质量保障体系和评估监督体系的缺位和不完善，导致目前大多数高校的校企合作处于散乱无序的状态，更谈不上保证质量。

二、产教融合、校企合作本质构建

（一）契约缔结：保障“合作成效”之基石

校企携手推进合作事宜，需从合作内涵的构建根基出发。合作应基于双方自愿，除企业出于社会责任进行单向服务奉献的情形外，常规合作需达成互利共赢局面，若一方长期无法获益甚至面临亏损，合作恐难以为继。独立法人主体间的合作，实则是类似甲方乙方的关联形式，即便存在集团、联盟或共同体等上层架构，实际操作仍倚仗甲乙双方的精准对接。合同或协议作为合作的依托，清晰界定双方的职责范畴、权利归属、义务细则以及具体任务内容，并辅之以相应的实施举措与保障条文，借由签订合同构建法律关联，校企合作方能落地生根。

由此可见，校企合作从根源是上系一种契约缔结关系，双方均为法律关系的主体构成，彼此的资源及权利义务互为客体对象，需依循协议予以履行与保障。而催生出合作意向并达成协议的前置条件，在于精准剖析校企双方的具体需求与期望目标，需求是合作的根基与谈判底线所在，期望则具备一定弹性空间，双方会在需求基石之上谋求更大效益。

（二）校企互盼：达成“深度交融”之要诀

学校作为校企合作的积极倡导者，对企业的需求多元且紧迫性各异。经调研发现，职业院校于校企合作中的利益诉求首先聚焦于学生实习实践、实训演练、就业安置等方面，其次是专业体系建设、课程体系开发、行业技术前沿引领、教师实践锻炼，最后是技术研发创新、企业参与学校治理架构等，其中学生实习当属最为刚性的需求，若能妥善解决此问题，学校在校企合作中的基本诉求便得以达成。教师深入企业实践同样是师资队伍建设的必要环节，相对而言较为灵活且可选择范围较广。毕业生就业固然是关键要点，但校企合作仅是获取就业岗位的渠道之一。此外，课程开发、教材编撰、企业人员参与教育教学及管理体制变革等亦是值得探索与推进的重要方面。

对于企业而言，校企合作虽无绝对刚性需求，却能从中获取利益。《中国职业教育发展大型问卷调查报告》表明，企业期望从学校获取的服务与支持项目里，用工优先、专业技术辅助、员工培训解决方案位列前三。通过校企合作接纳顶岗实习学生补充生产岗位，是企业最为直接的获利途径，亦是校企合作顺利推进的关键因素。企业还期望于实习生群体中选拔录用新员工，尽管获益存在滞后性与不确定性，但订单式培养模式下的合作稳定性相对较高。此外，企业员工培训是学校能够提供的适宜服务类型，不过多局限于基础性通识性培训范畴，而研发新技术、新工艺、新型管理模式等同样是校企合作的核心要点。

（三）工学结合：迈向“深度实质”之宗旨

工学结合与产教融合、校企合作关联紧密。2014年，习近平总书记对职业教育的重要讲话中强调，要坚持产教融合、校企合作，坚持工学结合、知行合一。产教融合与校企合作隶属于宏观体制或办学维度范畴，而工学结合则是职业教育人才培养的根本模式，处于教育教学层面核心位置，知行相长是其追求目标，即借助教学做一体化实现知行相长，并纳入工学结合的整体框架。

三者之间存在严谨的逻辑脉络，产教融合是校企合作的前置条件与坚实保障，校企合作是工学结合有效施行的必要手段，工学结合是最终的实践落脚点。职业教育有别于普通教育，其教学过程需践行工学结合，故而职业教育务必以工学结合为导向引领，依托校企合作，凭借产教融合的宏观背景支撑，达成专业教学与实操演练、实训实习的深度契合，助力学生于企业实习历程中提升实践应用能力。

现代意义上的工学结合是一种将学习与工作有机整合的教育范式，着重强调手脑协同、教学做合一，以达成知行相长，促使学生切实领悟并运用实践技能。在此进程中，需牢牢把握“学”这一核心要旨，明晰工亦是学的特定形式，不可脱离工作空谈学习，亦不能以工作全然替代学习，否则便偏离了培育学生的根本目标。诚如学者所言，合作是职业教育的手段与路径选择，其终极目标是立德树人、培育英才，若校企合作仅仅是为了合作而合作，忽略育人本质内涵，诸如将学生单纯视作劳动力资源加以利用或放任不管，实习岗位与专业需求相互脱节，未提供基本学习环境与条件等情形，便背离了工学结合育人的根本要义。

三、产教融合、校企合作发展展望

（一）以“法律保障”明确企业参与合作的必要必须

李克强总理在2019年2月20日召开的国务院常务会议上要求，制定涉企法规规章和规范性文件，必须听取相关企业和行业协会商会意见，而且要贯穿全程。李克强总理在会议上指出，在这方面我们曾有教训：一种情形是，制定法规政策时由于没能广泛听取市场主体意见，结果法规政策的实施打乱了企业正常生产经营计划，造成损失和浪费；另一种情形是，企业不认可新出台的法规政策，就会搞“上有政策、下有对策”，最终使法规政策很难实施。教育界的相关涉企法规规章和规范性文件在制定时是否“贯穿全程”地听取了相关企业和行业协会商会意见？即便进行过且无异议，也要顾及法规是有实施领域限定的，是在各自权限范围内具有规范作用的，教育类法规恐怕无法对企业有刚性约束。现在有力度的具体推进措施就是建立产教融合型企业。国家发改委、教育部2019年4月印发的《建设产教融合型企业实施办法（试行）》提出6项具体条件，全都是为教育服务的，与产业自身的发展没有什么关联，实际上可视为紧密型校企融通的企业。强调企业发挥主体作用确实抓住了关键，需要推进这一政策的落实。此外，党的十九届四中全会提出“重视发挥第三次分配作用，发展慈善等社会公益事业”。党的十九届五中全会提出“共同富裕”的发展目标，强化企业对社会公益事业的投入目前已是大势所趋。借此东风，应尽快着手弥补涉企法规在服务社会方面欠缺的短板，可以通过修订《中华人民共和国公司法》增补企业应尽社会责任和义务的相关内容，在其中明确参与校企合作推进人才培养的条款，但是否能有具体的刚性制约还需要法律界斟酌。

（二）以“风险防控”建立健全产教融合的防范机制

要推进普遍、易行的校企合作，“购买服务”当是最为直接而有效的办法。李克强总理在2014年全国职教工作会议上提出：“政府既要加大对职业教育的投入，也要采取购买服务等多种办法，调动企业、社会多方面的力量”。政策优惠有利于盈利、减免或抵充税负，也带给企业真金白银的效益，如能实施给钱补贴，则是最实在的措施，至少足以弥补企业付出的成本。如北京市对校企合建工程师学院给出了优厚的条件，“每建一个工程师学院，企业投入20%，政府投入80%。”通过这种方式，仅2019年北京就批准建设了40个工程师学院。投入力度虽然相当大，但还局限于某些重大项目。对校企双方而言，企业如果有需求可以出资请学校去承担或协助，这从来就不成问题；那么学校同样也可以出资请企业做事，这至少可以成为校企合作的部分事项的运作方式。购买服务的前提是资金从哪里来？既然校企合作是职业教育人才培养的基本需要，校企合作育人的开支理所应当纳入培养成本，由培养经费开支。《国家职业教育改革实施方案》提出：“各级政府要建立与办学规模、培养成本、办学质量等相适应的财政投入制度”。希望能落实到校企合作育人，具体就是资金投入和财务运作的具体方式了。学校要想筹资给企业支付培养费，现在还有不少障碍，包括政策配套，经费落实，制度到位，这个过程要疏通各个环节，确实不易，但是可以先限于校企合作的某些事项，例如实习费，可先在具备条件的地区试点。应该据此提升教育费附加，同时在教育财政投入上扩大职教份额，并明确用于产教融合、校企合作领域的投入。购买服务一旦可行，那显然就是普适的、固定的、可持续的。

（三）以“购买服务”探索推进校企合作的路径渠道

校企合作的推进需要规避校企双方在合作中各自需要投入的成本及代价风险。仅就学生到企业实习而言，学校方面当然也有相应的投入，但基本上属于教育教学自身的工作，也包括对学生实习中的风险承担，这也是学校以培养人才为主业所必须承受的。而企业方面显然投入和担当更大，且多数情况下并非出于企业自身的生产任务所必须投入和承受的。例如实习指导和管理人员配置，实习材料的消耗及设施损耗，实习生的工作生活条件提供等。可能产生的问题和风险，主要有人员和设施的安全问题，合作关系之间的矛盾纠纷问题，以及工位占用和变动影响生产秩序的问题，还可能涉及泄露生产工艺技术和商业机密以及暴露企业短板、影响企业声誉等问题，这些非生产经营的额外承担的账，企业是肯定要算的。有调查言："影响企业开展校企合作的内部因素，不同性质的企业影响因素权重不同，但有一个最大的共性因素，即管理难度大是影响企业开展校企合作的最大障碍"。因此学校对企业合作的投入和承担必须充分顾及，包括对具体企业的具体问题也要把握到位，才能有坚实的谈判合作的基础。正因为校企合作并非企业的必然职责，所以在落实校企合作的过程中，学校只能是尽自己的条件谈合作内容，以满足实习需要为基本，其他合作意图只能是在条件具备时尽量争取，同时尽可能利用自身优势向企业提供协助和供给，以对冲企业付出的成本和风险担当，这就要看不同学校与不同企业的具体情况了。比如，企业运营和发展需要四种资源：资本资源、人力资源、信息资源和社会资源，学校提供的可能性都有，其中学生到企业顶岗实习以及随后在该企业就业，对校企双方可以说是共同得利，而其他的合作多是单方获利，就需要通过相互提供的利益交换来取得均衡。学校在筹划合作时通过务实的展示，企业自然也会评估，从而导致合作的积极性。

（四）以"人人出彩"改革完善工学结合的育人机制

《职业学校校企合作促进办法》第六条指出："职业学校应当根据自身特点和人才培养需要，主动与具备条件的企业开展合作"。因此需要围绕培养目标，通盘设计专业教学计划，哪些在普通课堂学，哪些通过实训学，哪些放在实习中结合工作去学。合作企业提供的生产工作应与学生的专业学习适配或密切相关，为学生提供的实习实训岗位应具有多种体验和实践锻炼的意义。在筹划校企合作时必须明确育人的目的，与企业一方形成共识，形成实习方案中的核心内容。实习当然不可能完全脱离简单劳动，使学生了解和参与生产过程本来就是实践学习的必要环节，但要有限度，应该尽量使实习生参与全方位多种形式的实践活动，实地体验工作需要的各种操作训练，即使是简单劳动，也应尽量插入学习活动。总之，要使学生扎扎实实地掌握专业知识和技能。

四、学院深化产教融合、校企合作的途径举措

（一）深化产教融合、校企合作的途径

1. 政策区位要优

高职院校大部分分布于经济发达地区和区域中心城市，特别是首批次立项的国

“双高”院校，经过近两年的探索与实践，在国、省、市的政策支持下，在校企合作方面取得了相当大的成果。其中特别是山东省的政策空间更大、制度创新和政策利好更优，对探索混合所有制、产业学院等产教融合边缘空间，具有非常大的帮助。

2．产业优势要强

受调研的“双高”院校和高职院校，均建设在当地产业园区附近，如淄博职业学院、温州职业技术学院等，就在当地重点发展的产业园旁。所有调研的院校均紧紧抓住了“地方离不开”这个命题，跟随当地产业建设“双高”专业、贴近当地产业推进校企合作，因此“双高”院校建设中的“提升校企合作”，其实更多的是“地方高职院校提升服务本地深度合作企业的水平”。

3．内外机制要活

高职院校校企合作机制的建设，从示范到骨干、从优质到“双高”，其实都无固定模式和可复制案例，而往往伴随机制建设的同时，必然会有新思维迸发、新思路探索，甚至是倒逼体制改革等。机制的建设主要是为了解决人的问题，“双高”院校建设中校企合作的核心是学生、根本是教师，而所调研的“双高”院校机制“活”就“活”在学生和教师上。学生的身份认可活、成绩认定活、毕业条件活，但是活而不水，须做到的是标准严、认定方式多；同样的，教师的身份活，岗课双肩、教做一体，企业认可加学校认定，真正激活人才内生动力。

（二）产教融合、校企合作的举措

在各院校高水平推进校企合作总体思路中，体现出以下特点。

①各院校提升校企合作能力的总体思路大同小异，均以构建深度校企合作关系的“校企合作命运共同体”为目标，通过共建产业学院，利用现代学徒制联合培养人才提供校企合作利益纽带，借力职教集团实体化运作提供校企合作保障，开展产学研合作平台建设、大师工作室建设、产教融合实训基地、教学工厂、社会培训等一系列合作。

②各院校均明确坚持以“产教融合”服务“双高”建设，推动学院发展的思路，也相应地提出了路径、对策和举措。大多数调查对象，均以服务本地产业和本地龙头企业为核心建设内容，以构建深度校企合作关系为主要抓手，以学生培养和科技研发为途径，开展相关项目建设。

③部分学校在校企合作中强调了“混合所有制”改革试点，如潍坊职业学院、日照职业技术学院、温州职业技术学院等，特别是山东省高职院校受“省部共建高地”的政策优势，都在主动积极推进混合所有制改革探索。但所有受访院校受体制限制，仍主要是以学校的“人才、学生、资源、场地”与企业的“资本、技术、渠道”等融合，需要企业较深厚的教育情怀和社会责任感，真正的资金投入尚未有院校敢于探索。

（三）宜宾职业技术学院产教融合、校企合作的推进规划

对宜宾职业技术学院高质量发展“提升校企合作水平的路径”的总体思考为：以探索和创新适合宜宾产业发展需要的校企合作运行机制为抓手，依托10个二级学院的优势和特色专业群，发展少而精的紧密型校企联合体，通过开展多类型、多层次、多形式校企合作，共建产业学院和教学工厂等形式，不断深化校企合作、持续推进产教融合。

学院与合作企业根据经济社会发展和市场需求，在专业设置、人才培养、课程开发、师资培养、技术创新、就业创业、职工培训、社会服务、文化传承、国际合作交流等方面开展以下合作：一是根据就业市场需求，共建对口专业、研发专业标准、开发课程体系、教学标准以及教材、教学辅助产品，开展专业建设；二是合作制定人才培养职工培训方案，实现人员互相兼职，相互为学生实习实训、教师实践、学生就业创业、员工培训、企业技术和产品研发、成果转移转化等提供支持；三是根据企业工作岗位需求，全面推行企业新型学徒制，开展现代学徒制探索与合作，联合招收学员，按照工学结合模式，实行校企双主体育人；四是以多种形式合作办学，合作创建并共同管理教学和科研机构，建设实习实训基地、技术工艺和产品开发中心及学生创新创业、员工培训、技能鉴定等机构；五是合作研发岗位规范、质量标准等；六是组织开展技能竞赛、产教融合型企业建设试点、优秀企业文化传承和社会服务等活动；七是按照国家有关规定，校企双方可以通过参股、入股的形式，与对方联合组建经济实体或独立举办经济实体。

1. 共建产业学院，以宜宾特色推动创新发展

中共中央办公厅、国务院办公厅印发的《关于推动现代职业教育高质量发展的意见》中要求，“推动校企共建共管产业学院、企业学院，延伸职业学校办学空间”。产业学院作为职业院校的一种新的办学形态，对于创新校企合作办学机制、实现产教深度融合，具有重要而积极的意义。通过探索适合专业的、特色产业学院办学模式、管理体制和运行机制，落脚在校企共建共享共赢。立足成渝双城经济圈，国家乡村振兴优质校、宜宾五大千亿产业等国家、省、市重大战略，聚焦宜宾本地的新产业、新业态、新技术、新模式，“2+4+4”专业群应联合本地行业龙头、领军企业共建特色产业学院，构建以人才供需为基点，以共建专业、共同开发课程、共同打造师资、共同研发、共享发展成果为支撑的双元育人机制，将产业学院打造成为校企协同育人、协同创新的新载体。

2. 运作职教集团，以跨界整合促进协同推进

学院现有的宜宾市高职教育职教集团应该进一步实质性推进建设，力争实质性推进成渝双城经济圈智能制造产教联盟和澜湄合作联盟，只有通过政行企校多元联动、资源共享、优势互补，才能促进教育链与产业链有机融合，进而深入推进集团实体化、市场化运作。通过产教联盟和职教集团的运作，成立行业与专业结合的师资建

设、就业指导、文化交流、校企合作、技术交流等委员会，才能进一步有效整合产教融合资源，充分利用各方优势，实现资源共享，开展宽口径、多元化、深层次合作。

3. 共建教学工厂，以要素融合推动功能升级

工科类专业应着重推进共建以实践教学和跟岗实习为目的的生产型校内外“教学工厂”，通过校企场地、设备、人员、管理等要素的融合，推动校外实训基地功能升级。智造学院应重点推进“智威科技教学工厂”“一电航空教学工厂”“宁德时代教学工厂”，交通学院应重点推进“中车智轨产业学院”“凯翼汽车产业学院”，电智学院应重点推进“朵唯产业学院”等，建环学院应重点推进“智能建筑产业学院”“建筑装饰工作室”等。

4. 创新培养模式，以协同育人助力在岗成才

学院进一步完善“国家—省—校”三级现代学徒制试点格局，通过一体育人、课程融合、分段培养，探索适合宜宾产业需求和特色的现代学徒制人才培养模式。每个“2+4+4”专业群应该与2～3家深度合作企业达成稳定的合作关系，开展现代学徒制和企业新型学徒制试点工作，分层分类分级开展探索实践，真正把“入校即入企、入学即入职”做实做透，探索适合产业需要、满足学生需求的“酒都工匠”学徒培养模式。

（四）宜宾职业技术学院产教融合、校企合作的具体措施

1. 聚焦产业高端共建特色专业，“精准培养”技术技能急需人才

学院通过主动对接宜宾“5+1”产业和行业高新技术企业，立足学院优势学科专业，与行业高新技术企业共建特色专业，在“精选企业、精准培养、精准就业”等方面实现新突破，人才培养更加适应行业高新技术企业的用人需求，校企融合发展迈上新台阶。

2. 聚焦产业集群共建产业学院，“规模培养”主导产业适用人才

学院紧密对接区域内主导产业集群，与四川时代等行业大型骨干企业共建产业学院，实现校企深度合作，教学资源共建共享、人才共育共培，推进规模化培养培训，将产业学院建成学生培养和员工培训中心，解决人才教育供给与产业需求的结构性矛盾。聚焦产业发展共性技术研究，校企联合开展应用技术研发，将产业学院建成相关技术研究中心，打造行业中小微企业的技术创新基地。

3. 聚焦职业教育集团实体运作，“链式培养”实现多方协同发展

学院以项目为载体，以利益为纽带，推进职教集团实体化运作，解决“多元参与、聚而不融”问题。共建集团教师工作站，汇聚集团成员院校、企业教师和技术人员，推动项目研发、中试和生产推广。共建学生实习就业基地，满足成员院校学生实习实训和企业用人需要。

4. 聚焦拓展特色现代学徒试点，“合作培养”推动学徒互培项目

学院深入推进“现代学徒制”试点，推进“一院一品”现代学徒制项目，以2个教

育部现代学徒制试点专业为引领，实现试点专业占比达20%，“中高企”贯通培养方式得以推广，现代学徒“宜宾模式”初现雏形。与四川时代等行业领先企业组建现代学徒制试点班，推行“校企选生，生选校企”的双向选择招生机制，采取“工学交替、跟岗轮岗”教学组织形式，有效发挥企业育人主体作用。依托化工行业特有工种技能鉴定站，实践“学历证书+职业资格证书”双证书人才培养模式，提升学徒制人才培养质量。面向技术性、实践性较强的制造类专业，以行业领先企业为引领，多个中小微企业参与，全面推行现代学徒制，扩大学徒制培养规模，校企双元育人办学效益更加彰显。

5. 聚焦打造多样多渠育人载体，“共建培养”实现校企广度合作

学院通过深化产教融合，校企共建生产性实训基地、企业工作室、实验室、创新基地等载体，以项目为纽带，以共赢为目标，共享企业资源，共育高端人才，校企实现深度合作，初步形成校企命运共同体。

（1）共建生产性实训基地

学院通过推行任务式人才培养，把握全球产业发展和产业转型升级机遇，人才培养主动对接企业用人需求，以引企入校、校企一体为主要方式，吸引行业优势企业资金、设备、技术，共建生态景观教学工场，共建智能装备制造生产性实训基地，将企业生产任务引入到学生校内实践培养过程，为学生创设真实工作环境，推行任务式培养，提升技术技能人才培养质量。

（2）共建企业专家工作室

学院通过聘请产业领军人物，建设“戎州工匠工作室”，设立10个“技能大师工作室”。以任务为牵引，发挥其技能攻关、带徒传艺、技艺传承等方面的辐射带动作用，带动专业教师研发和创新能力提升，培育学生工匠精神，培养高素质技术技能人才。

（3）共建校企协同创新载体

学院通过聚焦产业共性问题，与企业共同成立“技术研究院”。政府部门、学校、企业联合成立协同创新中心，联合开展产品研发、工艺开发和技术推广，促进区域支柱企业技术升级。

6. 聚焦行业企业真实项目载体，“命运共同体”构建校企深度合作

学院充分发挥教授、博士等高层次人才科技研发优势，以项目为载体，以利益为纽带，遴选一批行业领先企业，在人才培养、技术创新等方面开展深度合作，形成校企命运共同体。与企业开展合作，制定适应全球化发展需要的国际化、复合型人才质量标准，服务中资企业走出国门。按照市委、市政府要求和学院“十四五”发展规划，在此后五年，学院最重要的发展目标就是建设全国“双高”院校和升格职教本科大学，这就是检验学院校企合作成效的最重要指标。要通过坚实的校企合作，引领和保障学院这2个核心目标的达成，努力建成“立足宜宾、辐射西南、全国一流、国际水平”的现代职业大学。

（五）宜宾职业技术学院产教融合、校企合作的特色亮点

1. 深化办学体制机制改革，形成全面开放办学格局

（1）体制机制创新，以“二三四”推进产业学院建设

一是政府主导、校企主体，实践办学体制“二重突破”。与五粮液集团、华为等联合举办五粮液技术学院、华为ICT学院等产业学院，实行理事会管理，实现办学体制“一重突破”；产业学院下设的专业与集团公司下属子公司或者集团产业引导的知名企业共建共管专业教学中心、校企工作站、大师工作室，组建技术研究所和专业实体公司，形成办学体制创新上的“二重突破”。二是建立起以利益联结为核心、资源联合为纽带、发展联动为支撑的“三联机制”。以制度化建设为核心，形成校企合作制度体系，为实现多方互利共赢提供机制保障。三是校企双方推动先进生产技术与传授技术技能逐步融合，人才培养过程管控逐步融合，教学实践基地与产品生产基地逐步融合，师生身份与员工身份逐步融合，推进校企一体化发展，形成产教“四面融合”格局，校企合作企业达到200家以上。

（2）分级分层分类，以“个性化”打造校企合作模式

学院根据产业发展需求，分层次、分类别、差异化确定产教融合、校企合作的内容和方式。与头部企业开展“领航式”合作模式。建设四川互联网学院、中德学院；与骨干企业开展“混合制”合作模式。建设海尔西南培训中心、四川一电航空产业学院；与小微企业开展“服务式”合作模式，建设四川宜宾智威教学工厂。

（3）拓展联盟集团，以“一体化”引领职教合作格局

学院推动实施实体化运作宜宾职业教育集团，推动联盟与机械行指委的合作、与宜宾市双城局的合作，持续举办“‘华中数控杯’工业机器人装调与应用技术大赛”“成渝双城杯学生技能大赛”等有影响力赛事；提升职教集团培育产教融合型企业的能力，打造形成政府、行业企业与院校的联动枢纽，在项目合作、信息交流、人员互动、合作科研等方面发挥积极作用，力争10家企业被认定省级产教融合型企业，5家企业被认定为国家级产教融合型企业；打造创新创业、成果转化和知识产权发布平台，力争到2025年，孵化2～3个国家级、省级产教融合项目；提升集团带动中职学校发展的能力，通过共建共享产教资源，实现“中高企”协同一体化发展。到2025年，依托宜宾职业教育集团，培养成立2～3个特色产业学院，2～3个省级以上实训基地，10所左右国家级、省级重点学校（含中职），20个国家级、省级重点专业（含中职），力争建成省级示范职教集团。

2. 深入推进“现代学徒制”试点，实现校企双元育人

（1）实现“三有四真”，推进校企共建

“三有四真”要求是指有学校和企业共同培养、有教师和师傅共同教学、有学生和员工双重身份，在真实环境中真学真做掌握真本领。进一步完善《校企合作企业遴选管理办法》和《校企合作管理实施细则》，保证每个现代学徒制专业至少有1家深度合作且行

业领先的省级以上“产教融合型”大中型企业、3家以上紧密合作型企业、5家以上一般合作型企业的合作企业梯队。充分运用校企资源共建共享机制，引导合作企业以教学资源、设备、技术和人员兼职等多种形式投入，共建校外实践教学基地和教师企业工作站。

（2）实施“一院一品”，打造特色品牌

每个二级学院都有至少1个以上的专业实施现代学徒制试点改革，并探索形成自己独特的培养模式。推广畜牧兽医、机电一体化技术2个现代学徒制试点专业建设取得的成果，推进现代学徒制试点改革，依托宜宾职业教育集团，整合校企资源，联合德康集团、华中数控集团、朵唯集团、天原集团、川茶集团、叙府酒业等企业，在学院11个专业群建设22个现代学徒制试点专业，根据企业的要求，探索各具特色的现代学徒制人才培养模式，推进现代学徒制的广泛应用。到2025年，全院学徒制试点改革专业占比达30%，15个左右的专业实行铺开试点，“中高企”贯通培养的方式在试点专业得以推广，现代学徒的“宜宾模式”初现雏形。

——第五节——
构建高水平专业群

一、高水平专业群基本特征

（一）与区域产业的深度融合——高水平专业群的动力之源

按照国家“双高计划”的指导思想，“双高”专业群建设就是“引领职业教育服务国家战略、融入区域发展、促进产业升级，为建设教育强国、人才强国做出重要贡献”。专业群与区域产业深度融合，融是关键，是促进高水平专业群的动力之源。

1．区域产业发展是“双高”专业群设置的重要依据

在《中国特色高水平高职学校和专业建设计划项目遴选管理办法（试行）》中明确要求，学校必须具备的条件包括“学校在产教融合、校企合作方面成效显著，对区域发展贡献度高”，这充分说明了入选“双高”的专业群首先要与区域经济发展结合紧密，对区域发展贡献较大，在产教融合和校企合作方面已经起到引领示范作用。

高水平专业群建设需具备立足区域服务型高职的办学定位，服务国家发展战略、服务现代产业体系建设、服务金华产业转型升级、服务学生全面发展，着力推动专业向智能化、现代化、融合化、集群化发展，加快建设与区域现代化产业体系和区域产业转型升级相适应的专业体系，推进高水平专业群建设，提升专业“领跑”产业发展的能力。专业群设置应按照“凸显优势特色、集聚优势资源、专业群对接区域重点产业、专业群对接产业链的岗位群”的思路规划专业群布局，逐步调整专业（群），实现

资源整合，打造复合型技术技能人才培养高地，引领同类专业群发展的典范和促进区域产业转型升级的动力与支撑。区域产业发展是“双高”专业群设置的重要依据。

2. 区域产业转型升级靠“双高”专业群支撑

随着我国经济新常态的到来，整个经济结构和发展动力都发生了变化，从而促进了产业结构的调整和升级。为了适应这种经济新常态，区域产业转型升级已是必然趋势。未来，区域粗放型的传统产业将会被淘汰，逐渐向生产要素质量高和使用效率高的集约型方式转变；产业布局也会逐渐由分散型向共用产业基础设施和平台的集聚型转变；低附加值的工业制造品逐渐向工艺和技术更高的高附加值制造品升级。区域产业转型升级需要更高水平的技术技能人才，一般专业的人才培养模式显然无法实现，而“双高”专业群因为与区域经济结合得比较紧密，能够随时洞察区域产业发展的动向，适时调整人才培养目标和培养方案，再加上自己的专业特长和优势，从而能够培养出区域产业转型升级需要的高素质技术技能人才。

3.“双高”专业群建设和区域产业发展两者相互促进

“双高”专业群建设和区域产业发展两者相辅相成，相互促进。区域产业发展引领“双高”专业群建设和发展方向，“双高”专业群建设又反作用于区域产业发展。“双高”专业群的专业设置和发展方向需要根据区域产业人才需求的变化及时动态调整，主动对接、服务地方支柱产业和战略性新兴产业，满足区域产业结构调整和转型升级的需要；区域产业也要主动对接地方高职院校相关专业，特别是“双高”专业群建设专业，积极参与“双高”专业群人才培养方案制订、课程标准制定和学生实践能力培养等，既能有效地促进“双高”专业群建设，也能培养出自己真正需要的人才。

在专业群建设过程中要始终保持统一的发展理念——服务好区域经济发展和满足产业转型升级的需要。分析区域的产业链情况，以产业链对应的典型岗位建构专业群的岗位链；然后分析岗位链的能力需求，尤其是高端岗位的核心能力需求，进行分解和重组，建构群内各专业的共性能力和个性能力关系，形成以高端岗位核心能力为引领的专业群能力链；接着基于能力链创新人才培养模式，培养共性能力扎实、个性能力卓越的复合型高端技术技能人才，形成满足产业链需求的人才链；最终形成专业群以产业链、岗位链、能力链、人才链协调传动，以提供产业所需高端人才和服务为目标的价值递进螺旋，确保“双高”专业群培养的人才与区域产业转型升级需要的人才动态吻合。通过专业群与区域产业的深度融合提升专业群建设动力。

（二）服务高端产业和产业高端——高水平专业群的本质特征

中国特色高水平高职学校和专业建设计划（“双高计划”）提出，“聚焦高端产业和产业高端，重点支持一批优质高职学校和专业群率先发展”。为促进专业资源整合和结构优化，实现人才培养供给和产业需求结构要素全方位融合，专业群的培养目标设计需要合理对接社会和产业发展需要，高水平专业培养目标的合理性更强。

1．专业群建设应面向高端产业和产业高端

高职院校的高水平专业群建设，需面向高端产业和产业高端，契合产业的发展趋势和需求。高水平专业群，坚持产学研深度融通发展，积极联合企业开展课题研究和技术攻关。利用校企合作的优势资源和科研力量，建设集教学、科研、培训、认证、服务为一体的工程技术中心、技术协同创新中心。借助区域高端产业发展优势，主动融入“一带一路”建设，为“一带一路”沿线国家项目提供技术服务、人才培养和员工培训等全方位服务。

2．专业群内应实现产教对接动态调整

专业群应立足区域经济发展，精准对接区域产业链人才需求，与区域内知名企业合作建立产业学院，实现人才需求侧与供给侧的互联互通，提高人才培养的适应度；建立学校专业集群与产业集群联动机制，以高端产业发展需求为导向，实施专业群供给侧改革，及时预警、动态调整、优化专业群结构，主动适应区域内产业布局调整和升级；响应国家政策，主动应对在招生方式、生源渠道、培养路径等方面的变革，及时调整人才培养方案，实施多元培养，试行学分银行。

（三）专业群建设基础强劲——高水平专业群的外在表现

1．整合资源共建共享，提升专业群发展的适应性

专业群是一组结构有序、优势互补、资源共享的专业或专业方向的集合，专业群的内在组成决定了专业外在的服务形式或服务面向。高水平专业群建设重点围绕区域经济带、产业带、产业集群，以适应区域产业融合发展为着力点，动态升级专业群建设内涵，建设适应产业链、岗位群发展需求的专业群，形成具有显著特色和影响力的专业群品牌。专业群服务产业发展的特点，决定其可以跨专业大类进行集群整合和建设，可以“以强带弱”，也可以“强强联合”。利用专业群内主打专业的优势和资源带动群内基础较弱的专业发展，将原来单个专业的发展目标，整合至专业群整体的发展目标，实现群内资源优势互补，发挥专业群在资源共建共享上更为持续的内驱动力。

2．优化“双师”队伍结构，打造高水平教学创新团队

高水平教学创新团队夯实高水平专业群的建设基础之一。组建高水平、结构化的教学创新团队对实现人才培养供给和产业需求结构要素全方位融合具有积极作用。在优化师资队伍和结构上，专业群建设规模的不断扩大，要及时补充专任教师队伍广纳贤才，确保有足够的师资开展各项教学活动。同时要加大对青年专业带头人和专任教师的培养，建立以老带新的培育机制，让有经验的老教师带领年轻教师落实专业成长，让企业有经验有技能的师傅传授技术落实技能成长，对内增厚专业知识面，对外加强技术技能水平，做到知识和技能的有机融合、有机发展。注重培养教师的信息化素养，应用大数据和人工智能等信息化手段开展教学分析和研究。引导“新手”教师向“专家型”教师成长，促进教师个人和团队专业化发展。教育部印发的《全国职业院校教

师教学创新团队建设方案》为高水平教学团队建设提供了方向和参照。在提升师资水平上，要加大高职院校专任教师与合作企业能工巧匠之间的交流和学习，根据产业转型升级实现高水平专业群建设与产业发展的需求无缝对接，推进教学内容与职业标准对接、教学过程与生产过程对接、教学方式与生产方式对接，提高专业知识在企业生产实践中的转换实效，使学生进入生产环境能根据所学知识和技能尽快适应生产需要。

3．校企组建命运共同体，深化产教“技术+利益”融合

产教融合是职业教育作为类型教育的基本办学模式，高质量产教融合是高水平专业群建设的根本任务和质量体现。一是要深化技术融合。高职院校拥有厚实的理论技术知识和创新型“双师”教学团队，通过聚集专业优势，推动技术成果应用，做好技术技能人才支撑。企业拥有实践经验丰富的技能大师、先进的技术设备和对技术发展的感知力。校企双方各有优势和需求，通过取长补短实现校企双方的技术融合和创新发展。二是要深化利益融合。在产教融合的进程中，学校和企业均有各自的利益诉求，只有当双方的价值得到充分体现，才能最终形成校企命运共同体。高职院校在产教融合中的价值取向在于吸引优势企业资源，提升人才培养的适应性，提高专业服务产业能力；而企业参与产教融合是为了获得技术服务和人力资源，促进产业转型升级。双方都为推进产业发展而进行产教融合。因此，要充分发挥产教利益融合的价值链效应，有助于教育与产业协同解决人力资源供需的现实问题，实现双方在人才培养和人才利用方面的共同利益，最终形成产教融合发展命运共同体。

二、高水平专业群组建方法

（一）依据产业群发展的组群逻辑

该类专业群是围绕某一产业的结构、空间以及链条发展情况进行组建，并按照产业调整与升级而持续优化。如依据机械制造产业链将原料生产加工、产品设计、零件制作组装、控制系统开发、产品销售与售后等相关专业组合在一起。这种专业群的构建要求建设学校有着充裕的资金支持，同时有着深厚的专业底蕴，实现链条上各环节的有机整合。该专业群建设的难度在于课程的设置并不是依据岗位知识特征对原先课程内容进行逐一修改，而是要根据所对接产业群特征，将相关课程知识进行解构，并依据产业群的群内关系进行重构，使专业群内各个课程实现横向与纵向的多维度衔接，真正实现人才培养路径的个性化。

该类专业群建设的关键有以下三个方面。

第一是专业群与区域经济内重点产业群对接。以“中国制造”向“中国创造”的转变为建群依据，加强对相关专业群的建设，在满足企业发展需要的同时，建立相应的运行机制，使专业群与区域产业群有效对接，增强人才培养和技能形成的针对性和有效性。这些专业群一般按照“对接国家战略”的思路，以专业实力突出的国家示范重点专业作为引领并形成专业群的核心，融合相关的周边专业构建群组。以专业群与产业群相

结合的方式，实现职业教育与区域经济有效联动，以产业发展引领高水平专业群建设。

第二是依据产业群结构实现群内专业的多元组合。尝试由多个任务对象相同、技术开发相近的相关专业构成。以核心专业或特色专业为核心，进行群内外的资源整合，实现相近专业的融合搭配与资源共享。通过专业与产业的对照，分析并总结出各专业的人才培养规格，并在此基础上形成“核心专业牵头，相关专业协同”的专业组合关系，发挥强势专业在群内的核心引领作用，带动复合型技术技能人才的培养。

第三是将集团化办学作为专业群发展的重要基石。集团化办学能够有效聚集来自行业、政府、社会等各方信息资源，能够有效提高专业群对于市场需求变化、产业发展方向的敏感度。同时能够摆脱传统校企合作所形成的一对一专业建设格局，与集团中各成员间形成多层次多类型的合作模式，快速积累相关技术技能经验，使专业群成为技术的集汇中心，提高专业群面向产业群的整体服务力。

（二）依据岗位群发展的组群逻辑

该类专业群以职业岗位为依据，在充分体现职业分工关系的基础上，针对各岗位群人才需求将相关专业进行组合。这类专业群指向一些所处产业链条较短、行业界限清晰但工艺流程衔接紧密的岗位群。如依据制茶产业链将种茶、制茶、茶艺相关专业联系起来。这种专业群的建设需要高职学校拥有与相关岗位群匹配的重点专业，以重点专业作为专业群核心进行辐射，且专业内部需要有良好的经验积累，能够对产业技术、生产工艺进行一定的突破。

该类专业群的建设关键有以下两个方面。

第一是要精准对接区域岗位要求，提升人才培养支撑。结合当地企业的人才需求，设计出复合型技术技能人才的具体指标，从而指导人才培养工作，其中涉及“单一岗位能力”“行业通用能力”及“职业通用能力”三方面内容。

第二是以市场需求为指针，调整专业群课程内容与结构。群内课程体系的开发作为人才培养方案的统一指导，最能体现不同岗位的人才需求。一方面群内各专业需要根据市场需求特征将新技术、新工艺、新材料及时更新到课程内容中；另一方面需要根据就业市场的人才聘用要求，及时调整专业平台课、专业方向课、专业技能实训项目和顶岗实习之间的比重。

高水平专业群建设的难点在于要深化校企合作的内涵，与区域龙头企业形成发展命运共同体。一个区域龙头企业基本涵盖了专业群所需要的岗位群，与该类企业进行合作有利于系统全面地推动专业群与岗位群对接。该类专业群在建设过程中，容易陷入服务就业、针对具体岗位的传统人才培养方式中。因此，该类专业群需要进一步注意到企业对校企合作的期望已不单单是满足人才供给，而是要让企业在管理、运行、生产等各方面得到相应的发展。在进行校企合作的同时，除育人方面要与企业形成对接外，在企业的管理、技术、生产等各个方面都要形成紧密互助的关系，不断推动企业管理方式、技术革新、人员培训、产品创新等各个方面的发展，并以此辐射带动区域相关中小企业的共同发展。

（三）依据专业群内部发展的组群逻辑

该类群是围绕某一或相近学科领域，且具有强学科知识支撑的一类专业集合，如机电类专业、医药类专业等。该类专业可对接产业链中知识结构相近的一段链条或者岗位群。其建设需要职业学校所处地区以资本密集型、技术密集型、知识密集型产业为主，同时具有良好的生源渠道，保障学生的学力能够紧跟专业群的教学工作。

该类专业群的建设关键在于以下两个方面。

第一是以专业群课程为核心，打造共享资源库平台。资源库平台涉及课程、实训、企业案例、行业标准、政策法规等内容，它既是高水平专业群建设的基础，也为教师、学生以及社会学习者自主学习提供帮助。该类专业群的优势在于强学科背景下能够有效满足学生对专业知识纵向深化与横向扩展的多重需求。对此，专业群要打造学科知识体系与产业技术体系相完备的资源共享平台，学生能够根据自己的需求灵活选择学习内容，形成多路径成长。资源库平台的建设将有助于引领高职教育实现信息的共建共享，在一定程度上提升高职学校专业群的建设水平。

第二是构建多元跨界的师资团队，实施团队管理模式。多路径的人才培养方式决定了该类专业群不仅可以与相关企业、行业形成合作关系，同时也可以与普通高校形成合作，以此贯通人才技能提升与学历提高的双重通道。通过形成来自不同主体的教师团队，能够从多角度深化专业群课程设置、教学方式以及进一步开发符合人才成长路径的教材、信息化学习资源包等教学资源，加强人才培养过程中各个环节的衔接紧密性，有效保证人才培养质量。同时，来自不同领域、专业的多元教师团队能够有效分担群内各方向各类型的教学任务，使得教师能够更加聚焦于提升自己本专业的专业化水平。

在构建这类专业群的过程中容易陷入学科知识教学的逻辑陷阱，失去职业教育应有的类型特色。因此，在进行该类专业群建设过程中，仍要把握以推动应用性为导向的建设目标，主要包含两个内涵：一是应用技能的培养，无论是理论深化还是操作扩展，都要紧紧围绕着现实产业、岗位中的问题进行，以达到相关应用技能的培养；二是应用研究的推动，借助强学科背景的优势，以学科动向把握产业发展的方向，及时转化最新研究成果。

三、高水平专业群评价体系

（一）底层相通是评价专业群建群的基础指标

1．专业群组群的基本点

在高水平专业群组群过程和论证中，多数是在区域产业基础上分析专业之间的内在联系，按照“底层相通”进行专业群的组建，并据此作为组群的逻辑关系。从类型教育特征看，产业的集聚（产业群、产业链）是因为现代产业革命中，社会大生产与分工造成的结果，产业的链（群）化是因为链（群）上不同节点的序化和关联形成的；而产业群的形成将使单一职业和职业岗位与产业群（链）产生错位（即不对应），从而导致职业群的形成；专业群是在职业群的基础上组建的（即职业的群化），促使传统职业进行重新排序，其内在的职业要素及其联系也将改变，职业岗位与职业能力也将做出新的定义和范围界定。因此，产业群（链）的形成是基础，职业群的构建是依据，专业群的组群是必然。职业教育是在职业特征的基础上，成为区别于普通教育又与普通教育具有同等地位的类型教育，对职业和职业群的正确分析判断是专业群组群的基本点。

2．专业群成群的基本线

高职教育的特征包括跨界性和多样性，由此决定了专业群成群也需要“跨界”和“多样”。高水平专业群组群的应然逻辑应当遵循产业要素（联系）—职业要素（联系）—专业要素（联系）的基本线，不同的专业就可以“跨界”“灵活”成群，前提是“三类组群”的关联必须清晰，要素的对应必须明确，否则将使专业群人才培养与职业群的职业岗位与能力不对应，与产业群人才需求的实际不匹配。

3．专业群建设的基本体

从产业群、职业群、专业群分析过程和结果看，“成群必然成体”，产业群的产业要素按照生产过程及社会分工的关联性形成产业群体系；职业群按照职业要素及其联系形成职业群体系；专业群按照专业要素及其相互关系形成专业群人才培养体系。产业群、职业群、专业群之间固有内在的体系联系，使专业人才培养与职业岗位对应、与产业需求匹配，彼此互为因果，相互支撑，从而从形成体系化的专业群建设的逻辑关系。在智能经济时代，产业链快速转型和提升将导致职业的变化，职业的改变必然使职业人的职业观、职业素养，尤其是职业能力发生变化，从而推动职业教育人才培养重新定位和转型，这是职业教育在新时代下改革与创新发展的必然。在新职业不断替代传统职业的过程中，职业教育专业需要重组和创新发展，从而显现出职业教育作为类型教育的功能。

4．专业群评价的基本环

产业群、职业群、专业群的各自组群机理相近，彼此交互作用，组成可持续发展的闭环系统。从系统的正向顺序看，体现了专业群建群的过程和机理，成为类型教育视域下专业群建群的依据；从系统的逆向顺序看，高水平专业群建设的成效是与新型职业群中职业要素相对应，与产业需求相匹配。高水平专业群建设的9项任务中，虽然各有侧重，并且相互关联、互为支撑，但“建设技术技能型人才培养高地和技术技能积累和转化高地”无疑是重中之重，经过专业群建设，使人才培养质量和数量与产业需求高匹配，对区域经济做出高支撑，对社会发展做出高贡献，无疑是高水平专业群建设成效与评价的重要标准。对此，需要从类型教育的视角，从“三群”的内在联系及相互作用认清专业群建设的本质和成效。

（二）培养高质量是评价专业群建设的核心要素

1．服务学生个性化成长的教材教法改革

校企共同研究制定人才培养方案，按照职业岗位（群）的能力要求，制定完善课程标准，基于职业工作过程重构课程体系。研究制定专业能力模块化课程设置方案，每个专业按照若干核心模块单元开发专业教学资源。组织团队教师集体备课、协同教研，规范教案编写，推动课堂教学革命。推行学习成果导向的教学方法改革。一是以提高学生专业认知、学习兴趣、学习能力为目标，开展专业群“项目导向、任务驱动”的项目化课程改革，突出“实践主线，学生主体，教师主导”的现代教学观。为支撑项目化教学实施，专业群推行小班化教学；实施专业群教师“一课多师”建设；不断提升师生信息素养，推进课堂信息化建设；鼓励学生通过取得行业证书、“1+X”证书、创造发明、实践成果等方式置换课程学分。二是积极开展校企共同参与“三级”技能竞赛。以承办省级技能大赛和参加全国技能大赛为平台，突出职业技能导向，全面展示和提高学生的专业技能。三是加强学生创新创业能力培养，专业课程体系中至少开设创新创业基础课程，增设以创新创业能力培养为核心的选修课程，促进专业教育与创新创业教育的有机结合；以创办微小型企业等为主要形式，支持学生开展创业计划、创业模拟活动。

2．建设高水平结构化教学创新团队

对接专业群人才培养需要，整合校内外优质人才资源，组建校企合作、专兼结合的结构化教学团队。组织团队教师全员开展专业教学标准、职业技能等级标准等专项培训，提升教师教学能力。支持团队教师定期到企业实践，提升教师实习实训指导能力和技术技能积累创新能力。按照现代产业链重构课程体系核心课程的教学需要，遵循产业链核心技术创新推广—职业岗位人才培养—核心课程高质量教学内在逻辑关系，组建结构化、相互衔接、协同创新的高水平教学创新团队。共享专业群的专任教师和兼职教师，明确专任教师模块化教学方向，兼职教师根据承担任务的类型分定向紧密型、特长型、顶岗辅导型三个类型。

围绕教学创新团队建设、人才培养、教学改革、职业技能等级证书培训考核等开展协同研修。通过课题研究和实践探索，创新模块化教学模式，探索“行动导向”教学、项目式教学、情境式教学、工作过程导向教学等新教法。通过采取国内与国外相结合、线上与线下相结合、通识与专业相结合、集中与分散相结合等多种方式的培训，通过专家辅导、协同研修、伴随指导、讨论交流、企业实践、现地观摩以及项目式、参与式、研讨式、案例式、任务驱动式等多种形式，来增强培训的吸引力和实效性。

（三）资源整合是评价专业群建设的重要成效

1．专业群基础资源内容的整合与优化

专业群建设应充分发挥集群效应，对课程资源、教师资源和实习实训资源进行有机整合，强化资源共建共享。首先是课程资源的整合与优化。课程是实现人才培养目标的基础，学生的基本素质、行业通用能力、专业操作能力均来源于课程，高职院校要依据专业群的培养目标进行课程资源的整合与优化，根据“专业基础相通、技术领域相近、职业岗位相关”的原则，构建“职业通识能力+专业基本能力+岗位核心能力+职业迁移能力”的课程模块，建立“公共平台课程→专业平台课程→专业核心课程→专业方向课程”专业群课程体系，实现平台课程共享，核心课程互通，方向模块课程可选，育训结合提高综合应用能力，满足学生个性发展需求，以适应产业转型升级对复合型技术技能人才培养的新要求的课程群。其次是专业群实习实训基地和平台的整合，将专业群内相近、相关的实习实训基地、平台和项目进行集约化组织与管理，建构实习实训综合共享平台。借助现代化信息技术，建立集专业、课程、师资、学生管理与运行的教学管理系统，通过系统获取的教学运行大数据，可为专业群的后续建设与改进提供依据与参考。

2. 依托互联网平台开展专业群网络教学资源建设

高职网络教学资源库的建设，为院系专业集群内教学资源的整合优化，提供了较为方便快捷的信息平台接口，更有利于多种网络化教学资源的应用与管理。现阶段高职院校特色专业群中的网络资源，通常包含教务管理、教育教学、信息查询、就业指导、职业培训等模块，涵盖文字、图片、视频及音频等形式，可以改善传统专业课程教学内容陈旧化、形式单一化的特征，推动教师专业教学、科研的信息化发展。在完成网络教学资源库建设后，高职院校相关专业的所有教学资源数据，都可以存储至后台数据库中，教师、学生等主体可以利用智能设备的App程序，对自身需要的教学资源、学习课件等进行浏览与下载。同时高职教师也能够在互联网平台，与学生展开在线互动交流、布置课程作业内容，促进传统专业课程资源、专业群网络教学资源的融合，提高学生学习兴趣及专业群课程教学质量。

3. 加强专业群“双师型”教学队伍的培训建设与应用

随着社会企业产业集群化建设的不断发展与完善，企业对高职专业技术人才的要求也越来越高，特别在不同行业领域实践技能的掌握方面，会展开专业人员综合技术能力的考察。所以高职院校专业群人才的建设，要围绕“双师型”教学师资队伍培养的目标，对教师自身的学科理论知识学习、技能实践等进行教育，提高教师资源的职业素养、科研与实践能力，才能有效保障专业群建设、资源利用的完成。一方面，高职院校应聘请专家学者，深入到院系的相关专业，引导教师进行基础学科理论、前沿技术的学习，帮助其逐步积累丰富的工作经验。另一方面，要在校内成立科研攻关、技术实践工作室，由专业带头人带领师资队伍，开展企业项目、创新技术的科研与实践，发挥教师的主观能动性、服务精神，来保障专业群课程教学、产业科研的不断优化与进步。

4. 强化与产业集群联合以实现多方资源的联动发展

高职院校特色专业群资源的整合与优化，不仅要对课程教材基础知识、网络教学资源进行组织与整理，还要与社会企业的产业集群形成联合，遵循“理论知识与专业实践一体化、教育资源集约共享化”的发展目标，挑选企业中的前沿技术、优秀项目实践案例，开展校企合作中多元化产业资源的共建共享，以推动专业群课程建设、专业资源应用决策的协同化发展。例如，宜宾职业技术学院与华为科技有限公司成立了华为信息学院，与上海海迪信息科技有限公司、泰克网络实验室、湖南科瑞特科科技有限公司、长沙市厚博教育咨询有限公司、千峰教育咨询有限公司等，签订专业群课程建设的资源共享协议，在计算机网络、工业机器人、人工智能等方面，形成产业生产、实训的教育资源共享。可以通过网络信息平台，观看与下载合作企业所制定的专业技能教学、员工培训课程，逐步提高专业群相关学生的专业技术能力、服务能力，以促进高职院校、社会企业等多方资源的整合联动发展，满足企业不同岗位的职业技能人才需求。

——第六节——
深入推进教育教学综合改革

一、守正创新：改革的基本原则

（一）育人为本：遵循人才成长规律

《国家中长期教育改革和发展规划纲要（2010—2020年）》明确提出，“提高质量是教育改革发展的核心任务，是建设人力资源强国的必然要求。”“育人为本是教育的生命和灵魂，是教育的本质要求和价值诉求。”科学的教育质量观要求坚持育人为本，关心每个学生，促进每个学生主动地、生动活泼地发展，尊重学生身心发展规律，为每个学生提供适合的教育，不仅关注学生的当前发展，还要关注学生的全面发展，更要关注学生的职业生涯规划和长远发展。

“坚持育人为本，促进全面发展”是制定与落实职业院校专业人才培养方案的总体要求，也是推进现代职业教育高质量发展的基本原则。要牢牢把握学生身心发展规律及认知发展规律，实现全员全过程全方位育人，增强育人的主动性、针对性、实效性，避免重教书轻育人倾向。

只有坚持以人的全面进步和发展为本，把人作为教育的主体和中心，以满足人的需要、提高人的能力、提升人的品质、实现人的全面发展为终极目标，将个体的全面发展与个性发展统一起来，才能科学指引职业教育教学综合改革工作的深入推进，才能有力促进职业教育高质量发展。

（二）德技并修：坚持全面育人宗旨

职业教育以面向市场、服务发展、促进就业为办学方向，肩负着培育出坚持工学结合、知行合一、德技并修的高素质技术技能人才的使命。《国家职业教育改革实施方案》指出，职业教育要“落实好立德树人根本任务，健全德技并修、工学结合的育人机制”。《中国教育现代化2035》也提出了“更加注重以德为先”“更加注重全面发展”等推进教育现代化的八大基本理念。《中华人民共和国职业教育法》指出“坚持立德树人、德技并修”“全面提高受教育者的素质”。

因此，职业教育教学改革必须注重道德教育与技能培养的一体化，坚持以德为先、能力为重、德技并修、育训结合、全面发展。不仅对受教育者进行思想政治教育和职业道德教育，大力弘扬和培育劳模精神、劳动精神、工匠精神，还要丰富受教育者社会实践，强化能力培养，着力提高学生的学习能力、实践能力、创新能力，教育学生学会知识技能，学会动手动脑，学会生存生活，学会做人做事，促进学生主动适应社会，开创美好未来。

职业教育教学必须坚持工学结合、知行合一，坚持知识传授与技术技能培养并重，强化学生职业素养养成和专业技术积累，适应专业建设、课程建设、教学模式与方法改革创新等方面要求，保障专业精神、劳动精神、职业精神和工匠精神等进教材、进课堂、进头脑，保障职业教育质量。

（三）需求为要：服务发展的适应性

习近平总书记提出，“不求最大，但求最优，但求适应社会需要”。“增强职业技术教育适应性”成为近年来政策文本中的热词。不管在《国民经济和社会发展第十四个五年规划和2035年远景目标纲要》，还是在职业教育最新的系列文件中，都将增强职业技术教育适应性视为下一阶段我国职业教育发展的重要任务。这为科学分析经济社会高质量发展对技术技能人才的需求、专业设置对接现代产业体系、专业建设服务产业转型升级及产业链现代化等提出明确的要求。

从根本上讲，职业教育要紧盯产业链条、紧盯市场信号、紧盯技术前沿、紧盯民生需求，在服务面向上突出“全”，主动地、同步甚至适度超前地适应经济社会发展需求。一是适应数字化与智能化发展需求，专业面向数字化、网络化、智能化融合发展的数字化转型，全面系统推进专业升级改造，培养一批具备数字化素养，拥有数字化职业能力、数字化技术能力、数字化组织能力的新一代“强国工匠”。二是适应现代产业体系构建如现代农业、国家战略性新兴产业、现代服务业等。三是适应新型城镇化战略需求，推动新型工业基础设施建设、促进乡村振兴领、服务绿色低碳发展，推动城乡融合发展，促进城乡要素自由双向流动。四是适应社会民生多方需求，服务平安中国建设，对接国家应急管理体系建设需求，服务社会治安防控体系建设。五是适应全球化发展新趋势，做强跨境电子商务、中文国际教育等专业，为中国企业走出去接通“信号”；加大电子信息技术、轨道交通等专业建设，为中国企业走出去增强“实力”。[①]

① 陈子季．编好用好新版职业教育专业目录 服务“十四五”高质量发展［J］．中国职业技术教育，2021（07）：5-8.

（四）增值赋能：师生双向共同成就

高校是师生共同体的集合，习近平总书记在北京大学师生座谈会上讲“大学是立德树人、培养人才的地方，是青年人学习知识、增长才干、放飞梦想的地方”。德国教育哲学大家卡尔·雅思贝尔斯说：“大学是一个由学者与学生组成的、致力于寻求真理之事业的共同体”[①]。可见，引领学生树立远大理想和担当意识，培育教师核心价值观，突出学生的主体地位，提升教师人格魅力和情感素养，构建师生共同体，让师生在道德发展、学习学术、创新竞技、社会服务等各方面作为发展的主体与对象，形成相互影响、相互促进的人际联系，最终达到师生共同体水平的不断提高是职业教育的重要价值追求。

在“师生共同体”理念下，教师与学生享有等同的主体地位，他们是具有共同愿景、共同组织行为的教育教学主体，二者之间是一种具有平等性、交往性、互助性的师生发展关系[②]，共同支配与主导着教与学的过程，共同“博学之，审问之，慎思之，明辨之，笃行之”，在共同创造的民主和谐的氛围里，促进学生健康成长，促进教师专业发展[③]，赋能职业教育教学改革取得实质性成效，推动国家、民族的时代创新。

二、跨界融通：改革的基本方法

（一）四方协同：“政校行企”同聚力

职业教育是面向社会的跨界教育，跨越了职业与教育、企业与学校、工作与学习的界域。因此，职业教育改革发展不是教育部门一家能承担的任务，必然涉及经济发展、社会稳定、劳动就业、行业企业等多个部门和社会机构，必须跳出教育看教育，跳出学校看学校，用系统思维建立职业教育统筹发展机制，把政府、院校、行业、企业的各类资源有效整合起来，打造“政校行企”职教命运共同体，形成“政校行企”协同育人机制，推动职业教育由政府举办为主向“政府统筹、分级管理、地方为主、行业指导、校企合作、社会参与”的格局转变，使其层次结构、规模结构、专业结构、办学结构及其各个分系统，与社会、经济、人力资源需求结构相匹配。

打造“政校行企”职教命运共同体，形成“政校行企”协同育人机制是深化我国职业教育改革创新、实现内涵式发展、培养高素质技术技能人才的必然要求和重要手段[④]。这就需要各方协同联动，充分发挥各类育人主体的作用，以求最大化教育工作效

① 龚放．大学“师生共同体”：概念辨析与现实重构［J］．中国高教研究，2016（12）：6-10.

② 任欢欢．主体间性：师生共同体发展的内在逻辑［J］．中国教育学刊，2016（12）：10-13.

③ 许崇文．师生共同体的构建与实施［J］．当代教育科学，2010（18）：50-51.

④ 贾旻，王迎春．“政校行企社”职教命运共同体的含义、机理与构建策略［J］．职教论坛，2020（04）：6-12.

能，最终提高人才培养的质量。一是搭建实体性或非实体性协同育人平台，如教学资源平台、产学研合作平台、公共服务育人平台，建立职业教育集团、职业教育联盟、职业教育基地[①]等，深度整合各类职业教育资源，充分凸显人才培养的协同效应，构建起多元主体共同参与的立体化技术技能人才培养模式。二是共建集教学、培训、职业技能鉴定和技术服务为一体的生产性实训基地，开展生产性实习实训，实现职业教育经济效益和社会效益的最大化。三是推进以企业为主体的协同创新和成果转化，在政府的指导和管理下，企业、职业学校、科研院所共同进行技术攻关以及工艺研发，行业组织对新技术、新工艺的应用前景进行研究。四是培育和打造高素质结构化的“双师型”教师队伍，为职业教育培养高素质技术技能人才提供人力资源支撑；五是创新人才聘用和管理模式，改革人事制度，完善相关劳动关系的法律法规，促进企业技术和管理人才与职业学校的教师双向合理流动。

（二）五业贯通：产业、专业、职业、就业、创业

“五业”指的是：“专业”即学生在校期间必须完成的学习，“职业”即学生毕业以后所从事的工作，“产业”即学校教学过程与行业、企业紧密结合，学生的“就业”及学生的“创业”[②]。“五业贯通”是高职人才高素质、高技能、具有厚实创新能力的标志，要求学生的知识复合化、技能高级化、创新能力化，其产生的逻辑起点如下：一是在当今智化能、智慧化、数字化生产体系中，传统的工程型人才、技术型人才和技能型人才界限变得不再分明，跨岗位的人才融合使得应用型人才结构呈现扁平化的发展趋势。作为培养复合型技术技能人才的高职教育，其培养模式也应紧随科学技术发展而适当调整优化。二是教育主体多元性明确带来了师资身份（校、企、行、社）多元兼容，进而推进教学基础资源的优化整合。在此基础上，人才培养模式在吸收传统成果养分的同时，也在充分顾及产业发展的变化，即紧跟产业数字化、智能化改革创新高职人才培养方案、课程体系、教材与教法，利用一切可以利用的技术技能实战资源，加强对学生的创新知识教育及其创新能力的培养。

“五业贯通”复合型技术技能人才培养定位主要体现在以下三个方面：一是具备较为扎实的专业知识，即专业理论知识、实践知识和专业拓展知识。“产业”与学生“专业、就业、职业”的相互联系更加内化，体现在产业中的工作任务与专业知识不再是一种线性的关联，而是一种多维度网络化的立体贯通联系，其网络节点分类包括从业人员的专业、就业、职业和创业等个体要素，产业就像多维度网络中的“基站”和“服务器”。二是具备跨职业的复合能力，即学生在就业中具备跨岗位、跨行业等跨界能

---

① 徐畅，解旭东．产教融合视角下职业教育政校行企协同育人机制构建［J］．教育与职业，2018（19）：25-30，32.

② 曹元军，李曙生，朱健．以“五融合”构建高职产业学院“五业贯通”人才培养模式［J］．教育与职业，2022（2）：36-40.

力。数字化时代的到来带来了产业与产业之间的融合、行业与行业之间的融合，带来了个人工作对象、操作步骤和完成内容的多变性，因此复合型技术技能人才培养成为智能化产业时代赋予高职教育的历史使命。三是具备职业的迁移能力，即在工作岗位中的可持续发展能力，包括更高层次的运用能力、创新能力和创业能力。技术技能更新与迭代速度加快，产业人员应具有跟随产业发展的职业可持续能力，因而培养学生适应职业快速变化的能力关系到技术技能人才职业生涯的可持续发展，是职业教育必须实现的长期目标。

（三）多链融合：教育链、创新链、产业链、人才链

教育链是以学生为教育起点、以人才培养模式为中心、以社会需求为重点的链条[①]。创新链是以技术供给为核心，推进技术产业化的创新活动集合[②]，它构成了企业之间促进创新的一种链式运作机制。产业链的本质是相互关联的企业群体所形成的内在联系性结构，关系到产业结构调整和优化，也是产业的核心竞争力。人才链是培育、创造人才以及推动人才转型升级的人力资本运作体系，其完善和发展人才创建、人才评价、人才创新生态系统构建等[③]。

深化产教融合，促进教育链、人才链与产业链、创新链有机衔接，是当前推进人力资源供给侧结构性改革的迫切要求，是推动教育优先发展、人才引领发展、产业创新发展、经济高质量发展相互贯通、相互协同、相互促进的战略性举措。构建“多链融合”育人模式的核心是深化产教融合，通过与政府、产业、企业的合作，打破壁垒，将教育链、产业链、创新链与人才链有效衔接，发挥人才培养模式多主体协同创新的作用，从人才培养目标、教学方式方法、实践平台构建等多维度进行改革，逐步构建“校政企行”协同育人模式，使学生成为服务地方经济社会高质量发展的主力军。

对于高职教育的发展而言，职业教育的目的在于培养符合当前社会经济发展的高素质复合型技术技能人才，只有在教育链、人才链与产业链、创新链深度融合的基础上，才能充分发挥出高素质复合型技术技能人才参与产业发展的根本价值。因此，高职院校可从以下几个方面发力，推动教育链、人才链与产业链、创新链的有机衔接。一是将专业与教学发展的运转环境向区域的产业发展中心靠拢，这是推动教育链、人才链与产业链融合，以及为产业链夯实教育与人才基础的关键。二是与新产业、新行业协同育人，推动教育链、人才链与产业链的融合，通过搭建现代化职业教育的治理结构与产业达成资源共建共享、利益合理分配的协同发展。三是优化多方资源配

① 孙克新，李玉茹．对高等教育体系的探讨［J］．河北师范大学学报（教育科学版），2010（1）：88.

② 吴晓波，吴东．论创新链的系统演化及其政策含义［J］．自然辩证法研究，2008（12）：58.

③ 梁双华．高职教育推动教育链、人才链与产业链的有机衔接研究［J］．广西职业技术学院学报，2022（03）：75-80.

置，共同创建“产学研”一体化平台，这是高职院校实现教育链、人才链与产业链有机衔接及可参考的落地创新平台，这是将职业教育服务于专业集群产业链的创新尝试，既有利于职业教育现代化，也有利于提高区域经济社会发展的可持续性和创新性水平。

三、蹄疾步稳：改革的基本路径

（一）一体设计：从产业专业到课堂的系统再造

《中华人民共和国职业教育法》明确指出：“职业教育是与普通教育具有同等重要地位的教育类型，是国民教育体系和人力资源开发的重要组成部分，是培养多样化人才、传承技术技能、促进就业创业的重要途径”。这为推进职业教育改革、提高职业教育质量、增强职业教育适应性指明了根本方向和实现路径。

第一是强化产业技术引领。《关于加强新时代高技能人才队伍建设的意见》指出“技能人才是支撑中国制造、中国创造的重要力量。”我国实施新时代人才强国战略，推进制造强国、质量强国建设，发展实体经济，亟须加强创新型、应用型、技能型人才培养。宜宾职业技术学院紧跟市场对乡村振兴、数字经济、智能装备、绿色能源、现代服务业等新兴高端产业技能人才需求增加的现状，主动适应区域产业转型升级，紧密对接头部企业优势技术技能资源如虚拟现实技术，赋能实验实训、专业技术应用、专业建设和课堂革命，推进虚拟工厂建设、虚拟实践教学项目开发及虚拟仿真实训教学管理及资源共享平台建设，提高实践教学基地项目化、智慧化管理水平；以国家级虚拟仿真实训基地建设为契机，高水平打造动力电池虚拟仿真实训中心、应急管理培训基地、元宇宙技术技能培训基地等一批虚拟仿真实训基地，建设数字孪生虚拟仿真车间，应用全真空间建设一批未来教室，打造人才培养新高地。

第二是强化专业适配产业。高等职业教育的主要任务是培养服务区域发展的技术技能人才，其专业结构与产业结构有着天然的联系[①]。《关于推动现代职业教育高质量发展的意见》等重要文件多次提出高职专业设置应契合产业需求，形成合理的专业结构。宜宾职业技术学院主动对接电子信息、装备制造、食品饮料、先进材料和能源化工等新兴战略产业，动态调整二级学院和专业群布局，共组建了智能制造学院、五粮液技术与食品工程学院、新能源电池学院等12个二级学院，重点打造物联网技术、机电一体化技术、酿酒技术、材料工程技术等重点专业；精心编制了职业教育资源与重大产业匹配方案如《宜宾职业技术学院与分布式清洁能源装备制造产业匹配战略方案》《宜宾职业技术学院与白酒产业匹配战略方案》《宜宾职业技术学院与先进材料产业匹配战略方案》等，全面形成将专业群建在产业链上并实时动态调整的新格局。

---

① 陈子季. 职业教育从“大有可为”到“大有作为”［N］. 中国教育报，2020-10-13.

第三是推进课堂革命。高职教育的核心竞争力在于提高人才培养质量，而人才培养质量主要生成于课堂。《职业教育提质培优行动计划（2020—2023年）》明确提出“推动职业学校‘课堂革命’，适应生源多样化特点，将课程教学改革推向纵深”。积极推动高职院校开展课堂革命，是增强高职教育适应性、提高人才培养质量的有效手段。宜宾职业技术学院以示范课程、示范课堂、示范教材建设为抓手，一体化推进“三教”改革，通过示范带动全院课程建设整体水平提升和学风教风根本性好转。立项教育部“教育部职业教育示范性虚拟仿真实训基地培育项目建设单位”。以国家精品在线开放课程评价标准推进学院示范课程建设，以国家教学能力大赛评价标准推进课堂评价改革，以中国轻工业“十四五”规划教材评价标准推进学院新形态教材建设。常态化开展全院“说专业群·说专业·说课程”比赛，实现了专业层面和核心课程全覆盖；积极培育教师团队参加全国教学能力大赛，形成系列标志性成果。修订《二级学院教学考核制度（修订）》《教师课堂教学基本行为规范》等教学管理基本制度，组成教风建设联合督查组，常态化深入教学一线，进行教学督导。通过“抓两头促中间”，对优秀课堂作为公开课组织观摩，对问题课堂开展“面对面”评课、提出改进措施，保证课堂质量。

（二）双元共育：产教、校企、师生等双元要素共生

第一是深化产教融合，提升办学质量。《职业学校校企合作促进办法》指出：“产教融合、校企合作是职业教育的基本办学模式，是办好职业教育的关键所在。”宜宾职业技术学院近三年来深耕产教融合、校企合作，抢抓全省首个省级新区——三江新区落户宜宾，西南地区唯一国家产教融合试点城市建设等重大机遇，全面融入学教研产城一体化发展。四川网信人才培养基地·四川互联网学院（宜宾）、宜宾职业技能技术实训中心、华为ICT学院、海尔西南区培训中心等项目已落地。积极探索集团化办学之路，牵头成立宜宾市高等职业教育集团、成渝地区双城经济圈—澜湄区域职业教育合作联盟、中国新城建产教联盟等8个职教集团（产教联盟）。以“国家乡村振兴人才培养优质校”建设为契机，创立全国首家冬水田研究院。2020年，以政府为主导、以企业为主体、以院校为依托的“宜宾职业技能技术实训中心”项目获得国家发展改革委立项支持，建设项目涵盖企业员工培训基地、工匠人才培训基地、企业员工学历提升基地、大学生实践基地、职业技能鉴定基地、技能大赛基地、科普展示基地等，建成后将成为四川省和宜宾市培养高质量复合型人才、支撑宜宾高质量人才育训供给的新引擎。2021年，宜宾职业技术学院2个案例入选教育部“产教融合、校企合作典型案例”，1个案例入选全国机械职业教育教学指导委员会产教融合、校企合作典型案例。2022年，宜宾职业技术学院与四川省普什集团有限公司联合申报的“清洁能源装备智能制造产学研综合平台项目”成功立项四川省第二批产教融合示范项目。

第二是强化职业技能，提升“双师”能力。百年大计，教育为本；教育大计，教

师为本。教师队伍是发展职业教育的第一资源，是支撑新时代国家职业教育改革的关键力量。建设高素质“双师型”教师队伍是加快推进职业教育现代化的基础性工作。宜宾职业技术学院常态化派驻后备干部和骨干教师到发改委、教体局、人社局等市级部门挂职锻炼。充分利用寒暑假时机，开展教师培训进修和企业实践锻炼，坚持开展“百名年轻后备干部能力提升高级研修班”“百名名师后备人才科研能力提升项目”“双师型”教师队伍培育项目、“双高”建设能力提升研修班和新教师素能提升培训等，不断提升干部管理服务能力和教师教育教学水平，打造一支符合学院高质量发展要求的“双师型”教师队伍。组建教育教学创新团队，以专业群为基本单元构建“教龄老中青、职称高中低”，涵盖公共基础课、专业基础课、专业核心课、实习指导教师和企业兼职教师。积极实施现代产业导师特聘计划，制定《宜宾职业技术学院产业导师（产业教授）评聘标准》，畅通行业企业高层次技术技能人才从教渠道；建立“教师企业实践流动站”，推动企业工程技术人员、高技能人才与职业学校教师双向流动。

第三是强化工学结合，注重德技并修。高职教育要强化工学结合，注重德技并修推进教育教学改革，提升职业院校技术技能人才培养的有效供给。宜宾职业技术学院以产教融合、校企合作为重要抓手，搭建学生实训就业、科技成果孵化、技术研发重要平台；集聚智能制造、新能源汽车、动力电池等方面的专业和人才优势，出台《科技成果转化管理办法》《科研工作量化和奖励办法》等政策，支持和鼓励教师提升科研能力、参与科技成果转化，发明专利、实用新型专利和科技课题逐年递增，激发成果转化的动能。大力推动资源共享、实现优势互补，重点推进新型学徒制试点培养，面向企业职工、退役军人、下岗职工、贫困劳动力、农民工等群体，创新各类职业技能提升、就业和创业培训，为实现区域高质量就业创业提供有力支持。

（三）三阶递进：通识教育、专业教育、个性培养

第一是突出通识教育的普适性。通识教育是促进人的全面发展的教育，加强高职院校通识教育是实现立德树人根本任务的重要举措和有力手段①。宜宾职业技术学院坚持落实立德树人根本任务，确立了“以学生为中心、以教师为根本、师生人人出彩”的人才培养理念。推行通识教育，着力培养具有正确价值观、强烈社会责任和浓厚家国情怀的高素质技术技能人才，不断提升学生竞争力和发展潜力。建立通识教育实施责任机制，构建“学校—功能性二级学院—通识课程教研室”的三级通识教育组织体系。整合了全院基础课师资力量，积极引进社会企业具备丰富通识教育实践经验的优秀人才，承担通识教育教学和科研任务。同步开发线下公共选修课与线上公共公开课，全面实行“线上+线下”混合式教学，将课堂授课与讲座报告、讲堂培训结合起来，将人文素养和现代职业文化交融渗透。

① 梁杰. 高职院校通识教育的路径研究［J］. 中国现代教育装备，2022（16）：46-48.

第二是突出专业教育的特色性。专业教育指培养某一领域的专门人才。高职院校重视培养学生从事某种职业的技能，突出专业教育特色，这是高职教育高质量发展的应有之义。宜宾职业技术学院以“思政课程”和“课程思政”建设为主渠道，深入实施“教师思政”“思政金课”“学生思政”“课程思政”等重点工程，全面推行习近平新时代中国特色社会主义思想进教材、进课堂、进头脑，实现专业课程教育与思政育人同向同行。修订各专业的课程标准，思政元素全部纳入课程标准，实践教学课时占总课时的比例不少于50%。实施校企共同制订人才培养方案，将新技术、新工艺纳入教学标准。学徒制班、订单班等校企合作班级根据企业需求，“一企一方案”个性化设置专业课程。构建“平台+模块”专业群课程体系，群内专业按照“平台共享、核心互通、方向可选、育训一体”原则，科学设置课程体系，促进群内各专业核心技能交叉复合，提高学生综合应用能力。

第三是突出个性培养的创造性。学生个性培养对培育多样化技术技能人才、促进就业创业具有十分重要的作用。宜宾职业技术学院通过个性化教学和创新创业培训，不断提升其基本素质和创新能力。选派优秀教师作为学生的“人生导师”，有针对性地开展各类活动，树立正确三观，养成良好习惯。将省级创新课程《职业发展与创新就业指导》作为各专业的必修课，系统推进6门省级创新创业教育示范课程建设，进一步完善创新创业课程体系。立项建设10个院级创新创业孵化工作室，大力推进创新创业教育工作全面沉入教育教学一线。建立“互联网+”大学生创新创业团队，创新创业工作要求列入院级科研申报条件，参赛项目作为院级科研项目成果的重要依据，践行师生人人都是创新创业者的工作理念。组织指导上万名学生参加中国国际“互联网+”大学生创新创业大赛、四川省中华职教创新创业大赛省赛、全国大学生电子商务“创新、创意及创业”挑战赛（四川赛区省级选拔赛）和全国乡村振兴技能大赛四川省选拔赛等十余个重要创新创业大赛，大学生创新创业能力取得了新提升。

（四）四新着力：新治理、新改革、新体系、新实力

第一是聚焦内涵建设，提升治理水平。坚持和完善党委领导下的校长负责制，严格执行党委常委会、院长办公会议事规则和“三重一大”重要事项实施细则。不断完善教职工、工会代表大会制度，充分发挥民主管理职能。实施内部治理改革，推进机构编制调整，推行大部制改革和学院二级管理，不断提高教育教学管理的规范化和制度化水平。制（修）订教学方面制度，基本建立了涵盖专业、课程、教材、运行、考试、考核、教学条件等的教学二级管理制度体系。

第二是聚焦改革创新，完善职教体系。依据《国家职业教育改革实施方案》和《职业教育提质培优行动计划（2020—2023年）》等系列职教改革文件，紧密结合国家战略和区域经济社会发展需求，科学编制学院《“十四五”发展规划》。紧扣职教服务地方经济社会发展的责任使命，以宜宾职业技术学院“十四五”发展规划为统领，全力推

动综合改革试点工作和创新发展，坚持推进产教融合混合所有制改革、二级管理、人才培养、教学诊改、科技创新、对标竞进、职称评聘等，激发办学活力，加强对上政策和资金争取力度，不断提升办学实力和影响力。

第三是聚焦教学诊改，完善保障体系。在“一考双控三有”人才培养质量保证体系的基础之上，不断完善管控和监测人才培养质量生成的学分制、素质积分制及课程考试（核）三要素。围绕建设现代职业技术大学的总目标，将诊改目标细化到二级学院、专业、课程、教师和学生五个层面，建立质量管理信息平台，以“8”字形质量改进螺旋运行为基本单元，及时反馈实施、运行、管理中出现的问题并提出改进建议，实现管理有制度、岗位有目标、实施有标准、过程有监督、诊断有改进的工作机制，构建起具有宜宾职业技术学院特色的内部质量保证体系。

第四是聚焦教学质量，提升办学实力。构建学校、二级学院两级课堂评价体系，学校层面由教务处牵头组建教学督导和听课专家名录库，按照“两不两随机”（不发通知、不打招呼，随机抽取听课对象、随机抽取评价人员）的方式开展课堂评价；二级学院按照自身实际，建立听课评价工作组，常态化开展课堂教学评价，提高课堂质量。常态化开展“教改论坛”，教务处确定主题，二级学院轮流承办，以学术论坛、研讨会、现场观摩等多样化的形式开展，着重解决教育教学中存在的关键问题，承办学院及时汇报教改进展和总结成效。完善教研教改体系，构建学校、二级学院、教研室、课程组四级联动机制，分层分级组织开展教研教改活动。规范学生校内外实习全过程管理，建立了实验室安全检查工作的“日检、周查、月巡、季督、年总结”制度，规范实验实训场所安全管理。

（五）五位一体：从德智体美劳到职业综合行动能力

第一是强化全过程育人理念。全过程育人是“三全育人”理念的关键，它在“三全育人”中起到承上启下的桥梁和纽带作用，有利于学生养成正确的人生观、价值观、成才观、学习观，养成良好的职业品质和行为习惯，促进学生成长成才，让每一个学生都能有出彩的机会。宜宾职业技术学院深植全过程育人理念，把全过程培养高职学生职业综合素质和能力作为人才培养的主线，以“三全育人”理念为引领，提升全员全程全方位育人意识，营造人人、时时、处处皆育人的良好氛围。

第二是构建职业素质全过程培养模式。全过程育人强调将育人工作贯穿学生成长成才的各个阶段。宜宾职业技术学院出台高职学生职业素质全过程培养的指导性文件，梳理设计职业素质全过程培养流程，实施在校三年的三个阶段全过程递进式职业素质培养模式，构建起科学有效的职业素质全过程培养体制机制，培养学生个人思政素质、专业素质和职业综合素质，培养学生成为既是德智体美劳全面发展的社会主义建设者和接班人，也是身怀大国工匠精神的高素质技术技能人才。

第三是建立职业素质全过程考核评价机制。实施全过程考核评价是新形势下高职教育教学改革发展、更好实现人才培养目标的必然要求。宜宾职业技术学院制定切实可行的学生职业素质培养与全过程育人融合实施方案，明确学生职业素质标准，建立学生职业素质培养档案，将学生职业素质纳入学生综合考核评价体系；制定切实可行的学生职业素质培养考核办法，将教师“立德树人”“三全育人”实施情况纳入教师教学能力考核内容和评价体系，严格过程管理和结果管理，加大奖惩力度，确保学生职业素质全过程培养得以全面保障和顺利实施。

第四是系统构建职业素质培养体系。学生职业素质高低是衡量职业院校人才培养质量的重要指标，要提高学生的职业素质，就必须构建科学的职业素质培养体系。宜宾职业技术学院系统构建“四个课堂”体系，即传统的第一课堂、以社团活动为主的第二课堂、以泛在学习为特征的第三课堂和以校外行业企业实训基地为平台的第四课堂。四个课堂均以立德树人为根本，既各有侧重，又相互协同、相互补充，共同构成和支撑学生综合能力培养体系。将立德树人的要求融入各类课程，构建课程育人体系。在专业课程特别是实习实训实践课程中注重学生职业道德的养成教育，通过教师的言传身教加强学生职业态度、职业观念、职业纪律、职业作风、职业伦理等教育，培养其爱岗敬业、诚实守信的品格和大国工匠精神。

——第七节——

建立质量控制与质量保证体系

质量是宜宾职业技术学院发展的生命线和不变的主题与追求。宜宾职业技术学院自2002年由宜宾农业学校、宜宾农机校和宜宾成人中专三校合并成立以来，传承国家重点中专的质量文化，打造高职质量文化，坚持以立德树人为根本任务，坚持以人才培养为中心，不断提升人才培养质量。宜宾职业技术学院2006年在全国高职高专人才培养水平评估中获得优秀等次，2016年建成国家示范（骨干）高职院校，2019年22个四川省高等职业教育创新发展行动计划项目通过省级验收，2020年建成四川省优质高等职业院校。通过多年度多层次多种类的重大项目建设，初步构建了“自律”质量文化，树立了“以生为本，人人出彩”的质量理念，宜宾职业技术学院内部质量保证体系从无序型、点状型、松散型逐步向规范化、制度化、体系化发展。

宜宾职业技术学院结合教育部要求和四川省及宜宾市的发展规划，以人才培养质量目标“自律”，拟定了学院“十三五”规划，确立了“全国一流、区域龙头、辐射川滇黔，有国际影响的优质高职院校”的发展目标，结合四川省优质高职院校建设和“双高”院校创建，打造五个层面纵向贯通、横向融通的网络化覆盖联动的内部质量保证体系，并形成各个层面的“自律”标准。

宜宾职业技术学院根据现代大学治理体系要求，优化了纵向五系统，明确组织机构职责，厘清各部门管控事项，修改相关制度，设计部门管控事项工作流程，完善学院制度体系，为“自律”提供制度保障。梳理学院人事、教学、学生、产学合作、信息服务、监督控制等事项，进行流程设计，将设计的程序与制度匹配，完善质量保证体系内控机制，为“自律”提供机制保障。

宜宾职业技术学院以“8”字形质量改进螺旋为诊断与改进运行基本单元，以制度化全员参与为“自律”要求，在五个层面对各环节具体内涵进行确定，归纳“事前、事中、事后”三个阶段的运行要点，按照“事前明确目标标准，事中修正动态纠偏，事后改进分析提升”的三大工作重点，明确每个层面质量保证主体，确定诊断周期和方法，结合内部质量保证平台，强化内部质量保证的“自律”，推动诊断与改进工作。

一、两链打造与实施，网络化覆盖联动自律

对宜宾职业技术学院规划目标任务进行横向分解，将学院发展总目标分解到逐年年度目标，进而落实到部门、系部（二级学院），再分解到专业、课程，以及教师和学生；以党委和行政的年度工作要点为统领，形成各层面的年度工作计划。

为体现学院标准“自律”，通过规范部门和系部（二级学院）的职责、工作流程和岗位职责，制定五个层面的标准，出台学院内部质量诊改运行和实施标准，形成了完善的标准体系。以章程和规划为引领，学院层面设置了目标，构建了完整的目标链，为“自律”设置了明确的目标。学院制定了34个部门职责、122份工作岗位职责、186项工作规程，完善绩效考核制度，突出目标导向与自我激励，为“自律”提供了具体的标准。

为体现专业目标“自律”，确定九项专业建设目标，分专业编制建设规划。以专业建设目标为纲，以专业运行目标提领，形成环环相扣、层层落实的专业目标体系。结合专业发展实际，根据专业分级和专业建设目标从九个方面打造专业建设标准。根据学院专业规划，结合产业及专业运行情况，按照事前、事中、事后三个运行环节，制定专业运行标准。根据学院总规划和“十三五”专业建设规划，明确设定专业建设九项目标，设计了五级专业建设标准。根据专业分级设置目标值，为“自律”设置了明确的专业建设和运行的目标与标准，目标与标准明确、具体、可检测。

为体现课程目标“自律”，确定八项课程建设目标，并分课程编制建设规划。根据专业人才培养方案和课程教学大纲，确定各课程教学目标。以课程建设目标为纲，以课程教学目标提领，形成课程目标体系。按照课前、课中、课后三个教学环节，从师德师风、授课计划、辅导答疑、命题测评和三级巡查等方面，形成课程教学标准。明确了课程建设八项目标，确定了四级课程建设标准，根据课程教学大纲设置制定了教学标准，为“自律”设置了明确、具体、可检测的课程建设和教学的目标与标准。

为体现师资队伍建设目标“自律”，确定建设目标，并分系部（二级学院）、专业编制教学团队建设规划，确定师资队伍年度建设目标。教师个人围绕师德师风等方面编制

发展规划，并分年度编制个人发展计划。以学院师资队伍建设目标为纲，以专业教学团队和教师个人发展规划提领，形成上下联系、层层覆盖的师资队伍目标体系。通过三个层面，从六个维度，建立师资队伍建设标准。根据师资队伍建设规划，按照教师教育教学成长规律，构成了“三标三递进”的教师个体发展标准体系。明确了师资队伍建设目标和目标要素，设置不同层次的激励与考核指标，为“自律”设置了明确、具体、可检测的队伍建设和教师个人发展目标和标准。

为体现人才培养目标“自律”，建立了三个层次的学生全面发展目标，明确年度育人计划和学生成长目标，学生制定个人发展规划目标，形成了上下联系、层层覆盖的学生层面目标体系。

为体现学生发展标准“自律”，形成了系部“五核一体”的学生发展标准、专业“三标炼能”的学生发展标准、学生个人“三级递进”的发展标准，促进学生德智体美劳全面发展。构建形成“五维三标三递进”的三级学生发展目标体系，根据各级目标和学生实际，设置不同层次的激励与考核指标，为“自律”设置了明确、具体、可检测的人才培养和学生成长发展的目标和标准。

二、螺旋建立与运行，制度化全员参与自律

宜宾职业技术学院以“8”字形质量改进螺旋为诊断与改进运行基本单元，以制度化全员参与为“自律”要求，在五个层面对各环节具体内涵进行确定，归纳“事前、事中、事后”三个阶段的运行要点，按照“事前明确目标标准，事中修正动态纠偏，事后改进分析提升”的三大工作重点，明确每个层面质量保证主体，确定诊断周期和方法，结合内部质量保证平台，强化内部质量保证的“自律”，推动诊断与改进工作。

（一）学院层面

根据学院层面“党建目标、专业建设目标、课程建设目标、师资目标、育人目标、信息化建设目标、科研社会服务目标、国际交流与合作目标、校园文化建设目标、校园基础设施建设目标”的十大目标，设置了50个一级指标、158个二级指标、89个质控点。

1. 强调规划执行，建立目标任务分解机制

学院非常强调规划在年度中的执行性，将“十三五”规划纵向分解为专项子规划和系部（二级学院）规划，进一步分解形成专业和课程建设规划，教师和学生发展规划；横向落实为党委、行政年度工作要点和专项项目工作计划，传递到部门和系部（二级学院）年度工作计划，进一步落实为专业、课程、教师和学生的年度计划，工作任务实行双周报账和部署制，滚动压茬推进目标的逐一落实，从任务分解和回报的工作机制上保证各部门、各系部（二级学院）和各层面在各个阶段工作目标任务的完成，保证了学院全员全过程全方位“自律”诊改的目标明确。

2. 强调过程管控，确立诊断改进运行机制

学院成立了诊断与改进工作领导小组，设置诊断与改进工作办公室，统筹组织和协调开展诊改工作，以目标、标准为引领，以设计、计划为指导，以组织、实施为手段，以实时监测、预警、改进和诊断、学习、创新、存储、改进为技术路线，全面加强过程管控，推动各职能部门、各层面开展诊改工作。事前确定学院发展目标、年度任务和发展标准，掌握学院诊改“自律”目标、内化学院诊改“自律”标准。事中设计分解规划任务、统筹组织实施规划、具体实施操作执行，根据“任务实时监测—异常数据预警—实时改进提升”的动态螺旋，实时诊改；根据“部门［系部（二级学院）］任务评定—学习借鉴理论成果—改革创新培养模式—总结成果固化传递—修正目标调整标准”的静态螺旋，周期诊改。事后梳理总结未达标事项，纳入新一轮学院诊改周期。依托学院内部质量保证平台，形成《学院年度诊改报告》，实现常态纠偏，分析问题成因，查找不足并总结经验成果，形成一年为诊改小周期、三年为诊改大周期的学院内部质量保证常态化自主诊改运行机制，从运行机制上保证了学院全员全过程全方位“自律”诊改的正常开展。

3. 强调诊改自主，明确质量保证主体责任

通过明确主体责任部门，建立诊断改进实施与运行制度，明确任务实施主体和监控主体的责任，保证岗位诊改工作的自主性。以学院间周例会为督促节点，动态诊改主要依托内部质量保证平台实施监督，及时预警，各职能部门、各层面按部门工作计划和职责，线上实施“自律”常态纠偏；以学院诊改工作专题会、项目推进会、年终总结、考核评价为督促方式，静态诊改采取“间周查、项目查、问题查”的“三查”模式，诊改办牵头组织各部门、各层面以问题导向、目标导向，检查各职能部门和各层面开展自主诊断分析和学习提升、开展创新实施存储等情况，根据整改情况开展考核分析，线下实施改进，确保了目标达成度，为滚动制定下一年工作计划做好准备。从制度设计、组织实施上保证了学院全员全过程全方位“自律”诊改的责任落实。

4. 强调考核激励，建构质量提升价值取向

学院以持续提升人才培养质量为决策指挥的根本，质量生成部门、质量保障部门、质量支持部门和质量监督部门各司其职，以问题、目标为导向，以标准、成效为依据，以评价、考核为手段，对各职能部门、各层面主体进行周期性评价和考核，按照学院制定的相关激励制度和处罚制度，兑现从物质到精神、从显性到隐性的奖励，体现了质量高低的差别，较好地显示了“自律”文化和考核激励双擎共推，保证了目标绩效考核的激励性，从文化内涵外显和价值取向上保证了学院全员全过程全方位“自律”诊改的导向作用。

（二）专业层面

根据学院制定的“国家级重点专业、省级重点专业、院级重点专业、院级特色专业和新专业”5级专业建设标准，按照专业建设和专业运行两个维度，确定专业诊断与改进的9个一级指标、70个二级指标、53个质控点。

1．坚持两链引领，专业建设诊改螺旋开展

根据《宜宾职业技术学院"十三五"专业建设规划》和年度计划，结合《专业诊断与改进方案》《专业诊断与改进管理办法》《专业诊断与改进标准》，事前确定专业建设的"五级九项"目标、掌握专业建设诊改"自律"目标、内化专业建设诊改"自律"标准。事中设计分解规划任务、统筹组织实施规划、具体实施操作执行，根据"数据实时监测—异常数据预警—实时改进提升"的动态螺旋，实时诊改；根据"专业建设过程诊断—学习先进成果经验—创新专业建设途径—固化专业建设成果—改进提升建设成效"的静态螺旋，周期诊改。事后梳理总结未达标事项，纳入新一轮专业建设诊改周期，依托学院内部质量保证平台，结合人才培养状态数据和人才质量年度报告，撰写《专业和课程年度诊改报告》，形成一年为诊改小周期，三年为诊改大周期的专业建设常态化自主诊改运行机制。

2．坚持大纲为标，专业运行诊改持续推进

根据《宜宾职业技术学院"十三五"专业建设规划》和年度计划，结合《专业人才培养方案》《专业运行标准》，事前以专业教学大纲为目标、掌握专业运行诊改"自律"目标、内化专业运行诊改"自律"标准。事中设计分解专业教学任务、组织系部（二级学院）实施运行、具体实施操作执行，根据"数据实时监测—异常数据预警—实时改进提升"的动态螺旋，实时诊改专业运行情况；根据"专业运行过程诊断—学习借鉴国内外成果—创新运行管理途径—固化专业运行经验—改进提高运行成效"的静态螺旋，周期诊改。事后梳理总结未达标事项，纳入新一轮专业运行诊改周期，依托学院内部质量保证平台，结合人才培养状态数据和人才质量年度报告，撰写《专业和课程年度诊改报告》，形成一年为诊改小周期、三年为诊改大周期的专业运行常态化自主诊改运行机制。

（三）课程层面

根据学院制定的"省级及以上课程、院级立项课程、院级建设课程和新课程"四级课程建设标准，按照课程建设和课程教学两个维度，设置课程诊断与改进的8个一级指标、17个二级指标、20个质控点。

1．坚持两链引领，课程建设诊改螺旋开展

根据《宜宾职业技术学院"十三五"专业建设规划》和年度计划，结合《课程诊断与改进方案》《课程诊断与改进管理办法》《课程诊断与改进标准》，事前围绕课程建设的"四级八项"目标、掌握课程建设诊改"自律"目标、内化课程建设诊改"自律"标准。事中设计分解课程建设任务、组织系部（二级学院）专业落实、实施开展课程建设，根据"数据实时监测—异常数据预警—实时改进提升"的动态螺旋，实现课程建设的实时诊断改进。根据"课程建设过程诊断—学习借鉴课程建设成果—创新课程建设方式—固化课程建设成果—改进提高建设成效"的静态螺旋，周期诊改。事后梳理总结未达标事项，纳入新一轮课程建设的诊改周期，依托学院内部质量保证平台，结合人才培养状态数据和人才质量年度报告，撰写《专业和课程年度诊改报告》，形成一年为诊改小周期、三年为诊改大周期的课程建设常态化自主诊改运行机制。

2．融合线上线下，课程教学诊改螺旋落实

根据《宜宾职业技术学院“十三五”专业建设规划》和年度计划，结合《课程诊断与改进方案》《课程诊断与改进管理办法》《课程诊断与改进标准》，事前输出课程教学目标、对照课程标准（课程大纲），掌握课程教学诊改“自律”目标、内化课程教学诊改“自律”标准。事中设计课堂教学组织、组织系部（二级学院）专业实施，各课程按照课程年度目标和任务，对照课程标准（课程大纲），开展课程教学工作。依据“智慧云”等信息化平台数据，线上通过“智慧职教”监控教学过程、考核课程目标达成度，线下通过课堂作业、课堂测验、阶段性考核、实践考核、期末考试等检测与分析实时监控课程目标达成度。结合教学督导、学生评教、教师互评、教学常规检查，通过间周工作例会、教学工作例会、教学工作简报，实施过程管控，按照“数据实时监测—异常数据预警—实时改进提升”的动态螺旋，实时纠偏，实现课程教学的实时诊断改进。根据“作业考试考核诊断—检测课堂教学成果—创新课堂教学模式—固化形成教学成果—提高课堂教学成效”的静态螺旋，周期诊改。事后通过考试考核分析，梳理总结课程教学未达标事项，纳入新一轮课程教学的诊改周期，依托学院内部质量保证平台，结合人才培养状态数据和人才质量年度报告，撰写《专业和课程年度诊改报告》，形成一个教学周期为诊改周期的课程教学常态化自主诊改运行机制。

（四）教师层面

以《宜宾职业技术学院“十三五”师资队伍建设子规划》为目标，明确了师资队伍建设三大目标和十三个目标要素，围绕教师层面“三层六维度”的发展标准体系和“三标三递进”教师个体发展标准体系，设置教师能力诊断与改进的10个一级指标、34个二级指标和22个质控点。

1．坚持动态静态“自律”融合，推进教师层面诊改螺旋上升

根据《宜宾职业技术学院“十三五”师资队伍建设子规划》，制定《教师诊断与改进方案》和《教师诊断与改进标准》，事前确定师资队伍发展目标、掌握师资队伍建设诊改“自律”目标、内化师资队伍建设诊改“自律”标准。事中设计分解规划任务、统筹组织实施规划、具体实施操作执行，根据“数据实时监测—异常数据预警—实时改进提升”的动态螺旋，实时诊改；同步根据“师资队伍考核诊断—学习借鉴理论成果—创新剖析培养模式—总结成果固化传递—修正目标调整标准”的静态螺旋，周期诊改。事后梳理总结未达标事项，并纳入新一轮师资队伍诊改周期。通过层层落实目标，环环紧扣标准，依托学院内部质量保证平台，结合人才培养状态数据和人才质量年度报告，形成《师资队伍建设年度诊改报告》，实现常态纠偏，分析问题成因，查找不足并总结经验成果，形成一年为诊改小周期、三年为诊改大周期的师资队伍常态化自主诊改运行机制。

2．坚持线上线下“自律”结合，推进教师个体诊改波浪前进

依据师资队伍建设发展标准，开展教师个体自我诊改。制定并完善《专业技术人员聘期考核试行办法》等制度，事前确定教师个体发展目标、掌握教师个人诊改“自律”目标、内化教师个人“自律”标准。事中设计发展规划、参与落实规划、具体实施执行，根据“数据实时监测—异常数据预警—实时改进提升”的动态螺旋，实时诊改；根据“教师个人考核诊断—自主学习查漏补缺—总结创新措施手段—固化经验形成成果—修正目标调整标准”的静态螺旋，周期诊改。事后梳理总结未达标事项，纳入新一轮教师个人诊改周期。以持续改进和提高为原则，线上线下“自律”结合，实时呈现教师在教学、科研、社会服务、学生管理等方面的发展态势，根据年末分析目标达成情况，指导教师个体实现发展目标，促进教师个体不断波浪前进，形成一年为诊改小周期、三年为诊改大周期的教师个人常态化自主诊改运行机制。

（五）学生层面

依据《宜宾职业技术学院“十三五”学生发展规划》，以学生工作“4C”工程为抓手，结合学院内部质量保证平台、学生素质积分平台、麦可思第三方评价等数据进行分析，明确学生成长目标和年度育人计划，根据学院总体目标和个人实际情况制定学生发展规划，形成学生层面目标体系。根据目标和标准设计12个一级指标、40个二级指标、11个质控点。

1．规范顶层设计，开展学生全面发展诊改

根据《宜宾职业技术学院“十三五”学生发展规划》，学院制定《关于大学生素质教育“4C”工程建设的实施意见》，实施素质教育积分制度，结合专业人才培养方案的职业素质目标和思政目标建立学生素质教育标准。事前确定学生全面发展目标、掌握学生全面发展诊改“自律”目标、内化学生全面发展诊改“自律”标准贯彻学生全面发展“自律”标准。事中设计分解规划任务、统筹组织实施规划、具体实施操作执行，根据“数据实时监测—异常数据预警—实时改进提升”的动态螺旋，实时诊改；根据“学生全面发展考核诊断—学习借鉴理论成果—创新剖析培养模式—总结成果固化传递—修正目标调整标准”的静态螺旋，周期诊改。事后梳理总结未达标事项，纳入新一轮学生全面发展诊改周期。层层落实目标，环环紧扣标准，依托学院内部质量保证平台，结合素质积分数据和人才质量年度报告，形成《学生全面发展学期诊改报告》，实现常态纠偏，分析问题成因，查找不足并总结经验成果，形成以学期为诊改小周期、三年为诊改大周期的学生层面常态化自主诊改运行机制。

2．制定成长规划，指导学生个体诊改运行

依据学生全面发展标准，开展学生个体自我诊改。指导学生编制《学生个人成长手册》，事前确定学生个体发展目标、掌握学生个人诊改“自律”目标、内化学生个人诊改“自律”标准。事中设计发展规划、参与落实规划、具体实施执行，根据“数据

实时监测—异常数据预警—实时改进提升”的动态螺旋，实时诊改；根据“学生个人考核诊断—自主学习查漏补缺—总结创新措施手段—固化经验形成成果—修正目标调整标准”的静态螺旋，周期诊改。事后梳理总结未达标事项，纳入新一轮学生个人诊改周期。以持续改进和提高为原则，线上线下“自律”结合，根据期末分析目标达成情况，指导和帮助学生个体实现发展目标，实时呈现学生在学业、素质、技能、行为等方面的发展态势，促进学生个体不断成长成才，形成以学期为诊改小周期，三年为诊改大周期的学生个人常态化自主诊改运行机制。

三、引擎驱动与激励，常态化机制保证自律

（一）引擎驱动

为了保障学院内部质量保证诊断与改进工作顺利开展，宜宾职业技术学院通过全面推进“自律”质量文化构建，建立“自律”激励机制和组织保障，初步形成全员全过程全方位参与诊断与改进工作的常态化运行机制。

1. 构建“自律”质量文化

学院在“中华源流”大型石刻浮雕中铭刻了孔子“君子求诸己，小人求诸人”和魏源“以细行律身”之古训，在教学楼和实训基地中有萧伯纳“自律是最强者的本能”和松下幸之助“登峰造极的成就源于自律”之名言，在遵循国家文件和政策人才培养质量要“自保自控”之号令，以熏陶、潜移和默化“自律”质量文化。由此，学院以教育本质之谓“促进人的全面发展”、以高校职能之首“人才培养”、以职教使命之令“让每个人都有人生出彩的机会”形成“以生为本”质量理念，最终造就了学院“以生为本、人人出彩”的质量理念和“自律”的质量文化。近几年，学院通过编制实施方案，开展分级学习、分级培训，全方位开展质量文化宣传工作，涵盖五个层面，融入部门、岗位工作职责和工作流程的质量主体责任，将“自律”文化贯穿目标与标准，制定整个“8”字螺旋循环诊断与改进过程的每一个环节，基本内化了以“自律”为主要特征的质量文化。

2. 建立“自律”激励机制

学院新建和修订了共180项与内部质量保证体系建设相关的制度，构建奖惩机制、问责机制和保障机制。通过制度制定的公开征求意见、机制运行的具体操作实施、诊断改进的实际过程参与、方法技能的学习培训提升，同时将机制落地为绩效考评、绩效奖励、评优选先、培养重用的重要依据，“自律”文化逐渐内化，诊断与改进思维逐渐入脑入心，诊断与改进行为逐渐自省自觉，质量保证从以外部监管为主逐渐向以自我诊改为主转变，人人主动自诊断、个个主动自改进的局面逐渐形成，较好地体现了激励机制的“自律”价值。

3. 强化“自律”组织保障

学院成立质量保证工作领导小组，党委书记和院长担任双组长，负责制定学院事

业发展规划、内部质量保证体系建设总体规划，组织和协调诊改工作的开展。学院成立诊断与改进办公室，由副院长担任办公室主任、职能部门和二级学院主要领导担任成员。三年来，学院领导组织全院诊断与改进工作专题研讨25次，全院教职工参加校内外诊断与改进工作培训111次。学院诊断与改进领导小组召开会议专题讨论、修改方案、推进任务落实11次，较好地起到了“自律”的组织保障作用。

（二）诊断与改进成效

学院通过内部质量保证诊断与改进工作实施，初步建立了全院内部质量保证体系建设诊断与改进思维，将诊断改进与教育教学工作融合、与部门日常工作有效结合，较好地达到了全员全过程全方位开展诊改工作的要求，形成了“管理理念新、岗位目标准、措施标准高、过程监控齐、资源保障全、监测改进优”的诊改工作局面，诊改主体意识明显增强，五纵体系逐步完善，五层诊改卓有成效，内涵建设成效逐步提升，信息平台建设推动明显，特色质量体系初步形成，提质培优发展目标体系更加系统，对标全国标杆指标成效提升显著，学院内涵建设取得明显成效，师生满意度较高、获得感较强，较好地展现了“自律”诊改的成效。

——第八节——
打造力量雄厚的师资队伍

教师是立教之本、兴教之源。高素质、高水平的教师队伍是保证高职院校实现内涵发展、增强核心竞争力的关键要素。实现“中国特色高水平高职学校和专业建设”的先决条件就是要建设起一支力量雄厚的高水平师资队伍。

一、高水平教师队伍的界定

教育部、财政部2006年发布的《关于实施国家示范性高等职业院校建设计划加快高等职业教育改革与发展的意见》明确提出了“促进高水‘双师’素质与‘双师’结构教师队伍建设”的目标；教育部、财政部2019年4月印发的《关于实施中国特色高水平高职学校和专业建设计划的意见》又明确提出“以‘四有’标准打造数量充足、专兼结合、结构合理的高水平‘双师’队伍”建设任务；教育部等四部门2019年9月印发的《深化新时代职业教育“双师型”教师队伍建设改革实施方案》再次明确了“建成一支师德高尚、技艺精湛、专兼结合、充满活力的高素质‘双师型’教师队伍”。因此，高职院校建设高水平师资队伍，就是要落实到建设一支“高水平的‘双师型’教师队伍”。

（一）“双师型”教师的概念提出

查阅相关文献资料，我们发现“双师型”教师是我国独有概念，在国外没有这个概念表述。这一概念最早出现在1990年12月出版的《中国教育报》上，由王义澄撰写发表的一篇《建设“双师型”专科教师队伍》的文章。从国家层面提出这个概念则是在1995年12月，国家教委印发的《关于开展建设示范性职业大学工作的通知》中提出申请试点建设示范性职业大学的基本条件之一是要“有一支专兼结合、结构合理、素质较高的师资队伍。专业课教师和实习指导教师具有一定的专业实践能力，其中有三分之一以上的‘双师型’教师”。

（二）“双师型”教师概念的不同观点

查阅相关资料过程中，我们了解到，对于“双师型”教师存在三种不一样的观点。

一是“双证书”是指既取得了教师资格证，又具有工程师等技术职务的人员，从事职业教育教学工作的人员即为“双师型”教师；二是“双能力”是指既能胜任职业学校的理论教学，又能指导学生开展教学生产实践的教师，即为“双师型”教师；三是“双融合”，是指教师既具有“双证”，又具备“双能力”的职业学校教师。

（三）国外对职业教育教师的要求

国外没有“双师型”教师这一明确定义，但是，我们可以根据德国、美国等国家对于职业教师的任职资格可以较为系统理解其“双师型”教师的概念。

一是德国的职业教育教师资任职资格。德国的职业教育教师主要由实训教师和理论教师组成，实训教师主要由企业雇员和校内实训教师组成，不仅要求他们有熟练的专业技能，同时还要掌握职业教育学、心理学、劳动社会学等相关知识；理论教师则是获得大学入学资格后，首先要在与所学专业相关的企业实习一年，目的是更多地了解企业的管理、生产经营方式和实际操作技能，再经过4年的理论学习后，再进行两年的教育实习，才具备职业教育教师任职资格。二是美国的职业教育教师的任职资格。其主要要求是在所教专业内取得学士学位，若在相关技术领域有5年以上工作经验则可替代学士学位，取得学士学位后还要在所教课程相关的技术领域开展不少于1年的生产实践。

从以上两国的任职资格可以看出，其职业教师与我国的“双师型”教师具有较多的相似之处。

（四）高水平“双师型”教师的基本特征

高水平“双师型”教师肩负着培养创新型技术技能型人才的历史使命，因此，我们认为应具备以下特征。

第一是具有现代教育思想和教育理念。现代教育思想就是以习近平新时代中国特色社会主义思想为指引，培养德智体美劳全面发展的社会主义事业的建设者和接班人。这是支撑职业教育改革发展，落实立德树人根本任务的基础；职业教育承担着“培养多样化人才、传承技术技能、促进就业创业”的重要责任，因此，高水平“双师型”教师的现代教育理念就涵盖了开放性、多样性和包容性理念。简单地讲，就是要建立起“以人为本、全面发展”的现代职业教育理念。

第二是具有扎实的专业知识和实践技能。具有扎实的专业知识是高水平“双师型”教师的基础，这里所讲的专业知识包含了专业基础、专业理论和专业前沿，只有这三方面的知识都很完备和充实，才具备“双师型”教师的基础；扎实的实践技能是“双师型”教师的关键，具备扎实的专业知识只能保证上课教学的科学性，而培养技术技能型人才的关键是在教会学生理论的基础上，如何实现理论与实践的融合，因此，掌握专业技术，能高效完成专项技能的操作是“双师型”教师的关键所在。

第三是具有创新的教学方法和手段。这里所说的教学方法就是指教师教的方法和学生学的方法两大方面，是教授方法与学习方法的统一 。教学手段就是指是在教学相互传递信息的工具、媒体或设备。一名高职院校的教师，即使拥有扎实的专业知识和实践技能，如果没有良好的教学方法，不使用更加前沿的教学手段，在教学中，学生听不懂或不爱听，这也不能实现教学目标。因此，针对学生特点和课程内容，创新教学方法和手段是实现人才培养目标的重要条件。

第四是具有精益求精的职业精神和素养。高职院校教师作为培养人才的人，其自身的职业追求和素养也影响着受教育者的成长与发展。这里所说的职业精神就是对某一职业的价值取向；而职业素养是教师为了顺利进行教育活动，实现教育目的和任务所具备的，包含职业道德、职业知识、职业能力三个方面的内容。围绕某一种价值取向而不断提升形成的职业道德、知识和能力就形成了一个人独有的职业素养。高职院校的教师，作为培养高技术技能型人才的人，只有自己做到了热爱本职、脚踏实地、兢兢业业、尽职尽责、精益求精，才可能培养出真正的大国工匠。

二、部分高职院校高水平“双师型”教师队伍建设的主要路径

（一）围绕高水平“双师型”教师队伍建设，形成了较为完善的制度体系

各高职院校，按照中共中央、国务院下发的《关于全面深化新时代教师队伍建设改革的意见》和国务院先后印发的《国家职业教育改革实施方案》《国家职业教育改革实施方案的通知》，主要围绕“师德师风”“人才培养”“技术研发”“社会服务”四个方面建立较为完善的制度体系。

第一是围绕师德师风建设，形成厚德之师制度体系。重点是围绕贯彻落实习近平总书记关于师德师风建设的重要指示精神和教育部联合六部委印发的《关于加强和改进新时代师德师风建设的意见》，把师德师风建设作为教师队伍建设的首要任务，着力

健全师德师风建设的长效机制，用制度的规范师德师风建设常态化、制度化。

第二是围绕人才培养要求，形成专业教师教学综合能力制度体系。重点是按照“双师型”教师标准，建成以高层次人才和国家名师为主体的高层次人才引进和管理制度；以中青年骨干教师为主体的专业带头人、骨干教师培养和管理制度；以能工巧匠、技术能手等为主体的兼职教师队伍聘用和管理制度体系。形成以专业带头人、教学名师、“双师型”教师、骨干教师等教师个体为单位的培养管理和考核制度体系，以项目、团体为主体的教师团队建设制度体系。

第三是围绕技术研发需求，形成了专业学术型教师选聘培养制度体系。重点是形成了培养和选拔学术造诣高、社会影响较大、科学研究能力强的高学历、高职称人才的制度体系。

第四是围绕社会服务需求，形成了服务地方经济和产业发展需要的创新创业教师培养与管理制度体系。重点是培养和选拔具有创新创业潜能的教师，在夯实专业基础知识的同时，增强社会实践能力，形成校企共育的“双师型”教师培养制度体系。

（二）围绕高水平“双师型”教师队伍建设，实施了多路径建设

各高职院校的按照“师德高尚、业务精湛、作风过硬、勇于创新”的标准，采取了多措并举、多路径建设，概括起来就是：引培并举，专兼结合。

第一是引大师名匠，打造领军之师。主要是通过提高人才待遇，拓宽引进渠道，灵活采用全职、柔性或项目引进等多种形式，引进行业企业中创新实践能力突出、技术技能卓著、行业有影响力的领军人才。

第二是培名师名家，打造骨干中坚之师。主要是发挥好领军人才、大师名匠的引领作用，以引进的高端人才或名师为主持人，以中青年骨干教师为成员，按照教学、科研、技术服务、创新创业等不同类型，建立大师、名师工作室，组建大师、名师领衔的结构化教学创新团队；通过名师带徒传技、科研攻关、课程开发等，形成骨干中坚教师队伍。

第三是专任教师主体，夯实师资队伍基础。重点是建立了新任教师、合格教师、骨干教师、专业带头人、领军人物五个阶段，构建全程化、进阶式职业生涯规划育训体系，通过职前培养、入职培训、在职研修等形式，重点在职业素养、教科研能力、创业指导、信息化应用、国际化等方面为教师提供分阶段、立体化、渐进式培训内容，形成专任教师培养建设路径。同时，采取分层次培育建设教师教学创新团队的路径。

第四是兼任教师重点，做实校企“双师型”教师互动。一是聘请行业企业领军人才、大师名匠、企业高技术人才兼职任教；二是将企业技术骨干、经营管理骨干聘为兼职教师、兼职专业带头人或兼职教授，协同开展技术技能人才培养、科技服务和专业建设等；三是形成了以新知识、新技术、新工艺、新方法提升为重点的分层分类教师社会实践，支持专任教师、兼任教师和教学管理人员下企业实践、挂职锻炼。

三、高职院校高水平“双师型”教师队伍建设中的主要问题

（一）教师队伍建设制度体系设计对接国家指导文件要求不精准

2019年9月，教育部等四部门联合印发了《深化新时代职业教育“双师型”教师队伍建设改革实施方案》（简称《方案》），进一步提出“双师型”教师队伍建设的12个要求，清晰了从教师资格准入到培养培训，从人才流动到高层次人才队伍、教学创新团队建设，从校企人员双向交流协作到聘用考核制度、待遇和保障机制等更加完善制度架构体系。围绕《方案》，部分高职院校没有围绕教师的分类设置、聘用、考核、评价、激励、发展、退出等进行的一系列制度设计，较多局限在师德师风建设、高层次人才引进、教师成长培养，没有从教师资源配置效率和办学效率中去深化师资队伍建设制度体系改革。

（二）师资队伍结构不合理

第一是数量不足。在我们对全国部分“双高”高职院校的调查中发现，大多存在专任教师数量不足，普遍低于教育部规定的优秀标准，尤其是一些工科类的专业的教师非常短缺，教师需求量很大。第二是年龄层级分布未形成递进结构。所调查的学校均存在年龄结构呈现出哑铃形态，中青年骨干教师较少，出现中坚力量的紧缺和断层问题。第三是职称结构不均匀，高级职称占专任教师比例较低且年龄普遍较大。

（三）高层次人才缺乏，头雁效应发挥不明显

第一是高职院校社会影响力和收入水平都普遍低于普通本科院校，因而其招引高层次人才难度显著高于本科院校。第二是引进高层次人才没有突出高职特色，缺乏计划性，存在较强的盲目性。特别是没有从根本上把研究型、教学研究型、实操型融合好，最终导致作用发挥小，引领效果差。

（四）“双师型”教师数量不足，标准不一致

第一是“双师型”教师数量不足。我们对全国17所“双高”院校的调查中发现，这些高职院校中，“双师型”教师比例最高的是90.99%，最低为45.68%，双师比例达到90%以上的高职院校仅有5所，80%以下的达到6所。第二是“双师型”教师认定标准不统一。2022年10月25日，教育部办公厅印发《关于做好职业教育“双师型”教师认定工作的通知》，从国家层面对中等职业学校、高等职业学校的教师申报各层级“双师型”教师所需满足的标准和条件做了要求，随后各省、自治区、直辖市教育厅（教委），新疆生产建设兵团教育局也迅速根据教育部办公厅《关于做好职业教育“双师型”教师认定工作的通知》（教师厅〔2022〕2号），结合各地区职业教育实际，制定“双师型”教师认定办法。因而不同地区、不同高职院校在国家层面和省级层面基础上，结合学校的实际，又制定了所在单位的“双师型”教师认定标准，因此出现了“双师型”

教师认定标准的差异性问题。第三是“双师型”教师来源路径较多，结构失衡。不同来源的“双师型”教师有着不同的特质，普通高校的应届毕业生群体，一般具有丰富的专业理论知识，却缺乏企业实践经历和实际教学的经验，企业的兼职“双师型”教师群体，拥有企业工作经历和一线实践经验，但在教育理论和专业理论上有所欠缺。

（五）围绕产教融合的多元培养培训格局尚未形成

通过对全国部分“双高”高职院校调查，各校均提出了采取校企合作的方式，实施国家级“双师型”教师培养培训基地建设，也提出了校企协同共建教师能力提升实践平台等系列教师培养培训。但调查中我们了解到，大多数高职院校对平台“怎么建”、人才“怎么流动”等方面，还没有形成系统的思路，还没有从教育链、人才链、产业链、创新链的角度理清师资队伍的多元培养路径。

（六）师资队伍建设的培训机制尚未建立完善，培养培训方式单一

我们对通过对17所国家“双高”院校的调查了解到，各高职院校都提出了师资队伍培养培训模式和路径，在深入调查和分析后发现三个问题。第一是高职院校开展“双师型”教师的培养方式单一，目前仍然是以开展研讨会、讲座论坛、参与企业实践等形式为主。第二是企业参与“双师型”教师培养的动力不够。主要是由于顶层设计中并没有对企业参与“双师型”教师的培养做出强制且细化的要求，导致企业与高职院校的合作机制并不健全，企业参与主动性不高。第三是教师工作负担过重，积极性不高。部分院校开展的“双师型”教师培训一般都集中安排在假期或者业余时间，这直接导致部分教师不愿参加培训；同时对于参与培训的教师而言，大多数学校并未考虑到减轻其工作负担，导致参训教师无法全身心投入培训之中。

（七）以双师素质为导向的新教师准入改革未充分形成

在对全国17所“双高”高职院校的调查中我们了解到，各校比较强调高层次人才、大师、工匠的引进标准，但是没有系统构建高职院校发展的中坚力量和骨干力量的准入标准，目前还是比较强调学历、职称、成果等，没有按照“职业院校、应用型本科高校相关专业教师原则上从具有3年以上企业工作经历并具有高职以上学历的人员中公开招聘；自2020年起，除‘双师型’职业技术师范专业毕业生外，基本不再从未具备3年以上行业企业工作经历的应届毕业生中招聘”要求来开展新教师招聘。

四、高水平“双师型”教师队伍建设的实现路径

（一）健全师资队伍建设的总体规划

第一是明确目标，突出重点。一方面是要结合各高职院校建设目标，形成长期、

中期、近期的整体和各重点专业群数量、结构、质量规划；另一方面是要突出职业教育特点，紧扣“双师”标准，形成各类型教师的引培机制，既要服务于学校发展的总体规划，又要注意群体结构和团队的优化组合。

第二是相对稳定，动态控制。教师队伍的数量和质量是保证教学的基础，一方面要在引进高层次人才、名师工匠上下大功夫；另一方面要把均衡发展，稳步推进教师队伍的整体能力的提升作为重点，因此在制定师资队伍规划时，既要有强烈的超前意识，又要避免大起大落。通过反复调研论证的师资队伍建设规划一经批准，就应保持它的相对稳定性和严肃性。同时，可以按照“教学诊断与改进”的方式，开展好相关“诊改”。

第三是实事求是，递进培养。一方面制定师资队伍建设规划时要高瞻远瞩，同时也需要客观地分析学校所处区域特点、产业发展状况和未来区域发展定位，围绕学校的优势与不足，确保建设目标与客观现实基础的有效衔接，既要花大力气建优建强师资队伍，又要量力而行，减少盲目性；另一方面就是要按照人才成长规律，在规划中突出高水平教师队伍建设的递进培养机制。

（二）完善师资队伍建设制度体系

第一是围绕师德建设，建立起以教师职业道德、职业规范、师德评价等为主体的制度体系，把师德作为教师管理和考核的首要内容。

第二是围绕高层次人才队伍建设，建立起以高层次人才引进、分类管理、评聘考核等为主体的制度体系，重点是要形成“引的进，留的住，用的上，高效率”的高层次人才使用管理制度体系。

第三是围绕中青年骨干教师队伍建设，建立起教师的准入标准、骨干教师遴选、培养、管理等为主体的高职院校中坚力量使用管理制度体系。重点是形成优秀专业带头人和骨干教师能力和素质递进培养的制度体系。

第四是围绕“双师型”教师队伍建设，建立起以“双师”教师认定标准、培养办法、管理办法等为主体的制度体系。重点是形成“双师型”教师校企协同培育的制度体系。

第五是围绕兼职教师队伍建设，建立起以兼职教师聘用、管理、考核等为主体的制度体系。重点是建立教师与工程师互派人、专业教师与企业技能专家的深度合作与互动的制度体系。

第六是围绕教师教学团队建设，建立起以高层次领军人才、专业带头人、骨干教师为引领名师教学团队建设、管理和评价等为主体制度体系。重点是形成名师带徒传技、科研攻关、课程开发等团队建设制度体系。

第七是围绕教师队伍考评激励，建立起以评价、考核、职称、绩效、薪酬等为主体的制度体系。重点是形成教学一线、关键岗位、业务骨干、突出贡献、业绩贡献和能力水平为导向的制度体系。

（三）优化师资队伍建设结构

建立一支层次分明、结构合理的教师梯队，并理清不同层次、梯队教师队伍的建设目标和路径。

第一是着力优化年龄结构，形成梯度成长发展的师资队伍结构。通过对全国17所“双高”高职院校调查，其现有教师队伍中 30 ~ 39岁的教师占比40%以上，40 ~ 49岁占仅20%，50 ~ 59占比30%以上。各高职院校都存在教师总量缺口较大、形成合理生师比的压力也很大，但在未来教师的引进上，应当特别注意教师年龄结构，整体应保持匀称、稳定，呈现正态分布，形成合理梯队，确保在各个年龄层都有杰出人才充实进来，脱颖而出。

第二是着力优化数量效益结构，形成良好的生师比例。所调查的高职院校在报送国家的材料中，其生师比例均处于优秀等级。根据高职院校目前在校生的现状以及2018 ~ 2023年招生发展趋势和人口发展对高职生源的影响分析，在五年内仍呈上升趋势，生师比还会提高。根据全国双高院校的建设的实践，在理论教学上生师比应控制在16∶1属于比较科学的比例，在实践教学中，生师比一般应控制在13∶1范围内才能较好地保证实践教学任务的完成，因此，各高职院校应在用足编制的基础上，进一步扩大编制外教师和兼职教师的比例，这是保障学校高质量发展的基础。

第三是着力优化能力学历结构，形成高学历高技能师资队伍。我国的职业教育发展水平落后于发达国家，其中一个重要原因就是教师的整体素质差距较大，其中包括学历因素，国外高职院校的师资学历大多数要求硕士以上学位，德国的高等职业教育院校的教师规定要有博士学位，我国台湾高职院校教师中硕士以上学位的达80%以上。这就要求各高职院校，要不断鼓励和支持中青年教师攻读硕博士，只有在知识和能力上实现大提升，才能真正实现职业教育的高质量。

第四是着力优化职称结构，形成梯度科学的职称资格结构。职称比例结构是体现师资队伍综合学术水平和能力素质的重要指标，它将直接影响专业建设和产学研的协调发展。目前高职院校的职称比例结构，一方面继续保持着高等教育的教师系列职称的评审标准和比例，这导致了部分高职院校在教师职称评审过程中因指标因素而在一定程度上制约了教师的成长和发展，影响了教师参与专业建设和实践研究的积极性，因此落实好《深化新时代教育评价改革总体方案》，是优化教师职称结构的有效依托；另一方面，高职院校在开展专业和专业群建设过程中，必须集聚行业和专业的大师、工匠等作为专业带头人，将一些能工巧匠吸引到学校，作为专业上领军人、专业带头人，形成较为稳定的兼职教师队伍。因此，高职院校在优化职称结构的过程中要将两者有机地结合起来，建立与之相适应的评价体系，并采取人才柔性引进等方式，集聚大师、工匠，形成科学合理的职称结构。

第五是着力优化双师结构，建成真正的“双师型”教师队伍。“双师型”教师占专任教师的比重是高职院校师资队伍建设结构中的一个重要指标，建设一支高素质的“双师”素质队伍是实现高职教育培养目标的基础。在《深化新时代教育评价改革总体方案》中，明确提出了“健全‘双师型’教师认定、聘用、考核等评价标准，突出实践技能水平和专业教学能力”的要求。因此，一方面各高职院校要拓宽“双师型”教师培养渠道。重点是做实“双师型”教师校企协同培育和“双师型”专兼教师机制，同时鼓励教师考取相应的职业资格证书，既要在数量上保证，又要在质量上提升。另一方面是强化入职管理。关于新进教师，最大限度落实“职业院校、应用型本科高校相关专业教师原则上从具有3年以上企业工作经历并具有高职以上学历的人员中公开招聘”的要求。

第六是着力优化专兼职结构，形成“固定岗+流动岗”校企人才互动的专兼结构。优化专兼职教师结构，重点是把握校企合作这根主线，以校企双方需求为导向，以行业、专业为单元，畅通高层次技术技能人才兼职从教渠道，形成“产教研岗位互通、专兼协同发展”和校企互派互聘人员工作机制；同时，不断完善专兼职教师互派互聘，形成专业教师与行业企业技术人员双向兼职、结对互助、协同发展的良性循环发展模式。

（四）健全师资队伍多元培养培训体系

第一是建立起校内教师能力培训机制。一方面是围绕职业素养和教学能力做好成长性培训培养，在职业素养上突出师德师风、职业操守，在教学能力上突出“三教”改革；另一方面围绕科研和实践能力，做好大师引导、师带徒培养，在科研能力上突出创新性能力的培养，在实践能力上突出工匠精神的培养。

第二是建立起校企行协同培养机制。紧紧围绕校企双主体共育高端人才理念，以提升专业群建设水平和服务区域产业发展为重点，一方面是校企共同培养高水平专业群带头人，重点是让专业教师进入企业开展一线生产锻炼、生产研究、参与重大项目改造或重大技术攻关等，着力将生产性技术技能培养作为首要任务；另一方面是校企合作培养专业带头人和骨干教师，重点是以提升专业建设水平、技术研发能力为核心，通过跨界培养，形成一批通晓国际规则、具备跨文化沟通能力教学名师、技师、工匠；三方面是采取采用“全员轮训，进企入厂”等方式，依托相关企业、校内协同创新中心等，采取定期和不定期教师进入企业锻炼培养，实现提升教师“双师双能”能力。

第三是建立起境内外联动培养培训机制。一方面是依托国培、省培项目，加大对领军人才、专业群带头人、骨干教师的培训培养；另一方面建立起常态化教师出国境轮换培训机制，重点是分批次派遣教师到职业教育发达的国家地区及“一带一路”沿线国家同类院校、大企业等开展学习交流、访学、研修等，学习和了解世界先进职教理念、专业理论、技术技能，不断拓宽教师视野，提升教师队伍国际化水平。

（五）搭建高水平教师团队建设平台

第一是建设好高水平教学能力拓展平台。重点是围绕师德建设、课堂教学、教研教改、业务进修、实践锻炼、信息化能力提升、学生工作、公共服务等方面，依托名师工作室建设、国家教学技能竞赛等，开展教师职业化、专业化平台建设，形成骨干教师、专业带头人及高层次特色人才的教学能力提升平台。

第二是建设好高水平科研能力提升平台。重点是围绕区域产业发展重点和未来产业发展方向，着力在技术研发、技术创新等方面，结合师资队伍不同梯次的特点和优势，开展创新型科研平台建设，平台既要突出技术研发，又要突出能力培养，既要彰显个人优势，又要形成团队协作。

第三是建设高水平社会服务能力平台。重点是探索高职院校服务区域经济社会发展的新模式，一方面围绕区域行业、产业重点，打造特色鲜明的社会服务团队，建成规范、标准、高效的社会服务平台；另一方面是依托中、省、市各级各类名师，搭建起不同类型的社会服务团队平台，形成团队协同服务区域经济社会发展需要的能力提升和拓展平台。

——第九节——
提升智能智慧的信息化建设水平

教育信息化是教育现代化的重要标志，是构建现代国民教育体系和形成学习型社会的内在要求。教育信息化这一概念最早提出于20世纪中后期，主要是通过互联网的发展推进信息化建设，并将其应用到社会各个领域。21世纪，教育信息化正式成为教育改革的重点内容，在建设过程中，主要以计算机网络通信和多媒体为传播媒介开展现代化的信息技术教学。教育信息化的建设不仅提高了学生学习的自主性，还实现了教材知识虚拟化，使其在虚拟环境中生动地展现出来，在拓宽学生获取知识渠道的同时提高了教学质量，这是推动教育信息化发展的动力来源。党的十九大报告做出了“中国特色社会主义进入新时代”的重要判断，开启了加快教育现代化、建设教育强国的新征程。为引领教育信息化转型升级，2018 年教育部发布《教育信息化2.0 行动计划》，提出构建网络化、数字化、智能化、个性化、终身化的教育体系。近年来，高职院校越来越重视信息化建设，已将职业教育发展信息化作为职业教育发展的强有力推手和发展的重要内容，同时职业教育信息化的发展也进入了整体规划、统筹推进、快速发展的新阶段。在教育信息化建设的各个方面，包括信息化基础设施建设、数字化资源平台的开发与应用、教师与学生的教学信息化能力发展、教学发展模式创新、教学组织管理等，都取得了一定成绩，但在国家大力推进教育信息化 2.0 行动计划和数字化转型背景下，地方属高职院校信息化建设仍面临诸多挑战。

一、部分地方属“双高”院校提升信息化水平建设情况

（一）提升信息化水平建设工作的成效

经过梳理分析，17所地方属“双高”学校中立项为“教育信息化试点单位”的有3所，被认定为“职业院校数字校园建设实验校”的有5所，被认定为“职业院校数字校园建设样板校”的有2所。其中芜湖职业技术学院拥有“教育信息化试点单位”和“职业院校数字校园建设实验校”立项，金华职业技术学院拥有“教育信息化试点单位”和“浙江省数字校园示范学校”立项。17所学校提升信息化水平建设工作的成效如表7-1所示。

表7-1　各校提升信息化水平建设工作的成效

序号	学校	建设成效	级别
1	金华职业技术学院	教育信息化试点单位	国家级
		浙江省数字校园示范学校	省级
2	芜湖职业技术学院	教育信息化试点单位	国家级
		职业院校数字校园建设实验校	国家级
3	淄博职业学院	职业院校数字校园建设实验校	国家级
4	日照职业技术学院	职业院校数字校园建设样板校	国家级
5	黄冈职业技术学院	—	—
6	宁波职业技术学院	职业院校数字校园建设实验校	国家级
7	温州职业技术学院	—	—
8	漳州职业技术学院	职业院校数字校园建设实验校	国家级
9	秦皇岛职业技术学院	—	—
10	许昌职业技术学院	—	—
11	滨州职业技术学院	—	—
12	东营职业技术学院	—	—
13	酒泉职业技术学院	—	—
14	顺德职业技术学院	职业院校数字校园建设实验校	国家级
15	铜仁职业技术学院	教育信息化试点单位	国家级
16	潍坊职业学院	职业院校数字校园建设样板校	国家级
17	咸阳职业技术学院	—	—

注：“—”为未获得或未查到相关信息。

（二）主要信息系统及发展重点

通过问卷调研发现地方高职院校的校级管理信息系统主要有“教学教务信息系统”（84.62%）、“人事管理信息系统”（81.66%）、“图书馆信息系统”（80.47%）等。但学生信息管理系统、后勤服务信息系统占比均在50.00%以下，为提高学生学习和生活的便利性，需加强这两方面的投入力度。

学校现阶段信息化发展的重点是：“在校教学、学习平台建设”（74.56%）、“教学资源”（73.96%）、“大数据平台建设与应用”（71.60%）。

（三）提升信息化水平建设的主要任务

根据统计，17所地方属“双高”学校信息化水平建设主要涉及以下方面，见表7-2。

表7-2　各校提升信息化水平建设主要工作任务

序号	工作任务	出现频次
1	以5G和云技术为引领，推进校园网IPv6部署，提档升级校园信息化基础设施	17
2	高速无线网络校园全覆盖	15
3	建设新型一卡通系统，实现校内便捷扫码支付、身份识别、消费数据统一管理和准确分析	11
4	建设校园电子化安保系统，全面提升校园技防水平	12
5	大数据共享平台	17
6	智能化网上办事大厅等师生综合服务平台	15
7	学生、教师、财务、设备等4大业务全生命周期管理系统	3
8	建设大数据分析与决策支持平台	15
9	构建覆盖学校全部数据的大数据平台	15
10	实现基于物联网应用的智能化管理，提供智慧服务	10
11	推进内部质量保证体系平台建设，实现智慧管理	11
12	线下、线上、线上线下混合式、虚拟仿真和社会实践“金课”	7
13	智慧教室建设	17
14	虚拟工厂建设	12
15	精品在线开放课程或课程群	10
16	“互联网+教学”教学改革案例	5

续表

序号	工作任务	出现频次
17	“互联网+教学”示范课	4
18	虚拟仿真中心及，虚拟仿真实验教学项目建设	14
19	教材、课堂、教学资源三者融合，出版新形态教材	2
20	探索机器人辅教改革	2
21	开展 MR 多人协同实训教学项目建设	9
22	提升学生信息素养	17
23	促进教师信息化教学能力和水平提升	17
24	建设校企现场教学远程直播互动的“空中课堂”	6
25	服务学分银行，服务“1+X”证书制度试点	6
26	发展数字经济催生的新兴专业	13
27	升级改造一批传统专业	10

从以上统计可以看出，各校对提升服信息化水平建设任务的认识总体是一致的，主要体现在四个方面：一是升级信息化基础设施，打造“智能、共享、协同、服务”的一流智慧校园升级云计算服务，打造绿色智能数字化支撑平台；二是消除信息孤岛，打造“大数据+人工智能”智慧管理新模式；三是推进数字教学资源共建共享，形成“互联网+”教与学新生态；四是实施系列培育计划，提升师生信息素养水平。各个学校在具体任务的侧重点上各有不同。

1．升级信息化基础设施

（1）打造绿色智能数字化支撑平台

全面优化校园网络，构建高速率、广普及、全覆盖、智能化的下一代互联网，完成互联网协议第六版（IPv6）部署，全面建成有线无线一体、高速稳定泛在的校园网络，加快建设 5G 校园，优化创新人才培养环境。采用虚拟化、计算集群技术搭建云计算服务平台，面向全校提供公共性和个性化的计算资源基础服务。

（2）打造智慧教学新环境

以智慧校园为支撑，以云计算服务平台为承载，以教学、管理、服务设施信息化为目标，完善教学基础设施，建设多功能智慧教室，改造升级信息化标准考场，建设虚拟仿真实训室；建设多媒体管理系统、互动教学平台系统，实现多媒体智能管理和校内外远程教学及视频会议。通过智能化和信息化技术，围绕教、学、管三个维度，贯通智慧教学和智慧实训全过程生态圈，实现无边界智慧教学及全方位智慧管理。

（3）健全网络信息安全保障体系

按照国家信息安全等级保护管理办法，建设从保护、检测、响应到回复的全方位网络安全监测预警和应急处置平台，增加和优化 Web 防护设备、日志分析设备、入侵检测设备及漏洞扫描设备等网络安全设备设施，保证信息系统和基础信息网络安全防护。

2．打造“大数据+人工智能”智慧管理新模式

（1）建设共享数据中心

按照“全校一张网、数据一中心、服务一条线”的建设思路，综合运用大数据人工智能等新技术打造“一中心、两平台”，消除信息孤岛，驱动校园智能管理。建立统一的数据标准、编码标准及数据交换和接口规则，对已有应用系统进行数据清洗，规范接口完成数据集成与迁移，对新建应用系统统一按数据中心标准建设，实现异构信息系统之间的数据交换和共享，形成校本统一数据池，为数据共享、深层次挖掘分析、展现和预警提供数据支撑。

（2）建设大数据分析平台

建设大数据分析平台，采用工作表、图表、用户看板等展现工具实现数据分析、数据展示和分析预警。实现基础数据伴随式收集和在线数据可视化呈现，与人才培养状态数据采集平台实现互联互通，为教学诊断与改进工作提供平台支撑和数据支持，全方位服务师生发展和学校科学决策。

（3）建设数字化统一服务平台，打造“大数据+小应用”智慧服务新模式

按照以服务师生为中心、以智慧服务为主线的原则，建立数字化服务大厅平台，统一数据标准体系，促进大数据在各个部门领域的共享应用，推进选课、考试与管理改革，实施学分制下学生个性化培养；实现图书借阅自动化、文献查询检测自动化、财务管理智慧化、校园生活智能化，为学校师生提供全方位的智能服务。

3．形成“互联网+”教与学新生态

（1）开发高水平优质数字化教学资源

适应“互联网+职业教育”需求，推进数字资源共建共享，成立学校、行业、企业组成的数字教育资源共建共享组织，组建由行业、企业专家和专任教师组成的课程资源开发团队。建设专业教学资源库，建设各级精品在线开放课程 、精品资源共享课程。开发适用于教学的模拟仿真实训软件和生产实际教学案例，建成线上线下相结合的优质教育资源。建立数字化教学资源建设中心，助力数字化资源建设。

（2）促进“互联网+”教学深度融合

加快学校数字资源学习平台建设，面向学校学生免费开放，充分发挥智慧职教等优秀课程云平台作用，引入名家优质课程资源，实施多元化教育教学模式改革，为学校教师进行线上线下混合教学改革实践提供技术支持和平台保障；充分利用智慧教室，打造智慧课堂，开展线上线下混合式教学改革，创新教学方法、教学手段、评价

方式，形成“互联网+”教学新生态；推进“微课程”“移动学习”“虚拟仿真教学”等在线交互式网络教学模式在教学中的普遍应用，促进自主、泛在、个性化学习，形成“互联网+”学习新模式。大力实施线上线下混合式等教学做一体教学模式，形成师生“一人一空间、人人有特色”良好局面。

（3）以“信息技术+”升级传统专业

推进互联网、物联网、大数据、云计算、人工智能等新一代信息化技术对传统专业的升级，按照“服务产业升级、跨界集群建设”思路，新建新兴专业群，有力推动教育链、人才链和产业链、创新链的有机衔接。

4. 提升师生信息素养水平

（1）教师信息素养提升

进一步完善教师信息技术能力标准，每学期开展以深度融合信息技术为特点的按需培训，培养广大教师应用信息技术的习惯和素养，将教师信息技术应用能力纳入个人年度考核及专业技术职务评聘范围。构建国家级、省级、校级三级教师教学能力大赛体系，鼓励教师参加省级和全国职业院校教师教学大赛。

（2）学生信息素养培育

建立可操作的学生信息素养评价指标体系和评估模型，开展学生全覆盖的信息素养测评，促进学生信息素养提高。加强课内外一体化信息技术知识、技能、应用以及信息意识培养，将学生信息素养纳入学生综合素质评价。优化人才培养方案中信息技术类、人工智能技术类等课程设置，强化信息素养教育。深入开展智能产品制作、机器人竞赛、创意发明等多种方式的信息技术应用活动，大力支持学生参加信息技术类比赛。

（3）信息化领导力建设

持续开展各类教育信息化专业人员能力培训，培养一批在信息技术应用与融合创新方面能起示范辐射作用的骨干教师和领军人才。建立学校“教育信息化专家人才库”，打造一支水平高、能力强、经验足的教育信息化专家队伍，充分发挥专家人才在学校教育信息化发展规划、基础建设、管理执行和咨询指导等工作中的示范引领作用，形成学校信息化应用融合创新的专业支持服务体系。

（四）建设经费及投入重点分析

17所院校在提升信息化水平建设项目上的投入差距非常大：宁波职业技术学院最高为9000万元，其次是铜仁职业技术学院8500万元，漳州职业技术学院最低为263万元，平均投入4809万元。投入重点主要为智慧校园基础设施建设。如金华职业技术学院73.49%用于校园信息化基础设施提档升级，宁波职业技术学院42.22%用于智慧校园基础设施建设，而芜湖职业技术学院68.42%用于“信息技术+”教学革新建设，淄博职业学院50%用于专业建设与信息技术深度融合（表7-3）。

表7-3　各校提升信息化水平建设经费及投入重点

序号	学校	建设经费（万元）	投入重点
1	金华职业技术学院	6110	校园信息化基础设施提档升级
2	芜湖职业技术学院	7600	“信息技术+”教学革新
3	淄博职业学院	8000	专业建设与信息技术深度融合
4	日照职业技术学院	3100	“智能+”升级工程
5	黄冈职业技术学院	2200	智慧校园基础设施建设
6	宁波职业技术学院	9000	智慧校园基础设施建设
7	温州职业技术学院	8890	智慧学习工场提升工程
8	漳州职业技术学院	263	建设智慧校园，提升服务平台
9	秦皇岛职业技术学院	1200	智慧校园基础设施建设
10	许昌职业技术学院	4200	智慧校园基础设施建设
11	滨州职业技术学院	3000	智慧校园基础设施建设
12	东营职业技术学院	5975	智慧教学环境建设
13	酒泉职业技术学院	2120	智慧校园基础设施建设
14	顺德职业技术学院	5300	智慧学习支持环境建设
15	铜仁职业技术学院	8500	智慧课堂和虚拟工厂建设
16	潍坊职业学院	3000	“互联网+智慧校园”建设
17	咸阳职业技术学院	3300	智慧校园基础设施建设

（五）标志性成果

体现提升信息化水平的成果以定性的描述居多，定性成果有“建成完善的支撑学校质量保证体系的信息化平台，切实发挥学校的教育质量保证主体作用，让系统跟踪，用数据说话”“促进5G应用，建成完善的物联网应用平台，实现各类智能终端的高效管理，为师生提供便捷服务，为决策提供依据”“完成学校数据展示中心、包含安防监控系统的大后勤数据监控中心等项目的建设，实现分类推送，服务学校治理”等。定量的标志性成果主要有：

①建设智慧教室数。

②建设虚拟工厂数。

③线下、线上、线上线下混合式、虚拟仿真和社会实践“金课”数。

④优质在线课程数。

⑤国家级、省级建成模块化数据中心。

⑥国家级、省级VR 共享中心。

⑦省级诊改平台。

⑧省级信息安全体系。

⑨信息安全管理人员数，高素质网络安全人才数。

⑩国家级数字校园示范校。

（六）信息化建设面临的主要困难

地方高职院校在发展信息化建设过程中，面临的主要困难有“系统运营运维数据缺乏，资源投入和决策缺乏量化数据支撑”（76.92%）、“缺乏组织保障和预算保障，缺乏可持续发展模式”（53.25%）、“缺乏部门之间常态化的沟通机制，难以保障系统建设符合业务需求并能满足信息化建设管理要求”（52.66%）。除此之外，“信息安全”也是地方高职院校在发展信息化建设过程中遇到的难题。

二、提升信息化水平建设工作的路径

（一）总体思路

提高信息化建设水平要认真研究《教育信息化2.0行动计划》（教技〔2018〕6 号）、《教育信息化十年发展规划（2011—2020年）》、《教育信息化规划》、《国家职业教育改革实施方案》、《中国特色高水平高职学校和专业建设计划的意见》等重要文件精神，对标提升信息化水平的具体要求，结合学院实际情况，拟定科学可行的发展规划，切实提升信息化水平。综合各院校提升信息化水平建设的总体思路，可以看出，各院校瞄准信息技术和人工智能等新技术发展前沿，以打造智慧校园为目标，以全面推进“智能+”为手段，将信息技术和智能技术全面融入学校教育教学和管理服务。推动以学生为中心的教学系统性变革；着力打造校园大数据中心和分析应用平台；强化精准服务能力建设，提升师生信息素养，助力师生成长和个性化发展；建成高速、稳定、泛在的基础网络环境。实现教学模式、管理方式、服务方式的全方位变革，支撑学校高水平人才培养和高质量发展。

（二）建设路径

1. 优化顶层设计

注重顶层设计是提高信息化建设的有效途径。在信息化建设过程中，高职院校需制订科学合理的建设计划，设定中长期建设目标。一是成立学校信息化建设领导小组，负责信息化建设的顶层设计，对信息化建设进行统一管理、统一规划。二是在信息化建设过程中，要将人事管理、教学管理、科研管理和图书资源的信息进行通盘考虑，按照“统一规划、分期建设、逐步实施”的原则，防止职能部门各自为政、无序建设，造成资源浪费。三是加强政策制定和经费投入。信息化建设既需要制定科学合理的政策措施，还需要足够的建设资金作为保障。四是学校领导要带头做好表率，率先使用信息系统。信息化建设是一个长期持续的发展过程，需要在使用中不断进行优化和完善，才能达到依托信息化促进学校管理现代化的目标。

2．深入推进落实

可持续的、发展的、完善的制度机制是信息技术与教育教学深度整合的重要保障。一是完善制度。制定信息化建设的资源配置机制、信息化建设整体规划、信息化使用的考核评价机制等。二是制定标准规范。按照信息化建设发展趋势，高职院校应将信息化建设作为学校办学的基本条件之一，对信息化建设必备的硬件设施、软件条件进行规范。三是形成评价层面的“硬指标”。各部门根据任务落实情况，形成一个基于数据共享、各项业务处理的年度信息化使用情况报告。四是确定学校考核层面的“硬约束”。各职能部门以学年为单位，进行信息化专项绩效考核。由相关部门牵头，形成考核报告，形成学校考核层面的“硬约束”。

3．构建合作联盟

打破高职院校之间的沟通障碍，对实现信息资源共享、促进信息化建设具有重要作用。一是在信息化建设过程中，高职院校应最大限度地整合现有资源，不仅要将人员、财产、图书等方面的数据集成共享，还要考虑教学、科研等业务部门应用系统的兼容性，以信息流促进技术、资金、人才、物资的流动和资源的分配。二是高职院校应加强校企合作。高职院校信息化建设在资金投入上，应坚持走学校投入与企业投入相结合的道路，通过与关联企业建立信息化建设战略合作等方式吸引企业投入资金、设备等资源。三是高职院校应加强校校合作，实现优势资源互补。普通高职院校要主动加强与一流高职院校的合作与交流，在学校信息化建设制度构建、规划布局、具体实施等方面借鉴一流高职院校的经验。

4．提供人才保障

在信息化建设过程中，高职院校组建高效的技术团队是信息化建设的重要支撑。只有专业的技术团队才能对数据进行深入分析和挖掘。对于大多数地方属高职院校而言，缺乏高素质的专业技术人员是制约信息化建设的一个突出问题。高职院校信息化技术团队建设可以从“外引”和“内培”两个维度展开。“外引”就是高职院校从社会或企业引进信息化建设专家，为学校信息化建设注入新的力量，快速解决专业技术人员短缺的问题；“内培”就是对学校已有的专业技术人员，通过跟岗培训、专题研修、国内外访学等途径进行专业技能培训，提升其业务能力。

三、提升信息化水平的主要举措

（一）智慧校园建设

高职院校智慧校园是由传统校园向数字化校园，再到智慧校园建设的转变。2018 年

6月，国家标准化管理委员会发布了《智慧校园总体框架》，勾勒了智慧校园的美好蓝图，强调智慧校园是教育信息化的高级形态。智慧校园建设是一项涉及软硬件设施、教学系统开发、校园人文建设等诸多方面的系统性工程，具有统一、智慧、安全、开放、共享等多元特性，应以大数据、人工智能、移动互联、云计算、物联网、区块链、虚拟仿真等新技术为重要支撑，实现将人、社会、资源、技术设备进行系统化的有机整合，以有效突出应用和服务。智慧校园建设主要有两个方面。

1. 优化升级校园网络核心设备

如校园5G网络、无线网络、IPV6等。加强信息化基础设施建设，实现校园、教学与生活的有机整合，实现网络资源共建共享，为智慧校园提供网络保障和支撑。

2. 改善学校智慧化教育新生态

统筹构建智能教育大数据的治理体系，优化布局物联网、智能化终端，实现人机互动、跨界融合、共建共享，推进校园各类智慧场景的应用，实现智慧化融合，建立师生在校期间的全过程追踪式画像。

（二）推进学校管理水平和效能提升的措施

1. 充分利用大数据技术，强化数据中心建设和运维管理建设

建立常态化的数据更新和共享机制、数据协调机制、数据质量度量标准和监控体系，形成数据标准，加大决策支持力度，提升精准导航服务能力，实现教育信息互联互通，消除信息孤岛，确保信息安全可靠。

2. 优化学校管理、教学、科研等核心系统，纳入统一平台管理

将“互联网+党建”信息平台、教学诊断与改进平台、教学质量监控平台等，基于大数据智能处理中心，构建基于校情舆情、学生心理安全等大数据应用，形成全景业务大数据平台，动态智能采集、动态监测预警各类信息，全面提升管理效能和治理水平，推进智慧管理。

3. 推进学校各部门之间业务流程优化和再造，支持流程协同运作

通过构建基于流程引擎的“一站式”服务平台，为师生提供智能感知环境和配套服务，搭建师生本位的智能教育资源及决策服务平台，实现“最多跑一次”，提升效率和效能。

（三）发展数字经济催生的新兴专业

国家“双高计划”建设文件明确提出“以‘信息技术+’升级传统专业，及时发展数字经济催生的新兴专业”。这一理念为职业教育的专业发展指明了方向，在当今数字化浪潮的席卷下，各院校积极响应，纷纷探索如何将信息技术与传统专业深度融合，开启专业建设的新篇章。

1. 推动传统专业的升级改造

对学校现有专业进行升级改造，将现有的专业深度嵌入云计算、大数据及人工智

能等信息技术，融入“智能、智慧+”元素，重构专业课程体系，优化升级传统专业，引领经济社会可持续发展。

2. 对接新职业，申报新专业

坚持以“数字技术”与“数字经济”为重点方向，以高新技术、现代服务产业为依托，大力发展数字经济催生的智慧零售、智慧物流、智慧会计、智慧金融等一系列新兴专业；积极开发以人工智能为核心并融入云计算、大数据等新技术的新兴专业及方向。

3. 联合政行企等相关部门加快推进技术技能类新职业的职业技能标准开发

（四）推进教育信息资源共建共享

推进教育信息资源共建共享，是顺应教育现代化发展趋势的重要举措。在当前数字化教育蓬勃发展的背景下，资源的整合与共享已成为提升教育质量和效率的关键路径。无论是教学资源、师资力量还是教育数据，都在共建共享的范畴内迎来新的发展契机。具体的经验做法如下。

1. 积极推进数字资源共建共享

依托网络学堂、网络公开课、网络公益讲座、慕课、微课等各类数字资源，整合各类教学资源，成立智能资源制作中心，开发优质智能教育资源，如教学资源包 、精品在线开放课程、特色专业资源库，通过打造线上线下混合式课程资源、搭建校企共享资源平台等，提升职业教育服务供给质量。

2. 推进优秀师资共建共享

搭建教师信息化网络交流平台，建立区域性教师研修共同体，实现交流共享。

3. 推进教育数据共建共享

联合“政校行企”多方协同共建区域高职教育云，实现教育数据的整合和共享。

（五）建设智慧课堂和虚拟工厂推进混合式教学

建设智慧课堂和虚拟工厂推进混合式教学的系列举措的实施离不开人的因素。只有师生具备相应的信息化素养，才能充分发挥智慧课堂与虚拟工厂的优势，让混合式教学得以高效开展，真正达成教育教学的创新与变革。具体做法如下。

1. 提升师生信息化素养

积极为教师搭建平台，举办网络课程设计、课程资源制作、在线开放课程等方面的专题讲座和系统培训；开设信息技术方面的通识课程，培养学生计算机信息处理能力和网络学习能力。

2. 建设智慧课堂和虚拟工厂

建设 AI 教室和各类虚拟仿真实训室，打造智慧化教学环境，转变师生观念，改革传统课堂，优化课程体系，对教学内容和结构进行系统性变革，体现教学任务项目化、工作任务课程化，实现课堂教学现代化。

3. 应用线上线下混合式教学

拓宽网络教学平台，优化网络学习环境，积极开展翻转课堂，以学生为中心实现教学模式和学习方式改革，实现课程与信息技术的深度融合。

（六）信息化教学团队建设

职业院校教师的角色正在发生着翻天覆地的变化。在教学中，教师不再是处于中心地位的知识传授者，而是在向学习引导者的角色逐渐转变着。教学目标、内容、过程、手段以及方法都发生着质的变化，高职教师若要跟上时代的脚步，必须不断更新观念，不仅要提高教学组织与设计能力、教育资源管理能力，更要培养利用网络与多媒体技术的能力、信息技术与课程的整合能力等各方面能力。

1. 建设教育信息化教师团队

培养一批较高信息化应用水平的学科骨干教师，建设一支热爱教育事业，奉献教育信息化，工作、年龄、知识结构合理，专业技能较高的教师团队队伍，深入推进教育信息化在学科教学中的深入应用。

2. 加强教师信息化应用能力培训

利用信息化手段创新教师培训和教学研究的模式。同时，加强对管理和技术服务人员的培训，实现网络管理与技术服务人员双达标。

3. 鼓励更多的教师参加全国职业院校信息化教学大赛

作为唯一由教育行政部门举办的职业教育教师教学赛事活动，对教师信息化教学能力的提升有巨大的推动作用。参加过大赛的教师的信息化教学能力各方面都有不同的改变，如明确了信息化教学的主要目标；掌握了信息化教学的设计方法；提升了信息技术与课程教学融合的能力；增强了教师开展信息化教学的动机；提升了参赛教师的信息化教学水平；促进了参赛教师个人和团队的持续发展。以竞赛机制来激发教师内在需求、推动教师能力发展，其有效性已被理论和实践共同验证，职业院校及教师对通过大赛这一平台来实现发展的需求将更加显著。

（七）保障机制

提升信息化水平，需从组织领导、经费投入、绩效考核、激励机制等方面给予保障。

1. 组织领导

成立“提升信息化水平”建设领导小组，下设信息化建设项目办公室，以项目化管理统筹推进信息化建设，全面负责提升信息化水平的目标、任务及内容的整体设计，研究制定相关保障制度，确保建设进度、成效和预期目标，合理安排和配置人员，强化责任落实，强化专家指导，全力保障信息化项目建设的整体推进。

2. 经费投入

提升信息化水平需要充裕的经费投入进行保障和支持。

3. 绩效考核

根据建设方案组织实施并强化过程管理，构建完善的信息化项目内部质量保障体系，注重绩效考评，严格落实责任。通过专家评审和第三方机构评估相结合的方式对提升信息化水平项目的关键性指标任务完成情况、取得的标志性成果及建设内涵进行综合评估，确保建设目标如期实现。

4. 激励机制

充分调动广大教职工参与信息化建设的积极性和创造性，充分发挥主观能动性，为信息化项目建设的稳步推进提供人力支撑和智力保障。

四、相关案例

（一）金华职业技术学院：融合创新，提升信息化水平

第一是以 5G 和云技术为引领，提档升级校园信息化基础设施。对学校现有核心网络与网络间链路进行升级，网络主干升级至 40G，楼宇上连扩展到 10G，且全面支持 IPv6；投入 AP8000 只、宏站50 个，升级换代各楼宇室内分布系统，构建无缝覆盖全校的高速无线网络，实现人人、时时、处处无线高速上网及移动应用接入。开发基于云平台资源的在线申请系统，实现数据存储计算和存量资源的统一管理、调度、按需分配及自动回收，为全校师生提供高质量云服务。建设新型一卡通系统，有效拓展和补充传统校园卡功能。建设校园电子化安保系统，全面提升校园技防水平。加快教学场所的智能化改造，支持课堂信息化教学创新。

第二是以“最多跑一次”改革为重点，建设综合服务与决策支持平台。采用“以人为本”的设计思想，升级财务、教务、学工、科研、人事等业务系统，完善身份认证管理平台，优化系统间通信机制，建设新的业务系统、数据中心、业务构建中心、业务展现及用户层等模块，实现数据、身份认证、门户展示、消息、业务服务过程的系统集成。完成涉及师生 250 余项事务的服务流程优化、再造和重组。开发对接“最多跑一次”改革的移动应用 App，实现“网上”办理和“掌上”办理。利用大数据分析技术，采用统一规划和分步实施建设大数据分析与决策支持平台。

第三是以“互联网+教学”全覆盖为目标，全面深化智慧教育改革。以“信息技术+”升级传统专业，及时发展数字经济催生的新兴专业。适应大数据、云计算、人工智能、无人机等新兴信息化与智能化技术的广泛应用，以及信息化和工业化在产业领域的高层次的深度结合，重点面向智能制造、智能建筑以及智慧农业、智慧金融、智慧旅游等领域，升级改造一批传统专业，增设智能控制技术、无人机应用技术、人工智能、建设项目信息化管理、互联网金融等新专业或专业方向。推进教学创新平台深度应用的“课堂革命”。

（二）芜湖职业技术学院：依托智慧校园，提升信息化水平

第一是升级智慧校园基础设施，打造基于大数据及人工智能的智慧校园。构建覆盖学校全部数据的大数据平台，通过大数据、人工智能为核心支撑技术，实现智慧教学、智慧管理、智慧科研、智慧就业、智慧服务以及智慧环境的建设目标，真正实现全面支撑学校人才培案的智慧校园。第二是协调促进运营商5G建设与物联网应用，提供智慧服务。通过对物联设备的高效管理，为师生提供便捷服务，为管理层面的决策提供依据。通过整体规划、分步实施，实现全校范围的物联网应用。第三是推进内部质量保证体系平台建设，实现智慧管理。在现有校情分析及诊改平台基础上，进一步优化数据采集，丰富校本大数据，打通各业务系统，实现信息互通；在学校、专业、课程、教师、学生五个层面上绘制运行画像，建立实时的诊断、预警、反馈、改进机制。第四是推动"信息技术+"教学革新，实现智慧教学。完善云教学资源平台建设，开发共享优质数字化教学资源。探索智慧教室、虚拟工厂建设，构建新型教与学空间。构建师生信息素养培育模式，提高师生信息素养。

（三）温州职业技术学院：智慧校园助升级，提升信息化水平

第一是打造智慧学习工场，构建职教新生态。利用校园"云架构"，构建智慧学习空间，搭建与对接在线学习平台；构建泛在学习环境，建立信息素养评价及培育体系，提升师生"计算思维"能力。第二是深耕特色化职教资源，助力"精准扶智"。打造职教特色教学资源中心，深耕优质职教资源，形成优质职教资源"聚集地"，依托在线学习平台、在线开放课程、知名慕课平台，成为优质职教资源的"辐射源"、辐射贫困地区、教育落后地区，构建职业院校数字化社会服务体系，助力"精准扶智"，服务国家脱贫攻坚战略部署。第三是建设大数据协同中心，实现个性化教学与精准治理。以人工智能植入打造智慧校园的"校园大脑"（即数据中台），以数据驱动业务，倡导用数据管理、用数据决策、用数据评价，依托学校大数据协同中心，实现多维度数据挖掘分析、无感知数据服务，激活数据价值，享用数据红利。

——第十节——
构建保障体系

当前，世界正处于百年未有之大变局，我国正处在从教育大国向教育强国迈进的关键时期，在这样一个特殊的阶段，高等职业教育也正面临着一系列重大变革，需要教育界尤其是职业教育界去考究步入新时代所面临的新情况，解决新问题，找到新方法和路径，

这样方能更好地使高等职业教育为地方经济服好务，为祖国建设育好人。立德树人是高等教育的根本任务，提高育人质量则是高校发挥好立德树人时代使命的关键抓手。自2019年《国家职业教育改革实施方案》颁布以来，国家通过一系列政策文件和项目推动职业教育发展，尤其是高等职业教育的发展。如部省共建职教创新发展高地、国家职业教育教学标准体系、中国特色高水平高职学校和专业建设计划、职业教育提质培优行动计划等系列通知文件的相继发布，无不显示职业教育作为一种类型教育而凸显出其重要地位。在高等职业教育迎来新一轮快速发展的窗口期，构建科学合理的保障体系是所有高职院校实现持续发展的基本政策取向，也是深化体制机制改革，加快实施创新驱动发展的重要一步，更是所有地方高职院校走具有特色内涵发展的必由之路，构建质量保障体系对提高高等职业教育质量的作用不言而喻，基于此，以下对如何构建保障体系作如下探讨。

一、建立健全组织保障体系

第一是建立职业教育联合会。地方高职院校可联合政府部门、行业企业单位、培训院校成立职业教育联合会，职业教育联合会作为职工职业教育和职工培训的联合体，一方面起着搭建校企合作的桥梁和平台，沟通院校与企业双方的产教供需信息，调动全市企事业单位、职业院校、培训机构等方面的优势资源，提升职工整体素质，培养技术技能人才，服务经济社会发展的战略任务，形成“各方共建、成果共享、校企共赢、企业职工共同发展”的职业教育发展良好环境。另一方面通过构建“政用产学研”五位一体多方合作、协同育人模式，凝聚各方力量，培养造就高素质职工队伍。

第二是设立职业教育办公室，成立学校高质量发展领导小组，将其作为重点项目列入重要议事日程，定期听取专题汇报，及时协调解决高质量发展工作中的热点难点问题。高质量发展工作领导小组办公室要认真履行组织、指导、协调、监督职能，及时研究制定工作目标、任务和措施，进一步完善议事、协调、督查、考核等一系列工作制度，对学院各部门高质量发展工作进行统筹研究和综合指导。

二、建立健全政策支持体系

改革开放以来，从我国高等职业教育政策文本来看，地方高职院校高质量发展需要多部门协同发力，建立完善的政策支持保障，以提升地方高职院校高质量建设水平。从政府角度看，政府部门之间要密切配合，要加大对地方高职院校高质量发展的财政、金融、税收、政策等方面的综合支持[①]，特别是加大对地方高职院校的经费投入，设立专项建设资金，着力解决地方高职院校在高质量发展中的资金紧缺问题。对

---

① 马廷奇. 高职院校扩招与高职教育高质量发展［J］. 中国职业技术教育，2019（33）：25-30.

于参与高职教育产教融合共同体的企业，政府可以出台税收优惠政策，放宽贷款条件等，充分调动企业参与的积极性和主动性，同时政府要做好产教融合、校企合作的中心枢纽，充分发挥好校企合作制度建设中的主导作用，大力促进校企合作产教融合，更加紧密结合产业企业所需，促使产学研服务更加有力，破解行业关键技术难题。不断优化校企合作政策和资源配置，促进教育供方和产业需方紧密协同，为专业—师资—学科—产学研用同步发展体系建设提供有力支撑，推动区域经济社会发展。

从行业企业角度看，应更新观念，增强合作意识，才能真正地助力地方高职院校高质量发展，积极建设高职教育产教融合共同体。然而，产教融合目前还存在“学校热、企业冷”、企业“叫好不叫座”的现象。企业应深刻认识到，随着国民经济的持续发展和产业结构调整的不断优化，我国经济已经迈入高质量发展阶段，创新驱动发展上升为国家战略，对企业的生产经营产生了深刻影响。[①]企业要树立合作共赢意识，制订详细周密的合作方案。例如，派遣优秀技术能手到高职院校兼职授课，传授生产技能和方法；为高职学生提供专业对口的顶岗实习机会。总之，企业与高职院校共同做好人才培养工作，实现良性互动，促进教育链、人才链与产业链、创新链有机衔接。

从学校角度看，第一，地方高职院校应健全内部治理体系，完善高质量办学运行机制与激励机制。健全高职院校内部治理体系作为一项系统工程，高职院校应统筹相关资源，整合力量，建立自上而下、分工明确的高职院校高质量发展体系，成立专门的高质量办学管理部门，建立适应高质量发展需要的组织架构。在完善运行机制与激励机制方面，高职院校应根据高质量发展建设战略，全面压实责任，以高质量办学管理职能部门为主体，其他相关职能部门和二级学院积极配合、形成合力，制定和完善高质量办学管理细则，基于办学特色对外开展项目合作与国际交流，对表现突出的职能部门和二级学院给予年度考核加分、通报表扬，对表现突出的个人在评优评先、职称职级提升上予以倾斜。第二，学校应该加强对地方政府、地方产业发展需求的识别、信息收集和了解，通过开展教育培训、科技创新、社会服务等活动来服务地方政府；主动参与地方政府主导的经济、文化、教育等发展规划研究，为地方发展提供人才供给和智力支撑，推动、引领当地社会经济文化的发展；主动向地方政府阐述发展战略、发展困境，全力争取政府的政策帮扶和资源支持。

三、建立健全经费保障体系

物质保障是高职院校高质量发展建设工作的基础，需建立健全多元投入机制，确保各项工作顺利开展。第一是建立健全生均拨款支持政策。地方财政部门可适当提高

---

① 张典．“双高计划”背景下高职院校高质量发展的缘由、内涵与路径［J］．教育与职业，2021（08）：41-44.

地方高职院校财政生均拨款基本标准，全面夯实高水平建设的物质基础，适度扩大地方高职院校自主理财权，以更好地服务于地方高职院校高质量建设需求。第二是建立稳固的专项资金支持体系。地方财政部门要优化整合高等教育专项资金，集中财力支持地方高职院校在优势学科建设、品牌专业建设、协同创新计划和特聘教授计划等方面高质量发展专项项目，建立健全专项资金管理办法，创设有利条件促进高校加快专项支出进度、提高专项经费使用效益，有力支持地方高职院校高质量发展。第三是建立综合奖补支持机制。除“专项”项目外，可单独再设置“综合”项目，支持高质量建设“综合”项目实施。对高质量建设院校不限定具体学科、专业、方向等，扩大建设院校资金使用自主权和强调学校统筹、整体推进，充分体现高校自治。第四是完善社会资源支持机制。深化校企合作，通过项目共建、技术合作攻关等方式获取企业更大支持；加大技术成果转化和社会服务力度，实现学校社会服务性收入稳步增长；加强校友工作，提高捐赠收入比重。第五是建立福利保障体系。根据经济社会发展水平适当调整院校核心骨干福利待遇，建立补助津贴保障，以确保高职院校干部队伍稳定，此外，各地方高职院校可根据当地实际情况，予以参与高质量建设队伍适当补助。

后记

本书是四川省教育厅重点课题“地方高职院校高质量发展的路径研究”（课题编号SCJG20A043）、自贡市社科联重点课题“基于‘1+X’证书试点的地方高职院校专业内涵建设路径研究（课题编号ZYJY20-04）”和宜宾职业技术学院重点课题“关于地方高职院校高质量发展标准和体制机制创新的方法途径研究”（课题编号ybzysc19-02）的研究成果，在本书即将付梓之时，作为研究者和编著者，首先对所有关心、帮助和支持我们研究的各位上级领导、各兄弟院校的同仁和专家学者致以真诚的感谢！

2021年4月，习近平总书记就职业教育工作作出重要指示，强调：“在全面建设社会主义现代化国家新征程中，职业教育前途广阔、大有可为。要坚持党的领导，坚持正确办学方向，坚持立德树人，优化职业教育类型定位，深化产教融合、校企合作，深入推进育人方式、办学模式、管理体制、保障机制改革，稳步发展职业本科教育，建设一批高水平职业院校和专业，推动职普融通，增强职业教育适应性，加快构建现代职业教育体系，培养更多高素质技术技能人才、能工巧匠、大国工匠。各级党委和政府要加大制度创新、政策供给、投入力度，弘扬工匠精神，提高技术技能人才社会地位，为全面建设社会主义现代化国家、实现中华民族伟大复兴的中国梦提供有力人才和技能支撑。”同期，国务院总理李克强作出批示指出，职业教育是培养技术技能人才、促进就业创业创新、推动中国制造和服务上水平的重要基础。要坚持以习近平新时代中国特色社会主义思想为指导，着眼服务国家现代化建设、推动高质量发展，着力推进改革创新，借鉴先进经验，努力建设高水平、高层次的技术技能人才培养体系。要瞄准技术变革和产业优化升级的方向，推进产教融合、校企合作，吸引更多青年接受职业技能教育，促进教育链、人才链与产业链、创新链有效衔接。加强职业学校师资队伍和办学条件建设，优化完善教材和教学方式，探索中国特色学徒制，注重学生工匠精神和精益求精习惯的养成，努力培养数以亿计的高素质技术技能人才，为全面建设社会主义现代化国家提供坚实的支撑。在2021年4月12—13日召开的全国职业教育大会上，国务院副总理孙春兰指出，坚持立德树人，优化类型定位，加快构建现代职业教育体系。要一体化设计中职、高职、本科职业教育培养体系，深化“三教”改革，“岗课赛证”综合育人，提升教育质量。要健全多元办学格局，细化产教融合、校企合作政策，探索符合职业教育特点的评价办法。各地各部门要加大保障力度，提高技术技能人才待遇，畅通职业发展通道，增强职业教育认可度和吸引力。由此可见，在大力发展职业教育的新时代，建设一批高水平职业院校和专业，加快构建现代职业教育体系和建设高水平、高层次的技术技能人才培养体系，理所当然成为高职院校特别是地方高职院校发展过程中探索和努力的方向。

作为1400余所高职高专重要组成部分的地方高职院校，由于其举办者的地方政府属性，必然导致其与行业类高职院校不完全相同的发展路径。如何将地方高职院校建设成为“当地离不开、业内都认同、国际可交流”的高水平职业院校，成为地方高职院校高质量发展必须面对现实课题，“当地离不开”决定了地方高职院校应该全方位服务于举办者所在地的经济社会发展，就意味着一二三产业都应该有所覆盖，就可能导致出现专业设置的“多而不精”；“业内都认同”要求地方高职院校应该在一二三产业的行业内都有所建树，这自然可能导致专业建设时的“轻重难分”，什么都想抓而什么也抓不好；“国际可交流”要求地方高职院校应该在达成高质量发展的基础上输出中国职教经验、特色和方案，其整体发展和专业建设应该达到国际水平，这难免让其“望洋兴叹”。摆在地方高职院校面前林林总总的难题，该如何更好地突破？这就成为促成《地方高职院校高质量发展的路径研究》出版的强劲动力。

本书的具体分工如下：统筹协调、审稿由伍小兵负责。第一章第一节由王志刚、杨涛撰写，第一章第二节由曾欣、王赛、杨涛和李尚真撰写，第一章第三节、第四节由朱涛撰写。第二章第一节由朱涛撰写，第二章第二节由李尚真、杨涛撰写。第三章由王赛撰写。第四章由朱涛撰写。第五章由曾碧涛撰写。第六章第一节由王赛撰写，第六章第二节、第三节由黄河撰写，第六章第四节由刘吉梅撰写，第六章第五节由郭正富撰写。第七章第一节由朱涛撰写，第七章第二节由刘吉梅撰写，第七章第三节由郭正富、杨涛撰写，第七章第四节由曾欣撰写，第七章第五节由王赛撰写，第七章第六节由王志刚撰写，第七章第七节由曾欣撰写，第七章第八节由郭正富撰写，第七章第九节由曾碧涛撰写，第七章第十节由杨涛、李尚真撰写。后记由伍小兵撰写。需要特别说明的是，本书的面世得到了邢晖老师的大力支持，拨冗为本书题序，为本书增色万分。

在课题研究和本书编写过程中，我们定期召开课题组和编写组会，研究、探讨和交流各个子课题和编写问题。课题组和编写组的同志们怀着对职业教育的深沉情感，秉持着对地方高职院校高质量发展的执着追求，对每个问题、每句表达、每段文字、每个部分、每个架构和整体统筹都进行了仔细斟酌和反复推敲。按照求真、求实、求是的“纸上得来终觉浅，绝知此事要躬行”的原则，我们不仅仅对十多所优质地方高职院校的“双高”建设方案进行了文本分析，还造访了极具代表性的五所地方高职院校进行现场研学，并将成果运用于实践，前后历时三年之久，尽全力使本书的理论有基础、事实有依据、归纳有出处、提炼有干货、实践有借鉴、总结有逻辑、经验有价值。在学习研究过程中，课题组和编写组同志的管理能力和学术水平都得到了很大的提升，落脚到细微之处，有三位同志晋升了职称，有两位同志成为学校领导，有四位同志担任了学校中层干部，这也算是课题研究和本书编写的额外收获吧！

《地方高职院校高质量发展的路径研究》的顺利出版，得益于课题组和编写组同志的呕心沥血，得益于邢晖老师的精心指教，得益于日照职业技术学院、淄博职业学院、温州职业技术学院、金华职业技术学院和芜湖职业技术学院（依现场调研顺序）各位同仁的无私帮助，在此特别致谢！

鉴于学术和研究水平有限，经验不足，全书定有不少疏漏之处，难以尽如人意，还请读者批评指正，以利于我们在地方高职院校高质量发展过程中不断改进，为加快构建现代职业教育体系贡献宜宾职业技术学院的时代力量。

伍小兵
2024年11月于新村